北京印刷学院传播学重点建设学科项目

高等学校编辑专业教学参考书

20世纪
中国著名编辑出版家
研究资料汇辑

9

宋应离 袁喜生 刘小敏 编

河南大学出版社

目　　录

孙　犁

张光年

陈翰伯

王子野

秦兆阳

韦君宜

孙　犁

孙犁（1913～2002），河北安平人。原名孙树勋。早年在保定育德中学上学，接触五四新文学作品，在读书期间，开始在校刊《育德月刊》发表作品。中学毕业后，从事小学教学工作。1937年参加抗日工作。在冀中区编辑了革命诗抄《海燕之歌》。1939年，在晋察冀边区通讯社工作，并编辑文艺刊物《文艺通讯》。历任冀中抗战学院、华北联合大学、延安鲁迅艺术学院教员和晋察冀文联、晋察冀日报编辑工作并从事文学创作。1945年在延安《解放日报》发表了著名的短篇小说《荷花淀》。1946年编辑了通俗文化杂志《平原杂志》。1949年新中国建立后，长期在天津日报社工作。历任副刊科副科长、编委、顾问，主持《天津日报》文艺副刊编辑工作，并担任中国作家协会名誉副主席、天津作家协会、天津市文联名誉主席等职。

孙犁是一位著名的作家，他的代表作有短篇小说《荷花淀》、中篇小说《铁木前传》、长篇小说《风云初记》等。由于他的小说多以反映白洋淀地区的生活为主要内容,成为“荷花淀派”的代表作家。

孙犁长期从事党报文艺副刊的编辑工作,为解放区的文学和天津市的文艺繁荣、培养文艺新人特别是工人作家做出了杰出贡献。他是我国文艺副刊编辑的一个典范。

我的自传

孙 犁

1913 年我生于河北省安平县东辽城村,那是一个很偏僻的小村庄,幼年就在这里度过。12 岁,我跟随父亲在安国县城内上高级小学,住在一个亲戚家里。安国县离我的家乡有 60 里路,这是一个以中草药聚散地而闻名全国的城市,相当繁华热闹。在这里,我开始接触了五四以后的文学作品,例如文学研究会的东西,其中有鲁迅、叶圣陶、许地山的小说。我开始阅读当时商务印书馆出版的各种杂志。

14 岁,我考入保定育德中学,在北方,这是一个相当有名的私立中学,它以办过勤工俭学的留法准备班,培训了不少人材著名。在初中读书期间,我开始在校刊《育德月刊》上发表作品,其中有短篇小说和独幕剧。在高中时,我阅读了当时正在流行的社会科学和苏联十月革命以后的文学作品,主要是鲁迅和曹靖华翻译的文学作品。这一时期,我对文艺理论发生了兴趣,读了不少这方面的著作,并开始写作这方面的文章。

高中毕业后,我无力升学,父亲供给我上中学,原是希望我毕业后考邮政局,结果未得如愿。我在北平流浪着,在图书馆读书或在大学听讲,继续投稿,但很少被选用。为了生活,我先后在市政机关和小学校当过职员。

1936 年的暑假后，我到安新县同口镇的小学校教书，当六年级级任和国文教员。在这个学校，我从上海邮购革命的文艺书刊，继续进修，并初步了解了白洋淀一带人民群众的生活。

1937 年冬季，我参加了抗日工作。在冀中区，我编了一本革命诗人的诗抄叫做《海燕之歌》，在那样困难的条件下，铅印出版。在《红星》杂志上，我发表了长篇论文《现实主义文学论》。在《冀中导报》的副刊上，发表《鲁迅论》。1938 年秋季，我在冀中军区办的抗战学院当教官，教《抗战文艺》和《中国近代革命史》。

1939 年我调到晋察冀边区所在地——阜平，在刚刚成立的晋察冀通讯社工作，在那里，我编写了一本供通讯员阅读的小册子《论通讯员及通讯写作诸问题》，铅印出版。我做通讯指导工作，并编辑油印刊物《文艺通讯》，它是晋察冀最早的文艺刊物之一，在上面，我发表了《一天的工作》和《识字班》等作品。

此后，我在晋察冀文联、晋察冀日报、华北联大，做过编辑和教学工作，同时进行文学创作。

1941 年，我曾回冀中区一次，在那里，我帮助编辑了《冀中一日》，并以编辑心得写成了《区村和连队的文学写作课本》，即后来的《文艺学习》。

1944 年，我去延安，在鲁迅艺术文学院工作和学习。在延安，我发表了《荷花淀》、《芦花荡》、《麦收》等作品。

1945 年，日本投降，我回到冀中，下乡从事写作，参加土地改革工作，我写了《钟》、《碑》、《嘱咐》等短篇小说和一些散文。

1949 年进天津，在天津日报工作。在这里，我写了《风云初记》和《村歌》等作品。

1956 年，我身体开始不好，写作就少了。

我的作品有：小说散文集《白洋淀纪事》，散文集《津门小集》，诗集《白洋淀之曲》，长篇小说《风云初记》，中篇《铁木前传》，论文《文学短论》、《文艺学习》，选集《村歌》，儿童读物《少年鲁迅读本》、《鲁迅、鲁迅的故事》等。

1978年8月23日于天津

原载《孙犁文集》第5卷，百花文艺出版社1982年

编辑笔记（续一）

——关于编辑和投稿

孙　犁

编　　辑

作为编辑，他的工作对象就是稿件。编辑和投稿者——作者的关系，应该是文字之交，双方面关心的问题，应该是稿件，而不应该是其他。既办刊物，就需要稿件。因此，对于投寄来的稿件，抱着一种欢迎的态度，这是很自然的事。既然投稿，就希望刊物采纳刊登，至少希望得到编辑的意见，求得长进，这也是很自然的事。

这种关系，前些年，叫"四人帮"给搅乱了。最初，以"工农兵占领文艺阵地"为旗号，一个刊物的编辑部，整天座无虚席，烟雾弥漫，高谈阔论，门庭若市。加上不停的电话铃响，送往迎来的客气话套，编辑是没法坐下来安静看稿的。

来客所谈，并非尽是关于稿件的问题，或者，简单地谈几句稿件的问题，就转到了别的方面：如探听小道消息，市场情况，有什么新产品出售，或根据来客的职业，问编辑们要捎带什么物品等等。这样，编辑部里充满了交易所的气氛，美其名曰：开门办报，接近群众。

而且不断有商品出现在编辑部里面，有时是处理牙膏，有时是

妇女头巾，有时是裤衩。都是由各行各业的作者带来，编辑们围上去，你挑我拣，由一人负责收款。每买一次货物，半天的时间，群情振奋，不能工作。

毋庸讳言，有些编辑同志，业务水平不能说是很高。参加工作不久的青年同志，除去加强政治学习，应急起直追地学习业务。编辑的业务学习，方面很广。编辑知道的东西，应该比作者要多些。要加深文字修养。要浏览百家之书，不怕成为一个杂家。

要熟悉社会各行业的生产、生活和语言。要熟悉农村、工厂、部队，包括种地、生产、作战的具体知识。不知道这些，就没法改稿，或改稿出笑话。

要参考前人编辑刊物的经验，也包括反面的经验。当务之急，是先学习鲁迅主持编辑的刊物，如《语丝》、《莽原》、《奔流》、《萌芽》、《文学》、《译文》等。应该学学他在每期刊物后面所写的“后记”。从鲁迅编辑刊物中，我们可以学到：对作者的态度；对读者的关心；对文字的严肃；对艺术的要求。

对待作者要亲切也要严肃。这主要表现在对待他们的稿件上。熟人的稿件和不熟人的稿件，要求尺度相当。不和投稿者拉拉扯扯，不和投稿者互通有无。（非指意识形态，指生活资料。）

对待投稿者不摆架子，不板面孔，但也不因为他有所呈献而青眼相加。编辑是一种工作职称，目前“张编辑”、“李编辑”的称呼，不太妥当。

改稿时，知之为知之，不知为不知。不认识的字，不知道的名词，就查字典，或求教他人，或问作者，这都是工作常规，并不丢人。

作者原稿，可改可不改者，不改。可删可不删者，不删。不代作者作文章（特别是创作稿）。偶有删节，要使上下文通顺，使作者心服。

敝帚自珍，无论新老作者，你对他的稿件，大砍大削，没有不心疼的,如砍削不当或伤筋动骨,他就更会难过。如果有那种人,你怎样乱改他的文章,他也无动于衷,这并不表现他的胸襟宽阔,只能证明他对创作,并不认真。

(历史经验:在30年代,《文学》编辑傅东华删了周文的小说,删的太多而不妥,周文找上门去,时称“盘肠大战”事件。)

不轻易召作者到编辑部,有事写信商量。这样互不干扰日常工作,保持编辑部正常秩序。鲁迅说,他从来也不轻易召作者到编辑部来。

改错稿举例:

(一)把原来字数相当的一副对联,改成了一句长、一句短,这是不对的,因对联不是标语。

(二)把一个解放区作者自传性的文章中的“回到冀中”,错改为“回到北平”,这很可能是因为字体易混排错了,编辑没有看出。而当时北平为敌占区,如以后有人根据此文,审查作者历史,岂不麻烦?

例(一)为常识欠缺;例(二)为粗心大意。

例(一)是编辑只求文字中内容无错误,忘记了这是一副对联。例(二)是编辑对历史背景不大了然,看到主人公从张家口出发,“经过宣化”,就以为他一定是坐火车到北平去了。其实主人公是坐火车到宣化,然后步行,经涿鹿、易县回到冀中。

编辑有责任把文章中的标点弄好。因为就是有经验的作者,有时对标点,也不太认真、讲求。标点很重要。

错误标点举例:

第一次排印的《鲁迅日记》中,有一段话为:友人惠赠图章一枚,文曰:“迅翁,不可用也。”

编辑标为:文曰:“迅翁不可用也。”这成何话语。

不为改稿而改稿,即不是为了叫组长看自己的工作成绩,而故意把稿子大加删改,涂抹很多。

对稿件严肃认真,就是尊重作者,其他种种,都是无谓的客气。如发表作品,不要有恩赐观点或投机心理。能做到坚持原则,不做风派人物,那就更可贵了。

刊物要往小而精里办,不往大而滥里办。这不只是为了节省财、物、人三力,主要是为了提高创作的水平。编辑选登稿件越严格,应之而来的一定是创作水平的提高。反之,则会降低创作的水平。

刊物要有地方特点,地方色彩。要有个性。要敢于形成一个流派,与兄弟刊物竞争比赛。

投　稿

有志于文学创作,先从思想、生活、语言等方面,加强修养,但也需要投稿。刊物之于作者,如舞台之于演员,球场之于运动员,是必要的练习场所,必须上去。但要有充分的准备。

在学校,可在课堂上认真作文。经过老师评改,好的可在校刊上投稿。在工厂、农村,可在墙报上发表。再有进步,可在地方报刊投稿。不要一来就在大刊物投稿。这倒不是说客大压店,或店大压客。大刊物稿子太多。在地方报刊投稿,容易被选刊,可以得到鼓励。

投稿前,要经常阅读一些报刊,看看它的水平、内容、要求。稿子一定要抄写清楚,这一点很重要,有时就像在考场写卷子一样,字体不清楚是很吃亏的。常常发现,稿子写得乱,内容也就不好。内容好的,稿子一般抄写得也工整。

投稿,最好是按照邮局规章,把稿子寄到编辑部,下面用清楚字体注明姓名地址,以便联系。有些人名字写得很潦草,编辑认不出来,大家传阅,猜想,这是很不好的。

有人好带着稿子跑到编辑部,请编辑当面指点。这种办法并不好，临时仓促地看，不一定就能提出切实的意见。有的人未进编辑部之前，先买一盒好烟，进去了，张编辑、李编辑都敬一支，这种做法也不好。至于带上本厂的产品，给编辑以各种生活的方便，都与提高稿子质量无关，甚至有害。

有的人，和编辑们混熟了，没有稿子，也往编辑部跑，一坐就是一两个小时，无所不谈。这种好跑编辑部的人，恕我直言，常常写不出什么好的作品。或原来写得还不错，后来反而退步了。

登门拜访成名的作家，或写信提出很多创作上的问题求教，我想收获也不会很大的。

初学写作，都希望有名师指点。但创作这一行，名师所能告诉给我们的，也不过是一些规律性的话，如劝我们深入生活，多读书，多积累词汇等等。名师不能把生活、思想感情、语言技巧塞到我们作品中。再说，作家也是新陈代谢的，后来居上。我们只能在前人留下的遗产中，吸取营养，接受经验。成功之路，还得自己一步一步地走去。

创作来源于现实生活，只有埋头苦干，坚持不懈，才有收获。希图捷径，是错误的。别人的帮助、提携，也是有限的。有这些时间，或深入生活，或熟悉人物，或汇集语言，或阅读作品，对创作都会更有益些。

至于专好打听文坛花絮、作家生活，拨弄是非，散布流言，那已经是进入邪僻路径，更应该警惕。

古今中外，文坛从来被认为是个名利角逐的场所。“四人帮”更把它弄得污秽不堪。自从文痞姚文元以棍棒起家，平步青云，内居清要，外掌文权，声势显赫，俨然权威，这不能不引起一些浅见势利之徒的心热眼红。以为文艺和文艺批评这种意识形态，大有可为，一棍如果打中，即使成不了姚文元，也是一本万利，鸡犬飞升的腾达捷径。流毒很深很广。我们应该有意识地把它廓清，培植一代正气之花、磊落之树的新苗。这需要好的土壤，好的水源，精心的耕作,主要是靠作者自己刻苦努力。老一辈作家,主要是用他们的好的作品,切实可行的理论,指导帮助新的一代。

初学写作,最好是写你所熟知的,有亲身体会的事,要写短篇,一两千字的文章。写好了抄写清楚,先请老师看,再征求一些群众的意见,修改得满意之后,再寄给报刊。要持认真的态度,不抱侥幸的心理。稿件如果被退回来,也不要灰心,总结一下经验教训,以利再战。

稿件的被采用或被退还,都是正常的事,不要大惊小怪。稿子退回来,对初学者来说,自然是质量较差的可能性多些。但也不一定完全是这样。稿子不用,常常有多种情况,有时是不适合刊物当前的要求,这叫没赶上时候;有时是编辑一眼看高,一眼看低,这叫没遇见伯乐。如果自己有信心,过一个时期或另投他处,稿子终归有出路。

旧社会投稿是很困难的,那时刊物很少,又大都是同人刊物,不重视外稿。但就是那样,也不是所有的人材,所有的好作品,都被埋没了。现在我们有这样多的报刊杂志,又注意培养新生力量,才能与努力的成果,更不会被无端埋没。但不能因为条件好了,饭容易到口了,就马虎从事,那样可就成功不易了。

在学校作文,是作业,可以模拟他人,也可以抄录一些平日爱好的语句在自己的文章中。但从事创作,千万不能犯抄袭的毛病。一时写不出写不好,慢慢练习就是了。因为一旦犯了这种毛病,被人揭发,就会一蹶不振,名誉扫地。

(历史经验:30 年代有一个昙花般的作家叫穆时英。他在文坛出现,最初好像一颗明亮的星。当时影响很大的文学刊物《现代》,在画页上刊登了他的半身相片。

那时候,日本以翻译外国作品的快速著名,从日文重译,中国当时也能很快读到一些新的文艺理论和作品。日本那时有些作家在模仿外国文学的新流派,例如什么新感觉派的横光利一,中国就连接翻译了他的几篇小说。

穆时英最初是模仿日本的新流派，他马上红了起来。许多刊物向他拉稿，他供不应求，于是从模仿，一落而为抄袭。即从日文翻译，当成他的“创作”发表。不久被人揭发。旧社会对这种行为看得很严重，于是这颗新星迅速陨落，再也没有出过面，不知干什么去了。）

1978年4月30日

选自《孙犁文集》第5卷，百花文艺出版社1982年

谈校对工作

孙　犁

我国的文化，优良的传统之一，就是重视书籍、报刊的校对工作。凡是认真读书的人，有事业心的出版家，有责任心的编辑人员，都重视校对工作。因为，有好文章，固然是第一义，但如果没有认真的校对，好文章也会变为不好的文章，使人读起来别扭，甚至难以卒读。至于写文章的人，当然就更注意校对了，因为这一工作的负责与否，直接关系到他的文章的社会效果。

在我国，历代的读书人，都重视书籍的版本，校雠成了一种专门的学问。

在古代，校书的人，都是很有学识的人，一般说，校书的人，比起写书的人，知道的还要多些。有些青年作者，要出版著作，都是请先辈校正，并列衔于书前。鲁迅先生曾为不少青年作家校正文稿和出版物，他用的名称叫“校字”。

古代的书，抄写或是刻版，都是很困难的。书的印数和印出的时间，都受到限制，流传不广。越是如此，出版者的校对工作越是

认真。有很多古书，抄写或刻印，都是作者或编辑者亲自校对，一字不苟，一笔一画都有讲究。有很多好的版本流传下来，使我们祖国的文化，得以发扬光大。

宋代和清代刻书，都很重视校对。明朝印书虽多，但很随便，所以有人说："明人刻书而书亡。"特别是清朝，有很多校书的名家，他们有的是收藏家，有的是考据家。经过他们校对的书，名望很高，大家都乐于得到，奉为典型。

近代印刷术进步，书报发行量大多了，流传更广了，校对工作，就更繁重。因此，大的出版业，都特设了专门校对的机构，校对工作才从编辑工作中分工出来。并形成一种社会习惯，好像校对人员比起编辑人员要低一等，其实不然。有些老的校对，正像老的排字工人一样，是很有学问很有经验的，常常为一般编辑所不及。过去商务印书馆出版的书，在版权页印上校对者的名字，以明职责，这种办法很好。

近几年来，我们国家的文艺刊物增加了，内容质量非本文所及，姑且不论，只就校对工作而言，有不少是不能令人满意的。

按照通常道理，校对工作的质量，直接影响刊物的质量，也能影响刊物的信誉和发行数量，本应得到重视。但是在目前，好像有的刊物并不注意发行多少，对于信誉，也不大在乎。原因是它并没有成本核算，发行多少，赔钱多少，并不与编辑人员的事业前途、经济利益有关。这样，刊物编辑部就容易沾染官场习气。稍有文字工作履历的人，都提拔到了领导岗位。一个刊物有多层领导，名字虽不见于版权页，确实都有官称。当然，问题并不在于官称，而在于这些领导的责任感，他们并不重视刊物的校对。一般文艺刊物，并没有校对科，校对工作，由编辑来做。他们让一些青年同志去做，这些青年在知识文化水平方面，因为前些年的教育问题，一般都很低。

按说，一个刊物的主编或副主编，除去要看全部稿件外，还要看看每期的排样。编辑部主任、组长，就更不必说了，对印出的每一句，每一个字，都要负责任。最近，我看到《长春》文艺月刊，每一篇文章之后，都注明责任编辑，错字，确实很少。最近一期，登了我的一篇短文，因为字句的问题，他们就曾两次寄信和作者商榷，非常认真。

一篇同类性质的文章，我寄给了《长城》文学丛刊。他们把原稿誊抄一次。发排后把清样寄给我，其中错误很多。我马上把校样寄回，附信请他们照改。结果刊物一到，令人非常不快，并且非常纳闷。

那是短短一篇文言文，两千来字。其中一句是："余于所为小说，向不甚重视珍惜。""所为"误为"所谓"。好像我不是对自己所作小说，而是对一切小说，都不重视珍惜了。为什么这样改，我还想得通，可能是编者只知"所谓"一词，不知"所为"一词所致。

令人费解的是，文中的文言的"亦"字，全部改为白话的"也"字，共有六处。这显然不是排错，也不是抄错，而是改错的。这岂不是胡闹？

我也曾自我检讨：现在，你弄什么有"复古"倾向的文言文？这很可能是对你的一种惩罚！

我的校样寄去之后，也一直收不到编辑部的回信，没有任何解释。我估计，凡是"负责同志"，都没有注意到这些错误，也不重视这种现象。我在这里特意提一下，算是为自己的文章，作个更正。

不认真读书的人，或者说，错个把字算得什么，何必斤斤于此呢？

真正读书的人，最怕有错字，一遇错字就像遇到拦路虎，兴趣索然。

我读过一部印刷粗劣的小木版的《笑林广记》，错字之多，以及错字的千奇百怪，使人实在读不成句。我左猜右猜，并寻找它出错的规律，勉强读下去，就像读一部"天书"。

后来，我问到一位内行人。他说，你看的这种小书，本来是和“天地灶马”一同印刷出版的，在那个地方，刻书的都是妇女，并不认识字。她们把样本贴在木板上，就用刀子去刻，东一刀，西一刀，多一刀，少一刀，她们都不在乎，有时是随心所欲地来上几刀。因此就出现了那么多奇怪的错字。她们是家庭副业，快快刻完印出来，是为的拿到庙会集市上去卖钱，她们完全不是为了做学问。

啊，这，我就明白了。

在旧社会，出一本刊物，是多么困难，卖一本书，又是如何困难。读书买书，都要经过多次考虑，掂斤簸两。虽不希望字字珠玑，也希望读起来怡心悦目。如果读起来错字连篇，像走坑坑洼洼的道路，何必又花钱买书呢？现在国家重视文化，出这样多的财力、人力、物力，办刊物出书，如果连校对工作都不认真去做，岂不是南辕而北辙吗？

1979 年 11 月 14 日

选自《孙犁文集》第 5 卷，百花文艺出版社 1982 年

关于编辑工作的通信

孙　犁

××同志：

承问关于编辑的事，拖延已久，现溽暑稍退，敬举如下：

我编过的刊物有：1939 年晋察冀通讯社编印的《文艺通讯》；1941 年晋察冀边区文联编印的《山》。以上二种刊物，都系油印。1942 年《晋察冀日报》的副刊，以及此前由晋察冀边区文协编的《鼓》，也附刊于该报。1946 年在冀中区编《平原》杂志，共六期。1949 年起，编《天津日报》文艺周刊，时间较长。

这些刊物，无赫赫之名，有的已成历史陈迹，如我不说，恐怕你连名字也不知道。但对我来说，究竟也是一种工作，也积累了一定经验。

我编辑的刊物虽小，但工作起来，还是很认真负责的。如果说得具体一点，我没有给人家丢失过一篇稿件，即便是很短的稿件。按说，当编辑，怎么能给人家把稿子弄丢呢？现在却是司空见惯的事，特别是初学者的稿子，随便乱丢乱放，桌上桌下，沙发暖气片上，都可以堆放。这样丢的机会就很多了。

很长时间，我编刊物，是孤家一人。所谓编辑部，不过是一条土炕，一张炕桌。如果转移，我把稿子装入书包，背起就走，人在稿存，丢的机会也可能少一些。

丢失稿件，主要是编辑不负责，或者是对稿件先存一种轻视之心。

我一生，被人家给弄丢过两次稿件，我一直念念不忘，这可能是自己狭窄。1946 年在河间，我写了一篇剧评，当面交给《冀中导报》副刊的编辑，他要回家午睡，把稿子装在口袋里。也不知他在路上买东西，还是干什么，总之把稿子失落在街上了。我知道后，心里很着急，赶紧在报上登了一个寻物启事。好在河间是个县城，人也不杂，第二天就有人把稿子送到报社来了。1980 年，上海一家杂志社的主编来信约稿，当时手下没有现成的，我抄了三封信稿寄给他，他可能对此不感兴味，把稿子给弄丢了。过了半年，去信询问，不理；又过了半年，托人去问，说“准备用”。又过了半年，见到了该杂志的一位编辑，才吐露了实情。

我得到的经验是：小稿件不要向大刊物投，他那里瞧不起这种货色；摸不清脾气的编辑，不要轻易给他寄稿；看见编辑把我交给他的稿件，随手装进衣服口袋时，要特别嘱咐他一句：装好，路上骑车不要掉了！特别是女编辑，她们的衣服口袋都很浅。她们一般都提着一个手提包，最好请她把稿子装在手提包里。但如果她的手提包里已装满点心、酱肉之类,稿件又有被油污的危险。权衡轻重,这就顾不得了。

有各式各样的刊物,有各式各样的编辑。有追求色情的编辑,有追求利润的编辑,有拉帮结伙的编辑。这些人,各有各的志趣,常常做出一些令人难以理解的事情来。投稿前,必须先摸清他们的脾胃。

我的习惯,凡是到我手下的稿件,拆封时,注意不要伤及稿件,特别不要伤及作者的署名和通讯处。要保持稿件的清洁,不要给人家污染。我的稿子,有时退回来,稿子里夹杂着头发、烟丝、点心渣,我心里是很不愉快的。至于滴落茶水,火烧小洞,铅笔、墨水的乱涂乱抹,就更使人厌恶了。推己及人,我阅读稿件,先是擦净几案,然后正襟危坐。不用的稿子,有什么意见,写在小纸条上,不在稿件上乱画。

我不愿稿件积压在手下,那样就像心里压着什么东西。我总是很快地处理。进城以后,我当了《天津日报》的"二副"——副刊科的副科长,职责是二审。看初稿的同志,坐在我的对面,他看过一篇稿子,觉得可用,就推到我面前。我马上看过,觉得不好,又给他推了过去。这种简单的工作方式,很使那位同志不快。我发觉了,就先放一下,第二天再还给他。

我看稿子,主要是看稿件质量,不分远近亲疏,年老年幼,有名无名,或男或女。稿件好的,立即刊登,连续刊登,不记旧恶,不避嫌疑。当然,如果是自己孩子写的作品,最好不要在自己主编的刊物上发表。

刊物的编辑,如果得人,人越少越好办事。过去,鲁迅、茅盾、巴金、叶圣陶办刊物,人手都很少。现在一个刊物的机构,层次太多。事情反倒难办,也难以办好了。我年青时投稿,得到的都是刊物主编的亲笔复信,他们是直接看初稿的,从中发现人才。

我不大删改来稿,也不大给作者出主意修改稿件,更不喜欢替人家大段大段做文章。只是删改一些明显的错字和极不妥当的句子。然后衔接妥帖。我也不喜欢别人大砍大削我的文章,不能用,说明理由给我退回来,我会更加高兴些。有一次,我给北京一家大报的副刊,寄去一篇散文,他们为了适应版面,削足适履地删去很多,文义都不衔接了。读者来信质疑,他们不假思索地把信转来,叫我答复。我当即顶了回去,请他们自己答复。

现在有些人,知识很少,但一坐在编辑位置上,便好像掌握了什么大权,并借此权图谋私利,这在过去,是很少见的现象。

我当编辑时,给来稿者写了很多信件,据有的人说,我是有信必复,而且信都写得很有感情,很长。这些信件,经过动乱,保存下来的很少。我自己听了,也感慨系之。

进城以后不久,我就是《天津日报》的一名编委,32年来,中间经过六任总编,我可以说是六朝元老,但因为自己缺乏才干,工作不努力,直到目前,依然故我,还是一名编委,没有一点升迁。现在年龄已到,例应退休,即将以此薄官致仕。其他处所的虚衔,也希望早日得到免除。

就是这个小小的官职,也还有可疑之处。前不久,全国进行人口普查,我被叫去登记。工作人员询问我的职务,我如实申报。她写上以后,问:

“什么叫编委?”

我答:

“就是编辑委员会的委员。”

她又问:

“做哪些具体工作?”

我想了想说:

“审稿。”

她又填在另一栏里了。

但她还是有些不安,拿出一个小册子对我说:

“我们的工作手册上，没有编委这个词儿。新闻工作人员的职称里，只有编辑。”

我说：

“那你就填作编辑吧。”

她很高兴地用橡皮擦去了原来写好的字。

在回来的路上，我怅怅然。看来，能登上仕版官籍的，将与我终老此生的，就只是一个编辑了。

在我一生从事的三种工作（编辑、教员、写作）里，编辑这一生涯，确实持续的也最长，那么就心安理得地接受承认吧。

以上说的，都是过去的事。有些近于自我吹嘘，意在介绍一点正面经验。很多事，我现在是做不来了。

种瓜得瓜，种豆得豆，这是自然现象。人生现象，则不尽然。时间如流水一般过去了。过去，我当编辑，给我投稿的人，现在有很多已经是一些大刊物的编委或主编了。其中有些人，还和我保持着旧谊，我的稿子给他投了去，总是很热情负责的。例如在北京某大报主编文艺副刊的某君，最近我给他寄去一篇散文，他特地给我贴了两份清样来，把我写错的三个字都改正了，使我非常感动。

但在旧友之中，也发生过不愉快的事。去年，我试写了一组小说，先寄给北京一位作家，请他给我看看，在当前形势下，是否宜于发表，因为他身处京师，消息灵通。他来信表示，要删掉一些字句，并建议我把三篇小说，合为一篇，加强故事性。我去信说：删改可以，但把三篇合为一篇，我有困难。请他把稿子转交另一位朋友，看后给我寄回来。

正当此时，上海一家刊物听说我写了小说，电报索稿，我就把家里的三篇原稿，加上新写的两篇，寄去了。北京的友人，忽然来信，说他参加编辑的刊物要用此稿。我当即复信给他，说不能这样办了，因为稿子已经给了上海。但他们纠缠不已，声称要垄断我的稿子。以上内容的信件，我先后给他们写了五封，另外托人打了两次长途电话，一次电报，均无效。我不知他们要闹成什么样子，只好致函上海刊物停发。最后，北京那家刊物竟派了两个同志，携带草草排成的小样，要我过目。我当即拒绝这种屈打成招的做法，并背对背地，对我那位友人，大发一通牢骚。

我心里想，当初你们给我投稿，我对你们的稿件，是什么态度？对你们是如何尊重？现在，你们对待我的稿件，对待我，又是如何的不严肃，近于胡闹？其实，这都是不必要的，后悔不已。

近年，我的工作，投稿多于编辑。在所接触的编辑中，广州一家报纸的副刊，给我的印象最深刻。稿件寄去，发表后，立即寄我一份报纸，并附一信。每稿如此，校对尤其负责。我是愿意给这样的编辑寄稿的。按说，这些本来都是编辑工作的例行末节，但在今天遇到这种待遇，就如同见到了汉官威仪，叫人感激涕零了。

亲爱的同志，回忆我的编辑生涯，也是不堪回首的。过于悲惨的事，就不必去提它了。就说十年动乱后期吧，我在报社，仍作见习编辑使用，后来要落实政策了，当时的革委会主任示意，要我当“文艺组”的顾问，我一笑置之。过了一个时期，主任召见我，说：

“这次不是文艺组的顾问，是报社的顾问。”

我说：

“加钱吗？”

他严肃地说：

“不能加钱。”

“午饭加菜吗？”

他笑了笑说：

“也不加菜。”

“我不干。”我出来了。

但“市里”给我“落实”了政策，叫我当了“天津文艺”的编委，这个编委，就更不如人了。一次主编及两位副主编召我去开会，我

奉命唯谨地去了,坐在一个角落里。会开完了,正想站起来走,三位主编合计了一下,说:

"编委里面,某某同志写稿很积极,唯有孙某,一篇也还没有写过,难道要一鸣惊人吗?"

说完,三个主编盯着我,我瞠目以对,然后一语不发,走了出来。

后来,揪出了"四人帮",那位主编下台了。我给这家刊物写了一篇散文,那两位仍在管事,先是要我把散文分做两篇,他们挑一篇;然后又叫我把不是同一年代发生的事,综合成一件事。我愤怒了,又喊叫一通,把稿子收了回来。

总之,对待作者,对待稿子,缺乏热情,不负责任,胡乱指挥的编辑,要他编出像样的刊物来,是不可能的。

在过去很长的年月里,我把编辑这一工作,视作神圣的职责,全力以赴。久而久之,才知道这种工作,虽也被社会看作名流之业,但实际做起来,做出些成绩来,是很不容易的。有人把它看作敲门之砖,有人把它看作高升之阶;你是个老实人,也很可能被人当作脚踏的砖石,炫耀的陪衬。比如被达官显宦、作家名流拉去,一同照个相,作个配角。对于这些,你都要看得开些,甚至躲开一些。不与好利之徒争利,不与好名之徒争名。不要因为别人说你的工作伟大,就自我膨胀;不要因为别人说你的工作渺小,就妄自菲薄。踏踏实实,存诚立信,做好本职工作。流光易逝,砖石永存,上天总不会辜负你的。虽然这是近于占卜的话。

现在,刊物不是太少,而是太多了,而且方兴未艾,有增无减。在艺术宫殿值班的神,不是绿衣少年,就是红妆少女。这是一种艺术繁荣的景象。你正当壮年,应该继往开来,承上启下,把编辑工作的好传统,例如鲁迅、茅盾的传统,发扬而光大之。我写到的几件旧事,也并非心怀不满,妄图发泄,不过举一些例证作为教训。

写到这里,已近深夜,而窗外蝉鸣不已,想到不应该再唠叨下去,浪费你的宝贵时光了。即祝安好吧!

孙 犁

1982年8月12日下午至13日下午

原载《人民文学》1982年第10期

我和《文艺周刊》

孙 犁

记得1949年进城不久,天津日报就创办了《文艺周刊》。那时我在副刊科工作,方纪同志是科长,《文艺周刊》主要是由他管,我当然也帮着看些稿件。后来方纪走了,我也不再在副刊科担任行政职务,但我是报社的一名编委,领导叫我继续看《文艺周刊》的稿件。当时邹明同志是文艺组的负责人,周刊主要是由他编辑。

报纸的副刊,是报纸的组成部分,大政方针,都由总编室定。我虽然负责看稿选稿,但最后还要送给一名副总编审定。我记得当时担任过副总编的林间同志、李克简同志,都审阅过《文艺周刊》的稿件。我是报社的一员,对领导是尊重的,很少因为对稿件的不同看法,取舍改动,闹过什么意见。当然,领导也是尊重我的意见的。后来我病了,稿子也就看不成了,文艺组的负责人,也屡经变动。"文化大革命"以后,《文艺周刊》复刊,我就再也没有管过。

现在有的同志,在文字中常常提到,《文艺周刊》是我主编的,是我主持的,有的人甚至说直到现在还是由我把持的,这都是因为不了解实际情况的缘故。至于说我在《文艺周刊》,培养了多少青年作家,那也是夸张的说法,我过去曾写过一篇小文:《成活的树苗》,对此点加以澄清,现在就不重复了。人不能贪天之功。现在想来,《文艺周刊》一开始,就办得生气勃勃,作者人才济济,并不是哪一个人有多大本领,而是因为赶上了解放初期那段好时候。

但我看过一段时间的稿子,这是事实。看稿的时间也不算太短,看稿期间,有机会结识了不少有才华的青年作者,直到现在还维系着感情,这也是无须讳言的。对这个刊物,我是有感情的,也花费过一些时间,付出过一些心力。现在可以提起一点:凡是当时我选用的稿子,不只发表以前仔细看,见报以后,我还要仔细看一遍,看看有无排错,别人有无改动。

我也在《文艺周刊》,发表了不少创作,特别是《风云初记》,前前后后,占了周刊不少版面。按照当时的情况,本来也可以拿到别处去发表,但因为我是随写随发,《文艺周刊》就成了近水楼台。我觉得这样校阅方便。当时有人提出意见,领导上也曾考虑,把这部小说移到拟议中的“月刊”发表,但月刊未能出版,就勉强登完了小说的大部。

我做工作,向来萍踪不定,但不知为了什么,在天津日报竟一呆就是三十多年,迄于老死。虽然呆了这么多年,对于自己参加编辑的刊物,也只是视为浮生的际会,过眼的云烟,并未曾把精力和感情,胶滞在上面,恋恋不舍。更没有想过在这片园地上,插上一面什么旗帜,培养一帮什么势力,形成一个什么流派,结成一个什么集团,为自己或为自己的嫡系,图谋点什么私利,得到点什么光荣。

现在,《文艺周刊》快出到1000期了,李牧歌同志要我写点什么,谈点希望。作为一家地方报纸的文艺副刊,出版到了1000期,中间虽经过十来年的停顿,也算是很不容易的事了。首先应该向它祝贺!其次:

一、《文艺周刊》应该永远是一处苗圃。就是说,应该着重发表新作者的作品,应该有一个新作者的队伍。一旦这些新作者,成为名家,可以向全国发表作品了,就可以从这里移植出去,再栽培新的树苗，再增添新的力量。这个刊物，不要企图和那些大型刊物争夺明星，争登名作。因为它是个小刊物，没有那么大的竞争力，不可能办名花展览。当然，有些作家，原来在这里发表习作，后来成为名人，还愿意为它继续写稿，以隆旧谊，当然很欢迎。否则，就不必勉强。

二、物以类聚，文以品聚。虽然是个地方报纸副刊，但要努力办出一种风格来，用这种风格去影响作者，影响文坛，招徕作品。不仅创作如此，评论也应如此。如果所登创作，杂乱无章，所登评论，论点矛盾，那刊物就永远办不出自己的风格来。

三、这是一个强调现实主义的文艺刊物。它欢迎有生活、有感受，手法通俗，主题明朗，切切实实的文艺作品。张而皇之的，不中不西的，胡编臆造的作品，在这里向来是不受欢迎的。

四、对作者，要热情扶植，又要严肃，不能迁就。不能用着时靠前，用不着靠后；约稿时，急如星火，稿到手，冷若冰霜。像"运动夫人"一样。对稿件，一视同仁，不以名头势力作衡文砝码。

五、编辑要提高文学修养，提高编辑水平，要经常出去跑跑，联系作者，不要只坐在桌前，守株待兔。

1984 年 4 月 7 日中午

选自孙犁《远道集》，百花文艺出版社 1984 年

与《南开文艺》编辑的谈话

1982 年 9 月 14 日，《南开文艺》编辑宋乃谦、滑富强、刘志武拜访了孙犁同志，说现在有些青年同志往往急于求成。有人觉得写几篇东西，看点书，就能够成为作家了。他们希望孙犁能结合这

个问题，对南开文学社的青年同志谈点希望。孙犁同志欣然应允，谈了他的看法。

我觉得，从事文学工作，一定要下扎扎实实的苦功。主要的是多念点书。现在一些青年人，一个是读得太少，另一个是读得不太仔细。我看书一般看得比较慢。差不多一字一句地看，连标点符号、错字也不放过。有些青年人，甚至有些搞文学工作的人，看书看得快极了。最近有个朋友给我捎来一本旧小说，叫《续孽海花》。我每天晚上也许看上一回到两回。精力也不行。但我看的比较仔细。它的错字非常多。遇上错字，我就考虑它应该是什么字。这样，印象就加深了。现在有些青年人，一问书名、作者都知道，但对于书的内容的理解就不太深刻了。另外，写东西也要认真。首先是字，有的同志现在连字都写得不太清楚。我看原稿，所以就有这种体会。有的写得很乱，我也就不愿看了。当然，不能以貌取人，以字取人。不过，最好要写得很清楚，很规矩。最近，邹明同志从北京约来了舒群同志的稿子。舒群同志也老了，七八十了。可那个字就像小学五六年级非常用功的学生，写得清楚，一笔一画，每个字都是这样。去年我看柳荫同志的稿子，也是清楚漂亮。所以，写东西一定要清楚认真。有的青年同志连名字都写不清楚，我最怕这个。不知你这个作者究竟是谁。有的字像草字，其实不是真正的草字，草字还可以查一查。所以，希望青年同志们，一是读得认真，二是写得仔细。写字也能代表你是否认真地推敲了、严肃地思考了。

现在有些同志写东西一是图快，二是图长。当然，有的人快，有的人慢。还是那句老话，缺乏内容的稿子越是容易长。有的人对生活的理解不是太深。你一不思考，二不观察，对生活就没有感触。最近，何士光写了《种包谷的老人》，我一看就认为不错。用的语言很不一般，很朴素。好作品一看就很吸引人，也反映了作者是用功、认真。现在,有些青年人,你说他不用功吧,他也很急躁、着急,老是想着赶紧成名成家。这个需要一步一步地来。不下个十年八年苦功是不行的。也许十年二十年。你们也不要老给青年讲别人得奖。要多讲作家没有出名以前,他的艰苦奋斗。不讲这个不行。文学得奖不是目的。当然,世界上有个诺贝尔奖金,那都是在成名以后。现在,到处评奖、到处发奖,形成一种风气。究竟对青年作家是不是有好处?好处多,还是有副作用?我看值得研究。现在形式上的东西太多。希望你们文学社多做些扎扎实实的工作。你们文学社的活动,我也从报纸上了解一些。我觉得你们搞这个对业余作者是有帮助的。怎么学习、怎么读书、怎么写东西,以及如何严肃认真,你们应该找一些这方面的材料。这样就可以把心浮气躁刹一刹。光看人家得奖了,发表了、印书了。人家那个东西也不是现成的。你自己也一步一步地走,走到那时也会成功的。现在不同于战争年代。过去是艰苦的生活,写东西也是工作,首先是一种革命工作,也没有稿费,也没有别的想法。现在有些刊物花招也挺多。现在有些作品确实商品化了。当然,也不能完全反对这个东西。巴尔扎克也算商品化,但他主要的不是商品化,是艺术。决不能把商品化作为目的。名利确实不是好东西,你们要告诉年轻人,不要在名利上打算盘。希望你们文学社多做扎实工作,不要满足于表面上的工作。什么工作也是如此。工作扎实了,出人才、出作品、出成果。

我不是反对给作品评奖,是说工作越扎实越好。好多作品得奖是应该的,但也有的不是名副其实的好作品。所以,写东西不要看这个。一看这个就麻烦了。还是要扎扎实实写东西。我前些时候给贾平凹写的序言,你们见到了吗?我就是这个意思。写东西叫耕耘,耕耘就要多出点汗,不怕晒。就是克服心浮气躁。

有些青年所以心浮气躁,是把文学看成生活的出路。有很多青年就公开这样讲。这个倒不用瞒着。文学不是很容易的事。做工人也要学几年徒。有这种打算不算不光彩。我年轻时也打算以文为生,可是为生不了呀!一年也不准登一篇两篇的,连半个月生活费也不够呀!

现在拜师的风气也特别严重。我记得我们那时没这个想法。我从来没有这个想法。不用说鲁迅,再小一点作家我也没给人家写过信。这种拜师现象也是不扎实的表现。你们自己也要做点示范。

再有,你们文学班也不要搞那种大规模的讲座。要根据你们的力量,多做一些切实的工作。你们看五四以后的一些文学团体,规模都比较小。不像咱们现在到处是人海战术、兵团作战。另外,还要选择志趣一样的,不要选得太多。不是谁愿意参加就参加。志趣不一样,你可以参加别的。你现在不够格,可以再过一段。

今天,主要就谈这些。写作要扎实,工作要切实。

(刘志武整理)

编者附记:

上文孙犁同志提到的舒群同志的新作,题为《美女陈情》。

选自孙犁《远道集》,百花文艺出版社 1984 年

文学期刊的封面

孙　犁

人民文学出版社编辑出版的《新文学史料》,复印了五四以来影响较大的九种文学期刊的封面,作为它的封面装饰。每接到这本刊物,注视着封面,我是有些感想的。

《语丝》、《奔流》是鲁迅先生主编的,封面也由他设计。他除篆写了“语丝”二字和设计了“奔流”两个美术字以外,没有作其他

装饰。其他七种刊物的封面，除去简单的图案以外，也是非常朴素的。

办一种文学期刊，主要是传播进步的文艺思想，发表优秀的作品。在这方面的质量如何，决定它在读者中间的信誉，也就决定了它的销路。它对封面的要求，不过是朴素大方，给读者以单纯的美，并不把它看做是招徕之术，斗艳争奇的手段。

有人可以说，那时刊物封面所以如此简单，是因为印刷技术还很落后的缘故。我以为这并不是主要的，当时有些画报，已经印得五彩缤纷，花花绿绿了。供儿童看的刊物，封面也多是彩色的。

主要原因是，当时办一种进步文学期刊，编者的美学趣味比较高，态度比较严肃。非不能也，是不为也。他们认为一种文学刊物的封面，正代表着刊物的风格面目，不应该轻佻和庸俗化。读者买一本文学刊物，也为的是看里面的文章，而不是为了看封面上的大美人。如果他有这种需要，他去买一本市场流行的画报来看好了。

我也并不反对大美人。但目前有些文学期刊上的美人画，有的颇带有广告画的趣味。

有那么一段时间，大家争着画裸体的美人，后来遭到非议，就给她们穿上一点衣服，越薄越好。穿上衣服是不得已的，被迫的。其实，作为美术作品，裸体的或穿衣服的，穿时装或穿得破破烂烂，是没有分别的。只问它是美术作品，还是广告？

就是在30年代，以上提到的那些刊物中间，有时也登过三色版的裸体女人画，例如《小说月报》。当然没有放在封面上，而是作为插页，供读者欣赏的。当时，并没有遭到非议，因为读者知道这是美术作品。

就是广告画，也要注意艺术性。除去商业上的要求，它也要注意社会风化的影响。新式印刷的美人画，在30年代就很流行了。那时有的烟草公司，一箱纸烟里，附赠一幅长条的时装美人画，也署着画家的名字，都是当时上海名手。他们画的美人，都是很端庄文雅的，没有那种搔首弄姿的轻浮味道。这种画很受群众欢迎，雅俗共赏，可以张之客堂，也可以悬之闺阁。

现在有些文学期刊的封面画，就有些不雅了。例如着重突出女人的胸部吧，常常使得那一部分，成了鲁迅所嘲笑的："有特大的乳房一枚。"有的倒是分开了，也因为太强调这个局部，又使得人物胸前好像挂上了一架旧式军用望远镜。这些画给人的观感，都是不自然的，不美观的。

有一家刊物，由于编辑的疏忽，把封四广告上的美人画，同封面上的美人画，一视同仁地作为美术作品，列入了刊物的目录。这真是把美术和广告合而为一了。另外，听说有的刊物，一换掉封面上的美人，就立竿见影地掉下几千份的销额。所以只能想方设法地维持着这个美人的局面。这也使人奇怪，读者买这本刊物，究竟是买的它的内容呢，还是买的它的封面？

这当然都是个别现象，但文学刊物封面的花花绿绿，争奇斗艳的现象，却带有点普遍性，有失文学刊物的朴素典雅的要求，似乎应该有所改革吧！

1982 年 1 月 13 日下午

选自《孙犁文集续编》第 2 卷，百花文艺出版社 2002 年

孙犁的编辑生涯

管　蠡

孙犁，是一位声闻遐迩的作家，但同时也是一位颇有声望的编辑。他的编辑生涯与创作活动几乎是同时开始的。将近半个世纪以来，孙犁在报刊文艺编辑工作中耗费过许多心血。他编辑过许多战斗的报刊，他发现并培养过许多有才干的作者，他从事编辑工

作的许多动人的事迹至今仍在同辈及青年中流传。

孙犁的编辑生涯，是伴随着中华民族神圣的抗日战争开始的。“七七”事变之前，孙犁在同口小学任教。芦沟桥的炮声一响，他立即放下教鞭，投入抗战的洪流。开始他在冀中区从事宣传工作，后即调往冀西山区。就在那有名的穷山恶水之间，他开始了自己的编辑生涯。他编过晋察冀边区的《文艺通讯》，编过《晋察冀日报》的副刊《鼓》。后来，又相继主编《晋察冀文艺》和《山》。日本投降之后，孙犁由边区调回冀中，主编《平原杂志》。天津解放之后，他由农村进入城市，主编《天津日报》的《文艺周刊》。

半生的编辑生涯，孙犁给人们留下的印象，首先是他艰苦奋斗的革命精神和战斗的工作作风。他在阜平山区办刊期间，生活极为艰苦。吃的是树叶、黑豆，穿的是粗布裤袄，睡的是没有席子的土炕，连一条褥子都没有。大年三十，房东送给孙犁一方带着一撮烂酸菜的白豆腐和一个冒着热气的窝窝头，他便心满意足，感激不尽，认为是蒙受了珍贵的馈赠。

就是在这样一种境况之中，孙犁日以继夜地工作着。那战斗的情绪，工作的效率，均属罕见。他编《文艺通讯》时，编辑部总共才两个人，承担着编辑、刻写、折叠、装订、发行等全部的工作。在他主编《晋察冀文艺》期间，他不但发表了许多切实的作品，而且写过许多指导创作的理论文章，同时还和同志们一起开展了军民誓约的评奖活动。

1941 年，冀中区党政军首长程子华、黄敬、吕正操等同志号召发起“冀中一日”的写作运动，要求各界群众亲自提笔，写下自己那战斗的一天。这场运动，由于领导重视，组织得力，很快就打开了局面，连一些老秀才、老绅士和一些上夜校识字班的妇女都参加了写作活动。稿子汇齐之后，用麻袋装着，足有一车。

这年秋季，孙犁回到了冀中。当时稿子刚刚到齐。《冀中一日》编选委员会主任王林热情地留他参加这一工作。于是，王林、孙犁、李英儒三人一起，在滹沱河畔的一个小村庄安了一个伙食单位，调来一批刻写人员，便工作起来。

当时，这一带村庄离敌人的据点很近，随时都可能出现敌情。他们把院门垒上，坐在屋子里守着麻袋口阅读，讨论，编选。选一篇，刻一篇，全书三十余万言，分为四集，只用了几个月的时间，便油印出版。

为了切实提高抗日军民的写作水平，王林同志建议孙犁根据阅稿的体会，写一本讲述创作基础知识的通俗理论读物。于是，孙犁又用了两三个月的时间，写成了十余万字的《区村和连队的写作课本》。这本书，论述之精当，针对性之强以及语言之深入浅出，都使当时的读者深表钦仰。吕正操、黄敬同志对这部著作十分重视，他们在戎马匆匆之中，将它带到晋察冀分局，铅印出版。书名改为《怎样写作》，《连队文艺》和《边区文化》也将此文转载。一时对抗日军民的文艺创作，起了极大的推动作用。解放后，又多次再版，改名《文艺学习》，深受文学青年的欢迎。

孙犁同志从事编辑工作的另一个使人感念不忘的举动，就是他对工人作者队伍的建设和青年作者的培养。天津解放之后，孙犁来到这全国有名的工业城市。他和他的同志们首先想到的便是建立工人作者队伍。

当时，工人作者的文化水平大都不高，艺术修养较为欠缺。于是，《天津日报》社便举办了工人业余作者讲习班。孙犁同志经常到讲习班里授课。阿凤、大吕、董乃相……都是那个讲习班的成员。在孙犁同志的启发诱导之下，他们在创作的道路上不同程度地都有所建树。董乃相同志是最早参加学习的一个。在孙犁同志的扶植之下，他这个只念过五年书的人得以发表不少作品。他的《小影壁》就是孙犁同志亲手修改发表的。当时每发几篇业余作者的作品，孙犁都要亲手写短评，予以分析。不仅如此，对于创作上已经取得些成就的作者，孙犁同志还积极推荐他们的作品使之成书。大吕的《郝家俭卖布》、董乃相的《我的老婆》都是孙犁同志委托“十月文艺丛书”的编辑曾秀苍同志出版的。

孙犁同志还特别注意从青年学生中发现和培养作者。1951年,刘绍棠同志将自己的短篇小说《完秋》寄给《文艺周刊》,孙犁同志从这篇小说中看到了作者的才华。《完秋》很快便发表了。从这时起,到1957年,绍棠在《天津日报》发表作品达十余万字。

1953年,保定一中学生韩映山同志寄给《文艺周刊》一个短篇,题名为《鸭子》。对于这篇小说,孙犁同志亲手进行了修改,发表在《天津日报》上。事后,孙犁经过保定,在一次文联举办的报告会上,还特意找到韩映山,具体谈了这篇小说修改的细节和修改的原因。后来,韩映山调到天津《新港》从事编辑工作,经常到孙犁同志家中作客,每到那里,孙犁便给他讲述创作的规律。当韩映山因病住院时,孙犁还特意前往看望,并赠诗给韩表示慰勉。

铁凝的小说创作刚刚起步不久,孙犁便从她的作品中看到了这位二十岁的青年作家的艺术前途。在他同铁凝的通信中,作为老作家和老编辑的孙犁同这位文坛新秀之间,多次讨论艺术问题。他给了铁凝许多支持和鼓励。

孙犁在从事编辑工作的过程中,曾经关心和培养过多少青年作者?没有人仔细计算过。但是,只要大体一想,就不难发现,当今文坛,特别是京、津、河北一带的许多中青年作家都曾得到过他的帮助。从维熙、贾平凹、宗璞、柳溪、李克明、冉淮舟、阿凤……不都从孙犁同志那里得到过教益吗?

如今,孙犁已经是年过古稀的人了。作为编辑,他虽然早已经退居二线,但是对青年作者的关心,却仍然不减当年。诚然,年老体弱的孙犁已经不能像年轻时那样替青年作者看很多稿子了,他也不可能再去亲手替别人修改作品。但是,在他力所能及的范围里，他对那些文坛新秀，始终没忘记关心和支持……

1984年4月10日

选自《编辑记者一百人》，学林出版社1985年

老编辑家孙犁印象记

克　明

人们对于作家孙犁是很熟悉了。他那独具风格的小说、散文，见地精辟的文艺论著，深得国内外广大读者的赞誉。但是，对于编辑家孙犁，一些读者，尤其是青年一代，就不大知道了。

5月的一天，我去拜望住在一所旧式大院里的孙犁。他穿的是蓝色短裤，白布衬衫，圆口布鞋，正在全神贯注地浇灌着门口平台上含蕾待放的盆花。

我说，想写一篇介绍他编辑生涯的文章。

他沉思了一下，才点点头说：

"可以。一定要实事求是……"

夜幕笼罩着我蛰居的文苑楼。夜深了。台灯下，我打开精装的《孙犁文集》，阅读着，回忆着，思索着，一位在编辑园地里艰苦勤奋耕耘了半个世纪的老编辑家的历程，一幕幕地在我眼前清晰地映现：

——1938年春天，刚刚穿上土布军装的孙犁，在冀中农村的卧斗砖坯房里，从自己携带和刚刚收集到的报刊上，编辑着包括古今中外革命诗人著名诗作的《海燕之歌》……

——1939年，阜平县城南庄一家店铺的窑洞里，孙犁伏在一张旧饭桌上，细心审读着一份份从战地、农村投寄给晋察冀通讯社的稿件。他有时一天给通讯员写70～80封联系信，还写了一本辅

导通讯员学习的《论通讯员及通讯写作诸问题》的小册子，铅印出版……

——1940 年旧历除夕，平阳附近的三将台村，窗外响着迎新的鞭炮声，孙犁在油灯下编辑着《文艺通讯》……

——1941 年春，晋察冀文联，一间长不到 1 丈，宽不到 4 尺的小房间里，孙犁编辑着文艺刊物《山》。著名作家梁斌的《红旗谱》的前身《三个布尔什维克的爸爸》，就发表在这个刊物上……

——同年秋天，孙犁回家探亲，冀中文建会的王林同志约他参加了著名的《冀中一日》编辑工作。他根据看稿体会写作了《区村和连队的文学写作课本》……

——1945 年底，刚刚从延安回到冀中的孙犁，接受了编辑每期十余万字的《平原杂志》月刊的任务……

——1948 年冬，踏着未尽硝烟进入天津的孙犁，负责《天津日报》文艺部的编辑领导工作。三十多年来，他一直主管这份报纸的文艺版……

是的，孙犁是一位阅历丰富的编辑家。五十多年以来，他在我国编辑出版事业，尤其是解放区的编辑出版事业上，做出了巨大贡献，培养了一批又一批的作家和编辑人才。

我和孙犁是 1946 年春天认识的。那时，他刚从延安回到冀中不久，住在河间城西街路北一个农家院的北屋东间。我是跟随大病初愈，还拄着双拐走路的远千里同志去拜望他的。那时，他已是发表过《荷花淀》、《芦花荡》的知名作家，但对我这个只念过小学六年级的“工农兵业余作者”极其热情。全国解放以后，我转业到《河北文艺》编辑部，后又调来天津工作，从此以后，和孙犁同志的接触更多起来。我被“错划”以后，在“戴帽”工作期间，他也未曾把我作为“敌我矛盾”来加以冷眼。

孙犁在创作上独具风格，他编辑的报纸、刊物也独具风格。抗日战争初期的《文艺通讯》和《山》，我的印象已经模糊。《论通讯员及通讯写作诸问题》和《区村和连队的文学写作课本》,我是作为难得的学习材料认真学习过的。《平原杂志》、《冀中导报·平原文艺增刊》和50年代~60年代初期他主编的《天津日报·文艺周刊》,我是每期必读的忠实读者。不知为什么,在他编辑的刊物上发表的作品,我总觉得有一种和他的作品同样的"味儿":清新、秀丽、朴素、含蕴,有浓厚的生活气息、艺术美和人情美。这种感觉,我曾和很多同志交谈,大家也都有同感。事隔几十年,每回忆起《平原杂志》和《冀中导报·平原文艺增刊》,那浓厚的冀中平原乡土气息,还使我感到那么亲切,像是又回到了抗日战争刚刚结束、解放战争即将全面展开的那一特定历史年代。十年浩劫开始前的《天津日报·文艺周刊》,可以说是风靡全国。它所发表的具有天津工人生活特色和冀中农村特色的小说、散文,曾赢得城乡广大读者的喜爱,而且培养了一支天津工人作家队伍和现在被称为"荷花淀派"的农村青年作家群。"刊物要有地方特点,地方色彩。要有个性。要敢于形成一个流派,与兄弟刊物竞争比赛。"这是孙犁几十年来编辑工作的亲身体会。我想,这也是他编辑的报刊所以有独特风格,深受读者欢迎、喜爱的根本原因所在。粉碎"四人帮"以后,孙犁虽然体弱多病,摆脱了日常编辑事务工作,但对《文艺周刊》以及《天津日报》相继办起的《文艺评论》、《文艺》(双月刊),仍负责着方针、方向上的指导。这些专刊、增刊,基本上仍然保持着孙犁开创的独特风格的。

严肃认真,尊重作者,珍惜初学作者的投稿,重视对青年一代的培养,是我对编辑家孙犁的另一深刻印象。据参加过1941年《冀中一日》编辑工作的同志介绍,当时孙犁对从各地用大车拉着送去的群众来稿是十分珍惜的。他曾经多次从别人扔进字纸篓里的废稿中又选回能用的作品编入书中。1946年他编辑《平原杂志》时,收到的稿件大多是部队战士和刚刚脱盲的农民写的,孙犁在"烟熏火燎"的小房间里,夏天一手搧扇,冬天烤个火盆,从一篇篇字迹都不大清楚的来稿中进行挑选。1983 年,《小说家》开始创办,我和编辑室几个同志去向孙犁求教,他的第一个建议就是要我们团结好作家,重视对青年作者的培养帮助。对作者要亲切也要严肃,对熟人和生人的稿件同样对待。他不止一次地对我们说:编辑处理稿件时,要尊重作者原稿,可改可不改的不改,可删可不删的不删,不要随便作改动。有一次,我见到作家韩映山,谈起这样一件趣事:还是 50 年代,映山写了一篇记述家乡生活的散文,投给《文艺周刊》,其中写到一条西流的小河。初审编辑把“西”改成了“东”。孙犁复审时考虑:那里的小河是有向西流的,于是又把“东”恢复为“西”。“那小河就是往西流的。孙犁对作者投稿这种‘一字不苟’的精神,真真叫我感动。”映山用他浓重的白洋淀乡音说,感情十分激动。据一位曾长期同孙犁工作过的编辑说:他们每次给孙犁送去复审稿件,孙犁总要把被删改的部分重新再读一遍,把不应删改的地方又恢复回来,常常使得编辑不好意思,面红耳赤。“敝帚自珍,无论新老作者,你对他的稿件大砍大削,没有不心疼的。如砍削不当或伤筋动骨,他就更会难过。如果有那种人,你怎样乱改他的文章,他也无动于衷,这并不表现他的胸襟广阔,只能证明他对创作,并不认真!”孙犁这一主张,原来我不大理解,通过多年编辑实践,我才体会到这个辩证观点的深刻、精辟。我们很多同志,都把它作为工作的“座右铭”。

孙犁是一位生活阅历丰富、学识渊博的大“杂家”——大学问家,他读书之多,见闻之广,为广大读者所叹服。在他自称为“耕堂”、“芸斋”的书房兼客厅里,除去一只书本大小的收音机外,没有一件称得上是“现代化”的用品,充满房间的只是书。他过的是一日三餐粗茶淡饭的极为简朴的生活,每天除去写作,接待,给他的青年作者、读者写信,就是读书了。从他发表在全国报刊的读书笔记中,可以看到他坚持每日读书之刻苦和辛勤。附带说一句,从我认识孙犁,他就一再劝导我多读书,好好读书。只是过去近五十年的工作历程中,有近四十年是在逆境中“认罪”、“检查”,心情悒悒,加上生性惰怠读书很少,这是很愧对孙犁同志的嘱托和期望的。

从表面上看,孙犁文质彬彬,性格内向,不善交游,甘于寂寞,往往给人一种“文弱书生”的印象,其实,跳动在他胸膛里的,却是一颗有着坚强党性原则的、正义的赤子之心。1984 年上半年,一些打着“通俗文学”招牌的色情、武侠小说开始泛滥,现实主义文学受到冲击,严肃的书刊受到排挤。我和当时《小说家》的负责人郑法清等去拜访孙犁,谈到刊物、出版社面临的困难,孙犁十分清醒地对我们说:这不过是文学出版事业发展中出现的一种反复。这种反复,古今中外文学上都有过多次。单靠行政命令解决不了。经过读者选择,比较,鉴别,批评,它们会被淘汰的。他举例说,30年代这类作品的势头很大,到头来,留在文学史上的,还是以鲁迅为代表的左翼现实主义文学作品。孙犁的谈话和他相继发表在《天津日报》、《人民日报》、《中国》等报刊的一系列谈“通俗文学”的论著,尤其是关于编辑、出版事业的论述,给了我很大的启发。我常常想,他在低级色情作品开始泛滥时所发表的那些文章,尤其是有关编辑、出版的论述,如:这类作品不只进入大报大刊物,而且进入大出版社,争相标榜,以谋多利,降低读者水平,影响青年心志,不但毒害青年一代,并且最终损害出版事业本身等等,是多么清醒、及时、深刻和有针对性啊!

孙犁从编辑《晋察冀通讯》、《山》到《平原杂志》,都有一个与众不同的工作方法,就是:“里里外外一把手”,一个人负责全部编辑工作。在编辑每期约十万字的《平原杂志》月刊时,省委宣传部曾给他派去一位女同志当助手。他谢绝了。有一次,他同我谈起这件 40 年前的往事时说,他并不是不愿意和别人共事,而是觉得这样又多一个人的人事工作,会增加麻烦。当然,我们今天的情况和解放区时已经完全不同,但孙犁“精兵简政”以减少人事麻烦的主张，我认为还是有一定参考价值的。我曾想，如果有在能力、水平足可胜任初二三审这三道工序的编辑，一个人（必要时配备一两个协助处理事务工作的助手）独立负责编辑一个刊物或一套丛书，也未尝不是一种可行的编辑方法。这对于克服“人浮于事”、“官浮于文”的出版事业中的官僚主义作风，也许会有所裨益吧？

今年7月初的一个傍晚，我又去拜望孙犁同志，正好和赴海南岛参加全国文学出版社总编辑座谈会归来的郑法清相遇。郑向孙犁谈及会议情况。谈到与会同志一致认为通俗文学作品也要坚持革命化、民族化、大众化，必须改进通俗文学的出版工作时，孙犁那因一场大病显得有些瘦削的脸上，露出了欣慰的笑容。

老作家、老编辑家孙犁，虽然已届74岁高龄，他在精神奋发地继续执笔为文的同时，那颗随着时代前进步伐而怦怦跳动的赤心，仍然在密切地关注着我们的编辑出版事业……

1987年8月于天津

原载《杂家》1987年第6期

孙犁编辑思想论略

张宗友

孙犁（1913～　），原名孙树勋，是我国现当代文学史上的著名作家，他的名字总是和《荷花淀》、《风云初记》等脍炙人口的小说名篇联系在一起。他又是一位有着丰富经验的著名编辑。从1938年选编《海燕之歌》开始，他先后独立或参与编辑了《文艺通讯》、《晋察冀日报》副刊、《冀中一日》、《平原杂志》、《天津日报》文艺副刊等刊物，在实践中积累和形成了自己一系列务实的、有效的“反映着一代编辑名家高尚人品和职业道德的编辑思想”①。

孙犁的编辑生涯可以分为三大阶段:1937 年 ~ 1949 年,是他为抗日战争、解放战争服务的阶段,也是他编辑思想开始形成的时期;1949 年 ~ 1966 年,是孙犁编辑《天津日报》文艺副刊的时期,培养了大批优秀的作者,是他编辑思想成熟的时期;1976 年以后,注重编辑修养和编辑理论,是他编辑思想日臻完善的时期。本文拟从办刊宗旨、作者观念、编辑修养等方面对其编辑思想进行考察与探讨。

一

孙犁认为刊物的根本宗旨是为人民服务、为当前的时政大局服务的,在不同的历史时期,不同的刊物有着不同的历史使命,但都要宣传党的路线、方针、政策,鼓舞人民群众的斗志,培养优秀的文学青年,提高他们的政治觉悟和文化水平,以服务于民族解放、革命斗争的需要,服务于精神文明、经济建设的需要。

早在 1938 年,他就编写有《民族革命战争与戏剧》,并选编了一本《海燕之歌》,为抗战摇旗呐喊。1946 年,他在晋察冀编辑《平原杂志》,在第 1 期的"编辑后记"里即开宗明义:"我们的目的很简单,通过这个小小的刊物,供应冀中区经过八年神圣战争的人民一些有用的文化教育粮食而已。""战斗并没有结束,意志也并没松懈,但是人民大众和在农村工作的干部同志们、青少年学生,他们需要书,很需要知识。……他们向文化发出欢迎的呼喊,我们的小小刊物响应这个呼喊出版了。"[②]在《〈平原杂志〉为组织读者小组启事》里,他又说:"本杂志为广大人民服务,系统地介绍各种文化知识,丰富农村的文化生活。"[③]为此,他还对来稿做了详细的规定:"故文字要求通俗,最好经过念诵,使文盲也能大致听懂的地步,文章也要采取活泼多样的形式",以"经过灵活趣味的形式,灌输有用的知识和思想"。[④]为深入地宣传党的政策,扩大影响,他一方面组织读者小组，开讨论会，“使杂志的内容，传播到不能直接阅读和不识字的群众中去”[⑤]；一方面增添《村级工作研究》等栏目，对基层工作予以指导，交流经验。他把刊物比作阵地的炮台，“从这里，我们要不断地对反动派射击。我们要尖锐地、及时地、广泛深刻地揭发反动派的阴谋和活动”[⑥]。孙犁这些努力，无疑与抗战胜利后的时局是紧密相连的。1980 年，孙犁在为《文艺评论》所写的“改进要点”中写道：“本刊发表有关文学创作的各种形式的研究、评论文章，如对于作家、流派的专题评论，对新出版的文学书籍以及期刊、作品的评论、介绍，对文学创作经验及规律的研究探讨，对文艺工作正、反两方面经验的总结等。对于最后一项，本刊将特加注意，以其对于今后文艺工作，意义甚大。”[⑦]这是在新时期拨乱反正的新形势下，为重新贯彻执行“双百”方针，推动文艺工作的发展而做出的重大改进。

二

刊物成功与否，与刊物是否拥有一支优秀的作者队伍密切相关，尤其是在大多数人民群众文化水平还不是很高的情况下，孙犁清醒地认识到了这一点。他一方面增强群众对刊物的理解与信任，让他们觉得这是自己的刊物；一方面激发广大读者的创作热情，使刊物有充足的稿源；同时还注重对作者的培养，使刊物有一支忠实的优秀的作者队伍。他多次强调：“我们这个刊物是决心为广大群众服务的，眼睛是向下的。”并发出热情的呼喊：“同志们，把一切的稿件寄给我们吧。我们最欢迎反映群众斗争和生活的稿件，我们最欢迎写出农民生活在地主封建势力压迫下面的痛苦生活的稿件，我们最欢迎写出经过翻身斗争，在民主政治下农民的快乐生活的稿件！……”[⑧]他还用亲切、风趣的语言和生动形象的比喻，鼓励广大读者、作者写作和投稿：“你心里有了许多话，你要描写一件事,这件事老在你的心里打转,它一切都准备好了,单等你拿语言把它送出来。那你就把它送出来吧,不要怕你的文字不美,言语不文。用花轿送出姑娘固然好看,初学写作好比穷人,把你的姑娘用牛车拉出去吧。只要文章的内容好,语言笨一些没有关系——但记住这是说初写,你千万不要认为这就好了:我可以永远用牛车往外送姑娘了。这样下去,会弄成车上已经不是姑娘而是粪草了。因为你对语言的工作不严肃,对文学事业你也一定失败无疑……”⑨这样情真意切的文字,很快就能赢得大批的读者和作者。在编辑《冀中一日》时,亲自动笔写稿的约有十万人,连不识字的老大爷、老大娘都请人代笔,热心参加;收到的稿件难以数计,打游击时要用几辆大马车拉着走。⑩

孙犁还不遗余力地对广大作者进行培养。他认为:“一个刊物的职责,主要的是培养作者,发展创作,它本身应该具备工作的性格,应该形成它的艰苦缔造的过程。”⑪在《编辑笔记》中,他从思想改造、生活经验、艺术修养三个方面对作者进行教导:“要想使自己的作品达到团结群众、教育群众的目的,首先要提高作品的思想性。……思想性不高,格调必然是低的。”“生活经历对写作是非常重要的,但同时还要关心群众各方面的生活。不关心别人,是写不出好作品的。”他希望作者从世界观、生活和技巧等方面加强学习,以提高艺术修养;同时在“名气”面前保持清醒的头脑。⑫孙犁还在写作上对作者进行具体的指导。在《通讯六要》里,他提醒通讯员应该注意六个方面的问题:一、要说实话;二、要写典型;三、要有分析;四、要写短文;五、要有创新;六、要抄清楚。他还以30年代一位作家穆时英的陨落为例,告诫作者要有平静的心态,不要急功近利。⑬针对一部分作者不愿写短小文章的倾向,他指出:“小题目认真去做,做到能以自信,并能取信于人,取信于后世,取信于科学,题目再小,也是有价值的。”⑭不仅如此,他还在刊物上开辟专栏,“发表新人新作,配合评介分析。提供青年文艺学习材料,借鉴作品。同时,约请老、中年作家发表作品,介绍经验,指导方向。”[15]用评论提高青年作者的文学认识,促进他们的健康成长。他把文艺刊物比作实际的园地,应该具备适当的土壤、雨水和气候:“如果园丁不耐心,或是由于缺乏经验,气候有时不正常,肥料有时施的太多,有时施的太少,对于幼苗都有不适宜。”[16]他对青年作者们精心呵护、关爱有加,努力使其免受文艺领域里时而刮过的不正之风的伤害,既不被“棒杀”,亦不被“捧杀”。[17]由于他的努力,在五六十年代,和他的名字联系在一起的《天津日报》文艺副刊,在发展工厂文艺和培养工人作家方面,做出了人们公认的贡献。除了阿凤,像董乃相、万国儒等,都是产生过全国影响的作家。在他所编的《文艺周刊》的周围,一批影响更大的新人成长起来了,如刘绍棠、从维熙、房树民等(这也是人们常说的“荷花淀派”的基本队伍)。

三

在读者、编辑和作者的关系中,编辑是联系读者和作者的中间环节。孙犁非常注重提高和加强编辑修养。他认为作为一名编辑,必须有学问,有阅历,有见解,有独到之处,[18]首要的是加强学习,提高理论修养;熟悉本行业的业务知识,做好本职工作。“编辑要提高文学修养,提高编辑水平,要经常出去跑跑,联系作者”,而不是只坐在桌前,守株待兔。[19]“编辑知道的东西,应该比作者要多些。要加深文字修养。浏览百家之书,不怕成为一个杂家。”“要熟悉农村、工厂、部队,包括种地、生产、作战的具体知识。”不知道这些,“就没法改稿,或改稿出错”。[20]他认为当务之急是向鲁迅等编辑大家学习,尤其是他们所编刊物的后记,从中可以学到对作者的态度、对读者的关心、对文字的严肃和对艺术的要求。[21]他本人无疑是这样做并大有收获的。

其次，他认为编辑要搞好与广大作者的关系，因为充足的稿源是办好刊物的必要前提。而这种关系，是一种全新的关系，“是一种亲密无间的家庭的关系，编辑对待作者的投稿，应该像对待远方兄弟的来信一样”。编辑要对作者有足够的关注，“要知道作者在这一时期，生活和学习的全部情况，来研究他在文学上所达到的反映。对作者的生活和经历，要具备充分的同情心，才能看出作品的优点和缺点”。不能把作者看成是自己随意可以调动的部下，因为“任务”的变化而接近或疏远。㉒稿件是编辑和作者之间相互联系的中介。“作为编辑，他的工作对象就是稿件。编辑和投稿者——作者之间的关系，应该是文字之交；双方面关心的问题，应该是稿件，而不是其它。”㉓所以孙犁对编辑如何处理作者的稿件有着清醒的认识：“对作者，要热情扶植，又要严肃，不能迁就，不能用着时靠前，用不着靠后；约稿时，急如星火，稿到手，冷若冰霜。对稿件要一视同仁，不以名头势力作衡文砝码。”㉔对作者稿件的修改，孙犁认为更是要小心谨慎，不轻易动手。他的原则是：“作者原稿，可改可不改者，不改。可删可不删者，不删。不代作者做文章（特别是创作稿）。偶有删节，要使上下文通顺，使作者心服。”㉕他反复强调：“编辑对于来稿的修改，应该非常细心，像对待自己的作品一样。删除一个字或是添改一个字，都要多番斟酌，照顾文情。编辑使作者伤心的地方，常常不在于删除，而在于他锄掉了一棵苗，却在行间留下了一棵草。”㉖对有些编辑大砍大删来稿的做法，他是非常反感的。他本人对作者的稿件，总是给予细心的呵护：“我的习惯，凡是到我手下的稿件，拆封时，注意不要伤及稿件，特别是不要伤及作者署名和通讯处。要保持稿件的清洁，不要给人家弄污染。”“我不大删改来稿，也不大给作者出主意修改稿件，更不喜欢替人家大段大段地做文章。只是删改一些明显的错字和极不妥当的句子，然后衔接妥帖。”㉗他对投稿者还每信必复，并且都写得很长，很有感情。㉘细微之处，很能见出一名编辑对作者稿件应有的态度。

在一些人的眼里，编辑是为人作嫁衣的。作为编辑修养的一个重要方面，孙犁认为一个编辑应该培养和有着健全、良好的编辑心态。首先要能对名利泰然处之："不与好利之徒争利，不与好名之徒争名。不要因为别人说你的工作伟大，就自我膨胀；不要因为别人说你的工作渺小，就妄自菲薄。踏踏实实，存诚立信，做好本职工作。"㉙其次是对待广大作者要有着亲切严肃的态度："熟人和不熟人的稿件，要求尺度相当。不和投稿者拉拉扯扯，不和投稿者互通有无……对待投稿者不摆架子，不板面孔，但也不因为他有所呈现而青眼相加。"㉚改稿时，要知之为知之，不知为不知，决不能为了让领导看到自己的工作成绩而故意把稿子大加删改，涂抹很多。㉛采用稿件时要有所为，也要有所不为："一切泛泛之谈，故弄玄虚，自我吹嘘之作，虽名家不收；一切言之有物，甘苦亲历之谈，虽无名必录。"㉜1980 年 10 月，他在为《天津日报》文艺评论版所写的改进要点里公开宣称："本刊发表文章，全凭稿件质量。不存成见，不搞派性，不看名位，不作交换。从本身做起，摒弃目前编辑工作中存在的不正之风。"㉝对发表作品不要有恩赐观点或投机心理，要做到坚持原则，不做风派人物。㉞他主张："刊物和编辑也不应该存有狭隘的功利观念，以为我们曾对谁有过帮助，他成名后，就要在自传里时常提到我们。……只争状元的坐师，不管倒霉的学生，能说是培养吗？"㉟健全良好的编辑心态，是做好编辑工作的必要条件。

孙犁认为编辑还应该有踏踏实实的工作作风，认真对待编辑工作的每一个环节，尤其像校对这样细致的工作，马虎不得："有好文章，固然是第一义；但是如果没有认真的校对，好文章也会变为不好的文章，使人读起来别扭，甚至难以卒读。"（他寄给某杂志社的稿件，其中有一句"余于所为小说，向不甚珍惜"，"所为"被改为"所谓"，其义大谬。）㊱同时还要有全力以赴的工作精神，不丢三落四，弄脏或丢失稿件。[37]这些都是编辑应有的优秀品格。

综观孙犁的编辑思想，坚持为人民服务、为时政大局服务的办刊宗旨是第一位的；其次是在这种宗旨的指导下，妥善地处理读者、编辑、作者之间的关系，积极培养青年作者，加强编辑修养，提高广大人民群众的文化素质。这对我们今天研究编辑理论、做好编辑工作和建设一支高素质的编辑队伍，都具有积极的指导意义。

参考资料：

① 郭志刚：《孙犁评传》，重庆出版社，1995 年 8 月第 1 版，第 115 页。

② 孙犁：《〈平原杂志〉第一期编辑后记》，《编辑笔记》，山西人民出版社，1983 年 8 月第 1 版，第 5 页。

③ 孙犁：《〈平原杂志〉为组织读者小组启事》，《编辑笔记》，山西人民出版社，1983 年 8 月第 1 版，第 4 页。

④ 孙犁：《〈平原杂志〉征稿启事》，《编辑笔记》，山西人民出版社，1983 年 8 月第 1 版，第 3 页。

⑤ 同③，第 4 页。

⑥ 孙犁：《〈平原杂志〉第二期编辑后记》，《编辑笔记》，山西人民出版社，1983 年 8 月第 1 版，第 7 页。

⑦ 孙犁：《〈文艺评论〉改进要点》，《孙犁文集》（第 7 卷），百花文艺出版社，1982 年 3 月第 1 版，第 185 页。

⑧ 同⑥，第 12 页。

⑨ 孙犁：《文艺学习》，《孙犁文集》（第 6 卷），百花文艺出版社，1982 年 3 月第 1 版，第 57 页。

⑩ 同①，第 74 ~ 75 页。

⑪ 孙犁：《论培养》，《孙犁文集》（第 6 卷），百花文艺出版社，1982 年 3 月第 1 版，第 267 页。

⑫ 孙犁：《编辑笔记》，《孙犁文集》（第 7 卷），百花文艺出版社，1982 年 3 月第 1 版，第 161 ~ 165 页。

⑬ 孙犁：《通讯六要》，《孙犁文论集》，人民文学出版社，1983 年 3 月第 1 版，第 235 ~ 237 页。

⑭ 孙犁:《吴泰昌〈艺文轶话〉序》,《孙犁文集》(第6卷),百花文艺出版社,1982年3月第1版,第536页。

⑮ 孙犁:《〈文艺增刊〉致读者、编者》,《孙犁文集》(第7卷),百花文艺出版社,1982年3月第1版,第183页。

⑯ 同⑪,第265页。

⑰ 孙犁:《〈文艺评论〉改进要点》,《孙犁文集》(第7卷),百花文艺出版社,1982年3月第1版,第186页。

⑱ 孙犁:《吴泰昌〈艺文轶话〉序》,《孙犁文集》(第6卷),百花文艺出版社,1982年3月第1版,第534页。

⑲ 孙犁:《我和〈文艺周刊〉》,《编辑笔记》,山西人民出版社,1983年8月第1版,第90页。

⑳ 孙犁:《关于编辑和投稿》,《孙犁文论集》,人民文学出版社,1983年3月第1版,第118页。

㉑ 同⑳,第118页。

㉒ 同⑪,第265~266页。

㉓ 同⑳,第117页。

㉔ 同⑲,第90页。

㉕ 同⑳,第118~119页。

㉖ 孙犁:《论培养》,《孙犁文集》(第6卷),百花文艺出版社,1982年3月第1版,第266页。

㉗ 孙犁:《关于编辑工作的通信》,《编辑笔记》,山西人民出版社,1983年8月第1版,第79~80页。

㉘ 同①,第158页。

㉙ 同㉗,第86页。

㉚㉛ 同⑳,第118、120页。

㉜ 孙犁:《〈文艺增刊〉,开辟"创作经验"专栏的几点说明》,《编辑笔记》,山西人民出版社,1983年8月第1版,第65页。

㉝ 同⑦,第187页。

㉞ 同⑳,第120页。

㉟ 同⑪,第266页。

㊱ 孙犁:《谈校对工作》,《孙犁文集》(第7卷),百花文艺出版社,1982年3

月第1版,第179页。

㊲ 同㉗,第77~79页。

选自中国编辑学会秘书处编《未来编辑谈编辑》,北京出版社1999年

忆前辈孙犁

宋曙光

最早听到孙犁的名字,是在我参加工作之后。1975年10月8日,我被分配到天津日报社工作。1977年元月2日,又被调到文艺组。可以想见,我当时激动的心情。在报纸副刊做编辑工作,是我在走向工作岗位之初,萌生的一个青春梦想。而且,在调动之前,我已经在副刊"尽朝晖"上,发表过诗歌作品,只是我当时还不知道,在"文革"期间,被"尽朝晖"取代的"文艺周刊",才是真正意义上的文艺副刊,它当年的创办者,是郭小川、方纪和孙犁。

到文艺组上班的第一天,我就拜访了孙犁。那天,我拿着两份干部履历表,来到多伦道报社宿舍。敲开高台阶儿上的房门,迎面出来一位清瘦、高挑儿的老人。我问:"您是孙犁同志吗?我是新调到文艺组工作的。报社发了两份干部履历表,请您填写。"

那个时期,单位里经常会发一些表格,让人填写,已经习惯了。孙犁一边接过履历表,一边让我进屋坐坐。因为是第一次见面,我只是与老人说了几句客套话就告辞了。

回到编辑部,我开始有意识地了解一些有关孙犁的情况,并读了他的成名作《荷花淀》,以后又随发随看地读了他发表的几乎全部新作。我发现,组里的老编辑,对孙犁都是很敬重的,在工作中,只要一提到孙犁,大家总是显出很兴奋的样子。我那时年轻,还不

到 20 岁吧，孙犁留给我的印象，连同他那独居的寓所，都有一种较为简朴的感觉，言谈举止，更像是一位和蔼的老人。

在我的记忆里，自从我调到文艺组，孙犁就没有到编辑部来过，他家里也没有电话，有事需要联系，不是他托人捎话，就是我们到他家里去。每次见面，孙犁都要问起编辑部的情况，老人知道我喜欢写诗，就经常鼓励我多写多练，一见面就问，最近又写诗了吗？有时我写了新作，就拿去给孙犁看，请他提些意见。在我写作的初期，孙犁给过我热情的勉励。至今，我还珍藏有在 1978 年，孙犁为我的诗稿亲笔写的阅稿意见。

在孙犁家中，我看到过他在冬天，戴着套袖，和保姆一起忙活煤球炉子；他在早餐时，喝着稀粥，面前摆着一些佐餐的小菜。而更多的时候，是我看到他坐在窗下的写字台前，伏案写作的情景。老人是勤奋的，我只是看到过他白天写作，我想像老人在夜晚，也是工作的，因为我记得孙犁经常失眠，这可能与他长年在夜间写作有关。

1979 年 1 月 4 日，“文艺周刊”复刊，我为此写了一条复刊的消息，刊登在《天津文艺》上。复刊前的一些准备工作，都曾征得孙犁的同意。特别是请回了已经从工厂退休的老编辑李牧歌，以便重新联系和集结起新老作者队伍，使“文艺周刊”继承原有的优良传统。与李牧歌先后返回报社的，还有她的丈夫邹明。这一决定，也是孙犁亲自提出的。调回邹明，是为了让他负责编辑于 1979 年年底创刊的《文艺》增刊（后改为双月刊）。从这个人事调动上，也可以看出，孙犁对“文艺周刊”和作为“文艺周刊”一部分的《文艺》增刊，是倍加关注的，尤其是在编辑人选上，他是有权亲自定夺的。

对于副刊工作，邹明夫妇是一对难得的好编辑，他们时常会为工作而争吵，我曾见过多次，邹明大声地说话，嘴里还常常重复着“孙犁同志说了”，这都是在工作上，对于稿件的不同意见。

1980 年 9 月，“荷花淀派”作品研讨会，在河北省石家庄召开。孙犁因身体等原因不能赴会，由我和邹明结伴前往。出发那天，我们在火车站，见到了鲍昌。这次研讨会很具规模，在石家庄，几乎聚齐了所有孙犁作品的研究者和师承孙犁的一批中年作家。这是十年浩劫之后，京、津、冀地区作家的一次聚会。到会的刘绍棠、从维熙、韩映山以及铁凝等人，与邹明、鲍昌很熟，相聚的场面，有一种劫后余生的感觉。会议期间的每个夜晚，他们都要聊至深夜，直至会议结束。这种友情，源自《天津日报·文艺周刊》，源自文学前辈孙犁。编辑与作家，能够达到如此境界，在报纸副刊史上，也要堪称奇迹了。

返津后，我和邹明一起到孙犁家中，向他详细汇报了这次研讨会的情况。孙犁虽然未能赴会，但他是很关心这次会议的，出发前，对我们是有所交待的。听完汇报，孙犁还问起都有哪些作家到会，特别是问了刘绍棠等人的情况，话语间，老人流露出深深的怀念之情。

正是有了孙犁的支持，加上编辑们的努力工作，“文艺周刊”复刊后，仍然保持和发扬了以往的优良传统；而《文艺》增刊，则成为现实主义文学的一块阵地，曾得到丁玲、舒群等国内著名作家的关注和厚爱。我最初编辑“文艺周刊”时，是负责诗歌稿件。我把自己想约一些大诗人作品的想法，告诉给孙犁，希望能得到老人的支持。孙犁听了我的设想，每次都表示赞同，还主动代我撰写约稿信。1979 年 5 月 12 日，我在向田间约稿时，孙犁就将他写给田间和曼晴的两封信交给我，嘱我一并寄去。田间收到信后，很快就寄来了诗稿，并请我代他向孙犁问好。我拿着田间的惠诗去见孙犁，请老人看了田间的信，还请老人帮助辨认了诗稿中的几个字（田间写诗多用毛笔，字迹难免潦草）。孙犁不仅当场就读了田间为“文艺周刊”写的诗，还叮嘱我给田间回信时，也替他再致问候。孙犁对晋察冀时期的老诗人，是怀有深深的战友情义的，我后来得知，孙犁在《服装的故事》里，写到的那个送给他一件日本军用皮大衣的人，就是田间（后在怀念田间的文章中，再次提到）。这样的诗人，还包括红杨树（魏巍）和曼晴。

在我眼里，孙犁既是编辑，又是作家，在这两方面，他都是颇有建树的大家。孙犁的小说、散文和读书记，都表现出很高的艺术造诣，在许多研究者和评论家都对他的作品发生兴趣的同时，孙犁却抽暇读了那么多的青年作家的作品，这从他逐渐增多的读作品记中就可看出，孙犁对当代文坛的关注，是全方位的。有些作家公开宣称，从来不读别人的作品。孙犁不是这样，他不厌其烦地给青年作者写信，谈读过他们作品后的感想。试想，倘处于摸索和成长时期的作者，能够得到一位作家热切而诚恳的指点，不是会受益终身的吗？

青年女作家铁凝的小说《灶火的故事》，就是由孙犁转给《文艺》增刊，在 1980 年第 3 期上发表，经《小说月报》转载后，在文坛上引发了一场争论。孙犁在给铁凝的信函中，谈到这篇小说时，给予了肯定，这对铁凝以后的创作，起了至关重要的作用。此外，孙犁还与贾平凹、佳峻和李贯通等人有过信件往来。1981 年 4 月 30 日，青年作家贾平凹，在“文艺周刊”上发表了一篇散文《一棵小桃树》。孙犁读后，立即提笔写了一篇推荐文章，发表在《人民日报》上。之后，两人通信不断。当年，贾平凹的《一棵小桃树》，是写在一种横格信纸上，字迹工整。前两年，这篇散文还被收进中学生语文课本，文后注明：选自《天津日报》。

蒙古族青年作家佳峻，他在与孙犁通信的同时，连续在“文艺周刊”上发表了多篇小说，我后来读到孙犁的《谈作家的立命修身之道》，就是写给佳峻的。1985 年年初，佳峻写了一篇小说《园丁》。读过作品之后，我打电话给佳峻说，我准备写一篇读后记。佳峻笑着拒绝，说除了孙犁，还没有人为我写过评论，还是不要写了吧。随后，我便去了北京。在佳峻简朴的单元房里，我们两人聊了一个晚上。回来后，我写了一篇读后感，想了想，便拿去给孙犁看，请老人帮我把握一下。转天，孙犁托人将稿子带给我，并附了一张小条，说稿子已经看过，很好，只改动了一个字。翻开稿纸，我立刻发现，孙犁用钢笔，在原稿上改动了一个词，使原先的那句话，更为准确。发稿前，我把稿子拿给文艺部副主任温超藩看，他说："还没听说孙犁给谁改过稿子，你这是第一次吧。"

80年代中期，有一次在孙犁家里，无意中，老人说起现在理发遇到了难题，原先有一个走街串巷的剃头人，很久没有来了。我立即自告奋勇地说，我来给您理发吧。孙犁听后哈哈大笑，他说："小宋，你还会理发？"孙犁平时很少出门，去理发店理发，老人觉得不方便。

以后，每过两三个月，孙犁就会托人带话或捎信，让我去家里给他理发。字条上总是这样一句话："曙光：请来给我理理发吧。犁"。理发时，我们会很随便地聊一会儿天。理完了，孙犁就抢先拿起扫帚，扫地上的头发茬儿，我怎么说让我来扫，他都不同意。临走时，孙犁总要从书架上，挑一些诗集送我。在理发时，我和孙犁谈到最多的，还是编辑和写作的问题。老人尤其关心我的写作和工作情况，老人曾经应约为我和文艺部编辑孙淑英，开列过一个读书目录。老人总说，一定要坚持多写东西，多读书，这对于干好编辑工作，是会有所帮助的。

大概是出身编辑的缘故，孙犁读了那样多的在全国有影响的青年作家的作品。可能也是出于一种编辑的职责，面对寄来的稿件，孙犁不能拒绝青年人的热情，尽管年事已高，但孙犁还是在天气好的时候，心情好的时候，捧读那些作品，干起自己的老本行。也许正是进入晚年的孙犁对作品的理解和阐释，使青年作家的创作走向成熟。那些青年作家，在寄作品给孙犁的时候，是将他看做作家的，而忽略了孙犁还是一位直到晚年，仍在做着编辑工作的编辑大家。

孙犁具有很高的编辑素质和副刊编辑的丰富经验,他的文学修养和对刊物、读者负责的精神,是他成为编辑大家的重要原因。可惜,这样的好编辑后继之人不是很多。像鲁迅、茅盾、叶圣陶、巴金、郑振铎等杰出的作家、编辑家,他们留给后辈的,不仅仅是一些作品和编辑理论,而且还留下了做人的道德标准,这使得他们在中国现当代文坛上,成为不朽的巨匠。

我一直认为,孙犁的那篇《谈作家的立命修身之道》,不仅是针对作家而言,也是对副刊编辑所说。写作这篇文章,孙犁充满了激情,他在文中所阐述的观点和见解,作家和编辑可以共勉。

以孙犁对从事编辑工作的体验,他对待编辑工作的态度,我最初的想法是,一个编辑必须具备高素质、高修养。一个好的编辑,应该是能够组织稿件,安排好你所负责的版面,与作家和普通作者搞好关系;要有改稿能力、比较好的文字水平,能有自己的创作实践;知识面要宽、要杂,不能改错文字,不能犯常识性的错误。

副刊编辑在与作者打交道、处理稿件时,是应有一个严格遵守的标准的,这既有自身的素质因素,也有工作中逐渐完善的人格品质。一个刊物的好坏,直接取决于编辑,编辑的优劣和好恶,直接影响到所编刊物的质量和品位。这一点,我是从与一些老作家、老诗人的稿件交往中,领悟到的真谛。延安时期的老作家舒群,朴素而真情,生前与孙犁关系很好。他每次来稿,我们都要把稿子拿给孙犁看。后来在写到舒群时,孙犁说,他的小说稿件,总是抄写得一丝不苟,就像小学生作文。

诗人张志民,我们先是通信,后又到北京去拜访他。这位诗人,与《天津日报·文艺周刊》,有着亲密友谊,生前对“文艺周刊”的工作,给予过极大支持。每当谈到孙犁,张志民总是叮嘱一定要代他问好。他们之间不仅有书信往来,张志民出版小说选时,孙犁还曾写过一篇序言。像舒群、张志民这样的作家和诗人,他们对“文艺周刊”的关爱和帮助,是出于对孙犁的敬爱和友谊,他们看重孙犁，也就对由他创办的“文艺周刊”，多了一些关照和支持。这样，对于我们这些编辑，可以说，也是非常尊重了。

1983年5月，在“文艺周刊”1000期纪念专号上，孙犁写了一篇文章《我和〈文艺周刊〉》。孙犁将有些人说他培养了多少青年作家，认为是夸张的说法，只承认自己为“文艺周刊”看过一段时间的稿子，他对这个刊物，是有感情的，也花费过一些时间，付出过一些心力。这是孙犁谦虚的说法。对于“文艺周刊”，在初创时期，孙犁就倾注了热情，在上面发表作品，在下面组织工人作者讲习班。及至晚年，他仍在关心着这个刊物，不仅继续写稿，而且亲自撰写约稿信。因此，可以这样说，孙犁是一直关心“文艺周刊”的，人在老年，能有一块自己的园地，听一些旧好之音、新人之声，他的心情是欢愉的。

从这篇《我和〈文艺周刊〉》中，也可以看出，孙犁始终在关注着这个版面，他提出的办刊思想都是极为正确、极有见地的。孙犁要求编辑要提高自身的文学修养，提高编辑水平，要经常出去跑跑，联系作者，不要只是坐在桌前，守株待兔。

孙犁的这个要求，对于编辑来说，是最起码的，并未强人所难。回想当时，为了能够组到好稿，我们在北京是颇跑了一些路的，除了上述提到的作家和诗人，我们还拜访过老作家萧军、徐悲鸿的夫人廖静文、毛泽东保健医生黄树则……孙犁对我们从北京带回来的信息，是很关注的，每次向他汇报时，他都听得非常认真，并时常提出一些好的建议。

1984年5月10日下午，我去给孙犁送《耕堂函稿》的三份样报及16元稿费。孙犁正站在屋门口，向着院中眺望，见我去了，便让我进到屋里。孙犁这天的兴致很高，说话也多，在问过我近来是否又写诗了之后，便谈到“文艺周刊”的情况，他问：“最近稿子多吗？有没有好稿啊？”

我回答说：“来稿不少，就是好稿少。”

随后谈到约稿问题。孙犁强调说:"还是应该出去走走,那样会活泛点儿。'周刊'还应该添人。这是老问题了,提了一两年了。现在还是老框框,分来的年轻人都到记者组去锻炼,可是当编辑的,也要有年轻人,好出外跑跑约稿。像《光明日报》、《解放日报》、《文汇》月刊,出来约稿的都是年轻人。年轻人带一带,有些基础,就会顶事的。而且不光是对副刊有用,那是整个报社的财富。要搞投资,下本钱,为年轻人读书学习创造条件。我以前看《申报》、《大公报》,上面的每条小稿都很耐看,只要有时间,拿起来就能读。文字、标题都是很见水平的。办刊物,主要看作品质量,看你是下游的,还是上游的。你发表水平低的作品,人家就不会给你寄好稿子。"

孙犁的这番话,是就加强青年编辑的培养而提出的,并一直为此而做着呼吁。这是我记录较全的一次与孙犁的谈话(其中还提到一两家小报的情况),这样的交流,对我提高编辑能力,是颇有帮助的。

作为编辑大家的孙犁,他身上所具备的优秀之处,也是随处可见的。你可以在平时的接触中,点滴吸取,也可以通过他的作品,系统吸收。孙犁那时发表了大量的有关编辑的文章,谈刊物、谈稿件、谈改稿、谈编辑与作者的关系。这些,都是学做一名好编辑的经验读本。

对于工作上的不同意见、版面上稿件的质量等等,孙犁有时也是有自己的看法的,但这些不同看法,孙犁总是在交谈中逐渐沟通,提出希望,老人在晚年,力求善解人意,不愿给他人增加任何负担。有的想法,觉得不好当面说,就写进文章里去。这也是一种委婉,读到文章的人,就可以知道作者的真实想法了。

我就曾有过一次这样的经历。那是 1983 年 11 月 10 日,"文艺周刊"重新刊发了孙犁的《冬天,战斗的外围》。这篇原刊于 1940 年 12 月 24 日、26 日《晋察冀日报》的文章,由于战争的原因,已经散佚，后经读者从旧报刊中查出，抄录后寄给孙犁。对这篇充满战斗激情的文章，孙犁是很看重的，当即同意在“文艺周刊”上重新发表。在拼版时，我请人写了一幅毛笔字的版题，并将大样带给了孙犁。在签付印的当天，正好有事要到孙犁家里去，我便又带去了一份大样。那天下午，孙犁刚刚午睡过，他从书橱后面的卧室出来的时候，脸上还带着倦意，他说这两天身体不好，又腹泻了。我将大样递过去说，您再看看，还有无改动。孙犁说，我不看了，就按原稿吧。后来听说，孙犁在一篇文章中提到，由于自己年老眼花，送给他的大样字迹太小，他是无法校对的。我听了，有些赧然，不管老人间接提出的，是否指的就是这件事，我都作为一个教训，记取在心。再有稿样往来，我就送去校改过的清样，有个别字句拿不准，就当面商榷。

孙犁对自己的稿件，是不喜欢别人改动的，包括标点符号，那都是他的心血之作。文章发表后，他都要再读一遍，看有无错排。他带给编辑部稿件时，每次都要装好信封，叮嘱不要丢失，不要被包里的东西沾上油污。孙犁对稿件的珍爱，就像工人对待产品，母亲对于婴儿。

1994 年春天，魏巍夫妇前来天津参加老作家梁斌从事文学活动 60 周年暨 80 华诞研讨会。孙犁和魏巍是战争年代的老战友，这次到天津来，魏巍夫妇是准备去看望一下孙犁的。此时，孙犁已由原先的多伦道宿舍，搬进了鞍山西道的单元房。1993 年，孙犁还曾大病一场，做了手术。听说魏巍夫妇来访，孙犁立即答应了。当我领着魏巍夫妇登着楼梯，来到孙犁家的单元门口时，孙犁已经在那里等候了。

由于病后初愈，孙犁身体有些虚弱，但对于魏巍夫妇的来访，老人确实是很高兴的，他让魏巍和老伴儿坐在他的左右，问起他们的身体和生活情况。孙犁对魏巍的老伴儿刘秋华，也是很熟的，他们还聊起了一些家乡的事。临别时，我给魏巍夫妇和孙犁照了一张合影。

没有想到,这张合影竟成为我个人保存下来的,孙犁在晚年的最后的一幅完美形象。因为此后不久,孙犁再次生病住院,病魔的多年摧残,使老人日益消瘦,我甚至不敢去医院看望,我怕病中的老人,会取代我心目中一直珍存的文学大师的形象。从孙犁住院时起,每每听到老人病中的消息,我都会暗自落泪,我不相信老人就这样倒下去,孙犁应该是坚强的,他应该为千百万读者,始终握着手中的笔。

1999 年春天,从维熙、房树民专程从北京赶来,要去医院看望他们文学的启蒙恩师孙犁。从 50 年代初期,刘绍棠、从维熙、房树民,就在“文艺周刊”上发表作品,他们与孙犁之间,有一种特殊的感情。虽然我对从维熙和房树民的心情,深为理解,但当我陪同他们两人,来到孙犁的病榻前,我的心突然一阵颤栗。我第一次面对病中的老人,迎着老人那已显浑浊的目光,我说出自己的名字,希望能够唤起老人的记忆。

从维熙、房树民走到病床前,去握孙犁的手。两代作家的手,紧握在一起了。孙犁的手,已失去血色,青筋凸露,然而就是这双手,曾经扶持过多少青年作家的成长。如今,这双手在从维熙、房树民的双手间握着,在我的双手间握着,而此时,从孙犁的眼角儿,淌下了一滴热泪,老人一定是想起了他们之间几十年的情谊了吧。

与从维熙和房树民有着同样感情的,还有现在已是中国作家协会副主席的铁凝。2001 年 10 月 16 日下午,来天津开会的铁凝,想去看望久卧病榻的孙犁。自从 1993 年孙犁身染沉疴之后,铁凝便再也没有见过老人,这竟成了她心中的一份牵挂。

当病床上的孙犁,听到铁凝的名字时,竟很快地做出了反应,老人高声地说:“我们很久没有见面了!”铁凝立刻贴近老人的耳边,连声说:“是的,我们有很多年没有见面了,可我时常想起您、惦记您。河北省的老朋友也想念您,都希望您能尽快养好病,早日康复。”

孙犁的嘴唇不停地嚅动，他一定是有很多话要说，铁凝来医院看他，这熟悉的声音和面孔，一定勾起了老人心中许多幸福的回忆。

在孙犁丰富的内心世界里，是非常看重旧谊的，他与青年作者之间，结下的都是纯洁的文字之缘，不求任何回报的，时间愈久，感情愈真挚。而这些对孙犁怀有感激之心的作家，不论年龄还是地位发生变化，都不会忘记这一段师生之情。

回首往昔，我在“文艺周刊”，任了近二十五年责任编辑，诸多前辈编辑，曾为这块版面打下良好的基础，使这个富有传统的文学副刊，成为一个薪火传递的事业。这也是我的人生履历中，我年轻时代，最值得留恋的一段光阴。

从维熙 1999 年 4 月 9 日，在见到孙犁之后，在《北京日报》上，写过一篇《近读孙犁》。他在文中提到：“陪同我们一块去探视孙犁的《天津日报 · 文艺周刊》的编辑宋曙光，他是孙犁的老部下，深知孙犁个性中的含蓄，因而把孙犁流下的泪水，看成是一首无言的诗。”

这一说法，我是第一次听到，也很高兴。自 1977 年，我到了文艺组之后，孙犁已经不再上班，但这并不重要，我得到过老人真诚的提携和关照，并且因为编辑业务的关系，直到老人去世之前还维系着感情。我是在孙犁的旗帜和影响下，学做编辑，并且一直继续着“文艺周刊”当年的办刊传统，与一些新老作家，保持有良好的友谊。不久前，老作家雷加寄给我一册他新近出版的《雷加日记书信选》，其中在致作家王家斌的一组信中，提到：“《游击二月》全文发在《天津日报 · 文艺周刊》上，宋曙光同志寄来一信，挺温暖的。他说对老作家有感情，要我再寄文章去。”这是指的 1985 年，我与雷加老人的稿件联系，能得到这样一些作家的认可，我感到欣慰。

我们是在继续着一位前辈作家和编辑大家——孙犁，于半个世纪前创下的一份事业,并且仍在遵循着他的足迹,我感到荣幸。

原载 2002 年 7 月 18 日《天津日报》

为通俗化和大众化而努力

——记孙犁与《平原杂志》

杨振喜

编者按:孙犁先生既是一位文学大家,也是一位编辑名家。他对编辑工作有很多精辟独到的见解,值得我们认真学习、借鉴和研究。今年 7 月 11 日是孙犁先生逝世一周年纪念日,本刊特发此文,以示缅怀。

1945 年抗战胜利不久,孙犁经过多日行程才回到冀中老家。原准备小住几天,便重返驻地在张家口的华北联大,但由于冀中区党委的挽留,他在家只待了四天,就被梁斌安排到蠡县下乡搞创作去了。一直到年底,区党委通知他去河间报到,说另有"重要安排"。孙犁晚年回忆这件事时说:"区党委听说来了一位作家(那时还很少这样称呼),想叫我担任'重要职务'。这在别人看来,显达的通途已经出现在我的面前,可是一向熟悉我的人都说:他干不了,因此就没有做了官,一直潦倒至于今日","没有担任重要职务,区党委还是很关心我,叫我主编了《平原杂志》,确实是'主编',因为并没有一个同事。编辑部就设在冀中导报社的梢门洞里,靠西墙放一块门板,是我的床铺和座位,床前放了一张小破桌"。就在这个有着酷冬炎夏,也有夜静更深的简陋不堪的"编辑部"里,他会见了当时往来冀中、后来成为当代知名作家的一些同志（如秦兆阳、方纪、杨朔、王林、徐光耀、张庆田、李克明等）。自然，《平原杂志》这段编辑生活确实给孙犁留下了许多美好的记忆。

孙犁从抗战开始，就参加过一些文艺报刊的编辑工作，也几乎都是他独自一人，这已经成为习惯。但这次，区党委让他创办一份杂志，从刊物的定位到办刊的宗旨以及办刊方针，都由他亲自敲定，并负主要责任，情况就有所不同。其间，他曾与康濯通信，透露过他的不安："父丧回来，我接手了副刊《平原》，创刊了《平原杂志》……至于我的刊物（《平原杂志》），可不能和你们的相比，《时代青年》我看过了，它很好，你们人手多，写文章的人也多，外来材料也多些。但在冀中，写综合文章的人很少，我一个人又要下蛋，又要孵鸡，创刊号出来了，有点像'文摘'。"（1946 年 7 月 4 日寄康濯信）即使这样，他还是积极而认真地投身到创办新生的刊物上。孙犁说："这个刊物也还不是那么随随便便就送到读者面前去的。它每一期都好像有一个中心，除去同志们热情的来稿，围绕这个中心，我自己每期都写了梆子戏、大鼓词和研究通俗文艺的理论文章，并且每期都写了较长的编后记。"这些都是实话。

《平原杂志》自 1946 年 7 月创刊，到年底终刊，虽然只办了六期，但从仅存的几期杂志看，也能见到孙犁为它付出的心血和汗水，显示出这个刊物与众不同的风格个性。

首先是《平原杂志》在办刊方针和服务对象上的群众性。这份创办于战争年代的刊物，有着非常鲜明的时代特点和功利目的，这一点并不含糊。当时，服务于抗战、服从于特定历史的政治任务，是这一时期出版物的共同特质。孙犁将刊物定位为"通俗的综合性的文化杂志"，以民众和战士作为他的服务对象，是个非常明智的选择，也合乎"时宜"。孙犁在特拟的一则《征稿简约》和《征稿启事》中申明："杂志的主要对象为广大农民、区村级干部、中学高小学生、小学教师。故文字要求通俗，最好做到经过念诵，使文盲也能大致听懂的地步，文章也要采取活泼多样的形式。经过灵活趣味的形式，灌输有用的知识和思想。”值得一提的是，孙犁从战时农村的现实出发，有针对性地开办了这样一些栏目，像《平原论坛》、《问题研究》、《农村通讯》、《科学历史故事》、《乡村文艺》、《青年儿童读物》、《家庭座谈会》、《百科小辞典》等。这些栏目，正是战时政治形势的急需，又是大众日常生活的反映。试想，在战争年代，战火中的士兵或乡间的农民，能拿到这样一份刊物，无疑会开启一个明亮的窗口，去认知国家大事，了解历史与未来。他还开设了《读者园地》、《问题解答》、《服务》等资讯栏目，构建了一个与读者沟通的平台。与此同时，他在民众中号召成立读者小组，定期和他们联系，及时反馈他们的意见和建议，使刊物真正成为大众的朋友。这些实际的努力，表现了孙犁办刊思想的现实性和可能性。当然，这一具体的编辑行动，也为新中国成立初期我国一批大众期刊建设，提供了宝贵的经验。

其次是《平原杂志》的通俗性和民间性。在每一期刊物上，他除去邀请一些人为专栏写作专稿之外，其余大多文章，特别是一些通俗文艺作品和理论研究文章，几乎都是自己动手创作。他不仅写作评论、各种杂谈，还写作不少通俗文艺作品。仅现在能够见到的作品就有《说书》、《介绍〈时事传〉》、《向英雄的民兵们致敬》、《祝冀中文协成立》、《比武从军》等篇。这一时期，他基本不再创作小说，对通俗文学却表现出浓厚的兴趣，致使一些关心他创作的同志感到某种忧虑。为什么一个创作了诗体小说并承继了五四新文学传统的作家，一个严肃的坚持用纯正的现代汉语写作的纯文学作家，突然执著地转向了通俗文艺，而且那么痴迷，缘由何在？那时，他还创作了快板书《民兵参加平汉线》、鼓词《蒋介石臭史》、民歌《翻身十二唱》，这些通俗作品，都在民间流传，受到群众的欢迎。有研究者在河间农村调查时发现，时隔多年，他创作的梆子戏《比武从军》，直到 60 年代，仍有一些老年农民还能背出剧本里的大段唱词。他撰写的通俗文学理论文章，如《谈乡村文艺工作》、

《论继承》，特别是《说书》、《介绍〈时事传〉》两篇文章，从理论与实践结合的高度上，总结了民间文艺所以源远流长的历史和规律以及民间文艺生命力长久存在的道理。现在看来，当时他的许多看法和做法，至今仍然有借鉴价值。与此同时，孙犁还经常深入农村，举办短期文艺训练班，培养基层业余作者，为中小学教师讲课辅导，传授文艺理论和创作知识；有时还深入农村剧团，辅导群众的演出活动，活跃农村的文化生活。他就像他小说中的人物变吉哥那样，走到哪里，就把宣传工作做到哪里，成为群众爱戴的义务宣传员。孙犁不仅是创作上的多面手，还是活跃在社会底层和群众打得火热的乡间文化人。他后来回忆说："我那些年，并不像现在深居简出，蛰伏一处，时常出去云游，芒鞋破钵，云踪无定，一出去就是十天半月。回来编刊物、写稿子的时间，也不过是半月。"他这种"游击式"的、自由主义的编辑作风，虽然近似于戏说，但也是他的工作实况。孙犁不但身体力行，使刊物成为大众所理解和喜爱的读物，同时又对自己的创作心态和精神面貌进行调整。了解孙犁的人都知道，在这以前，他的创作观念和创作实践，是独特而不同流俗。早在抗战时期，在关于艺术形式的论战中，他是倾向"新瓶装新酒"观点，就是说，他的文学观念是比较前卫的、倾向于先锋的。他主张以借鉴西方优秀创作为主导，同时也要吸收中国传统文学的优长，进而创造我国新的文学。从艺术承继关系看，孙犁比较接近于五四新文学传统，特别是鲁迅的文学传统，因此很长一段时间，他的创作尽管别具一格，风格独特，很受文学圈内的欣赏，但在一个大众化和民族化为主导的氛围中，在权威话语占据优势的环境下，孙犁的创作并不被看重和认同，因而对他的价值认识不足。在40年代的冀中，他的创作多受批判，甚至曾被视为"带有小资情绪"的一类代表。在此期间，他多次写信给康濯、田间，诉说内心的苦恼，并请求他们帮助。在当时的形势下，他的这种表示，也是出于真情实意。因此，这次由他主办《平原杂志》，也许在孙犁看来,是一次改正"小资"情调的机会。其间,他深入实践,投身民间,对于文艺通俗化和大众化,也许有了切身体会。在深入社会实践和艺术实践中,他也意识到自己在创作上和民间文艺的"不太融合",为了服务大局,改变自己原来的状态,不仅需要,而是必须。他也体察到,目前所做的一切,不仅是抗战形势与任务的需要,也是服务广大群众改变自己的需要,非如此不可。在实践中,他还认识到,只有通过一些有志于此的作家的努力,才能创作出优秀的、在民间真正得以流传的大作品。孙犁又从史的角度指出:民间文艺与文人创作相结合,或在民间文学的基础上,由一些文人作家进行二度创作,就会出现崭新的民间文艺,这就是民间文艺文人化的过程,也是产生大作、力作的必然过程。他的这一观点,逐步形成他的一整套系统的通俗文艺理念。他说:"每个时代,都有远见卓识的文人,为文学的通俗而努力。在理论和创作实践上,都有过重大的贡献,许多作家的文集,都收入他们所写的通俗作品。在政治变革时期,通俗文学尤其为人重视。梁启超、瞿秋白都是如此。当然,他们所写的通俗作品影响有限,另有其原因,此不论。"当然,文艺的通俗化,也不能走向偏执,"民间形式,只是文学多种形式的一个方面。它是因为长期封建落后,致使我国广大农民文化不能提高,对城市知识界相对而言的。任何形式都不具有先天的优越性,也不是一成不变,而是要逐步发展,要和其他形式互相吸引,互相推动的。""文艺固然应该通俗,也类型不一,神形各异,但通俗者不一定皆成文艺。"所以,孙犁不顾一切地追踪前贤,以自己的努力来实践这一理论,也正是当时他热衷于通俗文艺的一大主因。如果从这个意义上观察《平原杂志》,考察他这一时期的编辑活动,或许才能进一步认识孙犁。

再次是《平原杂志》的刊物风格。创办有地方特点和个性的刊物,是孙犁一生的追求,这一时期,他一直为此而探求。他在编辑《平原杂志》过程中,常想到30年代那些颇负盛名的老一代编辑家:鲁迅、茅盾、叶圣陶、郑振铎、巴金,想到他们创办一个个有影响的刊物。他在办《平原杂志》,也在有意识地向这些前辈学习。眼前虽然是乡土刊物,但他并不妄自菲薄,自视低下,而是极力向那些大刊、名刊看齐。他不止一次地声称:“应该继往开来,承上启下,把编辑工作的好传统,例如鲁迅、茅盾的传统,发扬而广大之。”并呼吁:要参考前人编辑刊物的经验,也包括反面的经验。当务之急,是先学习鲁迅主持编辑的刊物,如《语丝》、《莽原》、《奔流》、《萌芽》、《文学》、《译文》等,应该学学他在每期刊物后面所写的“后记”。从鲁迅编辑的刊物中,我们可以学到对作者的态度、对读者的关心、对文字的严肃、对艺术的要求。在孙犁编辑过程中,他很早就树立起一面旗帜,就是以鲁迅为代表的一批大编辑家的榜样。他自觉地向他们学习,真心实意地靠近他们,这样,在他做编辑伊始,就站在了一个高的起点。他不只注意学习鲁迅的编辑思想和编辑作风,也注意借鉴鲁迅的一些具体做法,也坚持写好每一期的“编后记”。如《平原杂志》第1期的“编后记”,他这样写来:

《平原杂志》仓猝地和读者同志见面了。

很多同志希望这个刊物能担负起这样两个任务:思想教育和文化教育。虽说这两方面不能分开,可是就目前我们的能力来讲,恐怕还只能多照顾文化方面。

我们的目的很简单,通过这个小小的刊物,供应冀中区经过八年神圣战争的人民一些有用的文化粮食而已。

战斗并没结束,意志也并没松懈,但是人民大众和在农村工作的干部同志们、青少年学生,他们很需要书,很需要知识。

他们向文化发出欢迎的呼喊,我们的小小的刊物响应这个呼喊出版了。

我们做得很差,因为我们人手很少,还没有得到全体人民、工作同志、专家们的协助。但是我们相信它会一期比一期更和人民结合，更对人民有益，它会更充实完美。

这一期，我们转载了一些别的刊物上的文章，这好像是借来的粮食，但如果读者仔细研究把它当成借鉴来教育自己，那营养会是一样的，哪里的小米也养人。

我们热诚的希望，读者们见到了这个刊物，马上就共同来培养它。

再见。

1946 年 7 月

这期"编后记"，只有四五百字，但它直截了当，言简意赅，不摆架子，不作姿态，有观点，有主张，多理性，但不说教，平实自然，生动活泼，诙谐风趣。

孙犁撰写的各期"编后记"，一期有一期的内容，做到重点突出，各有侧重。如第 2 期的"后记"，重点放在通俗化上。该期专门发表了肖洛霍夫的长篇小说《被开垦的处女地》的中文缩写，他在"编后记"里专门让改编者商展思同志写了一份说明并予以转载，其用意在于引导读者更好地去阅读这部世界名著。孙犁懂得，雅和俗是统一、不可分的，俗而无雅，难以提高。这一做法很有开创性。在另一篇"编后记"中，他又把讲村级工作研究作为重点，他以葛洛同志《桥镇乡的黑板报》为例，指出办好黑板报的意义："这一块小小的黑板，它和全村工作一齐转动，而强有力地推动着工作的轮子，它是全村工作的声音！"这样的编后，旗帜鲜明，针对性强。总之，孙犁的"编后记"，从文本上看，是很好的编辑文字，从文章上看，浅近易懂，简洁明快，没有学究气，是很有特点的评论。在 40 年代的刊物中，别具一格、独树一帜。

有了《平原杂志》的办刊经验，特别是《天津日报》"文艺周刊"的多年而重要的经验，直到 70 年代末，孙犁开始考虑自己多年的编辑生平了。他说:“很长时间,我不自量力,想总结一下我们办刊物、培养和组织新作者,成功或失败的,回忆起来愉快或沉重的经验教训。结果,都力不从心地放下了。”然而,他还是写出来关于编辑学方面的十多篇文章。如《编辑笔记》、《谈校对工作》、《关于编辑工作的通讯》、《关于编辑和投稿》、《文学期刊的封面》等,较多地阐释了他一贯的编辑思想与理论。这些思想与理论,许多是在他主编《平原杂志》过程中逐步形成的。所以,《平原杂志》是孙犁编辑历史上至关重要的一个台阶。从那时起,孙犁已经在向编辑名家走近,或者说,他当时就是一位编辑名家了。

原载《中国编辑》2003 年第 4 期

报纸副刊如何办出特色

——孙犁报纸副刊编辑研究

李九伟

报纸副刊,是报纸不可或缺的重要组成部分。它以其独特的文化功能,为读者建设一块精神的家园。著名的报纸一定会办出著名的副刊,著名的副刊也一定能提升报纸的品位。报纸副刊与报纸新闻一起,组成报纸参与新闻全方位竞争的两大版块。

著名作家孙犁,就是一位在报纸副刊编辑方面成绩卓著的著名编辑家。他长期从事《天津日报·文艺周刊》的编辑工作,在半个多世纪的编辑生涯中,孙犁在报纸副刊的编辑理论和实践方面都建树颇深,形成其独特的“反映着一代名家高尚人品和职业道德的编辑思想”。中国报纸副刊研究会设立的“孙犁编辑奖”是对孙犁编辑成就的充分肯定。

报纸副刊如何办出特色？我们不妨以孙犁编辑《天津日报·文艺周刊》为例，总结出以下三个方面的经验：

一　报纸文艺副刊肩负着扶植文学新人的重任，要善于从农民、工人、学生中发现和培养新作者

报纸文艺副刊的职责，主要是培养作者，发展创作，但一个刊物想永远刊载的都是"头牌"作家的作品，是很困难的，能够训练出一班新人来，却是切实可行的。要善于从学生、工人、农民中发现和培养作者。

孙犁同志长期从事《天津日报·文艺周刊》的编辑工作，他开创了该刊热心扶植青年作者的传统，他把《文艺周刊》比作培养新作者的苗圃："《文艺周刊》应该永远是一处苗圃。就是说，应该着重发表新作者的作品，应该有一个新作者的队伍。一旦这些新作者，成为名家，可以向全国发表作品了，就可以从这里移植出去，再栽培新的树苗，再增添新的力量。"这一观点，成为《天津日报》一代又一代编辑遵循的办刊指南。

著名作家韩映山、刘绍棠、从维熙、肖复兴等，都曾是《天津日报·文艺周刊》这片苗圃中的小苗。韩映山、刘绍棠当初给《天津日报》投稿时，都还是十几岁的学生。读中学的刘绍棠写的散文《榆钱饭》在《天津日报·文艺周刊》发表后，被选入中学语文课本，极大地激励了他的创作热情。从1951年到1957年，刘绍棠在《天津日报》发表作品达十万余字，刘绍棠在《忆旧与远望》的文章里写道："对于《天津日报》的远见卓识，扶植文学创作的热心和决心，栽培文学新人的智力投资，我是非常钦佩和感念不忘的。孙犁同志把《文艺周刊》比喻为苗圃，我正是从这片苗圃中成长起来的一株树木。饮水思源，我多次写过，我的创作道路是从天津走向全

国的。”当今文坛，特别是津、京、河北、山东等地的许多青年作家，如铁凝、贾平凹、宗璞、李克明、冉淮舟、阿凤、肖复兴等在起步时，都曾从孙犁那里得到过教益。50年代，孙犁积极倡导建立工厂文艺，编发了许多业余作者的文章，培养了一批工人作家。天津文学评论家沈金梅说："天津有一定规模的纯文学界和纯文学创作，并能引起全国注意，还是从解放以后才开始的。在这中间，孙犁主持的《天津日报·文艺周刊》可以说是其功至伟。”孙犁堪称天津文学事业的开拓者和奠基者！

二　报纸副刊要努力办出一种风格来，用这种风格去影响作者、影响文坛、招徕作品

报纸的文艺副刊应有个性，不能随波逐流。要敢于形成一个流派，从内容到形式要敢于创新，才能在众多的刊物中把读者和作者吸引到刊物上来。

孙犁是“荷花淀派”代表作家，他以自己的创作实践和理论倡导确立了《天津日报·文艺周刊》现实主义的创作风格。他在《我和〈文艺周刊〉》中说，“虽然是个地方报纸副刊，但要努力办出一种风格来，用这种风格去影响作者，影响文坛，招徕作品。”在孙犁的主持下，《文艺周刊》始终与时代同步，高唱时代主旋律，反映人民群众在社会主义建设中获得的生活进步和精神的升华。不管政治风云如何变幻莫测，不管报刊市场如何扑朔迷离，《文艺周刊》始终以承载与传播先进文化为己任，从不随波逐流，也从未发表过媚俗之作。1964年，十年动乱即将来临，思想文化界一片山雨欲来风满楼的肃杀之气，《文艺周刊》毅然停刊，不惜暂时告别文坛，以缄默注视着历史，保持了版面的一腔浩然正气。1979年复刊后，依然高举现实主义大旗，使《文艺周刊》的现实主义传统50年不变。

三 报纸副刊编辑要加强自身修养，做好选择把关工作，要经常与作者保持联系

编辑工作，就是一个选择把关的过程。茅盾曾以“披沙拣金，功归无名英雄”赞誉编辑。他们要从大量普通稿件中发现有价值的好稿，并不惜千淘万滤将它发掘、提炼出来。报纸副刊编辑要做个优秀的“把关人”并不容易，孙犁同志认为编辑要做到以下几点：

首先，编辑必须有学问，有阅历，有见解，有独到之处。编辑知道的东西，应该比作者要多些。因此，编辑要加深文字修养，要浏览百家之书，不怕成为一个杂家，还要熟悉社会各行业的生产、生活和语言。要熟悉农村、工厂、部队，包括种地、生产、作战的具体知识。不知道这些，就没法改稿，或改稿出笑话。要参考前人办刊经验，学习他们对作者的态度、对读者的关心、对文字的严肃、对艺术的要求。

其次，编辑对稿件严肃认真，就是尊重作者，其他种种，都是无谓的客气。选稿时要坚持以质取胜，“编辑选登稿件越严格，应之而来的一定是创作水平的提高。反之，则会降低创作的水平”。不以名头权势作为衡文的砝码，对稿件一视同仁，稿件好的，立即刊登，连续刊登，不记旧恶，不避嫌疑。改稿时，知之为知之，不知为不知。不认识的字，不知道的名词，就查字典，或求教他人，或问作者，这都是工作常规，并不丢人。对作者的稿件删改应慎重，作者原稿，可改可不改者，不改，可删可不删者，不删。不代作者作文章。偶有删节，要使上下文通顺，使作者心服。凡是孙犁同志选用的稿子，不只发表前仔细看，见报后还要仔细看一遍，看看有无错排，别人有无改动。

第三，编辑要经常出去跑跑，联系作者，不要只坐在桌前，守株

待兔。孙犁曾给来稿者写了很多信件，且信都写得很有感情，很长。正如作家肖复兴说的："我常常想起孙犁先生，想起先生和我通的那么多的信。"编辑还应将读者的意见及时反馈给作者，促进编者、作者、读者之间的良性互动。

孙犁的副刊编辑思想，对我们今天的副刊编辑工作仍有极大的指导和借鉴意义。

原载《新闻采编》2005 年第 1 期

存　目

著　作

孙　犁　《孙犁文集》（五）
百花文艺出版社 1982 年

孙　犁　《远道集》
百花文艺出版社 1984 年

郭志刚　章无忌　《孙犁传》
北京十月文艺出版社 1990 年

论　文

孙　犁　《谈改稿——芸斋琐谈》
1983 年 10 月 3 日《人民日报》

李克明　《金风习习访孙犁》
1979 年 10 月 14 日《天津日报》

马献廷 《我见到的孙犁——为〈中国文学〉而作》

《新港》1979年第10期

管　鑫 《孙犁印象记》

《编创之友》1982年第1期

邢海潮 《我和孙犁》

《长城》1993年第1期

梅焕钧 《孙犁的编辑生涯》

《泰安师专学报》1994年第4期

罗维扬 《孙犁怎样当编辑》

《今古传奇》1994年第6期

李冰封 《感慨的余音——读孙犁同志的一则随笔以后》

《炎黄春秋》1995年第9期

姜德明 《孙犁印象》

1997年9月29日《文汇报》

杨　栋 《孙犁先生与文学青年》

《火花》1998年第6期

张学正 《观夕阳——晚年孙犁论述》

《当代作家评论》1998年第3期

从维熙 《近读孙犁》

1999年6月14日《北京日报》

邓友梅 《慕送孙犁师长》

2002年7月24日《光明日报》

铁　凝 《怀念孙犁先生》

《人民文学》2002年第11期

刘光人 《念孙犁》

2002年7月24日《光明日报》

滕　云 《荷花远　淀水清——悼孙犁》

2002年7月27日《人民日报》

苏　斌 《孙犁先生,走好……》

2002 年 7 月 27 日《人民日报》

铁　凝　《四见孙犁先生》

2002 年 10 月 24 日《人民日报》

张学正　《说不尽的孙犁——孙犁研究的回顾与期待》

《天津师大学报》2002 年第 4 期

侯　军　《遥祭文星——怀念孙犁先生》

《人物》2002 年第 10 期

贾永生　《忆孙犁》

2003 年 1 月 9 日《中国新闻出版报》

尹秋之　《面对孙犁的〈小书〉》

2003 年 1 月 30 日《中国文化报》

解力夫　《我所认识和理解的孙犁》

《纵横》2003 年第 1 期

陈方方　《浅谈孙犁的编辑思想》

《辽宁工学院学报》2003 年第 2 期

忽培元　《怀念孙犁》

《延安文学》2003 年第 2 期

滕　云　《国初孙犁》

2003 年 7 月 23 日《中华读书报》

张雪松　《孙犁先生二三事》

2003 年 7 月 11 日《天津日报》

吴泰昌　《听孙犁长谈前后》

2003 年 7 月 11 日《天津日报》

徐　靖　《记孙犁二三事》

2003 年 10 月 18 日《文艺报》

杨　义　《孙犁的文化哲学》

2004 年 8 月 4 日《中华读书报》

张光年

张光年(1913～2002),湖北省光化(现老河口市)人。原名张文光,笔名光未然。1925年“五卅”惨案在上海发生,12岁的他投身中国共产党影响下的进步活动。20世纪30年代初,就读于武昌中华大学中文系。学生期间,创办进步刊物,发表富于战斗性的杂文,并在武汉组织秋声剧社,开始从事进步戏剧运动。1933年,他和几个同学集资创办了《鄂北青年》杂志并任主编。1935年“一二·九”爱国学生运动爆发后,从事抗日救亡艺术宣传活动。抗日战争爆发后,他以高度的政治热情投入救亡运动,和其他同志组织了“中国文艺者战地工作团”,并被推为团长。“八一三”后,他从上海回武汉,投身文艺界的抗日宣传活动。1938年秋,他带领抗战演剧队深入吕梁地区从事抗日宣传活动。1939年初,他创作了具有重大影响的《黄河大合唱》。同年9月去重庆,在周恩来领导下开展文艺界统一战线工作。1941年皖南事变后,经组织决定转移到缅甸开辟工作,在仰光担任《新知周刊》主编。1942 年回到云南，在云南大学附中教书，同时任李公朴主办的北门出版社编辑和《民主增刊》的编辑。

新中国建立后，他先后担任《剧本》月刊和《文艺报》主编，并任中国作家协会书记处书记和全国人大代表等。

张光年既是著名诗人、文艺理论家、评论家，又是编辑家，他一生长期从事报刊的编辑工作，在编辑工作岗位上做出了杰出贡献。

一年来之中国出版界

张光年

我是有着"购书癖"的人，在没有事的时候，常好一人徜徉在书店里，报摊上，东翻西翻，流连忘返，这样几乎成为我例行的功课了。可以不理发，可以不穿衣，然而心爱的书却不可不买，虽然买来了一时未必能看。因为常常买书的缘故，对于出版界的情形也有相当的明了；不过最近半年来却不同了，书店不大去逛，书也不大买了，同时，对于出版界的情形，也渐渐生疏起来。所以这样的，理由很简单：一来因为"忙"，二来因为"穷"。

说到"忙"（读书时间的减少）和"穷"（购买力的减低），仅仅这两个字，已经够说明出版界大部分的现象了。近年的中国出版界，莫不营业萧条，产量低落，同陷于悲惨的命运；其主要的原因，便是大部分的读者，没有时间去阅读，没有金钱去购买，尽管书店的门前写着"大减价"、"大倾销"、"一律对折"、"一折八扣"之类的诱人的字样，而顾客仍属寥寥。

一年来的中国出版界，在各方面都贫弱得可怜，除开几种小型的单册和杂志在支撑一下场面外，有价值的"名著"及参考书籍的出版，成为仅见。各书局为迎合读者口味，适应读者购买力起见，纷纷创办杂志和期刊，以期苟延残喘。从 1934 到 1935 年度，是被称为“杂志年”的，各种杂志的出版，如雨后春笋，呈空前未有的盛况。据上海杂志公司的统计，所谓杂志年中的杂志期刊，较著名的共有 385 种，其中大部分都是软性的。

一年来各种定期刊物之量的增加，原是非常可喜的事。但是我们仔细分析一下这些刊物的性质，多半离不了幽默小品，杂感，闲话这一套。我并不是说这些东西是完全要不得的，但大部分的刊物都朝这方面走，却是一种病态的表现。促成这种现象的原因，一方面是读者之时间的及经济的关系，他们想出较低的代价，也可以得着包罗万有的精神食粮；一方面是想办杂志的人多，出版家以此营利，编辑者藉此出风头或达到其他目的。

年来图画刊物的盛行，也是值得注意的事。尤其是漫画的和摄影的期刊，是从前少有的。这本来是一种好的现象，它一方面证明了中国近年印刷技术的进步，一方面说明了漫画摄影之类的东西，已经由附庸蔚为大国，成为一种独立的表现工具了。但稍一翻阅它们的内容，多半充满了低级的、肉麻的、色情的成分，编辑者并没有把图画摄影赋予一些严肃的意味，并没有把它们当作正当的表现现实生活的手段。

一折八扣的标点书，充斥于大小书店及报摊，它们的销路非常畅旺，一般小市民所最欢迎的读物是这些。细考这些书籍的性质，十分之八是宣传封建的意德沃逻辑①的旧小说，一部分是错误百出的标点古书，还有一部分“性史”之类的消闲读物，它们对于读者的益处远不及它们的害处。虽然，它们已经尽了显示中国出版界之贫弱与可怜的任务了。

一年来的中国出版界，有一种最显著的倾向，我要放到最后才指出的，那便是大批地翻印古书。商务印书馆的“十通”，“国学基本丛书”，及预约中的“丛书集成”，中华书局的改订本的

---

① 英语“意识形态”的译音。

“四部备要”，开明书店的“二十五史”，书报合作社的“二十六史”，及世界书局最近发行预约的“六大国学名著”，将中国固有文化之最精粹的部分，都已搜罗无遗，并缩小字体，减少册数，标点断句，减低价目，有的还附加种种参考资料，实最便利于现代读者。古籍之应该整理翻印，是没有疑问的。不过出版家以竞争的姿态，纷纷集中全力来翻印古籍，却是一件忒不经济的事。今日中国的出版界，还贫弱得很。需要出版家尽才的地方太多，万不宜以整个力量，汲汲于不急之务。目前出版的几种，已经很够用了，用不着再来赶热闹。中国出版界现在是应该转移一下他们的精力了。

一年来中国出版界之比较有意义的工作，还不能不推商务印书馆的“万有文库二集”，良友公司的“新文学大系”及生活书店最近发售预约的“世界文库”。“万有文库二集”的国学丛书方面，选择极有见识；汉译名著方面，缺少新的介绍，但亦颇充实；科学小丛书方面，最适合一般需要。“新文学大系”把五四以来的中国新文学的各部门，给一个总的清算，是一种卖力而能讨好的工作。“世界文库”是预备将世界的“名著”作有系统地翻译介绍，编者的雄心很大，如果逐步实现了，的确是功德无量的事。

统观一年来的中国出版界，已陷于混乱病态的境地。小型的刊物之无政府的生产，翻印古籍之无计划的竞争，出版家天天忙着迎合读者的趣味，但结果把读者弄得无所适从。直到1935年之上年度，这情形稍稍改变一些了。我们希望今后的出版界，能切实认清读者的需要，逐渐供给一些系统的，健全的，富于营养的精神食粮，最紧要的是自己赶快从畸形的，病态的，脱了轨的道路里挣脱出来。

1935年5月

本文原为某报周年纪念册作，但以动手过迟，交稿时该书已出版;谨刊录于此,以示歉意,并希读者指正。

——作者附识

原载汉口 1935 年 6 月 1 日《大光报》副刊“大光别墅”,
另见《张光年文集》第 3 卷,人民文学出版社 2002 年

光未然传略

刘可兴

1913 年 11 月 1 日,光未然出生于湖北省光化县老河口镇(现名老河口市),一个旧式钱庄职员的家庭。原名张文光,后改张光年,笔名光未然。

老河口镇坐落在湖北省西北部,烟波浩淼的汉水蜿蜒东南奔入长江。老河口日夜繁忙地吞吐着船只和车辆,形成了一个四通八达的水陆码头。1911 年爆发的辛亥革命,革命党人曾在武汉组织湖北军政府,为这一地区撒下革命的火种,老河口敏锐地感应着时代的风云。

光未然的少年时期是在老河口度过的。他的父亲张云程,从青年时起就在本地钱庄里供职。在战乱频繁的年月,钱庄倒闭者日多,张云程经常处于失业半失业状态。母亲终日勤劳持家,抚育儿女,但艰难的生活担子越压越重。

幼年的光未然,曾伴同钱庄东家的孙儿读私塾,也读完了当地四年制的国民小学,毕业时考取头名。

1925 年“五卅”惨案在上海发生,反帝浪潮波及老河口。12 岁的光未然,愤慨于中国百姓被洋人杀戮,随同学们加入了游行示威的行列,在街头讲演,参加演出爱国的文明戏。这些爱国反帝的活动,打开了他的眼界,将他的视野从家庭引向了社会。

1926 年 7 月,北伐胜利进军。他满腔热情地加入了中共县委领导下的地下国民党(共青团委书记同时担任县党部书记),担任第三区分部的书记。他会同这个区分部年龄比他大的三十几位青年店员和学生,如饥似渴地学习当时所能看到的革命书刊。

1927 年春,他以优异成绩考入本地商科职业学校,以高度积极性投入学习,并开始接触五四以来的新文学作品。

这时期,武汉和鄂北一带共产党的力量日益壮大。光未然从那些由武汉、襄阳来到老河口进行革命活动的青年朋友那里,不断得到思想上的启迪。1927 年春天,他加入了共青团,在党的领导下积极参加革命的宣传鼓动工作和国民党区分部的组织工作。"四一二"反革命政变发生,武汉的反动派也开始了大屠杀。在老河口反革命的搜捕中,他同经他介绍也参加了国民党同情革命的钱庄少东家,躲藏在这家钱庄的后楼密室三个月,幸免于难。父亲这时到武汉去办事,亲眼见到一排排的青年学生在马路上被枪杀的场面,从此不肯让儿子去上学,而把他送到自己任职的裕通钱庄去作学徒。他征得东家的允许,业余时间自学古文和英语,这期间他同共青团地下组织保持密切联系。

1929 年春天,鄂北党团合并,光未然转为中共正式党员,这年他 15 岁。下半年,离开钱庄,在老河口的美化书店当店员。利用这个机会,他阅读了大量的文学名著,也读了可能看到的马列主义理论著作,以及其他社会科学、自然科学等书籍,大大开拓了知识领域,提高了文化水平。这期间还在友人帮助下自学英语和法语。中共鄂北特委和光化县委,利用书店的便利条件,把美化书店作为传递革命信息的联络点之一,光未然担当了这一联络的任务。

1930 年夏天,鄂北光化一带地下党组织受到严重破坏,光未然与党的单线联系中断。因有人告密,他以共产党嫌疑被当地驻军传讯,驻军是冯玉祥部属,终以没有任何口供和证据被释放。他在美化书店呆不住了，在友人帮助下到老河口天主教堂办的化美小学当了一年教员，业余自学数学和外语，准备到武汉求学。

1931 年秋天，他接受了前辈和挚友的经济支援，次年春天考入武昌中华大学中文系。他对诗经、楚辞和古代文论以及文字学发生了浓厚的兴趣，爱读鲁迅作品，关心当时的文艺论争以及中国社会史的论争，涉猎了不少关于戏剧和音乐的专著，他以顽强的毅力攫取新知识。

1933 年，他和几个同学集资创办了《鄂北青年》杂志，被推为主编，在创刊号上以“未然”的笔名发表了批判林语堂的杂文。杂志发行 1000 册，出至第 2 期后因资金困难停刊。

1934 年，他参加了由进步青年组织的秋声剧社，被推为社长。秋声剧社在汉口公演两次，演出过田汉、熊佛西、程南秋写的进步话剧。他曾在田汉的《苏州夜话》中饰演画家，在演员表上和报纸上发表的宣传文字上，开始用光未然这个艺名。

1935 年春，在大学读书的最后一个学期，由于积欠学校三个学期的学杂费九十余元而被迫退学。经朋友介绍，下半年在武昌私立安徽中学担任高中国文教员。教课之余，继续写作并从事戏剧活动。参加了武汉戏剧学会鸽的剧社的演出，在外国名剧《软体动物》、《未完成的杰作》中饰演过角色。这时期发表的文章很多，题材多样，如《论所谓中国本位木刻》、《一年来之中国出版界》、《戏剧的原始形态》、《在沙湖》等。

年底，爆发了“一二·九”爱国学生运动。他在授课之余，领导了半公开的读书会，组织会员几十人学习革命理论，组织了“拓荒剧团”从事抗日救亡的艺术宣传活动。这时期写了较有影响的独幕剧:《诗人的受骗》，反映了旧社会出版界的黑暗以及作家反抗现实向往光明的愿望;《胜利的微笑》，描写东北义勇军领袖深入群众与敌伪汉奸斗争的故事;《阿银姑娘》，描写东北人民在日寇铁蹄下的苦难生活以及爱国青年参加义勇军抗日反汉奸的故事，著名的抗日救亡歌曲《五月的鲜花》，即是该剧的序曲。《胜利的微笑》、《阿银姑娘》及田汉的《水银灯下》，曾作为“拓荒剧团”的“国防三部曲”在汉口公演，引起了文化界注目。

1936年冬，有同志来通知：处境危险，亟需离开武汉。他匆匆辞去教职，乘船赴沪的当夜，国民党宪兵特务到安徽中学搜捕落空。

到上海后加入了亭子间文人的行列，结识了左翼文艺运动中不少作家艺术家。鉴于当时剧坛上存在着脱离现实斗争的庸俗化现象，写了《庸俗的戏剧运动批判》，号召戏剧工作者摒弃旧习，认清形势，团结战斗。他还和许晴等同志帮助复旦大学、震旦大学学生开展演剧活动，排演并演出了《最后一课》等救亡戏剧。他为学校剧团写出了反日反封建的三幕话剧《火把》（未上演，剧本今佚）。他积极参加了冼星海、张曙领导的救亡歌咏运动，开始同他们合作革命的群众歌曲《高尔基纪念歌》、《在绿星旗帜下》等。

七七抗战爆发后，他以高度热情投入救亡运动。与邵子南、许晴、陈沂、肖琳、李雷等同志组织了“中国文艺者战地工作团”，被推为团长，准备去华北战地工作。适“八一三”沪战爆发，浦东大火，大批工人沦为难民，全团立即投入难民救济及宣传工作。他写了独幕剧《难民曲》在各地演出，受到群众的欢迎。发表了论文《〈战时戏剧〉引论》、《论战时文艺总动员》等，呼吁文艺工作者团结起来，创作为抗战服务的作品，推动总动员早日实现。

“八一三”后，上海文艺界撤退，10月，他回到武汉，重新加入中国共产党。（按：1987年2月中共中央组织部已决定恢复光未然1929至1937年的党籍；承认其1927至1929年的团籍。）在湖北省委领导下，热情地投身于文化界文艺界的抗日宣传活动，包括田汉、阳翰笙、洪深等推动的抗日戏剧活动，冼星海、张曙等推动的抗日歌咏活动。他还同高兰等一道提倡诗歌朗诵运动，主张“诗歌的语言，主要地不是诉之于视觉，而是诉之于听觉的”。他致力于朗诵诗的创作,并在群众集会上亲自朗诵。根据形势的需要,大力提倡街头剧,写了《论街头剧》、《〈街头剧〉的演出方法》,对街头剧的性质、特征、创作方法进行了探讨。这两篇论文连同这一时期先后创作的独幕剧《难民曲》、《沦亡以后》、《亲善》等,结集为《街头剧创作集》,于1938年1月扬子江出版社出版。这期间也写了不少歌词,包括冼星海作曲的《新时代的歌手》、《戏剧抗战》、《纪念五一节》、《新中国》、《拓荒歌》等。

同年12月,中共湖北省委指派他参加鄂北特委工作。他回到鄂北,先后在安陆、襄樊、宜城、老河口等地,推动当地的抗战宣传活动,并致力于恢复鄂北党组织的工作。这期间他领导的拓荒剧团也恢复活动,曾在鄂北一带巡回演出。

1938年春,应党的召唤自鄂北回武汉,参加新成立的国民政府军委会政治部第三厅(厅长郭沫若)工作,在该厅艺术处(处长田汉)戏音科(科长洪深)任科员。受第三厅中共特支委托,光未然负责联系十个抗敌演剧队,集训期间负责学习及支部工作(当时十个队中七个有党支部或小组)。

同年八九月间,他带领抗敌演剧队第三队到晋西一带的吕梁游击区从事抗日宣传活动。1939年1月,在行军中坠马,左臂骨折,到延安医治。演剧三队二三十人全体同行,1月中旬到延安。同年2月中旬创作了著名组诗《黄河大合唱》。组诗包括八部分:黄河船夫曲、黄河颂、黄河之水天上来、黄水谣、河边对口曲、黄河怨、保卫黄河、怒吼吧!黄河。组诗经冼星海谱曲,4月中旬,由抗敌演剧第三队在延安陕公大礼堂公演,以后流传全国,至今在国内外演唱不衰。

同年9月光未然去重庆,参加了文化工作委员会中共特支干事会,在周恩来同志领导下,与冯乃超、沙汀、叶以群等同志一起,开展文化界的统一战线工作。

1940年,他参加了中华全国文艺界抗敌协会,“文协”组织了一个诗歌朗诵队，光未然为队长，徐迟为副队长。他们协同郭沫若、老舍、常任侠、方殷、高兰等开展诗歌朗诵运动。他这时创作了长篇叙事诗《屈原》，并在群众集会上朗诵。诗歌反映了当时人民群众坚持抗战、反对投降、反对分裂倒退的强烈愿望。参加文艺界对民族形式问题的讨论，发表了长篇论文《文艺的民族形式问题》，是学习了毛泽东同志"中国作风与中国气派"的民族形式的指示后，针对当前的争论而写的。

1941 年 1 月，皖南事变后，经组织决定转移到缅甸开辟工作。在仰光担任了《新知周刊》主编，以杂志为阵地，积极团结华侨文化界和华侨青年，展开反法西斯的文化活动。这期间写了不少评论、杂文以及文艺论著等。同年年底，太平洋战争爆发，光未然带领华侨青年百余人，成立了缅甸华侨青年战时工作队，在上缅甸的各城镇开展反法西斯的文艺演出宣传活动。

1942 年夏天，上缅甸沦陷，他带领一批华侨青年翻过中缅边境的高山峻岭，历时二十余天回到云南。曾在云大附中教书，稍后担任李公朴主办的北门出版社编辑和《民主增刊》的编辑，协同李公朴、吴晗、楚图南等从事反帝爱国的民主运动。这期间写了反映缅甸人民劳动与战斗的长诗《绿色的伊拉瓦底》，写了《午夜雷声》、《野性的呐喊》、《安魂曲》等长诗，结集为《雷》，于 1944 年北门出版社出版。在云南工作时，搜集整理了长期流传在彝族民间的长篇叙事诗《阿细的先鸡》。长诗记录了阿细族的古老神话、历史传说、爱情、劳动以及民俗风习等，是整理我国少数民族文学遗产的一项开拓性工作。于 1944 年北门出版社出版，50 年代再版时更名为《阿细人的歌》。

1945 年 8 月抗日战争胜利，蒋介石热衷于打内战，迫害革命者。10 月下旬，他逃离昆明，年底到达北平。1946 年春，负责编《民主周刊》北平版，从事北平"文协"的活动。在昆明、北平期间，曾发表了政治讽刺诗《民主在欧洲旅行》、《市侩颂》、《我嘲笑》、以及《给新中国》、《为胜利团结与民主而歌》等诗篇，其中大部分收入诗集《五月花》，于 1960 年北京作家出版社出版。

1946 年 11 月，由北平进入晋冀鲁豫边区。1947 年春，担任北方大学艺术学院主任。1948 年夏，担任华北大学第三部副主任。这期间曾参加过土改，率领师生到山东馆陶后方医院慰问伤病员。撰写专论《蒋介石绞杀文化》，内容涉及教育、新闻、艺术活动以及文化人等方面的七篇短文。于 1947 年 9 月华北新华书店出版单行本。

1949 年初，我军和平解放北平。2 月，光未然随军进入北京，在中国人民解放军军事管制委员会文化接管委员会工作。下半年，主持华北大学第三部干训班工作，为南下工作团培训文艺宣传干部。

1950 年，担任中央戏剧学院教育长兼创作室主任。次年到中央人民政府文化部艺术局工作，稍后主编《剧本》月刊。1953 年，担任中国戏剧家协会党组书记，剧协秘书长兼创作室主任。1957 年担任中国作家协会书记处书记，《文艺报》主编。1964 年被选为第三届人大代表。

这一时期，由于领导组织文艺工作的重任，光未然更多地致力于文学评论，写作了许多剧评、诗评和理论文章。在散见于报刊的诸多论文中，如《历史唯物论与历史剧、神话剧问题》、《戏剧遗产中的现实主义》、《沿着戏曲的现实主义轨道前进》、《谈独幕剧》、《艺术典型与社会本质》、《为了在舞台上创造社会主义新人的典型性格而奋斗》、《和戏曲作者们谈社会主义现实主义》、《现实主义存在着、发展着》等，收入《戏剧的现实主义问题》，于 1957 年中国戏剧出版社出版。又如《论郭沫若早期的诗》、《论臧克家近作短诗》、《李瑛的诗》、《曹禺创作生活的新进展》、《题材问题》、《关于戏剧语言的杂感》、《〈胆剑篇〉的思想性》、《〈胆剑篇〉枝谈》、《“共工不死”及其他》、《在新事物面前》等，收入《风雨文谈》，于

1982 年上海文艺出版社出版。反右运动兴起后，所写反右文章则收入《文艺辩论集》，于 1958 年北京作家出版社出版。

这期间所作诗歌如《为麦克阿瑟竞选》、《春风在首都的上空欢呼》等，及歌词《三门峡大合唱》、《在祖国和平的土地上》等，均收入诗集《五月花》。

“文革”中受到“四人帮”的迫害，被迫停止了一切工作和写作活动。

1976 年 10 月“四人帮”垮台后，光未然心情振奋，写了政治抒情诗《革命人民的盛大节日》，并在群众大会上朗诵。年底，惊闻周恩来同志逝世，写了悼诗《惊心动魄的一九七六年》。稍后，为痛斥“四人帮”所谓“文艺黑线”的“黑八论”，著文《驳“文艺黑线专政”论》，在《人民日报》发表。

1978 年被选为第五届全国人大代表，1979 年至 1984 年，任中国作协党组书记、作协副主席。1982 年 9 月，党的第十二次代表大会上，被选为中央顾问委员会委员。1983 年，带病参加作协主办的诗歌、报告文学、中、短篇小说文学评奖活动，在发奖大会上讲话，题为《社会主义文学的新发展》。1984 年冬，中国作协第四次代表大会在北京召开，在会上作报告，题为《新时期社会主义文学在阔步前进》，阐述了解放思想、深入生活、创作自由以及“双百”方针等重大文艺问题，号召文艺界加强团结，为建设具有中国特色的社会主义文学而奋勇前进。大会期间，继续当选为中国作家协会副主席。

原载《新文学史料》1987 年第 2 辑

张光年与风暴过后的《人民文学》

周　明

如今我再叙说将近二十年前的事，恐怕不合时宜，引不起某些读者的兴味。可那是一段历史，一段令我以及和我一起经历过来的文学界朋友们难以忘怀的往事。

一

当时，是粉碎“四人帮”的第二年，依然是百废待兴。全国文联及所属各协会、中国作协均未恢复。所谓文艺界，只有几家两年前经中央批准恢复的大型期刊，而《人民文学》是其中的主要刊物。如果不是周总理的指示，《人民文学》也不会这么早地复刊。此时，几个刊物均归属国家出版局主管。《人民文学》的主编乃是不久前恢复工作的诗人、评论家张光年，即光未然。

张光年，“文革”前就是中国作协党组的领导人，一位老布尔什维克。“文革”中受到残酷打击和迫害。恢复工作后，他意气昂扬，恨不得将十年“文革”失去的时间夺回来！在当时，他和同样先后恢复工作的诗人李季、贺敬之、评论家冯牧形成一个领导群体、一个坚强的核心，由他牵头，勇敢而机智地运用刊物这块阵地，冲出牢笼，迈出了新时期文学发展的第一步！尽管步履是沉重而艰难的。

那时，“文艺黑线专政”论的枷锁还紧紧地套在人们的脖子上呢！

张光年上任伊始，为了推动创作，凝聚力量，他以《人民文学》的名义，主持召开了一个小型然而却影响并不小的“短篇小说创作座谈会”，地点是在前门外的“远东旅社”。找了什么人参加呢？他精心选择了新老两类小说家。十年了，作家们不曾晋京开什么会！那时节，在那个荒唐的岁月里，文友们如若聚会，定会被造反派追查，认定你开的是黑会。所以当与会者接到通知后，又惊又喜，统统都来了。

沙汀、周立波、孙犁、马烽、林雨、蒋子龙及刚刚在《人民文学》崭露头角的业余作者叶文玲、邹志安等人都在这个小型座谈会上认真发表了对当前短篇小说创作的思考和意见。人少，有人少的好处，可以充分交换意见，相互都有启发和收获，孙犁同志本来是由于体弱，极少参加外面的活动，而这个会他破例出席了。这次座谈会，虽说人数少，却覆盖面大，参加者来自东南西北的省份。这次会议之后，与会作家均在《人民文学》陆续发表了有影响的作品。这是作为刊物的目的。然而张光年还有更长远的考虑，这就是如何重新组织这样一支被“四人帮”打散却并没有打垮的创作队伍，并且要着眼于发现新人、培养新人，使这支队伍后继有人。

蒋子龙、叶文玲、邹志安等等青年业余作者的茁壮成长证明了张光年的眼光。

这时，编辑部小说编辑崔道怡收到了北京某中学教师刘心武的来稿《班主任》。这是一篇反映同“四人帮”斗争的别出心裁的作品，一篇正视现实生活、勇于提出社会问题的作品。毕竟是涉及尖锐的社会问题，编辑部有关同志犹豫不决，拿不准：究竟这样的作品能不能发？或者直截了当地说：敢不敢发？

于是，稿子送到了主编张光年手里，请他裁决。

不料，张光年仔细看过后，经过审慎的考虑，果断地拍板：可发！而且他说，揭露“四人帮”之作，尖锐点不怕，愈尖锐愈好！

他说这话的时候，做出彻底否定“文化大革命”正式决议的党的十一届六中全会还没开呢。这需要魄力和眼光。

接着是徐迟的报告文学《哥德巴赫猜想》。这个选题是编辑部提出的。因为当时我们获悉全国科学大会即将召开，科学的春天将要到来了！这当儿，如能有一篇写科学家的报告文学在刊物上发表，一定会受到读者的欢迎。

写谁好呢？恰好当时听说科学院数学所有位数学家陈景润，经过多年刻苦钻研，突破了世界难题“哥德巴赫猜想”，饮誉国际数学界。写陈景润吧？然而同时，在社会上也流传着关于陈景润是一位“科学怪人”的种种离奇故事。有的朋友好心劝徐迟不要承担这个采访任务，因为陈景润是个是非之人，有争议的人，何必自找麻烦呢？但徐迟却为陈景润攻克数学难关的毅力和精神而动心，他想接触接触试试看。

于是，1977 年，一个北风飕飕的寒冬腊月天，我陪徐迟到了京郊中关村科学院数学研究所。第一个采访的便是数学所的党支部书记李尚杰。老李是位部队转业的工农干部，难得他非常理解和爱护知识分子，理解和爱护陈景润。陈景润也视他为亲人，心里话都愿意对他讲，有事同他商量。陈景润在老李眼里，非但不是“科学怪人”，而是一个通情理、懂人事、事业心很强的可爱的科学家。

我们和老李谈话间，忽然走进一个陌生的中年人。个头不高，身着一套普通蓝布棉制服，戴着一副近视眼镜，说话南方口音，略带稚气。老李赶快介绍说：“这就是陈景润，小陈。”真巧，没想到这么快我们见了面。

我向他介绍徐迟说：“我们邀请作家徐迟来采访你，采访数学所——”

他高兴地握住徐迟的手说：“噢，徐迟先生，诗人，我中学时代读过你的诗，读过你的诗……”

彼此间无形中拉近了距离。

徐迟对他说：“我不懂数学，我是来数学所学习的。但我想看看你的论文，有关‘猜想’的，可以吗？”

陈景润说：“哎呀，徐老，你可千万别写我，我有什么好写的呀？

你还是写写工农兵吧！写写老前辈科学家吧！……”

徐迟笑了，对他说：“我不是来写你的，我是写科学界的，来写四个现代化的。你放心好了。”

我们随意交谈起来。问他最近在做什么？

他说，对于“猜想”，在突破的基础上进一步攻关呢。然后他说，最近他收到国际数学会主席的邀请信，请他去芬兰参加国际数学家学术大会，并作45分钟的学术报告，这件事正在处理。

徐迟问他处理的情况如何？

他说：“我报告了李书记，所里报到了科学院。院领导很信任我，要我自己决定，自己直接写信答复。可是这个数学会的国际机构目前台湾占据着我国的席位，因此我写信告诉他们：一、我国一贯重视发展与世界各国科学家之间的学术交流和友好关系，因此，我感谢数学会主席先生对我的盛情邀请；二、众所周知，世界上只有一个中国，就是中华人民共和国。台湾是中国不可分割的一个省。目前，台湾占据着数学会我国的席位，因此，我不能出席。”

听着，我们都不约而同地笑了。回答是多么原则而圆满！简直像外交文件。这说明陈景润有一定政治头脑，并非人们所传说的那样：一个傻瓜，一个走“白专”道路的人。

高兴了，他还向我们讲述了一些他在“文革”中被荒唐批斗的情况，以及他如何施计躲避参加批斗他的老师华罗庚教授的故事。

听到这些令人心酸的故事后，至少，我和徐迟消除了对他的某些误解，增进了了解。当然他也有一些怪癖，恐多半属于性格所致。他人还是蛮善良的。何况在那样艰苦的条件下，坚持攻克“猜想”，需要很大的毅力。这是主流。面对陈景润，徐迟激动地抓住我的手，连连说：“周明，我爱上他了，爱上他了，可以写他了。”

对于刊物来说，这是一个重要的选题，一个需要慎重对待的选题。虽然这件事运作前我们已经报告主编张光年，他表示支持。但今天这些新的情况仍须向他及时汇报。

于是当晚,我安排妥当徐迟住进中关村的招待所后,即刻返回城里,直奔张光年家,当面向他讲述了我们的所见所闻所感。张光年颇有兴味地听着,还不时提问,用他那诗人般的激情,理论家的冷静,经过一番考虑后,斩钉截铁地说:“好哇,写陈景润!丝毫不要动摇。‘文革’把知识分子打成臭老九,不得翻身。现在党中央提出要搞四个现代化,这就需要靠知识分子!陈景润如此刻苦钻研科学,突破了‘哥德巴赫猜想’,这是很了不起的!这样的知识分子为什么不可以进入文学画廊?!你转告徐迟同志,我相信这个人物他一定会写出一篇精彩的报告文学!明年一月号《人民文学》上发表,就这么定了。”他说话的语气是坚定的,有力的,并且充满激情。这就导致了后来那篇轰动全国的报告文学的顺利出世。

《哥德巴赫猜想》,又是张光年的果断决定。前述刘心武的短篇小说《班主任》,也是张光年一锤定音。作为刊物主编,为这两篇在新时期带有突破性的作品问世投了决定性的一票,拍了板,定了局,这是了不起的!现在看来也许不觉得什么,当时的形势是,“四人帮”虽然倒了,垮了!但“四人帮”强加给人们的许多枷锁,还远未彻底打碎、打垮。冲破了一些禁锢,但还有许多障碍。加之还有两个“凡是”在作祟。特别是中央关于彻底否定“文化大革命”的决议还没有做出。而这两篇作品恰恰却都是尖锐地触及了“文革”,抨击了“文革”。这个分寸如何把握?若是换一个人,一位无胆无识的主编,大概打死也不肯拍这个板。这在当时不是没有风险呀!

正是由于张光年的魄力与胆识,远见与目光,《班主任》、《哥德巴赫猜想》得以问世,得以成为新时期文学发端的里程碑式的优秀作品。这两篇作品的出现,也为新时期文学发展的走向开辟了新的道路。当然,它的现实性与深远意义绝不仅仅局限于是两篇作品的问题。

这点，作为《人民文学》杂志主编，张光年功不可没！

二

到了1977年底，为了响应党中央的号召，深入揭批“文艺黑线专政”论，彻底打碎“四人帮”强加于文艺界的精神枷锁，解放文学艺术的生产力，经请示中宣部批准，由《人民文学》编辑部出面，召开在京文学工作者座谈会。这时，中国文联和中国作协仍未恢复。张光年同李季、冯牧等同志反复磋商、反复研究如何开好这个会。为此，他们做了精心的策划。鉴于这是粉碎“四人帮”后最大最重要的一次集会，除了邀请在京的作家、诗人、评论家外，还特意邀请了艺术界许多名家。这可好，通知起来就麻烦多了。许多人的住址由于“文革”中受到冲击变迁很大，东搬西迁，难得找见。还有人从“五七”干校返回后原来的房子被占，临时住在招待所。而张光年让我们想尽一切办法把一些老同志找出来，邀请他们到会。

这样，我便和当时编辑部的一批年轻朋友阎纲、刘锡诚、吴泰昌、颜振奋、向前、杨筠等等，各手持一批请柬和名单，走街串巷，去寻找，去邀请。有时为了“追踪”一个人，要钻好多胡同，要跑许多冤枉路。接到请柬的人心情都很激动，表示一定出席。结果到会一百多人！大家济济一堂，欢声笑语，握手相庆，互致问候，互道平安。十年了！不曾有过这么一天！今天难得相逢，个个心情舒畅，畅所欲言。

会议地点，在北京东城海运仓总参一所。主持人，《人民文学》主编张光年。

这是历经“文革”十年浩劫后文艺界的首次聚会！毫不夸张地说，参加者，几乎个个都是劫后余生！几乎都是江青一伙欲置死地而后快的那份黑名单上的“黑线”人物，只是“四人帮”还没来得及下手便完蛋了。

都来了什么人呢?

那边,你瞧,坐着:叶圣陶、冰心、夏衍、周扬、冯乃超、魏传统、曹靖华、臧克家、曹禺、周立波、姚雪垠、周而复、严文井、冯至、魏巍、吴组缃、李季、蔡仪、林林、冯牧、草明、阮章竞、李何林……

这边,坐着:茅盾、赵朴初、王瑶、唐弢、骆宾基、徐迟、秦牧、李準、峻青、雷加、吴伯箫、曲波、胡奇、袁鹰、叶君健、朱寨、许觉民、王愿坚、曾克、柯岗、李纳、严辰、张志民、柯岩和丁宁、侯宝林、王匡、王子野……

还有其他协会的负责人:蔡若虹、李超、吕骥、张庚、邵宇、孙慎、贾芝、袁文殊、陶钝、盛婕、陆静、罗扬、吴群、陈勃等。

当时的中宣部部长张平化,副部长朱穆之、廖井丹,文化部长黄镇,副部长刘复之、周巍峙、贺敬之、林默涵,总政文化部部长刘白羽等都出席了会议。

郭沫若同志由于身体不好,未能出席,他给会议主持者张光年写了一封信,提交了他的书面发言。

会上,大家见面都十分兴奋,都说:我们又会师了!我们又会师了!主持人张光年致开幕词后,德高望重的老作家茅盾首先发言。他说:“今天,我很兴奋,也很愉快。……刚才主持会议的张光年同志要我以作家协会主席的身份来讲几句话,作家协会主席是曾经担任过,中央也没有命令撤销过。‘四人帮’却不承认我们,他们连作家协会也不承认,连文联也不承认。他们不承认我们,我们也不承认他们的反革命决定;所以今天,我还是要以作家协会主席的身份来讲几句话……”话音未落,全场报以热烈掌声!

老作家草明发言说:“今天的会,我心情非常激动!我们是憋了十年的劲儿,虽然自己头发白了,心脏也不那么听话了,还是要干!不仅自己要努力写,还要培养青年人。”诗人李季激动地说:“‘四人帮’剥夺了我们写作的权利,我们都停笔十年了!现在笔又握在我们手中,我们要写出更多更为无愧于伟大时代的作品!”

黄镇部长讲话说:"'四人帮'抛出'文艺黑线专政'论,把广大文艺干部和文艺工作者说成是'黑线人物',这完全是捏造、诬蔑,是颠倒是非,混淆黑白。"张光年严正指出:"文艺黑线专政"论是"四人帮"制造的大冤案,是强加于文艺界的精神枷锁,今天我们要起来打烂这个枷锁!他自豪而充满自信地说:"'四人帮'把我们的队伍打散了,但没有打垮!党中央又把我们集合起来了!我们要团结起来,对'四人帮'进行义正词严的声讨和批判。"

许多同志在会上含着义愤的眼泪,揭露和批判了"四人帮"祸国殃民的滔天罪行。大家争先恐后地发言,既揭露批判了"四人帮",又互相鼓舞了士气。

特地从湖北赶来参加大会的诗人徐迟,从广东赶来的作家秦牧,以及在京老作家夏衍等都在发言中提出希望尽早恢复文联、作协,恢复《文艺报》,恢复我们这一支有着优良传统的文艺队伍……

读者朋友,我之所以在此不厌其烦地连篇累牍地抄录出席会议的人员名单,援引会议众多的发言,叙说召开会议的情况,无非想告诉大家,这样一次在特殊时期、由一家刊物主持召开的特殊会议,开得是何等隆重热烈、圆满而成功!要知道这个会议幕前幕后的策划者、指挥者就是张光年,当然还有他的几位得力的战友作辅助。应该说,这次会议是文艺界具有历史意义的一次重要会议。它将漫漫十年中被"四人帮"打散了的文艺队伍,重新聚集起来,联合起来,团结起来,鼓舞士气,向新的历史发展阶段迈开新的步伐。

难道在我们新时期的文学发展史上,能够忘记曾经为之呐喊、呼号、呕心沥血,付出了百倍辛劳的张光年这个名字?

我想不会。

三

在那段难忘的岁月里，为了推动创作，繁荣创作，发现新人，培养新人，促进社会主义文学事业的繁荣发展，《人民文学》杂志受中国作协的委托，在茅盾同志的关怀下，于 1978 年首次举办了全国优秀短篇小说评奖，受到社会各界的瞩目。之后，在 80 年代初期随着创作形势的蓬勃发展，又相继设立并开展了全国优秀诗歌、散文、报告文学、儿童文学、少数民族文学、中篇小说等项的评奖活动。这期间，茅盾病逝（后又增设茅盾文学奖）。继任中国作家协会主席的巴金同样十分重视评奖工作。他亲自主持了 1979 年的全国优秀短篇小说评奖，并在颁奖大会上发表了重要讲话。后来因为巴金家居上海，参与工作诸多不便，中国作协的各项评奖任务便由张光年副主席执掌。他还有冯牧的得力协助。评奖，这是一项极端繁杂繁琐而繁重的工作。而张光年将这项工作抓得很漂亮，做得很出色，年年评，年年总结，年年上一个新台阶，使得中国作协的评奖在社会各界的威信逐年提高，在作家心目中的分量日益显重。开始阶段作家们也许并未意识到它的分量，而大家愈来愈看重中国作协这项国家级的大奖。它毕竟是对一个付出了艰辛的创造性劳动的作家的劳动成果的认可、肯定和公正评价。评奖活动，积极推动了社会主义文学事业的繁荣和发展。

写到这里，我悔恨由于自己的懒惰，没有在历次评奖活动中记下详细的笔记而造成今天的遗憾。中国作协的评奖，始于 70 年代末的 1978 年，由《人民文学》承办开始，我一直参与了具体工作。后来我还忝列由夏衍、张光年两位前辈担任主任委员的全国报告文学评委会的副主任委员。其实，我主要还是协助两位主任委员及另一名资深副主任委员袁鹰做些具体工作。每一次召开评委会，张光年都有不少精辟的意见，若是当场记录下来，就是精彩的文章哪！可惜了。但是留在我印象中的并没有磨灭。我记得他曾为评奖入选作品拟定过一个通俗易记的四句话标准。

哪四句话呢？即：反映时代，创造典型，引人深思，感人肺腑。反映时代，就是我们的作品要反映社会主义的新时代，就是写历史题材，也要有新的时代的观点。创造典型，就是写出活生生的有典型性的人物来。引人深思，就是作品要有深刻的思想内容。感人肺腑，就是使人看后能够很受感动。他很强调作者要写那些在生活中感动了自己，自己认为最有意义、感受最深的东西。作品总是要以情动人。

对于报告文学，张光年颇为重视。他认为这是最能迅速反映时代、反映现实的一种文学样式。他曾高度评价新时期活跃的报告文学创作异军突起。在《人民文学》召开的一次报告文学创作座谈会上，张光年即兴发言，热情表述了他对当前报告文学的崛起与繁荣的欣喜之情。他说：粉碎“四人帮”之后，报告文学一直是打先锋的。报告文学的兴起，确实值得祝贺。在拨乱反正除旧布新的斗争中，在向人民报告时代的佳音，描绘社会主义新人，反映群众的喜悦、疾苦、愿望和要求这些方面，报告文学有时起着直接推动生活前进的作用。

在中国作协主持的多项评奖工作中，张光年起着主导作用。其中有的是一年评一次，有的是两年评一次，有的是三年评一次。反正年年都有评奖活动。究竟经过他的手评出多少优秀作品，推出过多少文学新人，他自己恐怕是不计其数。可谓只问耕耘，不问收获。他曾呼吁文艺界需要大批养花、育花、护花的热心家，我看首先他就是。那个阶段创作上出现了新的繁荣，大量的新生力量涌现，大量的新作品涌现，文坛，呈现出百花齐放的新局面。

这其中，当然有许多同志的辛勤劳动与贡献。然而张光年为此项事业以及为整个文学事业所洒下的汗水，费尽的心血，绞尽的脑汁，结出的硕果，是人们永远不会忘记的。

注释：

周明，系中国现代文学馆副馆长，中国报告文学学会副会长，中华文学基金会理事，中国散文学会副会长。

原载《纵横》1997年第1期

饯腊催耕

——大地回春前后的张光年

刘锡诚

小　引

我虽然"文化大革命"前就在王府大街64号老文联大楼里工作过多年，也研究过张光年（光未然）40年代被迫流亡云南时，在路南县一带搜集写定的彝族（阿细人）民间叙事诗《阿细的先鸡》，读过他50年代的文论集《论戏剧的现实主义问题》，也被他60年代在《文艺报》上发表的《题材问题》和《谁说"托尔斯泰没得用"》等文采飞扬的文章激动过，但同他认识并在他的领导下做一名编辑，却是在1977年的7月初，我从新华通讯社调到《人民文学》杂志社之后。当时他是出版局的顾问，《人民文学》杂志的主编。

中国文学艺术界联合会和中国作家协会以及其他文艺家协会，在"文化大革命"一开始就被"砸烂"了。我亲眼看到许多著名的作家艺术家被揪斗、被抄家、被侮辱的情景。我当时虽然属于年轻干部，却也没有逃脱被隔离、被揪斗、被抄家的命运。但令造反派没有想到的是，到了1969年9月底，不管你是造反派，保守派，还是走资派，所有干部统统都得下干校劳动锻炼。被从《文艺报》主编的位子上拉下马来的张光年，自然也不例外，与作家协会两派群众组织以及自动和被动靠边站的干部一起，下放到了湖北咸宁文化部五七干校。我在文联工作，先去了张家口地区的官厅水库文化部干校，继而转到哲学社会科学部河南罗山—息县干校，后来又转回文化部静海（团泊洼）干校，对光年同志这个阶段的情况不了解。干校从1971年开始陆续分配干部，到1976年“四人帮”垮台后，干校作鸟兽散，除了像郭小川那样被特别看管的人物转到团泊洼以外，大部分人以种种借口回了北京，赋闲在家。据张光年的《向阳日记》载，文化部咸宁干校撤销，合并到静海干校，他也于1975年10月6日去了静海干校。但只在那里呆了13天，10月18日接到通知，说他的问题解决了，叫他回京。10月21日张光年应邀到原文化部留守处看了结论。“中央专案组李某出示结论稿，说明这一批（干部）问题的解决，是经过党中央讨论、毛主席批准的。结论是专案组写的，如有意见，合理的可以修改。我细看了两遍，觉得最后一段的总结：‘张光年同志的问题属于人民内部矛盾，现在审查结束，应即恢复组织生活，发还扣发的全部工资，工作由原文化部留守处安排。’以及问题的定性‘严重路线错误’，都反映了党中央的精神。其他文字内容和提法，有些值得商酌，几句话说不清楚；怕再往返周折，拖延时日，使孩子们失望。想了一下，终于签了字，写了‘同意结论’四字。……李宣布从现在起结束审查，前后经过半小时，问题算告一段落了。”①他在后来的一次发言中提到，他是被定性为犯了“严重路线错误”，这个路线指的是“刘少奇修正主义文艺路线”。看来当时他对此并没有完全想通。他带着这样的政治结论，被安排在出版局当顾问。从此他开始有了正式的工作，有了领粮票的地方。

---

① 张光年《向阳日记》第228～230页，上海远东出版社1997年。

《人民文学》和《诗刊》获准于 1976 年 1 月复刊。《诗刊》由李季当主编。在实际工作中，出版局的负责人石西民同志要光年同志协助李季在《诗刊》的工作。《人民文学》由袁水拍主编。张光年作为出版局的顾问，也参与了《人民文学》创刊的工作。他在 1975 年 11 月 20 日的日记中记着："上午偕严文井到（东四）八条《人民文学》编辑部听取筹备工作情况。先由袁水拍介绍同编辑部同志们见面，随后是小会。刘剑青汇报了编辑工作进展情况。卢更生提出了调干、房子、家具等问题。袁水拍、严文井、李希凡就第 1 期内容各自提出了补充意见。我表示将这些意见向出版局领导及时转达。"①

1976 年 10 月 6 日，是新中国历史上一个大转折的日子。以华国锋为首的党中央一举粉碎了作恶多端的"四人帮"，人民重新获得了光明，万民欢腾。前一时期，出版局领导曾提议要张光年管《人民文学》，但他没有接受。12 月 3 日，出版局领导石西民再次要他"管一管《人民文学》"，又被他"谢绝"了。随着揭批运动的深入，袁水拍与"四人帮"的瓜葛太多了，显然他已不能再留在《人民文学》负责人的位子上。于是，张光年走马上任。

选择张光年，自有其历史的逻辑。他是著名诗人，仅他年轻时代创作的那首《黄水谣》就一时间唱遍全国，无人不知，无人不会。他又是建国以后活跃于文坛的重要马克思主义文艺理论家之一。这位老文艺家，算起来，当年应是 64 岁，说起来还在身强力壮的年龄。平常他不来上班亲政，日常工作交给了副主编刘剑青。刘剑青是他"文革"前任《文艺报》主编时的中层干部，业务行政都还能胜任。这样他就可以较为集中地考虑一些在那个特殊时代不能不考虑的重要的事。但从办刊的方针大计到重点文章的组织及审定，还都得张光年拿主意、拍板定案。在那种政治形势复杂多变、

① 张光年《向阳日记》第 61 页。

有些事情非常敏感的时代,刘剑青毕竟也还没有对许多重大问题自己作出决断的经验。而张光年虽端坐家中,却消息灵通,有了什么想法,或有什么事情要了解或决断,或有什么稿件上的问题,只要给编辑部来个电话,编辑们就去到他的家里,同编辑们当面谈。当时他住在东总布胡同作协的一所四合院的最后一进院里。从编辑部所在地东四八条到东总布胡同也不是很远,如骑自行车,也就是20分钟的路程。

一

时代的转换,无疑是难得遇到的旷世大事。《人民文学》上已经陆续发表了一些初步摆脱"四人帮"的文艺教条,思想艺术都较好的作品,特别是短篇小说。涌现出了一批青年作者队伍。但1977年的文艺界,却仍然是相当寂寥的。那个出笼于1966年的《林彪同志委托江青同志召开的部队文艺工作座谈会纪要》还没有被触动。许多重要作家都还没有获得自由或刚刚获得自由,更多的作家还没有开始动笔写作。即使刊物的编者和作者,"四人帮"思想的毒害也都需要在揭批中加以清除。刊物上发表的一些揭批"四人帮"及其在文艺界的流毒的作品,但也都还没有彻底摆脱"四人帮"的精神枷锁。帮腔帮调还相当严重。许多作品是图解概念之作。总之,作者们的思想还没有充分解放。张光年说得好:都在"戴着枷锁跳舞"。

无论着眼于揭批"四人帮"的第三战役,还是着眼于推动社会主义文学创作的发展,似乎都需要另外采取一些措施。于是,9月27日,我们《人民文学》编辑部碰头会上,在讨论第11期刊物的发稿计划时,刘剑青同志提出了召开一次短篇小说座谈会的设想。但他同时也表露了一些担忧:"当前全党全国正在抓揭批'四人帮',我们却召开短篇小说座谈会,合适吗?"当然,这个座谈会如果能开成，它将被作为长达十年的“文化大革命”之后第一次全国性的文学界的集会记载于中国现代文学的史册上。在当时，这无疑是一个大胆的、出奇制胜的想法。

编辑部小说组和评论组各自都认真作了准备后，10月8日，刘剑青带上小说组组长涂光群和评论组组长的我到张光年同志家里汇报，并定了下来。10月11日，在光年家里又作了一次研究，他在听完编辑部关于当前创作形势汇报，沉思有顷之后，对编辑部提出的以控诉“四人帮”，贯彻“百花齐放”方针，促进小说创作的发展为座谈会的中心议题表示同意，并对座谈会提出了20字方针：“生动活泼，交流经验，交换意见，不做结论，择善而从。”过了一周，17日又到他那里去开汇报会时，他又对前次会议上所说的意见作了补充：第一，要给周扬、夏衍、林默涵三位寄送刊物；第二，《纪要》就不要提它吧，权当就没有这个文件好了，但要指出这是个错误的文件；第三，会议不发消息，要求来参加会议和打算报道会议的记者，一律挡驾，只由《人民文学》发个独家报道。待会议开完后，给出版局写个报告。

张光年这个补充意见，实在是他的苦心。他也是不得已而为之的。虽然“四人帮”被粉碎一年多了，揭批“四人帮”的第二战役已经结束，第三战役即将开始，但给中国文艺界带来灾难性打击的那个《纪要》却还被保护着，只是因为它是经伟大领袖毛主席改过三遍定稿的，而“凡是”毛主席说过的又都不能改、不能批！另外，张光年也不愿意在这个重要时机，因报道自己主持的会议而干扰中央当时制订的“抓纲治国”战略部署，从而坏了大局。会议开完后，情况实际上发生了变化，北京的主要媒体如《人民日报》、《光明日报》等都发了报道，《光明日报》还选发了作家们在会上的发言，其影响远远超出了当时的文学界这个小小的圈子。

粉碎“四人帮”后的第一次文学界会议——“短篇小说创作座谈会”于10月20日在北京虎坊路附近的远东饭店开幕了。这是一家很小的饭店，但很清静幽雅。它大约从来还没有与灾难深重的作家们发生过什么关系。也许有什么缘分，从此有好几次文学界的会是选择这里作为会址的。应邀到会的作家评论家，包括老中青三代。他们是：茅盾、沙汀、刘白羽、周立波、张光年、马烽、李凖、王朝闻、茹志鹃、韦君宜、王愿坚、邓绍基、张庆田、张天民、邹志安、叶文玲、赵燕翼、萧育轩、陈骏涛、张家钧（张韧）。编辑部人员，除了剑青外，小说组和评论组的许多编辑同志都参加了。外地的作家，如马烽、茹志鹃、张庆田等都住会。李凖早已在京，住在西四北四条朋友的家中。周立波当时虽还是湖南省的作家，获得自由后来京休养，家在北京百万庄一带的“宇宙红”（当时极富“文革”时代色彩的小区名称）的简易楼房4楼3门7号，因身体不好，他不愿往返奔波，也就住在会上。沙汀为向人民文学出版社送他在粉碎“四人帮”后写成的第一部中篇小说《青㭎坡》的稿子，已于9月13日抵京，住在西直门附近的国务院二招。据《沙汀日记》载，光年同志已于9月15日设家宴招待了远道而来的老友沙汀，同沙汀以及同住一院的严文井一起喝了大曲，之后，又在帮助沙汀联系医院检查身体。10月12日，光年给沙汀打电话，除了对他说联系医院的事外，还请他参加由《人民文学》杂志主办的小说座谈会并准备一个发言。在报到的前一天，即10月18日，光年又打电话告诉他，小说座谈会快开了，请他参加，他如身体不适，也可以不参加。沙汀说，他要参加。① 在开会前，阎纲、涂光群、周明和我等同志，都曾前去招待所拜见过他，并约他在会上发言。开会那天早晨，我跟随《人民文学》编辑部派的车，先去招待所接上沙汀，再去宇宙红接上立波，把他们送到会场上来。光年等北京的同志，已经在会场上与外地作家见了面，并在等待沙汀和立波了。邀请的作

---

① 吴福辉编《沙汀日记》第320～321，349～350，356～357页，山西教育出版社1998年。

家中,还有孙犁,他也是因身体不好,不能前来与会。

张光年主持了这次短篇小说座谈会。在这次座谈会上,大家畅所欲言,集思广益,在当前短篇小说创作的五个问题上形成了较为成熟的见解。现将《人民文学》编辑部 1977 年 11 月 19 日整理印发的《人民文学简报》第 3 期(内部参阅)所载的一份关于此次短篇小说座谈会的纪要摘录如下。这份材料,也就是光年同志事前交代的会后向出版局等上级机关及领导人汇报的文本。虽然非光年同志所撰,却是经他审阅同意和推敲过的。为了尊重历史,实事求是,笔者在引用时,一些受当时历史情况的限制而现在看来已很不适当的提法,如什么"无产阶级专政条件下继续革命"等,也一仍其旧。

(一)短篇小说创作怎样更好地反映同"四人帮"的现实斗争问题。粉碎"四人帮"以来,报刊上陆续发表了一些以同"四人帮"作斗争为题材的短篇小说,其中思想上、艺术上都比较好的有萧育轩的《心声》(《人民文学》1977 年第 4 期)、邹志安的《工作队长张解放》(《人民文学》1977 年第 7 期)和贾大山的《取经》(《河北文艺》1977 年第 4 期)。到会同志认为,我们要坚持为工农兵服务、为社会主义革命和建设服务的方向,就要提倡反映当前抓纲治国的现实斗争,特别是要提倡写并且努力写好第 11 次路线斗争这一重大题材,力求反映出在这一伟大斗争中的英雄人物,用毛主席在无产阶级专政条件下继续革命的思想教育读者。但在表现这一重大现实题材方面,当前存在着不少问题。这些问题大致是:1. 有的作品原来是按"四人帮"的理论写与所谓"走资派"斗争的,现在倒了个个儿,把其中的"走资派"改成了革命老干部,把所谓"造反战士"改成了"四人帮"的喽罗,而创作方法、艺术思想却一仍旧贯,充满了"帮"腔。2. 把同"四人帮"的斗争简单化。茹志鹄说：有的作品，英雄人物一出场就神气得不得了，未卜先知，把“四人帮”的爪牙则写成小丑，叼着烟卷，穿着皮夹克，歪戴着帽子，把反面人物脸谱化、漫画化。正反面人物都不是有血有肉的形象，特别是没有写出“四人帮”的凶残性。李準说，这一倾向在其他艺术形式方面表现也相当突出，最近上演的话剧《转折》就是一个不成功的例子。3. 有些作者受“四人帮”“从路线出发”谬论的影响，动辄就正面去写某个重大事件、重大主题，甚至写整个文化大革命，结果弄的公式化、概念化，作品里充满政治口号以及马列和毛主席著作的黑体字。他们不懂得短篇小说应“以小见大”，从一两个人物、一个家庭，透视出一个社会；只懂得正面突击，不懂得迂回、侧击，只懂得说教，不懂得文艺作品的使命在于用艺术形象打动读者。

（二）关于生活与创作的关系问题。与会同志揭发批判了“四人帮”颠倒生活与创作的正确关系，表示努力恢复毛主席倡导的作家要深入生活、创作要从生活出发的原则。同志们一致指出，“四人帮”出于篡党夺权的需要，肆意颠倒是非，混淆黑白，歪曲历史，按照自己的反动意图来定题材、主题、人物和情节，把作者关在房子里苦思冥想，东拼西凑，把短篇小说变成了他们搞政治阴谋的工具。他们竟然让作家坐飞机过雪山草地来“体验”红军的长征生活，让青年作者把唐山地震时腿部受伤、仍然坚持工作的老干部写成“断了腿还在走的走资派”！“四人帮”鼓吹“从路线出发”、“主题先行”等许多修正主义口号，鼓励脱离生活瞎编故事，许多作品没有深厚的生活基础，不是生活的概括、提炼和反映，而是阴谋政治的图解。与会同志们认为，这个流毒很深，要彻底肃清还要下工夫。与会作者结合自己的创作实践，畅谈了深入生活的重要性。周立波说，他所以写出《暴风骤雨》，是因为他参加了东北的土改，对那里一些村子的社会情况和人物比较熟悉。马烽说，他有几个村子做“生活的根据地”，能说出那里的子午卯酉，对那里的情况比较了解。一个作家如能像解剖麻雀那样深入细致地了解一两个村子(当然还不够)，对文学创作有极大的好处。他还提出，作家最好在基层(如县、公社)兼职，可以更深入地了解、观察、分析、研究那里的情况和人物。王愿坚说，作家必须长期地全心全意地到群众的火热斗争中去，争当群众的知心人，生活的有心人，创作的用心人。与会者指出，生活是创作的源泉，革命文学作品是人民生活在革命作家头脑中的反映的产物。目前，我国社会主义革命和建设正处在一个新的发展时期，工业学大庆、农业学大寨的群众运动如火如荼，“大庆人”“大寨人”式的英雄人物大批涌现，文学家应当赶快去找他们，写他们。

(三)关于革命的现实主义和革命的浪漫主义相结合的社会主义文学创作方法问题。与会作者一致认为，为了打碎“四人帮”的“三突出”之类的文艺枷锁，更集中、更典型化地反映社会主义革命和建设，尽快地提高创作的政治艺术质量，必须重新学习和掌握毛主席倡导的革命现实主义和革命浪漫主义相结合的创作方法。茅盾提出，要文学评论家研究“二革”结合问题。他说，毛主席在社会主义革命和社会主义建设的新条件下，提出了“二革”结合这个问题，指示了文艺作品必须遵循的创作方法。作家如果没有真正弄通马列主义、毛泽东思想，就不能从纷纭复杂的社会现实中透过表象而认识其本质，不能看到社会发展的方向；同时，如果作家不能全面看问题，不能从比较长的历史阶段看问题，那么，即使他的作品有革命乐观主义的豪言壮语，却未必有大气磅礴，感人至深，指出方向，坚定必胜信心，立足于革命现实而又比现实提高一步的革命浪漫主义。张光年指出，周总理在三次文代会上说，革命的现实主义是基础，革命的浪漫主义是主导，这就要求我们认真学习马列主义和学习社会，不断改造世界观，把革命的理想、充沛的热情，同坚持真理、实事求是的精神，水乳交融地统一到自己的作品里。刘白羽说，毛主席的著作和诗词就是“二革”结合的典范，我们要把“二革”结合的创作方法运用于短篇创作，才能创作出典型环境中的典型人物，打动读者。

（四）关于短篇小说的题材问题。与会作者指出，“四人帮”在文学创作中只允许一种题材——写所谓与“走资派”斗争，堵塞了文学创作百花齐放的道路，路子越走越窄。李凖说，现在我们要把作者的眼界扩大开来，我们的文艺作品不仅应该反映当前的现实斗争，也要反映革命历史题材，科学、教育方面的题材也应大力提倡。陈骏涛在书面发言中指出，当前我们要澄清“四人帮”在题材问题上造成的混乱，要划清重大题材和非重大题材、主要题材和次要题材的界限。他主张，应当首先保证有相当数量和较高质量的反映阶级斗争和路线斗争的重大题材的作品，大力提倡作家去熟悉和表现这些重大题材，但这并不排斥作家有选择表现各类题材的自由。“四人帮”垮台一年来，短篇小说的题材比过去开阔了，除了反映同“四人帮”作斗争的作品外，同时出现了一些反映革命历史题材，特别是描写领袖形象的短篇，如王愿坚的《足迹》、《路标》，也出现了叶文玲写的《丹梅》这一类写新人新事的作品。到会作者表示要从各条战线、各个领域来表现我国人民实现四个现代化的伟大斗争，描绘我们绚丽多姿的生活风貌。

（五）关于提高短篇小说的思想艺术质量，把小说创作搞上去。短篇小说是文学创作中的一个重要门类，比较容易迅速地反映现实斗争。它靠塑造栩栩如生的人物形象打动读者、教育读者，因此作家要努力提高短篇小说创作的水平。“四人帮”统治文坛时期，短篇小说创作遭到严重破坏。许多作者忽视了对人物的刻画和典型的塑造。与会同志就短篇小说的艺术构思、题材提炼、写作技巧、语言、风格以及文风等问题,互相切磋,决心在艺术上精益求精,勇于创新,努力写出好作品来。与会同志批判了"四人帮"只准"一花"独放,推行一种风格的文化专制主义,提出要发扬作家风格的多样化。王朝闻指出,文艺要服从生活状态的多样化,服从艺术爱好的多样化,服从总的政治任务之下的具体任务的多样化,提倡作家有个人的独特风格。对于风格的态度问题,从为谁服务这一根本问题、原则问题来考察,它是要不要贯彻毛主席的文艺路线和体现双百方针的问题。与会作者认为,马克思在《评普鲁士最近的书报检查令》中说:"你们赞美大自然悦人心目的千变万化和无穷无尽的丰富宝藏,你们并不要求玫瑰花和紫罗兰发出同样的芳香,但你们为什么却要求世界上最丰富的东西——精神只能有一种形式呢?我是一个幽默家,可是法律却命令我用严肃的笔调。我是一个激情的人,可是法律却指定我用谦逊的风格。"这段话清楚地表明了风格的多样性只能促进文学创作的繁荣与发展,而不是相反。

张光年在这次短篇小说座谈会上插话甚多,时有精彩闪光的思想。关于这一点,沙汀在他的日记里也有所记载。除了吸收到会议纪要中的周恩来总理关于"革命现实主义是基础,革命浪漫主义是主导"的思想观点外,还有:当茹志鹃和沙汀交替发言,批评有些作家受"四人帮"文艺教条的毒害,动辄从正面去写大斗争大场面大事件,阐述短篇小说应以"以小见大"为原则时,光年插话说:"与其说从正面写,不如说是从表面写。""都写整体,就不要典型了。"他在24日下午的结束会议上为会议作了总结。这天下午,我因为联系和筹划第二天代表们到香山去游园的事,未能听完他的讲话,所以记录本上只记了他讲的第一个问题:"从生活出发。"他说:“文学创作要从生活出发。反映人民的生活斗争,产生出来的是革命的花朵,永不凋谢的花朵。反映与‘四人帮’的斗争,是‘文化大革命’的最新凯歌。生活形式是多种多样、千差万别的,文学艺术反映群众的斗争,也一定是多种多样、千差万别的。我们要投身到不同形式的矛盾斗争中去。这种投身有时是需要长期的。”

在此不能忽略的是,年事很高的茅盾先生,10 月 23 日应邀来到东四礼士胡同当时的文化部政策研究室借用的会场,并在会上作了题为《老兵的希望》的发言,同与会人员一起照相留念。这是长达十年的“文化大革命”之后,茅盾先生第一次参加文学界的会议,第一次就文学问题发言。这是有历史纪念意义的。他的这篇文章分别发表在 1977 年 11 月 12 日的《光明日报·文学》和《人民文学》1977 年第 11 期上。

短篇小说座谈会的召开以及对召开这次会议的指导思想,是张光年在粉碎“四人帮”之初思想解放走出的第一步。他给自己的论文集《惜春文谈》的第 1 辑所起的标题是《十年噩梦醒来迟》。这个标题对他当时的思想境界的定位是准确的。他在序言里说:“(这一辑)收入写于 70 年代末的两篇,标志作者思想解放的开始——开始摆脱(未能完全摆脱)‘戴着枷锁跳舞’的窘态。”①当时他的思想已开始解放了一点,但还有很大的局限,还在“戴着枷锁跳舞”。他在 23 日晚召集的一个小范围的包括出版局王子野、总政刘白羽、作家周立波参加的工作会上,就他本人将在明天(24 日)举行的闭幕会议的发言内容谈了几点构想:一、不要造成中央不管文艺的印象,实际上中央在管。针对着会上有同志提出恢复文联、作协和《文艺报》的要求,他说他不赞成搞什么文联、作协和《文艺报》。这个问题由中央去考虑。不要造成这样一种印象,好像中央忽视了文艺。这不符合事实。只要中宣部一恢复,这些问

---

① 张光年《惜春文谈·序言》第 1 页,上海文艺出版社 1993 年。

题就自然会得到解决。(周立波插话:现在的确没有人管。)现在恢复《文艺报》的条件还不成熟。整个文艺队伍还没有组织起来。(刘白羽插话:《人民文学》要把《文艺报》的部分任务承担起来。)二、“17 年”黑线问题不要提,已经解决了。毛主席的革命文艺路线始终居于领导地位,不成问题。三、《林彪委托江青召开的部队文艺工作座谈会纪要》不要提,权当没有那么回事吧。

张光年之所以在总结发言时,如此谨慎,不是没有原因的。来自上级组织的压力,使他不能不把会议的调子定在仅仅是个业务会议的圈子里,凡是涉及文艺界的问题,都要压下。会议结束后,10 月 28 日,出版局党组开会,听取了《人民文学》关于“短篇小说创作座谈会”的汇报。出版局局长王匡同志在会上说:“这次短篇小说座谈会如何处理好,关键是文艺工作在出版局占什么地位。这个会是开得好的。但文艺创作还有许多问题,没有解决。收获是主要的。调动了大家创作的积极性。但对这次会怎么报道,要考虑一下,对于新华社发表消息,我持保守思想,不赞成。在自己的刊物上发表一下就可以了。登在报上就变成宣传了。这要考虑后果。后果很清楚,各地积极性很高,北京开了这样的会,报上一宣传,势必各省也都要开起来,结果变成几套锣鼓一齐打,实际上给中央施加压力,也给宣传口施加压力。各地开这样的会,势必不谈短篇小说,而要求成立文联、作协。成了无底洞。这就给中央施加了压力。我是希望文艺繁荣的,但不由我们带头。我们只是一次业务会议。一公布说我们吸收了部分省市的作家参加,其他没有参加的省市,我们怎么解释?发这样的消息就帮了倒忙。我主张发内参,不扩大宣传。主要是我们没有能力解决文艺战线的问题,不能惟恐天下不乱。文学工作在出版局占什么位置?我们只是组织稿件,出版刊物和书籍,至于文学的方针问题,我们连想都不敢想。文学存在的问题很多,有些是方向性的问题,出版局解决不了。我本人既无能力,又无实践。目前只起组织性作用。文学界的体制问题也无力解决。文联、作协是否成立，我们解决不了，也不能代替文联、作协。"①身为出版局局长的王匡，上任伊始曾做出大胆的决定，批准公开出版15种中外名著，迅速缓解了"四人帮"造成的亿万读者的书荒问题。他为中国的老百姓做了一件大好事。他如今所以在出版局党组会上如此谨慎，也是有难言的苦衷的。他的这一番讲话，显然给张光年带来了思想上的压力。三天后，11月1日晚，当我去光年家里，请他把在总结会上的讲话整理发表时，他对我说，他对王匡同志在党组会上的话有不同意见。他的心情是不快的。因此，他的这篇发言当时未能整理出来公开发表。只要把他这个会上的思想状态，与他稍后在《人民日报》上发表的《驳"文艺黑线"论》和在《人民文学》编辑部召开的"向文艺黑线专政论开火"大会上的讲话略加对照，就可以看得清清楚楚了。

二

作为一个深受迫害的老文艺家，张光年对"四人帮"的覆灭欢欣鼓舞，对党中央的抓纲治国方针双手拥护，极力维护国家和社会的稳定，不愿意提出什么新的问题来干扰党和国家的部署。但作为一个忠诚的文艺理论批评家和文艺领导干部的张光年，心中却无法压抑住对林彪、"四人帮"炮制的"文艺黑线专政"论的愤怒。他对任何保护"四人帮"的谬论的言论和措施，都无法认同。"四人帮"覆灭已经一年多了，《林彪委托江青同志召开的部队文艺工作座谈会纪要》仍然是套在全国文艺工作者头上的金箍咒，他们炮制的"文艺黑线专政"论还时时被用来当作歪曲和否定"17年"和30年代文艺的棍子。因此，批判"文艺黑线专政"论就成为当时揭

① 见笔者的工作日记，1977年10月29日传达记录。

批"四人帮"反革命文艺谬论的关键。

11月20日,《人民日报》编辑部邀请文艺界人士举行座谈会,坚决推倒"文艺黑线专政"论。参加座谈会的有首都的著名文艺界人士茅盾、刘白羽、贺敬之、谢冰心、吕骥、蔡若虹、李季、冯牧、李春光等。到会者指出:所谓"文艺黑线专政"论,是"四人帮"强加在文艺工作者和广大人民身上的精神枷锁和政治镣铐。它全盘否定毛主席革命路线在文艺战线上的主导地位,篡改文艺战线斗争史,否定"17年"革命文艺的成就,摧残文化大革命前所有优秀的文学家、艺术家和一切优秀的文艺作品。它是林彪、"四人帮"反对毛主席的革命文艺路线、推行其反革命修正主义文艺路线的重要理论支柱。只有砸碎"文艺黑线专政"论这个沉重的精神枷锁,肃清它的流毒,才能真正贯彻"双百"方针,繁荣社会主义文艺事业。张光年也是应邀与会的人士之一,并在会上发了言。

张光年参加完《人民日报》的座谈会后,便考虑他所主编的《人民文学》如何投入这场即将开始的批判林彪、"四人帮"制造的"文艺黑线专政"论的斗争。其时,我们编辑部经过几次研究,已经确定从题材等问题来着手批判"文艺黑线专政"论的实质,一个专题一个专题地来做。编辑部拟定了5个方面的专题。这5个专题是:(1)"17年"文艺的成就与问题;(2)作家队伍问题;(3)30年代以来的文艺;(4)文学遗产问题;(5)根本任务论。1977年11月22日下午,我给主编张光年同志打电话,向他报告编辑部的这些打算,他在电话里对我说:

> 《人民文学》编辑部是否可举行一个座谈会,限于文学方面,批《纪要》。可谈得深一些。然后进一步搞材料,组织有说服力的文章。这是党中央安排的。教育部的批判文章是政治局审查时加上的,又通知《人民日报》开座谈会。文学界要很好地投入战斗。你们研究一下,可以很快见到版面,把战斗

气氛搞得浓浓的，有一定规模，不是冷冷清清的。①

历史把《人民文学》编辑部推到了这场批判斗争的最前线。于是，编辑部根据主编张光年电话的精神，研究了召开深入批判“文艺黑线专政”论座谈会的具体方案；座谈会于12月28～31日在北京总参招待所召开；议题定为“向文艺黑线专政”论开火，繁荣社会主义文艺；参加人员主要是文学界人士，另邀请文联各协会的前负责人；请党中央主席华国锋为《人民文学》杂志题词，并安排在大会最后一天（31日）在会上公布，以此为契机掀起批判“文艺黑线专政”论和繁荣社会主义创作的新高潮。

但当时从上而下传出来一种奇怪的观点：“文艺黑线专政”是没有的，“文艺黑线专政”论可以批、应该批，毛主席的革命文艺路线始终占着主导地位；但文艺黑线还是有的，“17年”文艺存在着一条文艺黑线。我们编辑部于12月中旬传达了当时中宣部部长张平化同志的一个讲话。根据我当时的传达记录引述如下（记录错误的地方由笔者负责）：

军报、《人民日报》都发表了文章，这个问题影响比较大。教育战线批了“两个估计”，国内外影响很大。文艺战线这个问题，比教育战线影响还要大。怎么批？问题不少。要考虑怎样批更有力量。教育战线批“两个估计”，是华主席、邓副主席亲自领导的，作了大量调查研究，找了根据，才写出文章，对整个战斗（指第三战役）起了作用。文艺战线的问题要研究，怎样用毛泽东思想揭批“四人帮”，使人们看了以后，认识到“四人帮”篡改毛主席革命路线，明确今后怎么办？看了军报和《人民日报》的文章，觉得没有什么问题，但感到不足，

① 见笔者的工作日记，1977年12月22日张光年电话记录。

"四人帮"是怎样篡改毛主席革命路线的,没有说清楚。要批判"文艺黑线专政"论,牵涉到两个问题:一个是《纪要》,毛主席看过,而且改过三次;一个是"两个批示",毛主席批评得很厉害。这些问题要很好研究。军报文章是从字面上批,软弱无力。譬如说,把毛主席批示中的"大多数"解释为"不是全部","基本上"解释为"不是一切人";"跌到修正主义边缘",是说一种"可能",都是软弱无力。《人民日报》文章(报道)把17年黑线一笔带过,回避这个问题,使人感到17年不错。那样的话,毛主席为什么还有"两个批示"?为什么要搞文化大革命?这些协会的领导人又怎么样呢?是不是还要请周扬去当文化部长?外电就有反映,说我们的教育要回到17年。毛主席的批评要讲够,说明"四人帮"怎样借毛主席搞乱文艺战线的。不要给人一种印象,觉得文化大革命前问题不大。对毛主席的批评要肯定。"四人帮"是借此打倒一切,"文艺黑线专政"论固然要批,但不要把毛主席的话当作江青的话批了。黑线是有的,毛主席跟黑线作了斗争,毛主席革命路线是占了统治地位的。这个问题要下功夫,重要稿件要审查,要慎重,没有把握的问题要送审。现在全面地系统地批判"文艺黑线专政",时机还不成熟。刘白羽同志当总政文化部长,由总政文化部先搞这么一篇全面系统的批判文章。批"四人帮"论点的具体问题,还可以继续搞,目前还是打教育战线的仗,文艺战线现在可以搜集材料,不要让人家感到过去都是正确的。批判文章要控制严一些,批"四人帮"是对敌斗争,和内部讨论不一样,内部讨论意见可以不一致,批"四人帮"要一致。

这个讲话的主要意思是:"文艺黑线专政"论要批,毛主席的革命文艺路线在"17年"中占了主要地位,但文艺黑线也是存在的,要周扬(周扬不过是“17 年”文艺的一个最有资格的代表人物!)回到文艺工作岗位上来,就是“回到‘17 年’”,当然也就是黑线回潮了。他这番话的根据,不是别的,正是毛泽东改过 3 遍的《纪要》和他于 1963、1964 年针对中国文联各协会的两次批示。凡是毛主席说过的就句句是真理!

尽管阻力重重,张光年还是没有动摇由《人民文学》编辑部主办座谈会的决心。比较起《人民日报》编辑部召开的座谈会来,这次以“向‘文艺黑线专政’论开火”为题的在京文学工作者座谈会,邀请的人多达一百余人,是在长达 10 年的“文化大革命”中被“四人帮”的法西斯专制主义打散了的作家队伍的大会师,因而是中国当代文学史上一次有着重要意义的会议。这次劫后作家大会师,已经过去二十多年了,可是作为会议组织者之一,当我如今回过头来写当时的会场时,其惨状至今还历历如在目前。出席会议的作家中,有多少人是受过严重迫害的,我没有统计,但仅是从秦城监狱里活着出来的作家,就有好几位。有的被“四人帮”及其爪牙们打断了腿,像我们敬爱的老作家夏衍,就是拄着双拐来到会场的;有的是被折磨得精神失常的,像刚刚获释的上海小说家峻青,在监禁期间,神经受到严重刺激。整个会场上就像是些从战场上下来的残兵败将一样,令人不堪目睹。

历史又赐予了张光年一个特殊的机会,由他来主持这次文学界大会师的大会。当他站在这么多久别重逢的老朋友、老同志、老相识面前,朗声宣布大会开幕时,台下的作家们无不热泪盈眶,其激动的心情是无法用笔墨来表达的。先后在会上发言的有茅盾、刘白羽、林默涵、贺敬之、李季、严文井、周立波、冯牧、夏衍、邹荻帆、阮章竞、王瑶、雷加、冯乃超、杜书瀛、叶君健、金近、蔡仪、吴组缃、峻青、柯岗、唐弢、王愿坚、韦君宜、朱兵、杨志杰、赵寻、草明、曹禺、曹靖华、李何林、许觉民、骆宾基、姚雪垠、臧克家、王春元、曲波、林林、李準、刘剑青、李曙光、张志民、冯其庸、严辰、贾芝、秦牧、徐迟、朱寨、毕朔望、逯斐、陶钝、蔡若虹、吕骥、袁文殊、盛婕、刘庆库。卧病的中国文联主席郭沫若也从医院送来了书面发言。中宣部部长张平化和文化部部长黄镇都在会上讲了话。

张光年在会上说：

今天这个座谈会是在华主席为首的党中央提出要坚决推倒“四人帮”的“文艺黑线专政”论，全面贯彻执行毛主席的革命文艺路线和华主席在十一大提出的战斗任务而召开的。最近，中央宣传部举行座谈会，有三百多人参加，张平化同志讲了话。中宣部座谈会的精神，张平化同志的讲话精神，也是我们这个会的精神。从遵义会议以来，毛主席的革命路线始终占主导地位。刘少奇的修正主义路线的干扰破坏是严重的，但是我们站在毛主席革命路线上同他进行了斗争。“文艺黑线专政”论是“四人帮”制造的冤案，是加在我们身上的精神枷锁。今天要起来打烂这个枷锁。

希望到会的同志畅所欲言，对“文艺黑线专政”论的全部谬论和阴谋进行揭发批判，可以从各个不同角度来谈，也可以对有些问题进行探讨、展开讨论。例如，对《光明日报》那个编者按①，我就有不同的看法。要是说有刘少奇的文艺路线，那么，这条路线的内容、纲领是什么？代表作家是谁？代表作品是什么？如果说文艺的党员领导干部是黑的，不是又回到“黑线专政”论了吗？不是把华主席、党中央取掉的精神枷锁

① 《光明日报》1977年12月7日第2版通栏标题《打好文艺战线揭批“四人帮”的第三战役》的编者按说：“……17年的文艺战线，黑线是有的，这就是刘少奇的反革命修正主义文艺路线。这条黑线，对我国文艺事业确实有过相当严重的干扰和破坏。但是，总的说来占主导地位的是毛主席的革命文艺路线。”《光明日报》在这一段时间里发表的类似文章中，也多持这种观点。

又加在我们头上吗？据说《光明日报》一再重复这个论词，使有的同志文章不敢写，写了赶快索回修改。我们这个会也要抵触《光明日报》重新加上的枷锁，免得大家不敢讲话。

“四人帮”把我们的队伍打散了，但没有打垮。今天，华主席党中央又把我们集合起来，我们要在华主席英明领导下，像广大民兵那样，召之即来，来之能战，战之能胜。对“四人帮”进行义正词严的声讨！

张光年的上述发言，基本上没有离开中宣部座谈会的调子，但他把《光明日报》编者按当靶子，实际上是向党内的“凡是”观点发起的一次小小的冲击。至少是一种试探。在当时相当一个时期内，《光明日报》批“四人帮”的“文艺黑线专政”论的文章，都是持这种观点的。而这个“文艺黑线还是有的”观点，其实是来自当时党内的“凡是”派。

在这次会议上最令人瞩目的一件事情是，中国文坛的前领导人周扬，在编辑部的安排下，于12月30日上午来到会场，首次在公众场合下露面，并应邀在会上发表了长篇讲话。在10月底召开短篇小说座谈会之前不久，张光年同志嘱编辑部给周扬、夏衍、林默涵三位文艺界的前领导人寄送《人民文学》杂志。应该说，从那时开始，我们编辑部和编辑们才开始与他们几位建立起直接的联系。但不久前在中宣部召开的会上，周扬却仍然被点名确认为文艺黑线的代表人物，说如果要周扬回到文化部长的位子上，无异于“回到17年”，无异于黑线回潮。来自上面的这些话，自然是一种警告。但无论是张光年还是《人民文学》编辑部的同志们，都没有理睬这种论调，还是邀请周扬到会讲话。周扬出来了，就说明所谓“文艺黑线还是有的”论调是不堪一驳的。这是周扬第一次公开在文学界的集会上发表讲话。他的到来，大多数与会作家，有一种久别重逢的情感。当然也有不喜欢这个人的。他讲了三个问题：

第一,怎样评价30年代文艺;第二,怎样正确评价“17年”的文艺;第三,要文化革命,还是要毁灭文化。大概是因为他在多年失去自由后第一次在作家朋友们面前讲话的关系,显得很拘谨,用词很谨慎,不像“文革”前那样的风流倜傥,神采奕奕。他在讲话开始说,他被邀请参加《人民文学》召开的这个座谈会,觉得很幸福,感慨万端,他很虔诚地检讨了自己所犯的种种错误。他这次会上的检讨和后来多次会上对自己在“17年”文艺工作中所犯错误,特别是把一些同志错划为右派,所作的诚恳检讨和自责,得到了许多文艺界人士的赞赏和谅解,并传为佳话。

这次座谈会的贡献有两个:

第一,在批判“四人帮”对文艺战线的破坏时,抓住了“文艺黑线专政”论这个重点,突破了《纪要》不能批的禁区,这就把批判斗争大大推进了一步。但“文艺黑线”论却基本上没有被动摇。“两个批示”问题还没有解决。因为那时连刘少奇同志的冤案还没有翻过来。从到会的文化界领导人到作家评论家,在发言时,还必须按照有一条与毛主席革命路线相对立的刘少奇修正主义路线的调子构思谋篇。

第二,大家呼吁尽快恢复在“文革”中被解散了的文联和各协会。中宣部张平化部长在12月31日的闭幕会上宣布:“昨天在中央宣传部听汇报以后,我们研究了,要迅速恢复(文联和各协会)。为了迅速恢复这个组织,要成立一个筹备机构。这个筹备机构一方面进行现在的工作,恢复文联,恢复各协会,首先是作家协会,把这些组织恢复起来,把当前的工作抓起来。……同时,这个机构还有几个任务,要筹备第四次文代会。……在1978年适当的时候,召开第四次文代会。”

三

以“向‘文艺黑线专政’论开火”为题的在京文学工作者座谈会的长篇报道，分别在1978年1月17日《人民日报》和1978年第1期《人民文学》发表后，在读者中反映甚为强烈。我曾奉命把文艺界和读者来信中反映的情况，综合地向张光年同志汇报过一次。大致反映是，文学界人士热切地希望把“30年”文艺和“17年”文艺的功过是非弄清楚，而一般读者则希望开展对近两年来发表的坏作品、阴谋文艺进行批判和清理。《人民文学》后来也就是在这两个方面组稿和安排版面的。在《人民文学》座谈会之后，全国各地的文艺刊物，批判“四人帮”制造的“文艺黑线专政”论和阴谋文艺的声势也高涨起来。

“开火”的大会，对于批判“四人帮”在文艺上的法西斯专制，虽然坚冰已经打通，但前面也并不是一片坦途。1月17日，接张光年电话称：消息是华主席审阅的，他本人谦虚，不同意再发题词手迹。华主席给张平化打电话说：文艺界批黑线专政论，可以批，应该批。也不要把“17年”讲得没有一点错误缺点了。教育战线是发现了那个条子，好批；文艺上没有那个条子，不好批。① 到了3月初，一位新闻界的朋友告诉我，张平化在中南5省宣传部长会议上讲话时说，“17年”文艺界的确有一条黑线，我们反对的只是黑线专政。我听到此论后，当即反映给了剑青。可以想见，“文艺黑线专政”论成为谬论，已不成问题，而“文艺黑线”论却仍大行其道，不能批。

2月13日，编辑部接到张光年转来的李何林写给严文井并转张光年的一封信。信中对《人民文学》第1期的本刊记者报道中引

---

① 见笔者的工作日记，1978年1月17日张光年电话记录。

述他在在京文学工作者座谈会上的发言有意见，说刊物歪曲了他对两个口号问题的看法，他没有说过“国防文学”起过团结作家抗日的作用。他还随信附来打印的两点声明，同时将其散发给了有关人士。30 年代文艺问题是批判“四人帮”在文艺上的阴谋的一个重点，但在 30 年代问题上，特别是在国防文学问题上本来就存在着分歧的意见。在我的印象中，在处理 30 年代问题上，中宣部的总的思路是批判“四人帮”的阴谋要一致，而一些具体问题上的分歧，则让学术界去争鸣。如今，关于 30 年代文艺问题的分歧，终于在会议报道上爆发开了。我们接到李何林先生的信后，立即查对了原始记录，认为发表稿与原始记录稿基本相符。编辑部分析后认为，李何林先生是想退回到他原来的立场，力求做到自圆其说。大家的意见是，要在刊物上公开发表他的两点声明，然后附上编辑部的核实经过，把真相公之于读者，以期澄清事实，引起争鸣。

为了推动批判的深入，编辑部拟定了一份约稿计划。3 月 30 日上午，刘剑青、阎纲和我一起到朝阳医院去探望在那里住院的张光年同志，并向他汇报我们的打算。那天，正好周扬同志也在那里。我汇报了两个问题：（一）我最近到武汉去了解的湖北文艺界的情况以及河北省关于《红旗谱》的评价。河北文联负责人田亚夫说，省里要他们提出对《红》的意见，批“文艺黑线专政论”时，大家说《红》是一部好书，可是省委宣传部却把报道压住不发。（二）我们准备在刊物上发表一组关于 30 年代文艺问题的文章，拟约沙汀、王瑶撰文，林默涵在“开火”会上的长篇发言，也准备在刊物上发。张光年同意了我们的设想。下午我和阎纲一起去沙汀和林默涵处组稿，第二天我又去北大找王瑶，很快便把计划落实了。我在北大读书时上王瑶先生的新文学史课，是他的学生，约他写 30 年代的文章，他表示有点儿为难。他对我说：他的处境很难，在两个单位工作，一个单位一种观点，而他是折衷的。李何林的鲁研室认为"国防文学"是王明路线的产物,北大则认为不能这样看。两家的人各自的看法又大都一致。他说他是能够接受周扬同志的发言的。

关于30年代文艺问题,我们听说任白戈同志写了文章,在中宣部送审中。周扬、张光年同志也向我们提到此文。沙汀也向我提到此文,建议我们要来看看。我从王瑶那里回来,便给中宣部文艺局副局长荣天屿同志打电话,询问任文是否已定了给哪家刊物?如果没有给其他刊物,是否可以给《人民文学》发表?荣说,此稿已送周扬和茅盾看过,沙汀也看过,提了修改意见。他说,他要把我们的意见向张(平化)部长请示,然后答复我。过了5天,4月6日,荣天屿同志便给我打来电话,说:"经请示张部长,任白戈同志文章转给《人民文学》。我们写了一信,关于30年代问题有些争论,我们认为,当前应一致起来批判'四人帮',希望你们组织有分量的文章。至于有争论的一些问题,让他们学术界去讨论,也可以组织文章,也可以发些资料性的文章。至于任白戈同志的文章,经周扬同志看过,用铅笔改了一些地方。我们也改了一些地方。沙汀同志知道他的写作过程,可同他商量一下,其中个别地方,还有可以推敲的地方,你们可以同作者直接联系。"①4月10日我收到天屿同志转来的任白戈文章后,即报告了光年同志,并告之以我的意见:可以在《人民文学》发表。任文在编辑发表过程中得到了沙汀和光年的帮助和指导。该文发表于《人民文学》1978年第5期,题为《坚决肃清林彪、江青一伙对30年代文艺的诬蔑》。任白戈同志是"左联"的重要成员,解放后从政担任过西南局书记,他的文章以雄辩的历史资料澄清了关于30年代文艺的许多重要问题,是批判林彪"四人帮"的第三战役中的一篇重要文章。同期发表的,还有林默涵根据1977年12月29日他在"开火"会

---

① 此电文系笔者当时的记录稿,见笔者1978年4月6日的工作日记。

上的讲演记录稿修改定稿的《解放后17年在文艺战线上的思想斗争》①一文。

作为《人民文学》杂志的主编，张光年当时关注的另一个方面，是批判"四人帮"利用刊物搞阴谋夺权和肃清"四人帮"的流毒。当时刊物面对着好几个热点问题，有《人民文学》自身的，也有其他刊物的，但情况也颇复杂。《人民文学》编辑部多次研究，但举棋未定。随着形势的发展，很快便作出了决策。

比如《北京文艺》发表的《严峻的日子》②。"四人帮"覆灭后，全国各地的评论家和读者来信，强烈要求《人民文学》介入，予以严正批判。但这篇文章的发表，涉及北京市委书记吴德，在北京市迟迟按兵不动的情况下，我们《人民文学》作为一家中央级的文艺刊物，当然也不宜过早行动。4月3日，我与剑青到光年处，请示和研究第5期刊物版面安排。正好张僖同志也在，研究中国文联全委会的筹备工作。张光年要我们《人民文学》写一个大报道，描述一下全国文艺的新形势。我们谈到《严峻的日子》，应该批评，但要保护作者；而《北京文艺》原定4月号发表批评文章，现在该刊不能及时兑现，而且即使他们决定发一篇批评文章，北京市的吴德也不一定批，那我们就不能等了。我们出来批评，当然会刺痛吴德。光年对我们说：就是要刺痛一下嘛！过了几天，到4月10日，剑青同志向我传达光年和他的意见：我刊决定批《严峻的日子》，北京市委的盖子要揭。我们组织金童写文章（前些日子，我们收到

① 虽然在《人民文学》上已发表了默涵同志的《与姚雪垠谈〈李自成〉》，实际上此文应是作者长期受"四人帮"迫害、获得自由回京后，第一次公开演讲和第一篇重要文章，文中公开了"17年"文坛的许多重要史实。此文没有收入作者近年出版的《劫后文存》。

② 伍兵《严峻的日子》，《北京文艺》1976年第6期。这篇小说的内容写镇压在天安门广场上悼念周恩来总理的群众，是"四人帮"在北京市的代理人支持下炮制和发表的，因而是有险恶的政治目的的。

了署名金童的读者来信),写一按语,也把我刊从第1到第6期的错误文章都点到。第二天,剑青在编辑部碰头会上又说:随着运动的发展,刊物上要发表一些批判“四人帮”利用刊物搞阴谋夺权的文章。光年看了《严峻的日子》,决定发北京人民出版社金童的读者来信,改成文章,加编者按语。其他错误文章,可以列出几篇,也可归纳出几个问题笼统地写。但要避开天安门事件,就说广大群众到天安门悼念周总理,被打成反革命。编辑部发表这样的错误文章,也有责任,有的甚至是捉刀代笔。要保护作者,矛头指向“四人帮”,可以点到主编和常务副主编。

编辑部按照光年的这个决策开始工作。一方面准备一篇大报道,分工由阎纲写第一部分,即批判“文艺黑线专政”论的情况;傅活写第二部分,即文艺界一年来初见成效,文艺繁荣的情况;吴泰昌写第三部分,即作家深入生活的情况;最后由我汇总定稿。另一方面,由我准备一个批判《严峻的日子》的编者按语。按语很快写好后,由剑青与光年一起改了一遍,算是定稿发排了。星期日加班一天,大报道也如期完成了。4月24日是星期一,我带着大报道到光年同志处请他阅改。光年同志改变了主意,说大报道决定不发了。改为集中发表任白戈、王瑶和林默涵三人关于30年代问题的文章。关于《严峻的日子》的编者按语,他说:昨天在陈笑雨的追悼会上见到了吴冷西同志,吴说《毛选》第6卷要发表毛主席给《文艺报》的信。我就想到,我们这按语也是“政治性不足”,“文也不足”。光年说,他还要改一遍,要我给他一份样子。

这里牵涉到一段文艺界的史实:1958年初,根据毛主席的意见,《文艺报》组织了几位文学界人士撰写文章,对丁玲的《三八节有感》、王实味的《野百合花》等在延安发表的旧作进行再批判。编辑部撰写了这个专栏的编者按,送毛泽东审定。毛泽东当时在南方,看了来件后,亲自动手作了大量修改和重写,即退给《文艺报》的主编张光年、副主编侯金镜、陈笑雨,并将这个专栏的栏题改为《再批判》。毛泽东为《文艺报》写的按语是这样的:"'奇文共欣赏,疑义相与析',许多人想读这一批'奇文'。我们把这些东西搜集起来全部重读一遍,果然有些奇处。奇就奇在以革命者的姿态写反革命的文章。鼻子灵的一眼就能识破,其他的人往往受骗。外国知道丁玲、艾青名字的人也许想要了解这件事情的究竟。因此我们重新全部发表了这批文章。谢谢丁玲、王实味等人的劳作,毒草成了肥料,他们成了我国广大人民的教员。他们确能教育人民懂得我们的敌人是如何工作的。鼻子塞了的开通起来,天真烂漫、世事不知的青年人或老年人迅速知道了许多世事。"①那场"再批判",批错了许多人,铸成一大错案,这里不去说它。在清样的空白处,毛泽东主席还以龙飞凤舞的行书给三位主编写了一封短笺:我在杭州,明天就是你们付印的日子。其他文章来不及看了,兹退还。你们是政治家,政治性不足;你们是文学家,文也不足,不足以唤起读者的注目。最近文风有所改进,但就这篇按语说,则尚未。毛泽东主席还写道:题目太长,"再批判"三字就够了。用语太重,用字太硬,形容词太凶,效果反而不好,宜加注意。② 毛泽东就文风问题对《文艺报》几位主编的批评,倒是对该刊后来文风的改进起了显著的好作用。现在,张光年就我为批判《严峻的日子》起草、他修改的编者按语所说的"政治性不足"、"文也不足"的话,就是来源于此。一方面,说明他对毛主席三十多年前的话记忆十分深刻,另一方面,也说明他也要我注意,文风问题不是一个小问题,文风不好,用语太直,用字太硬,形容词太凶,都不会产生好效果,不能被读者所接受。

至于《人民文学》发表的《铁锹传》,也在当时引起强烈的反

---

① 见《文艺报》1958 年第 2 期。

② 引自阎纲《文风的回忆》,收入作者《冷落了牡丹》一书,敦煌文艺出版社 1997 年。

应，我们编辑部收到了天津文化局的作家杨润身、王昌定、王树人三人合写的一篇批判文章。但是否要发，张光年对我说，要先征求一下天津市委的意见，他们认为要在中央刊物上批判，那我们就发批判文章，否则，我们就不发。记得后来《人民日报》内参上发表了有关这篇小说的批判文章和材料。

关于浩然在“文革”后期发表的几篇作品，在评论界和读者中意见也很大。《广东文艺》1977 年第 12 期发表了李冰之（于逢）同志写的《评浩然的“新”道路》之后，接连发表了 3 篇批评文章；《解放军报》于 2 月 4 日发表了读者来信批评浩然同志的《西沙儿女》。关于浩然的那几篇作品，我们编辑部研究过多次，2 月 21 日我又到光年处同他商量和请示，突然见到报刊上的这些文章和读者来信。2 月 27 日光年同志的夫人黄叶绿同志给我打来电话，转达光年同志的决定：转载李冰之的文章。这就表明了我们刊物的态度，一是浩然的那些作品应该批评，二是浩然毕竟是人民内部矛盾，属于同志犯错误，我们自己没有组织文章，而只转载广东的一篇。

四

在《人民文学》杂志 1977 年 12 月 28～31 日召开的“开火大会”结束后，中宣部部长张平化同志宣布中国文联及各协会恢复工作，筹备组由林默涵为组长，张光年、冯牧为副组长。文联的机关刊《文艺报》也于 1978 年 7 月复刊，由冯牧和孔罗荪任主编。筹备组及刊物负责人名单正式批下来后，1978 年 5 月 6 日下午，张光年电话通知刘剑青，请孔罗荪、冯牧、刘剑青、谢永旺和编务人员黄文珍同志到他家里去开会，研究《文艺报》复刊的问题。

在 5 月 8 日召开的《文艺报》选题会议上，张光年和冯牧都就当前文艺形势和《文艺报》的任务作了发言。张光年说：《文艺报》

复刊，党中央很快就批准了。这是广大群众干部的要求，也是文艺界的希望。《文艺报》以文学为主，面向整个文学艺术界，也要顾及业余作者。要在斗争中立，在破中立。要扶植新生事物和新生力量，多做雪中送炭的工作。我们的队伍是有力量的，要在恢复的过程中把力量组织起来。要树立良好的文风和刊风，这就是按"十一大"的精神，说老实话，实事求是。有些问题长期摆在那里，没有解决。要恢复党的传统，恢复生动活泼的政治局面。在这类问题上，该讲话时就要讲话，而且文章要写得犀利些，泼辣些。《文艺报》是一份在国外有影响的刊物，它的复刊会受到国内外的注意。复刊后要积极参加国际斗争，反帝、反霸。苏联的《文学报》反华文章发的很多，我们不能装聋作哑。过去我们常向外国作家约稿，今后也要加强同外国作家的联系，也可以向他们约稿。《文艺报》复刊，面临的困难很大，大家要学大庆的精神，有条件要上，没有条件也要创造条件上。刊物要始终坚持贯彻"双百方针"。"双百方针"是阶级的方针，并非"四人帮"所说的，贯彻"双百方针"就必然导致什么自由化。复刊第 1 期应写一篇好的《致读者》，说清我们的刊物是不是"反党的喉舌"，当前以及今后干些什么。张光年对《文艺报》的复刊，有更多的个人感情，因为在"文革"前有十多年的时间，他是与《文艺报》荣辱与共的。或者说，对他的毁誉，总是与《文艺报》联系着的。如今他的发言里，既融会着"文革"前的苦涩经验，又适应当前时局的需要。我想，他的这番话就是罗荪、冯牧们和谢永旺、刘锡诚们这两代人要共同遵守的工作准则和倾注全力的事业了。当然在现在看来，那时，张光年在思想深处还是把《文艺报》当成党的"哨兵和喉舌"来筹划它的未来的。这种多年来习惯了的思想，到 1979 年召开的第 4 次全国文代大会上，邓小平向文艺家们作报告之后才算结束。邓小平在这个报告里明确无误地宣称："党对文艺工作的领导，不是发号施令，不是要求文学艺术从属于临时的、具体的、直接的政治任务，而是根据文学艺术的特征和发展规律，帮助文艺工作者获得条件来不断繁荣文学艺术事业，提高文学艺术水平，创作出无愧于我们伟大人民、伟大时代的优秀的文学艺术作品和表演艺术成果。”①一本刊物，即使是像《文艺报》这样的刊物，应该遵守党和国家的大方向（四项基本原则和宪法：文艺为人民服务，为社会主义服务）和方针（“双百方针”），但它绝非“哨兵和喉舌”。

在筹备《文艺报》复刊的同时，张光年还负责筹备恢复作家协会的工作。如果说在 1977 年前后，许多原来作家协会的老部下，陆续到张光年家里，要求他借在出版局工作的条件和自己的威望能帮助安排工作，他为此也作了许多成人之美的善事的话，那么，现在，恢复文联各协会就不再是个别朋友的工作安排的事，而是一件涉及全局和大多数老文艺干部的事，是涉及发展和繁荣社会主义文艺事业的大事了。

第一步是筹备召开文联全委扩大会议，推倒“四人帮”的诬陷不实之词，宣布恢复几个协会。文联及各协会筹备组成立之后，即通知阎纲、吴泰昌转到即将复刊的《文艺报》去并参加筹备工作。我则先留下来处理《人民文学》评论版面的收尾工作。光年和冯牧两位领导让我也参与筹备文联全委会的工作。关于文联全委会的召开，默涵同志与他商定，要向郭老作一次汇报。5 月 14 日，我在办公室里写人民文学出版社召开的儿童读物出版工作座谈会的报道，光年同志来电话，要我与郭老的秘书王庭芳同志联系一下，他和默涵要到郭老那里去汇报。我拨通了郭老家里的电话，但王秘书不在，是栾秘书接的电话，我简要地把意图说了一遍。过了一个多小时，栾秘书回电说：(1)郭老住在医院里，医生不同意会客；(2)郭老身体很不好，即使见了，恐怕也不能做任何事了。请你们

---

① 邓小平《在中国文学艺术工作者第四次代表大会上的祝辞》，《邓小平文选》第 185 页，人民出版社 1983 年。

自己准备就行了。我听了电话感到很压抑,但也只能照实向光年同志汇报。所以,后来的筹备工作就是在筹备组组长林默涵、副组长张光年和冯牧的主持下进行的。

文联全委扩大会议定于5月27日在北京西苑饭店开幕。大会秘书长是冯牧。诗人邹荻帆和我,被指定担任宣传组组长和副组长。5月14日,冯牧嘱我给老作家徐迟打电话,催他快点来京,请他替郭老准备一篇讲话稿。当时有消息说,科学大会上的讲话稿《科学的春天》是请徐迟代笔的,文章写得很漂亮。(近来在报上读到童大林等同志的文章摘要,纠正这种说法,指出那篇文稿是他们几位参加大会工作的人所写。)徐迟把郭沫若以文联主席的身份的讲话稿拿来,经默涵和光年看过后,派我到北京医院向郭老送审。5月25日上午,我来到北京医院郭老的病房外面的接待室,把讲话初稿交给郭夫人于立群同志审阅。她看完文稿从病房出来,在接待室向我谈对讲话稿的意见。于立群说:(1)《文学艺术的初夏》这个题目不好,"春天"是有特定含义的,"初夏"则没有什么特定的含义。(2)徐迟的稿子里说郭老"扶掖"青年,这个"扶掖"不好,听起来不舒服。(3)黄镇的讲话很好,这个发言稿则很平淡。(4)茅盾的发言稿中也没有"在华主席领导下……"等这些话。于立群同志还说要加上一些内容:在我们这次大会之后,文联及各协会的机构就恢复工作了,要开展新的工作,同时,也要更加深入地揭批"四人帮",这个意思要加进去。"四人帮"的余毒并没有完全揭完。既要有新创造,同时也要继续批判。"冲锋陷阵……"这一段是指什么说的?是指对工作,还是指对敌人战斗?他的意思是要取得新的成果。这种精神,是否要用这种词汇来形容呢?这也与后面的"春来了"、"百花齐放"的格调不一致嘛。要取得新成果,同时要勇敢地、长期不懈地揭批"四人帮"。郭老讲话的最后部分,要加上揭批"四人帮"第三战役的内容,可参考茅盾的发言稿。于立群同志讲完后,王庭芳同志也谈了几点意见。特别希望加重写周总理对文艺的重视和关心，文艺工作者是人类灵魂工程师，全社会要尊重作家和文艺工作者的劳动。

我赶回宾馆，向三位领导人汇报了郭夫人代表郭老讲的意见后，他们都意识到徐迟起草的稿子已经被否定，只能再找别人另执笔重写了。时间不多了，事情紧急，他们当即指定我和谢永旺连夜起草。我的心里打鼓，连徐迟这样的大手笔都被否定了，我们这些人能行吗？但已来不及多想了，后天早上会议就要开幕。于是我俩搞了一个通宵，第二天一早，把稿子交给领导修改，下午我再次带着新稿《衷心的祝愿》来到北京医院送审。郭老的家属们和秘书一起研究了新起草的文稿，统一了看法，由郭老的女儿郭纪英向我谈意见。她的意见归纳起来大致有几点：第一，稿子上被删掉的几句话还给人以新鲜感，可以恢复；第二，还可以再短些，有些一般文章中常见的话，可以不说。郭老身体不好，要集中表达他百感交集的心情；第三，关于毛泽东思想的几句话望能再加强些。

稿子通过了！我如释重负，回到宾馆，赶紧交付排印。我们没有辜负光年等同志的重托。27 日上午，在西苑饭店礼堂召开的第 3 届文联全委扩大会议开幕式上，由著名电影演员于蓝同志代读了中国文联主席郭沫若的讲话稿。这篇《衷心的祝愿》是以郭沫若的名义发表的最后一次演讲。

1978 年 5 月召开的中国文联第 3 届全委扩大会在中国文艺史上是一次重要而特殊的会议，她宣布了被“四人帮”砸烂、10 年不能活动的中国各文艺家自己的组织——文联及各文艺家协会重新恢复了！接下来的任务是筹备召开第 4 次全国文代大会，请中央领导同志就新形势下的文艺工作发表方针性的指示。

在 6 月 3 日召开的中国作家协会主席团扩大会议上，主席茅盾宣布张光年就任作协书记处常委书记。在粉碎“四人帮”前后的 3 年里，张光年在文艺战线上在力所能及的范围内做了大量的工作，包括向有关单位推荐一些同志安排工作，在所主编的《人民文学》上发表揭批“四人帮”、悼念周总理的文章等。现在,这个阶段就此结束了。但,“四人帮”对文艺工作者的诬陷和迫害还没有得到彻底平反,揭发和批判“四人帮”的任务还很重,路途还很遥远,特别是“文艺黑线”的帽子还沉重地压在文艺工作者的头上,不仅心中积愤难平,更重要的是,许多受冤屈和蒙难的老文艺家无法出来工作。

五

文联全委扩大会议闭幕后,我于 6 月 9 日正式转到了已经决定复刊的《文艺报》编辑部。《文艺报》从此将隶属关系从出版局转到了中国作家协会。正式任命冯牧、罗荪为主编,谢永旺为编辑部主任,陈丹晨和我为编辑部副主任。编辑部就设在冯牧在文化部政策研究室的办公室,即东城区礼士胡同 129 号。这所小公馆式的四合院,“文化大革命”中曾是于会泳的办公室。现在成了我们的办公室。环境虽甚舒适,但却十分拥挤。复刊号于 1978 年 7 月 15 日出版。月刊。张光年主管中国作家协会的全面工作,我在《文艺报》编辑部工作,又远在礼士胡同上班,与他接触自然就少了。不像以前他主编《人民文学》的时候,常常到他那里去,谈工作,谈创作。

张光年重视《文艺报》这份刊物,由于历史的原因,他的心胸中甚至有一个《文艺报》情结。他参加了决定复刊后第 1 次编辑部全体会议,并在会上讲了话。张光年说,《文艺报》是文联委托作协主办的刊物,她代表中央宣传部发言。《文艺报》不能回避矛盾,要回避矛盾,就不用办《文艺报》了。要勇于斗争,但也要善于斗争。要做到稳、准、狠。“文革”中打击了一批革命回忆录。其罪状有:第一,为自己树碑立传;第二,歌颂错误路线。现在,刘志丹平反了,刘志丹小说也平反了。邓大姐说了话,澄清了事实。值得注意的是，现在又有许多老干部拿起笔来写回忆录了。张光年继续说，《文艺报》在今后的半年里，要宣传贯彻文联全委扩大会，要发展这个会议的胜利。然后是为第4次文代大会作思想舆论准备。第4次文代会要总结粉碎“四人帮”后文艺战线的成绩和问题。他还说，有些问题要继续接着谈，如：文艺作品的真实性问题；是从生活出发还是从概念出发的问题。评论要抓典型。好的典型和坏的典型都要抓。好作品要大力提倡和支持，如近期上演的话剧《丹心谱》，就是一出好话剧，这部话剧概括了千千万万中国人的感受。

文联全委扩大会后，全国各省市反响很大，行动很快，文艺界纷纷召开会议，为作家落实政策的活动也此起彼伏。云南召开了第3次文代会；山西省委办公厅发了16号文件，宣布省文联、省作协等恢复工作；上海文联扩大会议传达全国文联会议精神，并接着于7月召开创作会议；武汉，福建……8月10日在京召开了电影创作座谈会。为了打好揭批“四人帮”的第三战役，把批判引向深入，于8月22日(?)在京成立了文艺界大批判领导小组，由张光年(作协)、林默涵和赵寻(文联)、刘白羽(总政文化部)、贺敬之和冯牧(文化部)、孔罗荪(《文艺报》)、袁鹰(《人民日报》文艺部)、荒煤和许觉民(文学所)组成。

文艺界揭批“四人帮”第三战役的攻坚战是对“文艺黑线”论的突破，但依然阻力重重。正在这个时候，邓小平同志接见了黄镇和刘复之同志，他对两位部长的谈话传达下来，对文艺界平反冤案是一个很大的鼓舞和动力。邓小平同志说：理论问题波及到文化部没有？理论问题主要是两篇文章引起的。一个是上海的(实际上是南京的)同志写的，先送到党校去，我说这是一篇马克思主义的文章，强调实事求是，理论联系实际。我在部队政治工作会议上讲了，有人反对，说这是反毛泽东思想的，帽子可大了。另一篇是讲按劳分配的。我看过提了一点意见，先念也看过。这也是篇马克思主义的文章。他还说，现在不要把什么事情都说成是有气。刚刚敢讲话，刚刚说了一下，就说针对着毛主席的，那怎么行呀？我讲过，要完整地准确地掌握和学习毛泽东思想体系，有人就反对。后来华主席讲了话，他们才不讲了。问题是从两个“凡是”来的。提两个“凡是”的时候，我还没有出来。我就讲过，这不是毛泽东思想，如果毛主席在世，也一定会反对这种思想。我们做事一定要实事求是，从实际出发，理论联系实际。我们要认真思考问题，提出问题，解决问题。毛主席没有讲过的话多得很呀。邓小平同志还说，现在思想一定要解放。“四人帮”的精神枷锁箍得不得了。

邓小平同志的谈话传达下来，对文艺界来说，无疑是一个精神武器。9月22日编辑部传达了文艺界大批判领导小组会议的精神。其主要精神是：要突破文艺理论上的禁区，要实事求是，开展实践是检验真理的唯一标准的讨论。张光年在这次会上也强调了：要抓住实践是检验真理的唯一标准问题。他说，现在有些论点已批得差不多了，关键的问题是就差一张纸没有捅破了。30年代问题，要发表文章。《文艺报》就在这样的背景下，召开了第一次联系文艺界实际的“实践是检验真理的唯一标准座谈会”。

作为作协书记处常委书记和党组书记的张光年抓住了这个时机，于10月20~25日在远东饭店召开了《人民文学》、《诗刊》和《文艺报》三个刊物的联合编委会。他在会上作了长篇开场白和发言。他说：编委会要讨论方针问题，就不可能避开当前思想战线上大家关心的问题。要把当前社会上普遍关心的问题与文艺问题结合起来，不拘形式地扯一扯。在讨论中把问题弄清楚。他说，一年前，集中批“文艺黑线专政”论，一直延续到文联全委会开会，作用很大。最近一段时间显得比较寂寞，不那么生动活泼了。文章发表得也少了，报刊上不那么活跃了。《人民日报》、《文学评论》以及大学的期刊、作协的3个刊物，都作了很多工作，但比起上半年来,劲头很不够。眼看着别的战线生动活泼,尖锐泼辣,相比之下,文艺战线就逊色多了。是不是没有问题,没有意见可说?第三战役问题都解决了?是不是心有余悸不敢说?不是。要创造机会,在文艺问题上展开讨论。当前真理标准问题的讨论,社会实践是检验真理的唯一标准,是毛主席阐明过的。其他问题,报刊上宣传的,如加强社会主义法制,扩大社会主义民主等问题,也大有可谈的。没有民主的土壤,百花就开不起来。要形成生动活泼的政治局面,文艺创作才能繁荣。

光年说:文艺创作能不能适应新时期的总任务?华主席在国庆节的致辞中说,四化是伟大的革命。上层建筑、意识形态中凡是不适应生产关系的部分,要迫使它进行改革。看起来,文艺好像离得远一些。但如果文艺不适应大变动、大革命的形势,就会发生危机。当前展开的关于真理标准问题的讨论,确实接触到了问题的核心。"四人帮"拉大旗作虎皮,他们利用人民群众对革命导师的热爱,搞句句是真理,句句照办,而他们自己却不照办。毛主席在《创业》的批示中说:"党的文艺政策应该调整一下"。他们不照办,不执行。他们不迷信。归根到底,他们要搞愚民政策。他们把革命导师关于发扬民主的语录撕成碎片,当成吓人的帽子,打人的棍子。一切革命词句在他们那里都发生了质变。他们用反革命的魔术,败坏马列主义毛泽东思想的名声和威信。实践是检验真理的唯一标准。经过"文化大革命"的检验,什么是真什么是假,群众都搞清楚了。

张光年还着重谈到在批了"文艺黑线专政"论之后仍然被某些人坚持着的"文艺黑线"论的问题:

> "文艺黑线专政"论是被推倒了,至少是没有人公开为它辩护了。但还有一种说法,"文艺黑线"的帽子却不能摘掉。黑线是有的,那就是刘少奇的文艺黑线。这是改组以前的《光

明日报》提出的论调。现在的《光明日报》是光明的日报了。那时许多同志却感到惶惑。当时我们在会议上反驳了这种说法。我不赞成这种说法。现在也不赞成。在此我可以举出四条事实：

(1)林彪、"四人帮"讲的文艺黑线，刘少奇文艺路线，是一回事，都是指的建国后周总理领导的文艺革命路线，是我国社会主义的主流。17年间，文艺领导干部曾犯过右的或左的错误，但决不是反党反社会主义的(江青的《纪要》里说是反党反社会主义的)，这是为客观事实证明了的。是不是可以说，"黑线专政"论是荒谬的，而构成"黑线专政"论的前提(文艺黑线)是可以成立的？我看这是文艺战线上的大是大非问题。

(2)最近一年来，报刊上在集中批判"文艺黑线专政"论的同时，也批判了"文艺黑线"论。"文艺黑线"论也是颠倒是非、混淆黑白的。一个是理论黑，一个是作品黑，一个是队伍黑。所谓理论黑，一个是三结合，一个是黑八论。说17年是刘少奇反革命修正主义文艺路线，完全与事实不符。大量事实证明，他们把毛主席文艺路线当成刘少奇文艺路线来批。他们明明知道17年是周总理领导的，越是周总理领导过的，越是当成毒草批。我认为，给文艺界加上刘少奇文艺黑线，是个阴谋，矛头首先是针对周总理的。把不是刘少奇的人，都推到刘少奇那里去。揭发出这个阴谋，本身就是捍卫毛主席革命文艺路线。

(3)彻底纠正林彪、"四人帮"捏造的冤案。文艺界那么多有生力量含冤而死，许多人至今背着黑锅。这不利于调动积极性，不利于促进文艺的繁荣。有些业余作者也受到株连，至今未获解决。其原因，据说黑线是有的，还要观望一下。

(4)党中央热爱文艺繁荣起来，热望作家们彻底打碎"四人帮”制造的精神枷锁，从实际出发，与新时代的工农兵相结合。“四化”向我们提出了新问题：要有新的作品问世，要有今天的杜甫、李白、巴尔扎克，要真正满足人民群众的要求。

前面已经说过，对“文艺黑线”论的批判始终是阻力重重的。阻力主要来自前面我们引述的邓小平同志所说的“凡是”观点。坚持“文艺黑线”论者的主要口实，是毛泽东1963、1964年两次对文联及协会的批示。既然毛主席说过的，就句句是真理，就不能动。张光年以锐利的锋芒，以《光明日报》的编者按语为靶子，揭发其阴谋性，是一针见血的。参加这次联合编委会的是首都文艺界的一些有影响的文学家艺术家，他们是：刘白羽、曹禺、魏巍、谢冰心、唐弢、草明、韦君宜、柯岩、李季、严辰、冯至、冯牧、罗荪、邹荻帆、赵寻、陈荒煤、沙汀、臧克家、霍加、李瑛、袁鹰、林默涵、李春光等。大家在批判“四人帮”的谬论上没有任何分歧的观点。张光年的开场白是有影响的，推动了作协的三家刊物对“文艺黑线”论批判的深化。不久，在中央的决策下，在报刊上发表了周恩来总理1962年《在文艺工作者座谈会与故事片创作会议上的讲话》，极大地推动了对“文艺黑线”论的批判。①

作协所属三家文学期刊联合编委会的后期，各刊物编委会继续单独开会。这次联合编委会后，文艺形势重新变得活跃起来。

在继续召开的《文艺报》编委会上，编委们对当前问题进行了条分缕析，特别议论了许多作家和作品还没有落实政策，许多冤案还没有得到平反，成为文艺界形势陷于寂寞和停滞的重要原因。罗荪在《文艺报》编委会上传达了新华通讯社记者的一个口信：如果我们开一个落实政策的座谈会，他们将予以报道。我们接受了

---

① 周恩来《在文艺工作者座谈会和故事片创作会议上的讲话》，见《文艺报》1979年第2期。

这个建议。于是,《文艺报》和《文学评论》两家期刊于 12 月 5 日联合在新侨饭店礼堂召开了一百四十余人参加的“文艺作品落实政策座谈会”。在这次规模盛大的平反昭雪座谈会上,为杜鹏程的《保卫延安》、李建彤的《刘志丹》、周立波的《山乡巨变》、赵树理的《三里湾》、《锻炼锻炼》、刘澍德的《归家》、《老牛筋》、西戎的《赖大嫂》、汉水的《勇往直前》、王蒙的《组织部新来的年青人》,以及吴晗的《海瑞罢官》和孟超的《李慧娘》等一百多部作品平了反。这次平反冤案的大会,是两个编辑部自行决定召开的,并没有向有关单位请示,到会的作家艺术家群情激昂,义愤填膺,讨伐“四人帮”对文艺界人士的残酷迫害。我本人参加了会议的准备工作。当我访问受残酷迫害的《刘志丹》的作者李建彤同志,说明我们要开这样一个会议,要为《刘志丹》等作品平反,请她在会上发言时,这位饱受摧残的老革命语重心长地对我说,你们决定这样做,我当然很高兴,但是,我是怕你们受牵连啊。我们这个案子,是康生主持,由公安部、组织部等好几个单位定的案,有好几百受牵连的同志入狱啊!听了她的一番话,我心里很感谢老人家为我们着想,但我表示,时代不同了,我们编委会、编辑部在作协的支持下,决定要为至今尚未平反的作家和作品平反,这是我们义不容辞的责任!那时,在作家艺术家中,心有余悸的情况是相当普遍的。作家艺术家们被整怕了。曾当过《保卫延安》责任编辑和解放军文艺出版社负责人的宁干同志,由于受《保卫延安》的牵连被革职,蒙冤多年。当我们请他在会上发言时,他高兴地答应了,可是当我们第二次去他家里向他落实发言时,他却产生了反悔的意思,说稿子已写好了,是否可请另一位同志去发言。经过我们鼓劲,宁干同志终于鼓起勇气到会发了言,文章发表在《解放军报》上，报社还加了按语。[1]

张光年在会上发了言，他说：参加这个会很受教育。这个会是得人心的。粉碎“四人帮”两年多了，文艺界还有这么多问题没有解决。我们党很英明，现又挖出了康生、谢富治这两个大坏蛋。康生的血债是累累的，我们文艺界只是其中的一部分，仅这一部分就已很惊心动魄了。冤案如山啊！他们究竟是几人帮？不去算它了，就用“四人帮”来作为他们的代名词吧。早在“文革”前他们就大搞阴谋了，他们上欺中央，下压全党，千方百计进行欺骗，用毛主席的片言只语作为打人的棍子、杀人的刀。他们败坏我们的党、我们的领袖的崇高威望。现在还有那么多作品、作家没有平反、昭雪，今天会上只谈了一部分。很多作家惨遭迫害呀，比如周立波同志现身患重病，癌症晚期，但还坚持写作。沙汀等许多老同志也是长期受迫害，报纸上长篇累牍地对他们进行诬陷。我们今天为他们平反，是正义的、政治的行动，一部作品就影响一大片人和一大片类似的作品。要解放这些被压抑的、受挫折的社会主义文艺生产力，调动他们的积极性，是很有现实意义的。我们若不进行斗争，就不能得到解放。最近我曾参加过两个座谈会，提到了文艺黑线问题。究竟有没有文艺黑线呢？许多同志纷纷起来控诉“文艺黑线专政”论造成的极大的残害，但是这一问题并未很好解决，还有人为其辩护呐，讲什么“文艺黑线还是有的”。我们文艺界要很好地广泛地讨论，究竟有没有文艺黑线？我们如果承认有这个东西，就是否定毛主席的革命路线；承认这个东西，就是多少肯定了“四人帮”的反革命诬陷。

最后张光年说，凡是我们力所能及做的事情，如在我们的报刊上发表文章，可以去做，不要等待。这样做，华主席、党中央会支持

---

① 宁干《〈保卫延安〉——人民战争的一曲颂歌》，《解放军报》1978 年 12 月 11 日第 3 版。

我们的。不仅是北京，各地报刊都来做这一工作，都来查一查，做好平反落实政策的工作。我也希望各地报刊就“四人帮”强加给文艺界的“文艺黑线”问题有没有存在的根据，都来争论争论，否则，我们的文艺生产力就不能得到彻底的解放。我们要像爱护眼珠一样地爱护来之不易的安定团结，我们要一心一意地坚持搞四个现代化，要抓纲治国。要做的事情很多，其中之一就要把林彪、“四人帮”造成的大量冤假错案平反，解放生产力。与全国各条战线相比，我们文艺界落后了，要急起直追，拿起笔来，把揭批林彪、“四人帮”的第三战役搞得更加有声有色。过去的10年，我也主编过《文艺报》。我们自己做得不当的事情，也要考虑、总结，总之要实事求是。对于林彪“四人帮”的揭露，我们不仅要用评论，还要用形象。康生不是爱看鬼戏吗？我们可以写鬼戏去揭露他们，写出一批深刻动人、揭露他们丑恶灵魂的作品，教育我们的后代。

自批判“文艺黑线专政”论以来已有两年多的时间，这两年中张光年在胸中郁积着的对于“文艺黑线”论的满腔愤懑，今天终于倾泻出来了！会后，他将他的思考写成了一篇题为《驳“文艺黑线”论》的长文，发表在1978年12月19日的《人民日报》上。在那篇文章中，系统地批驳了构成所谓“文艺黑线”论的三个根据：“理论黑”、“作品黑”、“队伍黑”。① 当然他还是巧妙地回避了“两个批示”。我们《文艺报》也撰写了一篇《必须彻底推倒“文艺黑线”论》的本刊评论员文章，表达了我们的观点。这两篇文章，加上报刊上发表的一些文章，相互配合和呼应，把“四人帮”诬陷和迫害文艺界的最后一个法宝，彻底打碎了。

但批判和推倒“文艺黑线”论的斗争，在全国各地的发展是不平衡的。当时我先后收到了很多作家评论家们从各地的来信，诉

① 《驳“文艺黑线”论》后收入作者的《惜春文谈》中。

说他们那儿的情况,其中有的是与光年同志有关的。让我在这里引用两封,所反映的情况截然相反。下面是湖南文学评论家周健明同志(周立波的大儿子)的信:

锡诚、洪波同志:

来信早收到,因盛裕同志①上京,所需要文章也由他带上,想必你们谈了许多,便没有很快回信,望谅。

惠赠的《文艺报》收到,谢谢。这几期办得很好,特别是最近一期,发表了大量谈实践是检验文艺作品的标准的文章,很精彩,揭露了"四人帮"罪行的文章,不论有多长,我们都喜欢读。你们不辞辛苦地深入各地调查组稿,这种作风,值得学习。第4期《文学评论》迟迟不见出版,大家不知是印刷厂的关系,都担心荒煤同志文章是否出得来。文艺界如果多几位敢于说话的人,也许会好些。

我们这里情形,仍无大变化,比起广州来,相差很远。也许"文艺黑线"论特别在这里有"群众基础"吧。设置"黑线论"的情形,我们也略知一二,总之是不合时宜的,也肯定是行不通的。倒可奉劝这些同志读读金山同志的回忆,臧克家同志关于老舍的回忆,黄宗英同志的回忆。读了黄宗英同志的《星》,铁石心肠也会落泪。这种惨痛的教训,难道不值得永远记取吗?

撰安!

健明

1978年11月24日

下面是广东著名作家、省作协主席陈残云同志的信:

① 张盛裕,其时任湖南省《湘江文艺》负责人。

刘锡诚同志：

收到你的信很久了，几次要给你写回信，谈点文艺问题，但拿起笔来，又不知写些什么，写不出来，也就一直搁着没有回信。后来又忙于创作座谈会的事，现座谈会已告一段落，易准同志写了个简略的消息，已给你们寄去，我就不另外写了。

我们这次座谈会开得不错，大家思想解放，畅所欲言，周扬①、默涵、光年三同志都作了整天的报告，对大家帮助很大，会上大家提出的问题，都作了具体的回答。我们提出了17年是红线，认为黑线是文艺界最大的冤案。我们提出的意见，正和光年同志在《人民日报》发表的文章，基本相同，大家想在一起了。是月6日上海《文汇报》发表了我一篇文章，也谈了黑线问题，谈得委婉一些。后来在会上发言就更鲜明了。会上从工农作者到省委书记，一致否认17年存在黑线。

明天夏衍同志还要作一次报告，不知谈些什么。

过几天我要到上海去，对拙作《山谷风烟》稍作修饰即可付排，将由上海和广东两出版社同时出版，和梵扬同志同去。估计在沪住两周左右。

不尽，即此奉复，并祝

敬礼

陈残云

1978年12月21日广州

湖广两地，对待"文艺黑线"论的态度恰成对照。这两地都是我出差去了解过情况的地方。正如周健明所说，当时湖南对揭批

① 周扬在广东省文学创作座谈会上发表的讲话题为《关于社会主义新时期的文学艺术问题》，最初发表在1979年2月23、24日的《人民日报》上。

"四人帮"在文艺上的罪行,对开展真理标准问题的讨论,都持抵制态度,至少是很不明朗的。关于这一情况,笔者已在另一篇文章《渴望 liberty 的立波》(刊于《南方文坛》1998 年第 2 期)中有所披露。残云同志在信中赞赏光年同志的观点,他也在《文汇报》上发表了批判"文艺黑线"论的文章。"文艺黑线"论在全国文艺界已成了过街的老鼠。

到此,长达两年多的这场批判"四人帮"制造的"文艺黑线"论的斗争,总算是告一段落了。茅盾说:"春满文坛!"如今,中国文坛已经面临着耕作的时节了。

六

笔者在动笔撰写这篇记述 20 年前的老领导和师友张光年的文章之前,就选定了《饯腊催耕》这样一个颇有点儿拗口的题目。"饯腊"在中国礼俗中是一种驱邪纳吉的行为,我所说的"邪",不是别的,正是"四人帮"及其余毒。"催耕"也应是一种民俗事象,这时的张光年,也确像是一只"催耕鸟"。蔡襄《稼村诗帖》云:"布谷声中雨满犁,催耕不独野人知。荷锄莫道春耘早,正是披蓑叱犊时。"

如今放眼文坛,已是群芳争艳的景象。须知,在 1976 年到 1977 年,那时的文坛上却寂寥莫名。天安门诗歌曾一度把中国诗歌推到了一个高峰。谁都得承认,那也是时代造就的。无论思想还是艺术,恐怕都很难再有企及的机会了。过后很长一段时间内,文坛上就没有什么脍炙人口的作品问世,尤其是小说领域。张光年就是这样一个适时而生的"催耕鸟",他以自己婉转的歌喉,呼唤着"文学的春天"的到来。

永载史册的是刘心武短篇小说《班主任》的发表。中国新时期文学①始于何时何作，不是本文讨论的重点，但《班主任》在新时期文学中的地位是公认的。在1977年10月短篇小说创作座谈会召开之前，《人民文学》编辑部小说组向刘剑青同志提供了一篇由青年作者刘心武写的短篇小说《班主任》。因为我、阎纲、吴泰昌与刘剑青挤在一间办公室里办公。我看到刘剑青正在看着一篇小说，伏案流泪，情绪无法控制。及问，他让我看这篇小说，并说极为感人，但能不能发表，他拿不准。我们都怂恿他送光年同志审阅定夺。这篇小说经光年同志决审后决定发表。发表在短篇小说座谈会召开期间出版的第11期上。小说一经面世，就受到了读者和专家的赞许，成为后来公认的"中国新时期文学"的早期重要代表作。

像《班主任》这样的作品，在1977年下半年能够顺利在《人民文学》这样的刊物上发表出来，委实并不是一件容易的事。世间什么事都有偶然性，刘心武小说的发表，有偶然性，也有必然性。尽管有崔道怡这样的编辑高手能够慧眼识英雄，从大量来稿（当时来稿是用麻袋装的）中挑选出这篇水平上乘、切合时代需要的小说，

---

① "新时期文学"这个名称是谁第一个提出来的，包括我们这些在第一线工作的编辑和评论界都没有人留意过。几年前，中国社会科学院文学研究所的蒋守谦先生访日时，日本的中国文学研究者向他提出了这个问题，由于没有准备，当时没有回答对方。1997年8月中国当代文学研究会与日本中国当代文学研究会在北京联合召开"中日学者'中国新时期文学'对话会"时，想到这个悬案，遂请蒋先生到会发言，他查阅了资料，认为第一个提出"新时期文学"这个名称的是周扬1978年12月在广东省文学创作座谈会上的讲话《关于社会主义新时期的文学艺术问题》（载《周扬文集》第5卷第75～103页，人民文学出版社1994年）。笔者也查阅了当年的笔记和文件，"新时期"一词，来自中共十一大文件，首次将"新时期"与文学联结起来，是1978年10月20日在京召开的《人民文学》、《诗刊》和《文艺报》联合编委会上张光年、刘白羽的发言。第一次公开发表当是周扬同志的上述讲话。

有刘剑青这样的有经验的刊物主持人，但要知道，在那时，在思想内容上稍微出格的作品也许就会在“是否惹祸”的闪念和动摇中被扼杀在编辑过程的某一个环节中。或者不妨设想一下，在发与不发这篇小说的关键时刻，如果没有张光年这个“老编辑”的胆识和决断，恐怕历史又会是另一种样子！不久前在一个座谈会上，我对刘心武同志说起这段往事，我直言不讳地说，《班主任》是你的作品，但它的出世，张光年可是功不可没的呀。他对我一笑，点点头，表示了认同。

1978 年底开始举办的《人民文学》全国短篇小说评奖，不仅是中国文学史上的首创，而且对推动短篇小说创作的提高和繁荣另辟蹊径。这一举动固然有刊物编辑部许多编辑同志的智慧、劳动和心血，但张光年总也应分一份功劳吧。其决策非他莫属，他又是与我国文学泰斗茅盾并列评委会主任。以往，我国文学工作习惯于两种辅导方式，一是行政方式，一是评论方式。行政方式一向受到某些人的推崇，也受到另一些人的鄙夷。但在中国国情中，仍然不失是一种可行的方式。评论方式虽好，但并非能看出直接的效果。张光年和《人民文学》编辑部首倡短篇小说评奖，应该说是找到了另一种可行的或较好的扶持作者培养作者的方式。值得一提的是它的评选方式，采取了群众推荐与专家评选相结合的方式。虽然主持其事的人和编辑部增加了巨大的工作量，但比起如今通行的单纯专家评选方式要优越得多，至少走后门的现象，那时是没有的。所幸者，我手头还保存着当时发的各种文件，翻阅这些文件，使我头脑里浮现出许多美好的记忆。作为史料，这些文件似乎没有失去其价值，所以我要在此引述其中的若干片段。

关于举办 1978 年全国优秀短篇小说评选启事

遵照英明领袖华主席为《人民文学》题词的精神，繁荣社会主义文学创作,为新时期总任务、为加快实现四个现代化服务,促进短篇小说创作的“百花齐放”,本刊决定举办1978年全国优秀短篇小说评选,希望得到全国各文艺团体、文艺作者和广大读者的热情支持。现将评选的有关事项列下:

一、评选范围:从1976年10月至1978年12月止,在此期间全国各地报、刊发表过的优秀短篇小说,均在评选范围之内。

二、评选标准:凡从生活出发、符合六条政治标准,艺术上具有独创性的作品,不拘题材、风格,皆可推荐。提倡具有鼓舞群众为新时期总任务而奋斗的优秀作品。

三、评选办法:采取专家与群众相结合的方法。热烈欢迎各条战线上的广大读者积极参加推荐优秀作品。恳切希望各地文艺刊物、出版社、报纸文艺副刊协助介绍、推荐;最后由本刊邀请作家、评论家组成评选委员会,进行评选工作。

评选结果,将于1979年上半年在《人民文学》上公布。

请将意见填入本期附印的《评选意见表》或另纸写出寄给我们。评选意见截止日期是1979年1月底。

《人民文学》杂志社

1978年9月7日

(附表略)

附　1978年全国优秀短篇小说评选的初步设想

(此件仅供领导参考,不公开发表)

《人民文学》遵照英明领袖华主席给本刊题词的精神,为了贯彻“百花齐放”的方针,繁荣社会主义文艺创作,准备从1978年起对全国优秀短篇小说逐年进行评选。有关评选范围、办法的初步设想如下:

一、评选范围：

1978 年评选，从 1976 年 10 月至 1978 年 12 月止（以后每年一评），在此期间全国发表过的优秀短篇小说均在评选范围之内。

二、评选标准：

(1)提倡反映当前现实斗争生活的作品，反映革命历史斗争的佳作也可入选；

(2)提倡题材、风格的多样化；

(3)提倡篇幅短、生活新、思想深而又富有独创性的作品；

(4)提倡革命现实主义和革命浪漫主义相结合的较好的作品；

(5)主要是推荐新人作品，有老作家的短篇佳作也可入选。

三、评选办法：

采取专家与群众相结合的方法。请各地文艺刊物、出版社和报纸文艺副刊推荐并发消息；在《文艺报》及其他报刊发消息；在《人民文学》上发启事。（在本刊 10 月号上登“启事”，并附《评选意见表》），发动广大群众推荐。

《人民文学》要安排专人负责初选，提出初选篇目，交评委会审定。初步设想每年选出优秀短篇小说二十篇左右，按质量分别为一、二、三等。在明年 3 月号《人民文学》上公布评选结果，并酌情给当选者精神上和物质上的奖励。

评选委员会由《人民文学》邀请作家、评论家 5 人组成（拟请茅盾、张光年同志主持）负责审定，选出当选的优秀作品。

四、奖励办法：

(1)一等奖作品如未在《人民文学》上发表过的，可予转载；全部获奖作品建议由人民文学出版社出单行本；

(2)请获奖作者到北京来开座谈会，请领导同志接见；

(3) 获奖作者每人发给纪念性的奖状或纪念册；

(4) 获奖作品按一、二、三等奖，分别给予 100 元、80 元、60 元的奖金或书籍及其他纪念品；

(5) 设想奖金预算 2000 元。一等 3 篇 300 元；二等 5 篇 400 元；三等 12 篇 720 元。做纪念章或纪念册，600 元左右。

关于 1978 年优秀短篇小说的评选所采取的群众推荐与专家评选相结合的方式，是这次评选的一个重要特点。群众投票多的作品，在初选时优先考虑。但也顾及到了读者意见也会出现片面性的可能，如地区和读者文化水准的差异，也有可能导致确属优秀的作品而在群众中得票甚少的情况。编辑部把得票 300 张以上的作品（除《醒来吧，弟弟》外）全部入选，共 12 篇，另外又在群众中得票并不一定很多的优秀作品中选了 8 篇，加起来共 20 篇。通过评奖，使一些散布于全国各地的有才能的青年作家脱颖而出，得到公众的公认。这是最大的收获。举办文学评奖，在我国是从新时期以来才出现的新事物，“文革”前的 17 年中，从来没有进行过类似的评奖。

张光年主持了这次评奖工作，并通过这次评奖为文学作品评奖取得了一些成功的经验。从 1981 年起，中国作家协会又委托《文艺报》主办从 1977 年起的全国中篇小说评奖。我有幸受托主持了第一届、第二届中篇小说评奖的初评工作。到现在已经进行了 4 届。后来又扩展到报告文学和诗歌评奖。从 1982 年起，又创建了以长篇小说为对象的“茅盾文学奖”。

粉碎“四人帮”前后的几年间，张光年写了些诗和文章，但数量不多。他把精力大都放在了推动揭发和批判“四人帮”的谬论和清除其流毒和行政事务上。但因为要编刊物，要出席一些谈论创作的会，要就创作问题和创作倾向问题发言，所以，他阅读很勤，范围很宽，对那个时代的文学创作和文艺思潮的脉搏相当熟悉。

在他后来出版的《惜春文谈》里收入了好几篇这类谈创作问题的文章。比如1978年1月21日他应《诗刊》编辑部之邀在诗歌创作座谈会上的讲话《从诗歌问题说开去》、1982年10月28日在《人民文学》、《文艺报》召开的报告文学座谈会上的发言《报告文学随感录》、1982年12月18日应邀在长篇小说座谈会上的讲话《主要问题是创造典型人物》等,都是抓住当时创作中的现实思想,有着真知灼见的文章。他写文章,不仅重视内容和观点,而且也极重视行文和文风,往往是字斟句酌,这大概与他是诗人不无关系。我手头还保留着他给我写的一封信。1983年3月24日,他在中国作家协会主持的全国四项评奖发奖大会上讲话稿在《文艺报》上发表,我把校样给他送去,请他亲自校阅。我向他提出他的稿子里的"蔚为大国"是否是"蔚为大观"之误。校样拿回来时,他随校样给我写了一信:

锡诚同志:

校样阅过,附还,请收。

拜托你一事:请通知上海文艺出版社,出选集用上此文时,也将"蔚为大观"改回原来的"由附庸蔚为大国"。"由附庸蔚为大国"是一句成语,用在此处并不错。"不久以前",我在《报告文学随感录》中宣称的,正是"蔚为大国",并非"蔚为大观"。《文艺报》同志们可以作证。《人民日报》文艺部一番好意,怕我出错,不怪他们。但改回使我心安。否则不安。老年人往往有此等怪癖。

光　年

1983年4月16日

这封短信,我一直保留在身边。我虽然做了多年编辑,改过多少别人的稿子,自己也写过一些文稿,却才疏学浅,根底不深,不懂这个成语。光年的信说得很缓和，对《人民日报》文艺部的朋友的错误，也谅解地说是出于好心。同年上海文艺出版社出版的全国四项文学获奖作品集，收录了巴金和光年两位在颁奖大会上的讲话，他嘱咐我的这个错误已经改正过来了。但他的信却留下了一段甜甜的文坛趣话。

1998 年 3 月 1 日

原载《新文学史料》1998 年第 3 期

悼念老主编光年同志

颜振奋

光年同志与世长辞了！对于他这次突发心肌梗塞抢救无效而突然逝世，我们感到格外悲痛。光年同志 1979 年因肠癌经过两次大手术，都化险为夷，得到康复。他从来没有患心脏病的历史。我经常去探望他。他身体健康，坚持写作，坚持锻炼，每天记日记，每天都要走几千步路。他还向我介绍他的养生的经验。我们都希望明年为他庆祝 90 诞辰。

正当《剧本》月刊创刊 50 周年的时候，编辑部崔伟同志 1 月 28 日上午打电话给我，约我和他一起到光年同志家里，请光年同志为《剧本》月刊创刊 50 周年题字。我打电话到光年同志家里，才知道他已住院治疗。我匆忙赶到北京医院监护室，看见医生护士正在对他进行抢救。这时他已经昏迷不醒，不能说话。他的爱人黄叶绿同志，儿子安东和亲友赵寻等同志都守在他的身旁。《剧本》月刊老主编张颖同志也来探望他。我们在他的身旁，默默地祝他早日康复。没有想到，他竟于当天下午 4 时 15 分心脏停止了跳动。

光年同志是《剧本》月刊第一任主编。1951 年初他从中央戏剧学院调到文化部艺术事业管理局工作，司空谷、李钦和我也与他一起到艺术局编辑《人民戏剧》。1951 年下半年，光年同志提议创办《剧本》月刊，以促进话剧创作和戏曲上演剧目的发展与繁荣，并通过这个刊物团结和培养一批青年剧作家。这个计划得到文化部、中宣部的批准，也得到田汉、老舍、曹禺、陈白尘、宋之的等老剧作家和很多年轻剧作家的支持。1952 年 1 月《人民戏剧》停刊，《剧本》月刊创刊。田汉同志亲自任社长，光年同志任主编。光年同志从 1952 年到 1956 年 5 年间，为办好这本刊物献出全部心力。他领导我们这些青年编辑夜以继日地阅读从各地推荐来或直接寄来的稿件，从中选出好剧本在刊物上发表以介绍给全国各地话剧、戏曲和业余剧团上演。

光年同志非常重视培养在他身边工作的年轻人。他鼓励我们读书和写作。我初次学习写的一篇文章，就是由他亲自修改并推荐给《文艺报》发表的。他对张真、戴不凡、司空谷、李诃、刘乃崇、李钦、陈刚、王学杰、范溶、李慧中、朱青、容为曜等同志非常关心，经常给他们出题目，帮助修改文章，具体指导工作。因此我们这些年轻编辑，在他的领导和帮助下，不但学会做编辑工作，也开始写戏剧评论文章。

光年同志担任《剧本》月刊主编期间，想了很多办法培养青年剧作家。1950 年他担任中央戏剧学院创作室主任职务，副主任是贺敬之、赵寻、贾克。光年同志到艺术局工作后，创作室划归艺术局领导。光年同志对创作室的年轻作家如乔羽、鲁煤、蓝光、黄悌、于雁军、王命夫、刘沧浪、李悦之、张蓬等的成长非常关心，付出心血，同时动员创作室的同志参加《剧本》月刊工作，充实《剧本》月刊编辑力量。他把严青、王学杰同志调到编辑部工作，请贺敬之、赵寻、贾克、李之华同志担任《剧本》月刊编委工作。光年同志让我们从各地寄来的剧本来稿中，选出一些基础比较好的剧本，然后请这些作家到北京来。他亲自和这些作家谈修改意见。有时也请在北京的作家参加讨论,帮助修改,最后在《剧本》月刊上发表。歌剧《草原之歌》的作家任萍,原来在西北某部队工作,他的作品也是经过贺敬之等同志帮助讨论修改后发表的。

1955 年 12 月光年同志因病住进医院,他仍然惦记着蒙古族青年剧作家超克图纳仁的剧本《巴音敖拉之歌》。他让我把这个剧本带到医院给他看。他在病房里给超克图纳仁同志写了一封信,称赞他的创作才能,指出这个剧本的优点和缺点。他在这封信的开头热情地说:"你的剧本《巴音敖拉之歌》,我和《剧本》编辑部的两位同志都看过了,我们认为这是一个好剧本。昨天我在医院里又重读了一遍。伸出你的手来,超克图纳仁同志!为了我们亲爱的兄弟民族出现了有才能的剧作家,我应当向你祝贺哩!"光年同志当时并不认识超克图纳仁同志,只是从他的剧本中看出他的才能。他以诗人的激情写了这封热情洋溢的信。我们把他的信和超克图纳仁同志的剧本在《剧本》月刊上发表了。超克图纳仁同志不负众望,以后不断写出好的话剧、电影、电视剧剧本,成长为蒙古族优秀的剧作家。

为了培养年轻的剧作家,光年同志从《剧本》月刊编辑部联系的一批年轻剧作家中选了一些有才能的同志,分期分批向中国作家协会文学讲习所(现在的鲁迅文学院前身)推荐,让这些同志得到系统学习的机会。还让我也到文学讲习所和他们一起学习。在学习期间,我一方面在讲习所读书,同时也作为编辑部和这些同志的联系人。中国戏剧家协会和《剧本》月刊举行的活动,就由我通知他们参加。光年同志还阅读他们的剧本,进行创作辅导。光年同志还和这些青年剧作家谈如何写作独幕剧。他这次讲话的主要内容后来写了一篇文章《谈独幕剧》。这篇文章也是他为 1954 年春举行第一次评奖活动而作的。

《剧本》月刊在 20 世纪 50 年代举行的几次独幕剧征稿和评奖

活动是光年同志提倡并亲自主持的。他为了帮助青年剧作家和业余作者较快较扎实地成长,建议他们多写独幕剧。他认为独幕剧是一种短小的精悍的艺术形式。青年作者可以在独幕剧写作中来锻炼自己处理矛盾冲突和刻画人物性格的才能。事实证明,光年同志提倡《剧本》月刊举办独幕剧征稿和评奖活动是有成效的。在每届独幕剧征稿和评奖中都涌现出一批优秀的独幕剧和有才能的剧作家。如金剑的《赵小兰》、丛深的《百年大计》、崔德志的《刘莲英》、何求的《新局长到来之前》、舒慧和村路的《黄花岭》、孙竽的《妇女代表》、鲁彦周的《归来》、赵羽翔的《两个心眼》等。这批获奖的剧作家后来都写出许多优秀的多幕剧。《人民日报》当时对《剧本》月刊举行的独幕剧评奖非常重视,特发专版予以支持。去年我到他家里探望他,他还对我谈起《剧本》月刊20世纪50年代举办的独幕剧评奖。他认为短剧评奖而且有当时说来不算很少的奖金(一共奖1000元),这在那个年代是开了先例的,也是文艺界评奖最早的创举,应当好好总结经验。

光年同志重视青年剧作者读书学习。为此他建议《剧本》月刊举办剧作者读书会或讲习班。这种剧作者读书会或讲习班分为两类:一类是以读书和听课为主,一类是边读书边修改剧本。他在1954年访问苏联时,看到全俄戏剧协会举办一种集中一些青年剧作家各带剧本来参加会议,在会议期间边听课边讨论剧本的读书会,认为这种活动有利于提高剧作家的写作水平。在他的倡议下,《剧本》月刊举办过多次读书、讨论和修改剧本的会议。贺敬之、李之华、凤子等同志都亲自主持过这种读书会。聘请来讲课的有田汉、夏衍、曹禺、老舍、陈白尘、吴祖光、李健吾、陈荒煤、陈冰夷等专家、学者。光年同志1955年组织了一次戏曲编剧讲习班,并向戏曲剧作家讲中国戏曲的传统,分析中国戏曲的名著,使参加讲习班的青年戏曲编剧获益不少。

20世纪50年代《剧本》月刊创刊初期,编辑部的同志大多是二十来岁的青年人。有的是刚从大学毕业的,有的是从剧团、剧院调来的,都没有编辑经验。光年同志对我们这些年轻编辑大胆使用,鼓励我们勇于实践,同时又悉心培养,循循善诱。他要求我们很严格,但又很亲切。他对编辑工作认真负责,身体力行。当时他担任中央人民政府文化部艺术事业管理局副局长、中国戏剧家协会党组书记、秘书长兼创作室主任。《剧本》月刊主编只是他工作的一部分。但他对《剧本》月刊的重要稿件,发稿前都要审阅。最后还要看一遍清样,然后签字付型。他严谨的工作作风也形成了编辑部工作的优秀传统,保证编辑工作不出错、少出错,包括少出错字和错误标点符号。对于刊物贯彻党的方针、政策的短论、社论,他都要亲自动手。这个时期他以本刊编辑部、本刊编委会的名义写了不少文章。有些重要文章,他因工作很忙,报刊又要得很急,他常常采用由他口授,由我为他笔记的方式,最后由他校正定稿。我也从他这种工作方法中学习到许多东西。

光年同志对老一辈剧作家很尊重。1951 年田汉同志担任艺术局局长,光年同志作为副局长协助他工作。艺术局的工作他都先向田汉同志请示后才去办。他和副局长周巍峙、蔡若虹、马彦祥工作合作得很好。他很敬佩老舍同志,写了《与老舍先生谈〈方珍珠〉》,在《文艺报》1957 年 12 月召开的《茶馆》座谈会即兴发言,称赞《茶馆》,说看到《茶馆》联想到高尔基的《夜店》,“却伸展到更广大的社会面”。他和曹禺同志结成美好的友谊。1950 年他们都住在铁狮子胡同 3 号(即欧阳予倩故居院内),他的卧室前窗正对着曹禺同志房屋后窗。他们朝夕相处。曹禺同志创作《明朗的天》从到协和医院深入生活起,到创作构思,都要和光年同志交谈。剧本写成后光年同志也是支持他的最初的热情读者。

光年同志在 20 世纪 50 年代初期写的一些文章在报刊发表时,仍然沿用写作《黄河大合唱》歌词时用的笔名光未然。《剧本》月刊创刊时他担任主编也用光未然的名字。1994 年中国文联出版公司出版《光未然戏剧文选》，其中大部分文章都是他早期(1935 年～1946 年)和 50 年代以及 60 年代初期从事戏剧工作时写的文章。这本戏剧文选是我们戏剧工作十分宝贵的文件。

光年同志是伟大的人民诗人、革命的文艺理论家。他的诗和歌词仍然激励着我们，他的文艺理论文章仍然指导着我们。我写这篇短文，只是回忆一些他在《剧本》月刊担任主编工作时难以忘怀的事情。他对党和革命事业的坚定信念，他和老一辈党员文艺家共同具有的优良品质和作风，他的伟大的人格力量，是值得我们永远怀念的。

安息吧，光年同志！

原载《剧本》2002 年第 3 期

跟光年同志学做编辑

吴泰昌

我从事文艺报刊编辑工作的年头不短，先后在《文艺报》、《人民文学》就职，而这两家新中国历史最悠久的文艺期刊的主编正是张光年同志。从 1964 年起，我与光年同志开始接触，可以说，对我工作等多方面有过帮助和影响的领导和前辈中，光年同志是重要的一位。

我到《文艺报》上班没有立刻投入编辑工作，副主编侯金镜同志安排我的第一课，是用一周时间去看《文艺报》1961 年 3 月号发表的由光年同志执笔的《题材问题》专论的修改样，厚厚的一叠，有执笔者的多次改样，有中国作协党组负责人、中宣部、党中央有关同志的改样。事后才知道，这是光年同志有意安排的，本意是让我从反复修改的文字中加深认识报刊工作的严肃性和重要性。我边看边作笔记，留心一些重要提法是如何被修改得更准确更贴切的。我特别注意文章中形容词的用法，我看到文章的作者和修改者在用词上很讲究分寸。我写文章不大爱用无边的形容词，与工作伊始上的这堂课颇有关系。

我分在理论组，但我上班不久，编辑部就派我去采访山西话剧院的《刘胡兰》剧组，从北京到天津，又派我去采访北京人民艺术剧院自编自演的《矿山兄弟》剧组，从北京到山西，整整一个月，当我回来汇报这两个戏演出的几乎场场爆满的情况时，光年同志说，你在大学里学习、研究文艺理论多年，对理论的深切鲜活的理解就是要与艺术实践相结合，检验文艺的社会作用，最有效的办法就是看读者、观众的直接反应，我们推荐作品，心中就要有这个数。

光年同志平时不大来编辑部，但刊物每期在王府井人民日报印刷厂付印的晚上他一般都去。我们这些新来的年轻人有意识被安排去现场习战，校对、复查引文，防备临时换稿。光年桌子上一杯茶，一盒烟，仔细地阅看本期大样。他不时地提醒我们编辑工作中该注意的问题。有次他在看袁鹰题为《遥望金鸥》的大样时问我这篇文章怎么到手这么快？他说组稿物色好人选很重要。不同内容不同时间要求的文章要请不同的作者，有些作者能写不能赶，有些作者能写又能赶。编辑是与作者打交道的，平日就要与作者交朋友，了解他们的特点，需要约稿时就自如了。

文革初期，中国作协所属的《文艺报》、《人民文学》、《诗刊》被迫停刊。1976 年，《人民文学》、《诗刊》率先复刊，当时中国作协尚未恢复工作，这两份刊物隶属国家出版局。光年同志从湖北干校回京后，出任出版局顾问，1977 年“四人帮”粉碎后，又兼任《人民文学》主编。我在 1978 年 6 月调回《文艺报》筹备复刊前，在《人民文学》工作，光年同志为落实党的文艺政策，为文艺界老同志尽早恢复名誉、重返文坛耗尽心血，做了大量的工作。《人民文学》

连续召开了数次座谈会。给我的印象最深的，是光年同志为促使老舍尽早恢复名誉所做的运筹和决策。1977年9月，有天上午他突然叫我去他家，布置我马上去老舍家，请老舍夫人胡絜青提供一篇老舍生前未发表的短文，体裁不限，散文、随笔、诗歌、快板都可以。下午我去东城丰富胡同老舍家，胡絜青和老舍长女舒济在四处摊满的被抄家退回的书稿中寻找，第二天才找出老舍1965年写的两首短诗的手稿，一首题为《昔年》，一首题为《今日》，光年同志决定以题《诗二首——老舍遗作》在第10期发表，并决定用手迹刊出。在刊物付印时，光年同志亲自看了编辑部加的说明，在老舍名字后面加了“同志”两字，他说，老舍本来就是同志，好同志，好同志被弄成不是同志，蒙冤而死，是一大悲剧！所以现在必须郑重标明“老舍同志”。光年同志又决定《人民文学》1978年3、4、5三期连续发表老舍生前未竟稿9万字小说《正红旗下》。光年同志的这些动作，为1978年6月老舍正式平反恢复名誉作了舆论铺垫。

1983年5月7日，法国总统弗朗索瓦·密特朗专程飞抵上海，授予巴金法兰西共和国荣誉勋章。6月，中国作协党组书记、中国作协副主席张光年代表中国作协去上海祝贺。《文艺报》主编冯牧派我跟随光年同志去，为报纸写专题报道。行前，他交代，这不单是巴老的殊荣，也是中国文坛一大喜事，巴老是我们的主席，文艺报又是机关报，报道一定要比其他报纸写得详细、充实，当时写，写好请光年同志审定。当我将《巴金获法国荣誉勋章记》原稿送光年同志时，他说，详细是做到了，详细别的报纸也能做到，要增添点独家的东西，我们有条件做到。第二天，我又去医院看望巴老，他兴奋地说：“我们国家有许多作家、作者值得向国外介绍，要让别人尽可能了解我们。过去我们这方面注意不够。现代文学馆开放后，可以接待世界各国的作家。法国朋友们一定是很感兴趣的。”我将巴老这几句话加在文末，光年同志微笑着说：这篇报道看来是有点独家的东西了，他强调说，记者就要敏锐地捕捉到别人捕捉不到或难以捕捉到的东西。

光年同志主编刊物只是他半个多世纪为社会主义祖国文艺事业所作的诸多工作、诸多贡献中的冰山一角，而我跟他学做编辑点滴，也只是他给我人生有形无形教益的一个方面。

原载 2002 年 2 月 6 日《光明日报》

光未然——活得充实走得利落

王　蒙

光年去得非常突然。两个多月以前，朋友们自动为光年庆贺米寿（八十八岁），他还是好好的。几天前，他还计划去医院治一下白内障，他信心十足地说他一定可以活上百岁。可是元月 25 日晚上他突感不适，进住医院，身体各部分全面衰竭，到了 28 日，就去世了。

《黄河大合唱》歌词的这位作者，生时如黄河奔流，波涛汹涌，九曲连环；死时如雪山崩颓，烟飘云散，一了百了。好一个诗人光未然，好一个革命者、评论家、老领导、老师长和老朋友张光年同志，你活得充实，走得利落！

他是一个号角，他的保卫家乡、保卫黄河、保卫全中国的号召至今激扬在中国大地上，令人热血沸腾。他是一个尖兵，多年来战斗在政治斗争、意识形态斗争、文艺斗争与改革开放的最前线，并为此付出了巨大的代价。我还记得他说过的一句话，他说："活一辈子连一个人都没有得罪过，岂不太窝囊了！"说话的时候他的两眼放光，他的一生确是战斗的一生。他是一个革命者，我要说是政治家，从来是大处着眼，大处落墨，充满了历史使命感与政治责任感。他不仅考虑和热衷于文学事业的发展，更着眼于整个国家整个党的事业，盼望文运随国运齐兴，盼望文艺事业随党的整个事业俱进，盼望作家的创作空间，与中华民族的精神空间都能得到开拓，更希望文艺的生产力、民族的精神与人民的积极性都能够得到进一步的解放。我至今记得他在中顾委会议上听到小平同志的讲话后的欣慰心情，小平同志说，闭关锁国的结果只能是贫穷落后，愚昧无知。光年听了，五内俱热，给我讲的时候，他的眼泪都快出来了。他告诉我，在1997年香港回归以后，他与巴金老中秋之夜乘船共游杭州西湖，巴老欣慰地对他说，中国人总算能直起点腰来了。对于国家的发展进步，这两位老人，由衷地表达了自己的喜悦之情。

他多年担任《文艺报》、《人民文学》与中国作协的主要领导职务。他曾经是大家的主心骨，因为他对各项事务有自己的稳定的看法，有原则，有尊严，有严肃性，绝不是迎风摇摆投机取巧之徒。尤其是在80年代的头几年，那还是改革开放摸着石头过河的初期，一方面是空前的百废俱兴的新局面，一方面是各种思潮各种憧憬各种理解的交融与冲撞：一脚深，一脚浅，一会儿弄湿了鞋袜，一会儿半个身子跌到了水里。敏感的作家的敏感题材的作品常常成为争议的话题，成为各种思潮乃至力量的演习舞台、磨刀石与箭靶。那时作协还没有办公场所，重要会议都是在新侨饭店开。只要回想一下伤痕文学、反思文学、拨乱反正、光明面阴暗面、错误倾向与班子的软懒散这些会议上的提法便可以想见工作的难度与歧见的难以避免。我至今不会忘记多次在新侨饭店开会的时候光年对于改革开放的热情呼唤，对新时期文学的布满荆棘和陷阱的道路的辛勤开辟与清扫，对于过分极端的观点和言过其实终无大用的空论谬论的苦口婆心的劝诫。为了平抑自己的激动，他有时边说话边踱着步子，他的手势使我想起了诗歌朗诵。他老对于文革的经验教训是太认真太刻骨了，对于“左”的曲折是太警惕太痛心了，他不愿意采取更强硬的办法对付成事不足败事有余的偏激言行，反过来他还要为这一类的妄言狂举而承担责任，承受责难。个中甘苦，难以表述，求仁得仁，光年对此也从无怨言。当然，我相信他也会有自己的总结与反思。

退下来以后，十几年来他整理自己一生的经历和创作，与其说是对于身上的伤痛与华彩的抚摸，不如说是对于后人的叮嘱，他只是希望后人比自己这一代更成熟些更聪明些，希望有些代价不必反复付出罢了。他早在文革前已经开始，退下来后又继续完成的对于《文心雕龙》的骈体韵文现代汉语翻译工作，令人钦佩，令人赞美，也显示了他的不凡的学养和诗心。退下来后我们多少次在他的寓所交谈，喝着他亲手为我泡的绿茶，听着他娓娓道来，我觉得他多了一些静气，多了一些沧桑感，多了一些淡泊的笑容。与他的接触让人感受到一种成熟的稳定与从容的美，也帮助你克服一点心浮与气躁。他的客厅里挂着一幅字，曰："勤奋延年"，说得真好。

光年是许多不同的年龄段的作家的朋友，他始终不知疲倦地阅读各种新作，看完了，好处说好，不好处说不好，从不迎合。对我的作品他也有尖锐的批评。我们的某些艺术趣味不尽一致，他并不讳言。虽然由于大量地从事文艺方面的领导与行政工作使他未能以更多的时间从事艺术创作，然而他的文人本色并没有湮没。我至今记得有一次讨论小说评奖时的我们的争论，有一篇描写一个类似受气的小媳妇的小说受到光年的欣赏，而我不怎么喜欢它。我说鲁迅对这种人物定是哀其不幸，怒其不争的，而我们接触到的这篇作品却是赏其不幸，美其不争的……此言一出，光年沉思良久，旋即表示接受了我的意见。

在哀悼他的此刻，我想起了林默涵同志对陈荒煤同志说的一段话。他说："我跟荒煤同志之间，对某些问题也有不同的看法和意见，但我们都是当面说……我认为在建设社会主义进而实现共产主义这个根本目标上,我们是完全一致的。”我相信包括那些对于光年的观点和工作持某种保留态度的人,也会以这种心情来痛惜硕果仅存的老一辈革命作家张光年的逝世,我们大家都会同意,光年是个沉甸甸的人,不是轻薄为文哂未休;光年是个志存高远的胸有大局的人,不是个患得患失的低级趣味者;光年是个充满责任感使命感的大气的人,不是一个小气小头小脸的钻营者。光年生活在中华民族大革命大翻身大开拓大解放的时代,他是这个时代的见证,这个时代的歌者,这个时代的清道夫与建筑工,他是这个大时代的代表人物之一,他为这个时代付出了自己的一切。前人种树,后人歇凉,各种鼓噪与泡沫之后,后人也总会成熟起来,后人总会懂得珍惜光年等老一代作家的辛苦奉献和卓越成果。他的去世必然引发人们的深深的悲伤,但是他的形象与境界将长存在我们的心里。

原载 2002 年 2 月 2 日《文艺报》

存　　目

著　　作

张光年　《风雨文谈》

上海文艺出版社 1982 年

张光年　《惜春文谈》

上海文艺出版社 1993 年

张光年　《向阳日记》

上海远东出版社 1997 年

张光年 《张光年文集》

人民文学出版社 2002 年

刘可兴 《光未然研究资料》

陕西人民出版社 1993 年

论　　文

张光年 《剧本发刊词》

《剧本》1952 年创刊号

张光年 《正视自己的错误》

《文艺报》1952 年第 3 期

张光年 《文学刊物的特色与社会主义的独创性》

《柳泉》1983 年第 6 期

张光年 《谈周扬——张光年、李辉对话录》

《新文学史料》1996 年第 2 期

张世荣 《光未然——红叶黄花好千秋》

1999 年 4 月 18 日《中国文化报》

梁若冰 《黄河的涛声依然回响——文艺界人士怀念〈黄河大合唱〉词作者张光年》

2002 年 2 月 1 日《光明日报》

马识途 《为光年君宜送行》

2002 年 2 月 5 日《文艺报》

胡殷红 《〈黄河大合唱〉为他送行》

2002 年 2 月 9 日《文艺报》

《张光年同志生平》

2002 年 2 月 9 日《文艺报》

溯　石 《惜别光年先生》

2002 年 3 月 15 日《文艺报》

李海燕 《不朽诗人黄河绝唱——悼〈黄河大合唱〉词作者光未

然》

《新华文摘》2002年第5期

叶文玲　《流水永恒——张光年生平》

《中华散文》2005年第5期

陈翰伯

陈翰伯(1914~1988),祖籍江苏苏州,生于天津。笔名梅碧华、王孝风等。1935年冬参加"一二·九"学生运动领导工作。1936年2月加入中国共产党,任北平学联党团书记。当年夏天在燕京大学新闻系毕业后,受党组织指派,去上海参加全国学联筹备工作。同年11月去西安,就任张学良主办的《西京民报》编辑,后任总编辑。1937年3月,到杨虎城主办的《西北文化日报》任编辑。同年5月,以燕大校友身份陪同美国记者、作家埃德加·斯诺的夫人尼姆·威尔斯赴延安采访。7月抗战开始后,赴晋陕前线作战地采访。1938年底,由陕入川,在《新民报》社工作。1942年,去重庆孔祥熙主办的《时事新报》工作。1945年到陈铭德主办的《新民晚报》社任副总编辑。1943年11月至1946年3月,出任中外出版社总编辑,并与人合编《学习与生活》、《文汇》周报。1946年初,离重庆去上海,受南京中共代表团委派协助潘梓年筹办《联合晚报》,该报被查封后,于1949年2月到中共中央驻地河北省平山县西柏坡，改任新华总社新闻训练班主任。

新中国成立后，历任中共中央宣传部理论宣传处副处长，主管理论期刊《学习》的编辑工作。1958 年 2 月，调任商务印书馆总经理兼总编辑。1964 年，任文化部出版局局长。1971 年任人民出版社领导小组组长。1976 年起，任国家出版事业管理局代局长。1978 年兼任中国大百科全书总编辑委员会副主任。他曾是全国政协第五、六、七届委员，中国出版工作者协会第一、二届主席，第三届名誉主席。

陈翰伯同志是著名的编辑出版家，也是新闻出版战线上的杰出领导人。他担任出版工作领导期间，特别是 1976 年粉碎“四人帮”后，为出版工作的拨乱反正，开创出版工作新局面，做了大量卓有成效的工作。

关于印刷落后和纸张紧张情况给胡耀邦同志的紧急报告①

陈翰伯

耀邦同志：

印刷落后和纸张紧张，是出版工作中两个最大的难题，也是各级出版部门天天谈、月月谈、年年谈的“永恒主题”。人们常说，要在这两个问题上打个翻身仗，出版工作才能搞上去。按照三中全会精神，全党的工作重心要转移到社会主义四个现代化建设上来，这对我们出版部门来说，就是要全力以赴地多出书、快出书、出好书。而印刷落后和纸张紧张就像两座大山一样挡着我们的去路。

先讲印刷

印刷落后,不是某一个环节落后,而是各个环节全面落后。问题集中在:(一)印刷技术落后;(二)印刷力量不足;(三)经营管理不善。

(一)关于印刷技术落后:

由于印刷技术落后,印刷速度就慢,质量就差,效率就低。一般图书出版周期为半年左右,有些要一二年甚至更长的时间。有一本《建筑设计资料集》(三),印装竟花了四年。《毛主席纪念堂》(画册),按第一号任务安排生产,也要一年半才能完成,而建筑纪念堂才用了半年多的时间。杂志普遍脱期,月刊一般印二个月,有些要三个月,三月份看一月份的期刊,实为罕见。画报脱期更严重,《人民画报》有时要脱期三个月,由于情况发生变化,有时还在政治上造成不良影响。搞四个现代化,要翻印外国的科技资料,日本编印科技情报的期刊,从稿子送回国内翻译、印制到发到读者手里,全过程为15天,我们仅印刷一个环节就要三个月。印刷质量下降,不少书刊印得文字不清,图像模糊,远不及文化大革命前。有些排版复杂的中外文词典和高级画册,在内地无法出版,要设法拿到香港去印。开展旅游事业,急需印制导游图、画册、风景明信片,有些也印不出来。书籍装帧简陋,参加国际书展显得十分寒伧,赠送外宾也拿不出手。国外印刷各个环节都已高速化、自动化、联动化,而我们的排字还是全靠手工,印刷机多为低速机,装订多为单机,还有很多手工劳动。国外先进水平,在排字、制版、印刷、装订等不同工序上,劳动效率一般高于我国三倍、五倍、七倍甚至十几倍。我国印刷技术基本上是50年代水平,落后了30年。

(二)关于印刷力量不足:

由于印刷力量不足，许多迫切需要的图书，如适应四个现代化需要的科技书，青少年读物，中外语文词典，高级画册等，有些已经编好，却放在编辑部或印刷厂里排队等待。大专院校和普通中小学教材理应做到“课前到手，人手一册”，而1978年仍有很大一部分大专教材和部分中小学教材未能在开学前出版，这里有教材未能及时编出的问题，有纸张不足的问题，而印刷力量不足，无处排印或印装太慢，则是一个重要原因。

北京、上海，出版单位多，任务重，印刷力量不足的矛盾更为突出。如北京地区，中央各出版单位今年出版任务共760万令，印刷力量仅有236万令，不足524万令。我局去年年底在重庆召开会议，要求20个省、市、自治区挖潜承印，反复动员，才解决了195万令，尚有120万令未能落实。这些省、市所以能够为北京地区印书，主要是由于给他们的纸少，如果多给他们一些纸，专供印制当地出版的图书，他们也就无力为外地印书。因此，用外地印刷厂为中央出版部门印书，仅为权宜之计，不能根本解决问题，甚至还会造成各地印刷事业同告紧张。同时，大量期刊集中北京，仅今年新创刊的杂志估计将需25万令的印刷力量，期刊时间性强，编辑部都设在北京，不便拿到外地印刷。因之，期刊印制问题较之一般图书更难解决。

北京地区的装订力量更为薄弱，仅能完成现有印刷能力236万令的2/3左右，其余任务要分散到北京郊区和河北省农村人民公社去装订，用畜力运输，损耗大，时间慢，一般图书要装二三个月，有的要长达一年之久。

随着出版任务不断增长，印刷生产能力不足造成的缺口也越来越大。如北京地区，1980年，中央各出版单位的出版任务，预计将增至963万令，出版任务与印刷力量之间的差距将扩大为727万令；至1985年，出版任务将增至1592万令，印刷力量的缺口将达到1356万令，仅缺口部分就相当于北京地区现有印刷能力的6

倍。如不立即扩建、改建现有印刷厂和新建一批现代化印刷厂,大幅度地增加印刷生产力,则出版工作的困难将更加严重。

(三)关于经营管理不善:

由于经营管理不善,妨碍了印刷技术落后面貌的改变和印刷生产能力的提高。十余年来,我国印刷技术和能力同世界先进水平的差距拉大了。不说日本、西德和美国,就说香港吧,原来比内地的印刷水平落后,现在却大大超过了内地。这主要是林彪、"四人帮"的罪过,但也与经营管理不善和管理体制不合理有密切关联。我国原有印刷工业基础薄弱,行业分散,而印刷工业的发展又有赖于印刷科研水平的提高和印刷机械、纸张、油墨以及其他原材料工业的发展。所有这些工作,至今没有一个部门实行统一领导,全面规划。这样,发展速度怎能不受到限制!国家出版局作为出版部门的领导机关,对印刷工作也管得很少,有些重要方面至今未管。

再讲纸张紧张

十几年来,新闻出版用纸一直是日子难过。长期闹"书荒"。图书、课本、报纸、期刊都不能满足供应。期刊、报纸大都是限额发行。我们几乎天天收到读者来信,对订不到《中国青年》、《人民文学》、《世界文学》、《大众电影》、《英语学习》、《儿童时代》等期刊,表示强烈不满。《光明日报》改版后,订户增加而纸张不足,只好改为每周出六次。就这样,还有许多单位和个人订不到报纸。按基本需要量,1979 年起码要发行到 200 万份,虽增拨了一些纸,也只能发到 150 万份。许多单位,特别是近一二年来恢复和新建的单位,普遍订不到《参考消息》。该刊的发行量,从 1976 年起,新华社决定增加订户,由 850 万份增加到 880 万份,而纸张只能按 850 万份供给,所差 30 万份纸张只好吃库存,现在库存已经吃光了,而纸张尚无着落。别说增加新的订户,就是原有订户也难以全部维持。

凸版纸首先要保证课本(有时也保证不了),一般图书用纸就更趋紧张。1978 年,千方百计挖潜,集中印了一批中外文学名著和其他重点书,受到读者欢迎,但由于印数有限,又由于多少年来没有印过这种书了,发到各地后被一抢而光,没有一种能够摆在书店供应一个时期。所以读者还是说“书店无书”。就一般图书来说,现在书店能够经常供应的品种是很少的。以北京新华书店王府井门市部为例,文化大革命前可以经常供应的有 1.8 万种,现在只有 5000 种。读者对图书需要的品种和数量大大增加了,而能够经常供应的却大大减少了。真是顾了品种,顾不了印数,很难两全。读者普遍需要的图书,一般只能按需要量的百分之二三十来安排印数。有些则只能达到需要量的十分之一或百分之几。如《全国中学数学竞赛题解》,需要量为 2700 万册,只能印 300 万册。有的出版社反映,如果充分满足供应,一年出几种书,就可以把全部纸张用光。读者看到报上登的出版消息和图书广告,到书店却买不到书,非常不满。他们写信给书店、出版社、出版局,也无济于事。有些读者甚至写信给中央和国务院领导同志,请求帮助买书。我们做出版工作的,看到这些来信,深感有负于这些酷爱读书又买不到书的读者。

新闻出版用纸供不应求,归根到底,是生产上不去。主要问题是:纸张生产能力低,供应不足,质量下降,品种不全。

纸张生产能力低,供不应求。从 1966 年到 1978 年的 13 年中,新闻纸和凸版纸分别增长 43% 和 115%,而在这个期间,报纸用纸量却增长三倍,书刊需要量则增长几倍、十几倍。打个比方,纸张生产的增长是算术级数,而需要量则按几何级数增长着。年年缺纸,缺口越来越大。如今年,各出版社最低需要量约为六十万吨,经计划会议核定,只安排了 47.4 万吨。是否能够按照这个计划数字拿到纸呢？难说。因为十几年来，纸张生产年年完不成计划。仅1973年到1977年就欠交凸版纸24万吨，占这五年计划供应量127万吨的18.9%。今后几年的前景如何？如不采取有力措施，十之八九，难以改观。因为妨碍新闻出版用纸生产的主要问题，如原材料和动力不足，以及管理体制等方面的问题，至今仍未很好解决。

纸张质量普遍下降。纸面粗糙，厚薄不匀，平滑度两面差大，是普遍现象。我们买卷筒纸按吨计算，却常常定量超重，不少纸厂一般要超重5%左右，有的要超重10%～15%。买平版纸按张计算，却常常缺张短数，在合格品中夹杂次品，有的纸厂副品率竟高达30%～60%。高级纸如双胶纸、像纸、铜版纸、书皮纸，质量更差，常常伸缩变形，掉毛掉粉。这不仅影响印刷效果，又降低了有效利用率。这也是纸张供不应求的一个原因。

品种规格不全。主要是封面纸的品种太少。一般图书封面纸太单调，只有一种白面胶版纸和一种色面书皮纸。纹面的书皮纸、胶版纸，玻璃面的铜版纸等，国内至今没有生产。精装书用的纸板的质量太差，封面发翘，发到国外，被当作次品退回。要使我国图书面目一新，必须增加封面纸的品种，并提高质量。

印刷落后和纸张不足同出版事业发展的矛盾是明显易见的。而印刷和纸张这两对矛盾之间的相互作用，则不为人们所普遍注意。过去，纸张不足，多少掩盖了印刷生产力的不足，因为缺纸，才有可能在一地安排别地的印书任务，一旦纸张稍有增加（哪怕是靠进口），印刷的矛盾就会更加尖锐。同样地，印刷落后，也在一定程度上掩盖了纸张的不足，一旦印刷生产力有所提高，纸张的矛盾就会更加突出。因此，要把出版工作搞上去，印刷和纸张的问题要同时解决。

对解决印刷和纸张的问题，中央领导同志多次作过指示。总理于1974年指示："今后七年应该把纸张问题解决。"五年过去了，总理的指示仍未落实。李先念同志1975年指示："纸张问题很大，老是吃库存不是办法。切实增加生产，坚决节约用纸，保证质量、需要。"邓小平同志1978年指出，出版周期太长，这真害死人。"要下点功夫解决科学、教育方面的出版印刷问题。纸张很紧张。要把解决纸张问题、出版印刷问题列入国家计划。"华国锋同志在五届人大政府工作报告中更明确地指出，要"加强出版事业，尽快改变目前书刊品种少，出版周期长，印刷技术落后的状况"。

在这里，我着重讲了印刷和纸张生产的困难。我们祖先发明了印刷术和造纸，可我们现在却大大落后于外国了。现在，全党正在一心一意地搞四个现代化，而我们的出版工作却因印刷落后和纸张不足在拖后腿。去年5月，出版局代中央宣传部起草了《关于尽快改变印刷技术落后的状况的初步设想》的请示报告，对如何实现印刷技术现代化问题提出了一些建议，经中宣部审阅后报送中央，未见批复。最近，根据国务院关于建立专用设备和通用设备两个制造体系的指示，经与一机部商定，把一机部归口生产的印刷机械制造任务和归口管理的35个印刷机械制造厂划归出版局管理，即将由两家联名，送上专题报告。关于利用外资建立现代化印刷厂问题，也作了一些探索，其中包括准备同英国莫诺公司合作办中文激光照排机工厂一事，已有专题汇报送上。

纸张生产归轻工业部管。近来，他们也有一些设想。比如从今年起，把15个新闻出版造纸厂改为直供厂，统管生产、物资和分配；准备进口两个年产近七万吨的纸厂的成套设备；进口45万吨木浆等。但纸张生产像打印刷翻身仗一样，涉及面广，许多困难不是一个部门所能解决的。

在这里，主要是汇报了印刷工作和纸张生产方面的问题。我希望能够向你当面汇报一次，着重提出我们的建议，并听取你的指示。

此致

敬礼！

陈翰伯

1979 年 1 月 15 日

注释：

① 据陈翰伯原信副本刊印，题目为本书编者所加。

粉碎“四人帮”后，由于教育工作的恢复，新出和恢复出版的图书、报刊日渐增多。对纸张的需要增长较快，而新闻出版用纸每年国家分配数均低于需要数，纸厂实际供货数又低于分配数，因此纸张的供需矛盾一直十分尖锐。

1978 年 7 月，国务院任命陈翰伯为国家出版局代局长。他首先面对的两个最大难题就是纸张紧张和印刷落后问题。1979 年 1 月 15 日，陈翰伯给当时任中央宣传部部长的胡耀邦写了这封信。

胡耀邦对来信十分重视，很快就召集国家计委、轻工业部、商业部和国家出版局等有关部门的负责人，专门商讨解决纸张紧张的紧迫问题。他在听取各单位汇报后明确指示：教科书用纸必须保证，报纸不可一日缺纸，重要的书刊也要适当安排出版。此事请国家计委牵头，会同有关部门务必设法解决。会后，有关部门立即采取了措施，在 1979 年的全国计划会议上，调整了新闻出版用纸的生产计划，还特地调拨约 1 亿美元外汇用于进口纸张和纸浆，使进口纸的数量从 1977 年的 5 万吨、1978 年的 9 万吨，猛增到 1979 年进口 22 万吨。国家出版局同时会同有关部门开展计划用纸、节约用纸，消除或减少各环节的损耗浪费现象。经过多方面共同努力，逐渐扭转了被动局面，使纸张紧张的矛盾得到一定的缓解。

选自宋原放主编、方厚枢辑注《中国出版史料》现代部分

第 3 卷上册，山东教育出版社、湖北教育出版社 2001 年

在全国出版工作座谈会上的讲话(摘要)*

陈翰伯

(1979 年 12 月 11 日)

关于座谈会的准备

今年年初,原想开一个编辑工作座谈会,谈一点虚的。准备过程中,碰到了印刷、纸张两座“大山”,还有体制问题,准备开的编辑工作座谈会没有开成。关于体制问题,我们通过调查研究,提出意见报告了中宣部。体制问题不是我们出版部门单独解决得了的。大文章做不了,就做小文章,解决自己能够解决的问题。9 月,我们开了印刷会议。现在我们开的这次会议把提高书籍质量作为中心议题,并围绕这个中心,起草了几个文件,大家讨论后,改好一个,报批一个。

关于出版工作的形势和任务

近三年是解放思想、拨乱反正的三年。1977 年的出版工作座谈会上,我们推倒了“四人帮”的两个反革命“估计”。那次会后,特别是在三中全会后,出版工作出现转折,不仅突破了“四人帮”设置的禁区,有些“17 年”不敢触动的问题也有所突破,成绩很大。图书品种增加,重大门类有所缓和,特别是科技书籍成绩显著,恢复和建立了出版机构,整顿、充实了出版队伍,增加了同国外交往,开始同外国合作出书。

书店经常反映,读者要的书没有,又有些读者不要的书压在书店。这是不是又缺又滥？用这两个字概括不起来。确实有积压的书，质量不高的书，可出可不出的书。可是原因很复杂。马列和毛主席著作积压，有的由于"四人帮"神化领袖；有的由于政治学习布置的变化；有的由于我们思想不解放，印数太多。一般政治理论读物的积压，主要是由于"四人帮"大破坏的恶果。某些会议文件印得过多，有些创作小说不受欢迎，有的书出版错过了时令，群众不要。还有图书发行不对路，征订数不准确。也有编辑同志思想不解放，为了政治表态，赶浪头而出书。所有这些，不能用一个"滥"字来概括。

有些书虽然印数已经很大，但仍然不能满足读者需要，这主要是由于纸张和印刷困难。另外，在自然科学、社会科学、文学艺术等大的门类中还有许多缺门，这主要要靠科研和创作的发展。

因此，出版工作的基本任务是什么，我们考虑大致是这样的：宣传马克思列宁主义、毛泽东思想，传播、积累科学文化技术知识和成果，丰富人民的精神文化生活，为提高整个中华民族的科学文化水平，为社会主义现代化建设服务。出书范围非常广泛。什么叫出版为政治服务？我认为要从大的方面来看待这个问题。共产主义就是最大的政治，实现四化是最大的政治。至于当时当地的政治任务，主要由报纸、刊物去管。要把出版为政治服务讨论清楚，按上面说的三方面出书，道路是很宽阔的。

关于出书规划

要抓出书规划，充分发挥社会主义出版事业的优越性。我们抓过某一门类的规划，全国总的规划没有抓。

1975 年我们搞了中外语文词典规划，得到周总理批准。现在辞书出版有了很大增长。1978 年我们搞了少年儿童读物规划，到今年 9 月底已出版 1084 种。今年 6 月，规划了政治理论读物四十多种。由此可见,抓规划是大有好处的。

我们考虑到还有些门类是可以抓的。比如外国古典文学作品的出版,可以规划。社会科学、中国古典作品,也可以规划。还有专业辞书,民族文字辞书,翻译科技书等,都可以规划。翻译书,有力量的出版社都可以搞,要注意避免“撞车”。

关于地方出版社

地方出版社的同志要求立足本省,面向全国或兼顾全国,可以试行。地方出版社出书不受“三化”限制。当然,首先要满足本省读者的需要,要发挥本省写作力量的积极性。

中央一级出版社,力量比较雄厚,有责任帮助地方出版社。中央出版社同地方出版社是兄弟关系,同志关系,要相互支持。提倡各出版社之间开展社会主义竞赛,提倡有矛盾协商解决。

要充分发挥中央出版社和地方出版社两个积极性,目前要特别注意发挥地方出版社的积极性,同时要树立全国一盘棋的思想。

对地方出版社的出书方针,要不要作点规定,大家摸索一段时期后,再来总结经验,交换意见。

关于出版工作的困难

目前印刷能力不足,技术落后,管理水平不高。印刷问题和纸张问题一时都很难好转,这两座“大山”压着我们。但不能坐困愁城,还是要每天挖山不止,千方百计,努力奋斗。

去年,华主席在人代会上提出要加强出版事业,增加图书品种,缩短印制周期,提高印刷技术。自那以来,品种有所增加。印刷周期和印刷技术的问题,在局部有所改变,但从整个书刊印刷行业来说,虽然搞印刷的同志作了很大的努力,还没有多大改变,还要继续努力。

国家给出版部门的基建投资有限。全国基建投资已压缩。我们要体谅国家的困难,尽最大努力把工作做好,不能被困难压住。

关于解放思想

提高图书质量,各项意见中最重要的是解放思想。总结过去,展望将来,都靠解放思想。要以三中全会精神为指针,在碰到问题时,坚持四项基本原则,解放思想,实事求是,解决问题。不能等待别人提供现成结论。这是领导的职责,要敢于解决问题。当然,重大问题还要请示。要敢于领导,敢于负责,不要怕人家说“长官意志”就变成了“无意志的长官”。当然,不要瞎指挥。我们搞宣传工作的,要注意防止片面性,不要增加动乱的因素。我们要继续解放思想,肃清极左路线的流毒,也要注意批判无政府主义、极端个人主义和资产阶级自由化。解放思想,是有领导的,有界限的,绝不是比赛谁的胆子大。我不是说现在出版工作中已经有了什么问题,而是提出来和同志们共同勉励,把出版工作做得更好。

注释:

* 原载《全国出版工作座谈会简报》第 7 期,1979 年 12 月 11 日会议秘书处编印。

1979 年 12 月国家出版局在长沙召开了全国出版工作会议,曾先后担任国家出版局副局长、中央宣传部出版局局长的许力以曾写文章回忆了这次会议。文章中说:

“十一届三中全会以后,确立了小平同志的领导,又批了‘两个凡是’,解放了思想,社会开放改革,而出版如何改革,才能适应全国的形势? 这些问题提到出版工作领导者的面前。”

“在长沙会议之前,为了调动大家的积极性,提高出版物的质量,研究出版社的方针,国家出版局和中宣部出版局的领导,分别在全国各地召开座谈会，听取同志们的意见。1979 年 4 月 5 日至 9 日，国家出版局邀请辽宁、吉林、黑龙江、河北、天津等地方出版社的领导和编辑代表在北京举行座谈。关于地方出版社的方针，许多同志提出'文革'前强调地方出版社的出版物应有地方化、通俗化、群众化，经过二十多年的考验，这个'三化'是否应该有所改变？吉林的同志提出，应有计划地有组织地协调出版，面向全国。河北的同志提出，应该从调动积极性着眼，中央出版社与地方出版社统一体制，在国家出版局统一规划下，进行工作。同年 7 月上旬，中宣部出版局分别到云南、四川、陕西、广东、湖北、河南等六省进行调查研究，各省的同志反映地方出版社很难办，提出地方出版社'可以立足本省，面向全国'。可以出版地方特点的书，亦可出版有一定水平的科技、学术专著和文学创作。"

"12 月在长沙会议的讨论中，一些同志觉得由于社会上急需图书，出书较乱，需要整顿，需要提高质量。这些意见也是对的，但当前最重要的还是要解放思想。许多地方出版社的同志强烈提出要突破'三化'，要立足本省，面向全国。会议经过讨论，确定了新的出版方针，大大调动了中央和地方出版社的积极性，促使出版事业走向繁荣，起了关键性的作用。"(摘自许力以:《长沙会议的前前后后》,《中国出版年鉴》1999 年刊。)

选自宋原放主编、方厚枢辑注《中国出版史料》现代部分
第 3 卷上册，山东教育出版社、湖北教育出版社 2001 年

在敌人心脏地区办报

——陈翰伯在《联合晚报》

姚芳藻

在新闻系念书的时候，我总把总编辑看成是架子十足的、高不可攀的人物。但进入《联合晚报》，看到我记者生涯中的第一个总编辑陈翰伯，却完全不是那么一回事。

当时，我们记者都是廿岁左右的小伙子、大姑娘，初出茅庐，难免掉新闻、捅娄子，陈翰伯（采访主任陆诒走了以后，他又是我们的采访主任）从来不苛责我们。他总是乐呵呵的，亲切得像我们的大哥哥。可不，当时他也只不过三十来岁，但是在新闻界有一定地位了。他最早在全民通讯社当记者，后来又在重庆《时事新报》、《新民报》任编辑、副总编辑，1946 年调到上海《联合晚报》以前，他是重庆中外出版社的总编辑。因此，他编辑、记者都在行，写得一手潇洒的文章。他是燕京大学新闻系的学生，"一二·九"运动中，他还参加过学生运动的领导工作。

一到《联合晚报》，就听人说，我们的总编辑还是报社的股东呢，天知道！我看他整天穿着两套陈旧的西装，凭《联合晚报》极其低微的工资，拖着两个孩子，连看一场电影还是买一块肥皂，也要盘算一番，他像什么股东！原来，他和《联合晚报》的其他几个股东如刘尊棋、金仲华、冯宾符，郑森禹、王纪华、陆诒等人一样，他们用来办报的钱，都是中共办事处给的。另外还有进步人士经济上的支援。表面上《联合晚报》是一张无党无派的民间报纸，实际上她的直接领导人是周恩来同志！

党非常需要这个宣传阵地。周总理一再强调："必须尽一切力量争取让她长期办下去，即使仅仅是多办一天，也是好的。"在敌人心脏地区办一张党的报纸，谈何容易！她既要传播党的声音，却又不能暴露她与党之间的任何关系，她既要狠狠地出击敌人，却又不能让敌人抓住任何把柄……怎么办？事事请示汇报，天天跑马思南路 107 号①？这不泄露了天机！急事缓处，一切等上级研究了再办？谁还要看你的报纸！周总理明确告诉翰伯同志："报纸的事，一概由你负责，什么问题都由你拍板决定。你不要也不可能事事都来问我。"这真是一出难唱的戏啊！作为这出戏的主角，我们

① 中共代表团驻沪办事处（周公馆）。

的总编辑兼《联合晚报》秘密党支部书记陈翰伯,其任务之复杂和艰险是今天所难以想像的。

陈翰伯绞尽脑汁,想出许多办法,采用各种保护色,来掩盖这张报纸的真面目。他设法搞来了国民党元老于右任等人的题字,发表在头版醒目的地方,似乎《联合晚报》是得到他们的支持的;他创办了五花八门的副刊,如《宵夜》、《老上海》、《指南针》、《生活周刊》等等,知识性趣味性很浓,准看得你眼花缭乱,如堕五里雾中;对新闻、通讯以及每个标题,他也一再推敲,尽量保留民间报纸色彩。那些编辑们憎恨国民党,对官办通讯社的新闻稿,不屑一顾,丢入废纸堆里。他却从废纸堆里把它们取出来,一一过目,并且挑选其中一篇小特写,加以利用。编辑以为他不知道那家通讯社的国民党背景,特地提醒他,可是他说:"我知道。"他认为,偶尔用他几篇反映上海人民日常生活,谈不上什么政治色彩的稿件,未始不可。小特写发表了,自然又给报纸涂上了一笔保护色。那家通讯社老板大为高兴,又发来几张请柬,邀请陈翰伯等去参加他们的招待宴会。编辑对此颇为犹豫,但陈翰伯却很干脆,他说:"当然去,去大吃一顿不好吗!"宴会上,我们的总编辑与国民党新闻官员谈笑风生,谁能识别他是钻在铁扇公主肚皮里的孙悟空呢!

那年冬天,上海报业工人为增加工资决定罢工。我分明听到工人代表对我们的总经理王纪华(他和郑森禹都是秘密党支部成员)说:"王老板,别的报馆罢工了,我们不罢。趁这个机会每天出报,多印几十万份,赚他一票,好哦?"这真太棒了。报社经济非常困难,陈翰伯、王纪华正准备发起群众性的扩大订户运动,争取社会的支援。工人这一着,无异于雪中送炭。我想,当全市各报罢工的时候,我一定要在《联合晚报》上多写几则别出心裁的消息,大显一番身手。谁知过两天,各报罢工了,《联合晚报》也罢工了,白白地停了三天,多可惜!这是怎么回事呢?看到这位工人代表时,我问道:"你讲话不算数?怎么也罢工了?"他说:"陈先生叫我们不要破坏工会决定，一定要参加罢工。”原来这样！我真弄不懂陈翰伯葫芦里卖的什么药，对他颇有意见。但是，要是唯独《联合晚报》不罢工，不是自己暴露自己吗！

当时，我们这群小记者哪里理解总编辑的难处，陈翰伯心里装的是革命的策略，是同志们的安危，而我们呢，不满独裁统治，向往民主自由，总是恨不得把自己的笔当作武器，狠狠地捅敌人两下子。我们常常在新闻里写上一些过激的词句，来表达自己的观点，但是到了陈翰伯手里，却被一笔勾销。“用事实说话！”他一再告诫我们：“让《文汇报》站在第一线，我们站在第二线！”记得那时，我们还爱在自鸣得意的文章上，署上自己的名字，但见报的时候，名字往往不翼而飞！我们对此还真有点小意见，为什么总编辑老要画掉我们的名字呢？直到我被捕后，特务把两张剪报摆在我的面前，作为我的罪证的时候，我才找到了答案。

陈翰伯是总编辑，我们当然听从他的。对我们写的稿件，他要删就删吧，要压就压吧，虽有不满，也从不吭声。但当矛盾尖锐的时候，我们也会和他争吵起来，我记得，吵得最厉害的一次，要数他压下学联那则消息的事了。消息是小翁写的，虽然只是一则几十字的预告新闻，却是重要得很呢。因为当天上午在反饥饿反内战大游行中，一个学生被抓去了。学联决定下午四时在玉佛寺举行大会抗议政府暴行，声援被捕学生。但时近中午，发通知已来不及，因此要求《联合晚报》发个消息，让学生们闻讯而来。对这样的大事，我们的文教记者小翁当然义不容辞，慷慨应允。谁知陈翰伯竟把消息打入冷宫，这真太出人意外了！小翁是个很庄重的姑娘，从不大声言笑，这次可真把她气急了。她历诉学联之期望，关系之重大，磨破了嘴皮，总编辑无动于衷。于是双方争吵起来，嗓门越来越大。小记者当然拗不过总编辑，小翁终于伤心地哭了。事后，陈翰伯走到小翁身边，轻声说：“我不能发。发了这则消息以后，固然进步学生看了会跑去赴会，但你有没有想到，反动派看了也会跑去，警察特务也会去，红色警备车也会去。已经有一个学生被抓了，我们不能再让更多的自己人牺牲……”小翁抬起泪眼，看着总编辑诚挚的脸色，深沉的眼神，仿佛有点领悟了。

尽管总编辑处处把关，但是，既要与敌人斗争，就不可能相安无事。不久，国民党地方法院检察处就把《联合晚报》告上了。原来是副刊《夕拾》上的一篇杂文《丑》闯了祸。《丑》是馆园（王少华，即王元华）写的，文中痛斥地检处书记官在审理三轮车夫臧大咬子案件中偏袒杀人犯美国水手，是“奴隶的总管”，那家伙就对《联合晚报》提出起诉。陈翰伯闻讯，马上通知王元化远走高飞，留下的官司怎么办？是公了还是私了呢？公了，出庭受审，据理力争，在大庭广众之下，揭露国民党反动派的奴颜婢膝，由此启发更多民众奋起斗争，固然大快人心，但要是法庭追查起《联合晚报》的资金来源、政治背景来，怎么办？陈翰伯设法查明该书记官和国民党没有什么密切的关系，当机立断作出私了的决定。托人从中调停，让王纪华出面办了两桌酒席，请来法院的院长、庭长、书记官等，“和解”了事。

陈翰伯巧妙地结束了这场官司，我们没有一个不拍手称好的，但他对《新民晚报》一事的处理，却很使我们不满。那时，上海有近十家晚报，竞争可厉害了。老实说，其他晚报都不在我们的眼里，只有《新民晚报》才是我们真正的对手。有一次，不知怎么搞的，《新民晚报》的电话线路断了，消息传递不灵，真把我们乐死了。他们向我们求援，希望我们把各种消息，特别是南京长途电话稿，都能打一份小样给他们。我们当然不同意，哪里知道，陈翰伯却不假思索地把所有消息（包括南京专电）一古脑儿都转发给了他们。我们对此大为不满，于是几个人联合起来对他“兴师问罪”。结果，陈翰伯反而数说我们一顿，他说：“《新民晚报》有《新民晚报》的读者，《联合晚报》有《联合晚报》的读者，对国民党不利的消息，争取更多的读者，有什么不好！”我们听了，无话可说了。

陈翰伯业务点子多,处事办法好,因此我们背地里送了他一个雅号,叫“智多星”。但在这险恶的环境中,智多星也有山穷水尽的时候。譬如报纸用的卷筒纸吧,国民党反动派一吨也不配给,逼着我们买黑市高价,我们又没钱,因此常常弄到“等米下锅”的地步。这事一般都靠王纪华借债、“贴现”、“拆头寸”度日,当王纪华走投无路时,智多星也无计可施了。陈翰伯只能又去求助于周总理。那次,恰好总理不在上海,他就赶到南京梅园新村。总理立即命廖承志给上海的徐迈进打长途电话,通知他把《新华日报》的卷筒纸拨给《联合晚报》使用。《新华日报》社在朱葆三路,《联合晚报》社在延安东路江西路,两地虽近在咫尺,但运输却难上加难。卷筒纸是庞然大物,《新华日报》周围又有特务监视,如果暴露目标,怎么得了!左思右想,最后决定让徐迈进把卷筒纸卖了,换成钱,悄悄交给陈翰伯,再由王纪华出面买进纸来,一出一进,虽白白亏损了不少钱,但《联合晚报》的秘密终于保守住了。

从上面的一些事情中可以看出,陈翰伯在《联合晚报》是什么事都管。其实何止这些,他管的事还多着呢!例如,他得化各种各样的笔名如王孝风、梅碧华等等,写大量的社论、短评、杂谈、随笔、国际评论、资料汇编等等。此外,他每天还要记录南京的长途电话,弄得总编辑不像个总编辑的样子。有几次,我很想毛遂自荐地接过他的电话筒,但他摆摆手,把我撵走了。干什么呢!接长途电话又不是轻松愉快的事,电话声音轻得像蚊子哼,而办公室又吵得像杂货铺,要不是为了减轻他的负担,我才不想接这个苦差事呢!你看他那副样子!每天中午,当我们结束了紧张的战斗,正闲散地聊天和进午餐的时候,他总是对着电话筒大声疾呼,他那本来好听的男低音,顿时变得高亢刺耳起来,他那漂亮的天然卷发,由于过分用力,也零乱地披落在前额上。传递消息、指示工作、了解情况……电话一打就是半个多小时,他该精疲力尽了,但等待他的还有一大串工作:写专电、作标题、跑排字房、看大样……

除南京、北平外，我们报社从来没有派过各地记者，可是我们的报上却常常出现“本报四平专电”、“本报徐州专电”……等等，我弄不清这都是从哪里来的。有一次在排字房偶然看到专电的手稿，才发现原来都是陈翰伯写的！哈！我们的总编辑本领真大，他不但兼采访主任，而且还兼各地……不，准确地说应该是战地记者呢！他每天要做多少事呀，我真不知道他是怎样安排时间的！报社里编辑、记者这么多，像编写专电这样的事，他干么不找我们帮忙呢！

可是陈翰伯能找谁帮忙呢？虽说《联合晚报》的编辑、记者中大半都是党员，但各人有各人的单线领导，谁也不知谁是党员。陈翰伯既不知道他们，也不能把自己的政治身份暴露在别人面前，更何况他编写专电的那些材料，都是来自中共办事处，来自新华社，来自延安电台的战地电讯，是他派一位最可靠的同志每天在一个固定的时候到一家银行取来的。这种绝密材料，他怎能公之于众呢！他只能自己偷偷地干，根据党组织秘密传递给他的情报，参考各个中外通讯社、包括国民党中央社的新闻稿，巧妙地不露蛛丝马迹地编写成《联合晚报》独特的前线专电。这些专电及时地向全国人民宣告解放大军的节节胜利，戳穿敌人的种种谎言，真是威力无穷！正当那些反动官报大肆宣传孟良崮战役辉煌战绩的时候，唯独《联合晚报》报道了国民党王牌军张灵甫的74师全军覆灭，这像是在蒋介石总统府投下一枚炸弹，气得敌人暴跳如雷！

敌人早就想对《联合晚报》下手了。1947年春天，传来一个个令人心惊的消息：国共和谈破裂、中共代表团撤离京沪、延安撤退……白色恐怖笼罩着上海，特务常常来报社寻事挑衅，或敲碎我们的玻璃台板，或跟踪我们的编辑记者。有一天，又来了一个军统特务，扬言要追查那个写一则大绑票案消息的记者。他说：“那消息是谁写的？叫他出来，我们要问问清楚，他凭什么说那绑票案与毛森有关？”当工友向总编辑报告时，我恰好在场。

又捅了马蜂窝了，把军统特务头子毛森牵进绑票集团，这还了得！但是，我想，我是有根据的，怕什么呢！我便站起来说："消息是我写的，我去！"我准备挺身而出，却被陈翰伯迅速制止住了。

"我去！"他二话不说，就走了出去。

我不知道他是怎样随机应变地收拾这场祸事的，也不知道他费了多少口舌才打发掉那个特务。我只注意到他为此整整花掉了半个多小时，当他回到编辑部的时候，我看到他脸色发黑，宛如刚刚经历过一场大难。我等着他，原想听他谈谈经过，但他什么也没告诉我，他只同我讲一句话："在这种情况下，你不能出去！"声色严厉极了，我从来没有看到他这样严厉过。

幼稚的我，当时还不能十分理解他为什么对我这样严厉，我甚至奇怪他为什么变得这样胆小怕事起来，只有在几个月后，当我被三个特务挟持着投入囚车的时候，我才深深体会到，这原来是总编辑对我的保护，而他自己却承担着风险……

陈翰伯是提着脑袋从事党的地下新闻工作的。事实上，他和王纪华当时已经收到过一封署名为"国魂特务团驻沪办公室"的恐吓信，信是这样写的："查贵报近来态度大变，论调强硬，完全受了中共和民盟少数分子利用。对国民党一切施政大权肆意攻击，极尽诋毁之能事，目无法纪，谋乱造反。本团职责所在，奉命扫荡叛逆，不容坐视。为此先函警告，如执迷不悟，不变更论调，本团自当以最严厉之手段对付，或将采取对李（公朴）闻（一多）同样处置也未可知。尚有贵报一切机器生财设备，亦当玉石俱焚全部消灭，无论戒备森严，本团亦可按序实施，勿谓言之不预也！"

陈翰伯当然是无所畏惧的，他在社评《我们的信念》里，曾公开回答了敌人的恐吓。他写道：

"我们一心想当民间的喉舌，报道真实的新闻，诉说人民的痛苦。我们要求停止内战，我们要求民主自由。我们认为内战不停止，民主自由不实现，人民的痛苦就永难解除，中国就没有前途。

我们将永远这样说,直到内战停止,民主自由完全实现的时候;我们将永远这样说,直到我们的口被塞住,笔被夺下,不许我们这样说的时候!”

几个月后,《联合晚报》终于被封门了。一直到武装宪警闯进了编辑部,陈翰伯还坚守在岗位上。

选自《编辑记者一百人》,学林出版社 1985 年

青春办报　皓首出书

——记陈翰伯的编辑生涯

高　崧

我手头有一份陈翰伯同志 1985 年 6 月写的《小自传》,请允许我先把他这篇《小自传》转录于兹:

> 我祖籍江苏苏州,于 1914 年 3 月出生于天津,在天津上完小学、中学。在高中二年级,“九一八”事变后,开始接受进步思想,并参加了天津党的一些外围工作。1932 年我到北平,在燕京大学新闻系学习。1935 年冬,在党的领导下,我和几个同学共同参加“一二·九”学生运动的领导工作。1936 年 2 月,我在燕大入党,后在党内任北平学联党团书记之职。1936 年夏毕业后到上海,在全国学联参加过短期筹备工作。1936 年 11 月到西安,在东北军张学良将军所办《西京民报》任编辑,后任总编辑,1937 年 3 月到杨虎城将军所办《西北文化日报》任副刊编辑,国际新闻编辑,并担任社论撰写工作。1937 年 5 月,陪同美国记者、作家、中国人民的朋友埃德加·

斯诺的夫人(尼姆·威尔斯)前往延安约一个月。1939 年春到成都《新民报》专管写社论工作,后在我党和各民主党派合办的《全民通讯社》主持发稿工作。1942 年在重庆《时事新报》任新闻版编辑。1945 年任重庆《新民晚报》副总编辑。1947 年在上海,与几个同志创办我党领导的、公开发行的群众性报纸《联合晚报》,我任总编辑。

1949 年初,我在新华通讯社总社任编委,并兼国际新闻部主任;6 月,改任新闻训练班主任。后训练班改隶新闻总署,定名北京新闻学校,我任副校长。1951 年,新闻学校工作结束,我被调到中央宣传部,主持宣传干部训练班的工作,1953 年调任理论宣传处副处长,具体工作是《学习》杂志责任编委。1958 年春调商务印书馆,任总经理兼总编辑。十年动乱以后,我担任过国家出版事业管理局代局长。

综上所述,我是青春办报,皓首出书,虽接触面较广,但于学问上毫无专长,在事业上也无建树。聊以自慰的是,做了一枚对人民有点用处的螺丝钉。

1980 年秋患病,留下半身不遂的后遗症,我已告老,但尚未还乡。在中国出版工作者协会看看摊子。入党那年我 22 岁,是一匹驹。而今垂垂老矣,但愿还能作一匹骥吧。

读了陈翰伯的这篇《小自传》,我们可以知道,陈翰伯一辈子干的都是编辑工作。解放前干的是报纸编辑工作;建国以后,除了初期有几年从事新闻教育和理论教育工作外,干的是杂志和出版社的书刊编辑工作。他自己用“青春办报,皓首出书”八个字,形象地概括了他一生的经历。至于他说自己“学问上毫无所长”,“事业上也无建树”,这乃是他的自谦之辞。新闻出版界的同仁,凡是和他有过交往的,读书界的同志,凡是看过他写的书和文章的,都知道陈翰伯的学问功底是深厚的。解放前陈翰伯以梅碧华为笔名,写过很多国际问题的专著和时事述评,在蒋管区的读者中是脍炙人口的。他对人民新闻工作和出版工作有强烈的事业心,就拿十年动乱之后,他出任国家出版局代局长这段工作来说,他不顾在“文革”中三次受到冲击,身心受到严重摧残,仍然全心全力地投入到拨乱反正的战斗之中。在劫后余生的花甲之年,他仍然事事经心,件件过手,自然不免心劳力绌。1977 年,一次在青岛主持会议,当场病倒,经医院诊断是脑血栓,他本该作长期休养,但他出院后又照常工作。1980 年,脑血栓再度发作,从此落下半身不遂的后遗症。他现在承认自己“垂垂老矣”,但壮心不已,仍然要当一匹“老骥”,他的强烈事业心是十分感人的。

陈翰伯的编辑生涯,从他 1936 年进《西京民报》,到今年已整整 50 年。我生也晚,对陈翰伯在解放前的办报生活,一无接触,难以尽述。解放后的三十余年,虽然在他领导下工作,接触比较频繁,对他这一段经历,不能说不了解,但出于我的迟钝,平日一无记载,也少细心体会,而今骤然命笔,竟不知从何说起。为了撰写此文,我不得不作点调查,并向陈翰伯作了几次采访。陈翰伯是一位谦谦长者,他对自己的革命经历,很少铺陈,所得材料,比上面转录的《小自传》,多不了多少,仍然只是一个轮廓。

陈翰伯在燕大新闻系学习时,在学校里主办过燕大学生会会刊《燕大周刊》,在新闻系办的实习报纸《燕京新闻》当过记者和编辑。这算是他的编辑生涯的开端。

1936 年大学毕业,走上社会,进的第一家报馆是张学良将军办的《西京民报》。陈翰伯来到西安,正是“西安事变”的前夕。在那样复杂多变的政治环境下,《西京民报》作为东北军的机关报,每天怎样处理报纸的言论和新闻版面,对于一个老报人,也是十分棘手的,而陈翰伯当时是一个刚刚入世的廿二岁的年轻党员。他进报馆不久,就当起总编辑的职务,担子更是不轻!陈翰伯向笔者讲了一段故事,说明环境是多么复杂:进《西京民报》之初,每天都见到新闻稿中有几条"剿匪捷报",陈翰伯毫不犹豫地给扔进废纸篓里。一天,张学良派人来找陈翰伯,直言不讳地说:"这个'捷报',是我们自己编造的,报上要登出来,骗骗蒋介石。"张学良的东北军和红军之间早有停止内战、一致对外的秘密协议,但在场面上张学良又不能不拿这个"捷报"来敷衍蒋介石,陈翰伯权衡局势,只好把这些"捷报"打发在报屁股上。某天,"西北剿总"又送来一篇所谓"红军俘虏营访问记"。其实哪有什么俘虏营,全是子虚乌有的东西,但张学良为了敷衍蒋介石,不得不搞这个把戏。当时国民党陕西省主席是邵力子,陕西老百姓恨他投靠蒋介石,都不叫他邵力子,管他叫"邵刀子",副刊上有些文章或明或暗地骂邵刀子,可邵力子毕竟不是蒋介石的嫡系,出于统战和策略的考虑,不能不对他留有余地。陈翰伯说,诸如此类,几乎每天出报,都要遇到一些难题。做地下工作,有地下工作的纪律,不能遇事请示上级,只能自己当机决断,真是难啊!

"西安事变"后,东北军被蒋介石调防安徽,《西京民报》停办,报纸器材随军东迁,在一次渡河中全部损失。陈翰伯没有随东北军转移,留在西安,于1937年3月经宋绮云介绍,进杨虎城将军办的《西北文化日报》,继续从事协助进步人士办报的工作。

陈翰伯在《西北文化日报》,既不担任报纸的领导工作,也不公开露面参加社会活动。时值抗战前夕,各种抗日救亡的社会活动很多,陈翰伯杜门不出,唯一的任务就是守住报纸的版面。每天的重要新闻,他都要仔细揣摩,先是决定取舍,继而研究如何剪裁或改写,版面上孰先孰后,都要精心安排。标题上更是字斟句酌,反复推敲。"七七事变"那天,陈翰伯标了这样的头条新闻标题:"芦沟桥一声炮响,坚决把日本侵略者赶出中国去",以示抗战到底,决不中途妥协的信念和决心。其后,陈翰伯受杨虎城的请托,主持笔政,每天写社论一篇。这张报纸,既要坚持团结抗战的进步立场,又要保持西北地方的色调,对国民党当局进行有理有利的合

口，干脆以赤裸裸的暴力查封了这张人民报纸。

陈翰伯从1936年进《西京民报》，到1948年11月，奉组织调动，离开上海北上天津，在白区从事新闻工作12年。他自己是这样总结这段编辑生涯的：我参加的报纸前前后后有六、七家，大体上是两类性质的报纸，一类是国民党人办的报纸，张学良和杨虎城办的报纸，和孔祥熙的当然不一样；陈铭德不是国民党当权派，角色又小得多，又和他们不一样，我在这几家报纸里，占住一个位子，能起多大作用，就起多大作用，当然起不了太大的作用，因为无论怎么干，你改变不了报纸本身的地位。我干的都是编辑工作，不外写稿和发稿，心思都用在字里行间里。从新闻业务上说，我喜欢配合新闻报道，搞一点资料，一是给读者以知识，帮助读者了解时事的发展过程和趋势，一是在新闻资料里，可以做文章，多少反映我们的立场和观点。写社论，比处理新闻稿要困难得多，有时不得不采取"伊索寓言"式的笔法，我利用这个位子，尽可能发表一点进步言论，这就是我所能起的作用。为了斗争的需要，有时也要写一点和国民党短兵相接的东西，这要看时机，看火候，充分利用这些报纸的独特地位，登出来，既不会暴露自己，也不会使报纸为难。另一类是我党自己办的报纸和通讯社，这就是成都的"全民通讯社"和上海的《联合晚报》，在自己的报纸里起的作用，自然比国民党的报纸要大一些。但也要讲求斗争艺术，赤膊上阵不行。在"全民通讯社"，我们发过不少被国民党封锁的战报，发过揭露国民党黑暗统治的通讯，这些新闻稿子直接作为新华社的消息，肯定登不出来，"全民通讯社"的面貌比较隐蔽，反而能被一些报纸登出来。在上海的《联合晚报》，自己直接发新闻，发社论，比起"全民通讯社"发电讯靠别人报纸登载，作用自然更大些。当时在上海，党直接领导的舆论阵地，只有一报一刊，一刊是《文萃》，它先于《联合晚报》被查封，最后只剩下这一报《联合晚报》了。

《联合晚报》的采访主任陆诒，中途奉调去香港，陈翰伯以总编辑兼采访主任，里里外外都得一手抓。因为地下工作的纪律，报社内的党员都是单线领导，彼此没有横向联系，许多事情只能自己动手，陈翰伯的事必躬亲的作风，大概就是这样养成的。陈翰伯对笔者诙谐地说：那阵子，除了对外时时警惕国民党的捣乱，还要“对付”自己身边的年轻人，他们写的稿子都要骂几句国民党，不大讲究斗争策略，我删了他们的稿，他们就向我“抗议”，这真是两条路线的斗争啊！

陈翰伯主编的《文汇》周报

陈翰伯在白区工作12年，除了编报办报而外，还先后主编过三个刊物，1942年在重庆时，与戈宝权、孔罗荪合编《学习生活》时间不长，被国民党政府调销登记证而停刊。其后陈翰伯又以中外出版社总编辑名义，和刘尊棋、孙伏园共同主编过《文汇周报》，把苏联和英美报刊上的好文章编译汇编出来，用洋人的嘴说话，国民党的新闻检查官奈何不得。1947年5月上海《联合晚报》被封以后，陈翰伯又和周建人、陈原合编《读书与出版》。这两个刊物干得不长，最后也挨了国民党查封。这是陈翰伯编辑生涯中的又一篇章。以上是陈翰伯自己说的“青春办报”的前半生经历。

陈翰伯于1948年11月离开他紧张战斗两年的上海，北上天津。党组织要他先回天津家中休息一段时日，然后进解放区。陈翰伯刚到天津，解放军已合围天津，国民党守军陈长捷负隅顽抗，围城之战乃起。陈翰伯的老父担心战火绵延，举家安全堪虞，而陈翰伯听到隆隆炮声，喜形于色，知道天津就要天亮了。原来老父竟不知他早已是共产党员，颇以他的神色不同常人而奇怪。天津一解放，负责接管天津的黄敬，是当年“一二·九”运动的领导人之一，早和陈翰伯相熟，要留陈翰伯在天津工作。经请示中央，仍命陈翰伯到中央所在地河北平山县西柏坡报到。

1949 年 2 月，陈翰伯到西柏坡，由胡乔木接见，派陈翰伯任新华总社编委兼国际部主任。未几又改任总社新闻训练班主任，为迎接全国解放，培训新中国新闻事业人才。

陈翰伯从 1949 年 6 月至 1953 年 5 月，整整四年，一直从事新闻教育和理论教育工作。这四年中，这个训练班改隶两次，建国以后，新华社新闻训练班改隶中央人民政府新闻总署，训练班改名北京新闻学校，由新闻总署副署长范长江兼任校长，陈翰伯任副校长，主持校务。1951 年北京新闻学校停办，机构改隶中央宣传部，改名中共中央宣传部宣传干部训练班，胡乔木、胡绳分任正副班主任，陈翰伯任秘书长，主持班务。四年期间，这个训练机构共办四期，学习期限长短不一，每期招生人数不等，学生来源也有多种渠道，北京新闻学校招收的学员，既有大专毕业的知识分子，也有从事报业工作多年的记者、编辑。宣传干部训练班除继续招收具有大学学历的青年学生外，又从全国各地抽调地县两级宣传部长来班培训。学习课程除新闻和宣传业务外，主要是马列主义理论课。四期累计培训学员达 1000 人之数。学习结业后，原在职干部基本上回原单位工作，其余分配在全国各地新闻、出版和宣传部门工作，这些人今天多成为这些部门的业务骨干。

1953 年 6 月，陈翰伯调任中央宣传部理论宣传处副处长，具体主管理论刊物《学习》杂志的编辑工作。这是陈翰伯继解放前在白区办的三个刊物之后，办的第四个刊物。

陈翰伯自己对《学习》杂志这段工作，感到不尽满意。他主张进行马克思主义理论宣传，要结合社会科学乃至自然科学知识进行宣传，不能孤立地就几门马克思主义理论课程作讲坛式的照本宣科，他还认为马克思主义的生命力在于理论联系实际，《学习》

杂志作为一个理论刊物，应该经常探讨实际工作中提出的各种理论问题。陈翰伯自谦地说，由于自己理论修养不足，对实际又缺乏了解，加上当时的政治形势，很难改变原来的一套宣传格局，因此刊物从内容到文风都比较单调，多少有教条主义倾向。1956 年，党中央提出“百花齐放，百家争鸣”的方针，这是一个革故鼎新的大好形势，1956 年底《学习》酝酿改版，出过两期试刊，于 1957 年起正式改版，并缩短刊期，改月刊为半月刊，但好景不长，1957 年 6 月反右斗争后，形势逆转。也就在这年年底，陈翰伯由中央宣传部理论处调到中央文化部直属出版单位商务印书馆任总经理兼总编辑。这一年，陈翰伯 44 岁，正值壮年，人未老，头发也不白，不过他自己说是“皓首出书”，从这时起，进入他的经历的后一个阶段。

陈翰伯在商务，和他在白区办报的时间一样长，是 12 年。但这 12 年中，实际工作时间只 8 年光景，后 4 年是在“文革”时期，人被揪，书被封，单位被扫地出门，统统送进干校，人人下地干活，和书本已是绝缘的了。1970 年，陈翰伯被军宣队宣布“解放”，旋经周总理提名调回出版口，任人民出版社总编辑，但在“四人帮”横行下，陈翰伯在人民出版社坐了几年冷板凳，以后干脆作为“反回潮”和“批邓反击右倾翻案风”在出版口的代表人物，一再挨批挨斗，编书的事，他几乎无从沾手。所以，陈翰伯“皓首出书”的经历，笔者就只写他商务这一段。

1958 年初，陈翰伯进商务时，商务和高等教育出版社还合在一起，陈翰伯调来前，上面已是决定把商务从高等教育出版社中分立出来，另将时代出版社并入，恢复商务这块老牌子。所以陈翰伯一来，首先忙的事是跟一家分家，又跟另一家并家。这件事到 1958 年 4 月初完成。上面给重建的商务以两项出版任务：一是翻译出版外国哲学社会科学重要著作，二是编辑、出版中外语文辞书。中央宣传部副部长周扬就商务承担的前一项出版任务，对陈翰伯风趣地说，这是一桩“洋务”，商务就是搞“洋务”。后一项任务，也是老商务的传统出版业务，但解放后的商务，业务紧缩，并入高等教育出版社后，只承担重印一些古籍书和自然科学和技术方面的大学教科书，要重新承担编纂中外语文辞书，没有编辑力量，而时代出版社拥有一批外语编辑人才，所以将时代出版社并入了来。

安家就绪，陈翰伯依据中央规定商务的出版方针和任务，立即着手抓这两类图书的规划工作。一家出版社的规划，当然不是孤立的，它是整个国家社会主义文化建设总规划的一个组成部分。在第一个五年计划完成之后，有关整理和翻译中外文化遗产的工作就提上了日程。1956 年，国务院专门成立了“古籍整理规划小组”，并酝酿成立“外国学术著作翻译规划小组”。后一个小组规划的书目，正是商务要抓的规划。陈翰伯去拜访文化部长沈雁冰，请他尽快把这个翻译规划小组正式组建起来，商务就可有个靠山。沈雁冰要陈翰伯去找中国科学院哲学社会科学部张友渔和潘梓年二位。这二位答允给陈翰伯以协助，并且从他们手里弄到一份外国学术著作翻译规划的书目。这个书目是全国学术界许多专家、学者按学科分门别类提出的，具有权威性，但是这个书目洋洋大观，列书不下几千种，面对这样庞大的规划，究竟从何下手，要根据轻重缓急，以及自己的编译力量，从中作一番选择，订出一个可行性的计划来。陈翰伯里里外外，找人请教，组织编辑部的人一起讨论、研究，最后由他集思广益，提出了一个选目的方针性意见，这就是：以 16 世纪至 19 世纪上半叶西方资产阶级上升时期的学术著作作为先期编译的项目，从中再划出马克思主义三个来源的德国古典哲学，英国古典政治经济学和法国空想社会主义三部分著作作为重点。有了初步意见，陈翰伯又请示上级审批，最后就这样定了下来。

商务印书馆是中国近代出版事业中一家历史最久的出版机构，它在中国知识界和学术界里享有盛誉，但解放后的商务，基本上处于停业状态，老人渐渐淡忘了它，新人竟有不知出版界里有个商务印书馆。自1958年起，这些古典学术名著的译本逐一问世，商务的名声才又响亮起来。1982年商务印书馆为纪念建馆85周年，把逐年出版的名著译本单行本汇编成一套“汉译世界学术名著”丛书问世。第一辑选印50种，至1986年共印四辑200种。这200种书绝大部分是在陈翰伯主持商务工作期间，即1958年至1965年这几年内出的书，1966至1976年整整10年功夫是白过了的，还有一部分译本是1976年后出版的。

人们说，做编辑工作，第一步要抓好选题，这是一点不错的。出版一本书，从作家写稿或翻译家译稿，到编辑审稿、定稿，再送到印厂里排、校、印，一本书出版出来，不知要花多少人的心力，选题抓对头，这些心力就花得对头；选题不对头，这些心力就事倍功半，甚至白费，若是坏书，更是帮倒忙。你现在可以说，陈翰伯抓规划，抓选题，抓得有眼力，抓得有成绩，可在50年代末60年代初，动辄批大、洋、古，批封、资、修，这些马克思主义前期的书，不是封就是资，既是洋又是古，部头又是大大的，其中还出过一些当代资产阶级的学术著作译本，那就更犯忌，能不叫人提心吊胆吗？陈翰伯就商务出书方针，不时向中央宣传部请示汇报，周扬给吃定心丸，说古典书是文化遗产，出当代著作是知己知彼的需要，都可以出，方针没问题。编辑部里的同志一边忙着译书、编书，一边也捏着一把汗。陈翰伯对编辑部的人说，我们出的书上面认可，人家出大、洋、古的书，要担风险，我们商务是“避风港”。可“文化大革命”一来，中宣部成了“阎王殿”，商务不仅不是避风港，恰恰处在风口浪尖上。

商务在1959年一度由中央下放北京市，归北京市委领导。市委一位文教书记对商务出的一些书，就作了严厉批评，说这么搞法，不是贯彻“双百”方针，是搞资产阶级自由化。罪名不轻。怎么办呢？就此罢手？这是中央既定的出书方针，不能收。市委的批评，又不能置之不理。几经周折，竟找出了处置的办法。办法之一是成立自办发行部，有风险的书，一律作内部发行，不经新华书店发售，由商务自办发行，控制发行面，以免“扩散”，所有内部发行书，在内封上一律印出“内部参考，不得外传”字样。办法之二是每本书前撰写批判性序言，名之曰“消毒”。陈翰伯为了加强序言工作，在编辑部里抽出几个人组成序言组，专司其职。为给编辑部示范，陈翰伯自己动手写序，编辑部或译者写的序，他一定要亲自审定，决不轻易签发，遇有拿不准的，要把序稿打印若干份，四处请教，或请人来开讨论会，必要时还再送审，不可谓不谨慎周全。慢慢地对这些大、洋、古的书，究竟如何写批判性序言，摸出点经验来，陈翰伯分别从政治上和业务上总结出几条要领。政治上的要领是三宽三严：即古典书从宽，当代书从严；学术问题从宽，政治性问题从严；内部发行书从宽，公开发行书从严。其实学术批判，一是一，二是二，实事求是，无所谓宽严，但在当时的形势下，一切都要讲个“政治挂帅”。业务上要求序文要包括如下四个内容：一是介绍其人其书，二是其书在当时的写作背景和作用，三是其书对后世的影响，四是版本源流。有此四条倒确实给读者阅读原著起一点指引作用。

以上两条办法，效果倒是积极的。以自办发行来说，出版社和读者直接联系，按期给读者寄发出书书目供读者圈购，读者定期汇款来，商务定期结算，读者不用进书市，寄书上门，读者无不称便。至今还有许多老读者怀念商务的自办发行部。在编辑部强调序言工作，促使编辑不仅从文字、专业上对书稿下功夫，而且从观点和学术上要研究书稿内容，如此编辑过手审订一部书稿，在理论上和业务上都获益匪浅。当然，为了强调“政治挂帅”，学术服从政治，有些序文，不免有贴标签，甚至胡乱上纲的毛病，待至今天时过境迁再来看看这些所谓“批判性序言”，不免惶恐汗颜。因此，在1982 年把这些书编入“汉译世界学术名著”丛书时，有些序言不得不加以删节。按说，一本书的各版次所刊的序文，不应随便抽去，前版序言有误,后版可以自我订正,从前后版序文连贯起来读,可以看出观点的变易,学术思想的更迭。一如马克思和恩格斯对他们的《共产党宣言》那样。我们没有这样去做,实在是那些贴标签式的序文乃是特定的政治环境下的产物,自不必去"东施效颦"了。当然,也不是所有的序文,都是明日黄花,其中也不乏颇具学术水平的序文,特别是一些老译者撰的序,他们就是本专业的行家,序文本身就是一篇扎扎实实的学术论文。编辑部写的序文,多署"出版说明",不以个人名义发表,其中也有一些是站得住脚的。细心的读者,若把原先的单行本和收到名著丛书里的本子,作一检查,比较,就不难看出底蕴了。

在组织稿件工作上,陈翰伯执行的是一套"开门办社"的方针。他借用老商务的传统说法,唤著译家是出版社的"衣食父母",出版社能否出好书,就看出版社会不会联系著译者,能否组织到第一流著译者写书译书。他在编辑部提倡编辑要和著译者交朋友,从众多著译者中遴选最适合承担的对象,只要组稿对路,译稿的质量是有保证的。他不主张编辑坐在家里等稿子,不主张编辑当语文教员,把稿子改得满篇红,强调要尊重著译者的风格,在文风上不强求一律。遇到问题,要和著译者多商量,不可强加于人。在著译者写书过程中,编辑要经常去拜访他们,不是单纯去嘘寒问暖,要探讨一些问题,编辑部有什么意见和要求,也就及时传达给著译者,这样不仅编辑和著译者的关系融洽,而且交稿以后,编辑已相当了解译著情况,审稿的进度就可以大大加快。从 1958 年到 1965 年短短七八年间,商务出版了外国哲学社会科学重要著作译本不下二百余种,这样的高效率,和陈翰伯执行的"开门办社"的方针是分不开的。特别是收在"汉译世界学术名著"中的一些译本,质量也是上乘的,有些名著可以说是名家译名家,如朱光潜、贺麟之译黑格尔,郭大力、王亚南之译亚当·斯密,周建人之译达尔文,杨东莼之译摩尔根,皆是一时之选,使这套丛书大为增色。于此亦可见，组稿工作在出版社各项工作中是重要的一环，不可不精心处置。

1959 年社会上刮起“共产风”，提倡著译家写书译书不要稿费，显然这种作法是不利于繁荣创作，不利于学术研究的，因而也注定不能持久。果然，一两年后，重新恢复了稿酬制度。但在极左路线支配下，标准定得很低，稿酬微薄，以译稿言，每千字最高才七块钱，编辑部怕人指责搞资产阶级法权，还不敢按高档付酬，陈翰伯为编辑人员承担责任，要他们顶住压力，“高抬贵手”，尽可能按高档开付稿酬。当时有预付稿酬的办法，一经和著译者签订合同，就可预支一定比例稿费，编辑部怕受人非议，也怕出版社开支过大，不敢广泛约稿，有点束手束脚。陈翰伯又向编辑部进行疏导，他把编辑部的存稿库比喻为“水库”，“水库”里要经常保持一定的储水量，不可使之干涸，编辑部要广开稿源，如此安排出书计划，才有更大的选择余地。

在商务承担的另一类图书中外语文辞书方面，陈翰伯主要抓了几部大型辞书。1915 年商务出版的《辞源》，从文字到内容都嫌陈旧，不能适应新的需求，陈翰伯罗致了一批专家进行修订工作。中华书局出的《辞海》，当时已确定按百科规格进行修订，商务修订《辞源》就要另辟蹊径。经多方征询意见，确定新编《辞源》，以语辞为主，重在溯源，修订工作的重点放在补充古籍词条，重新复核书证，使《辞源》成为阅读和研究古籍的一部专用辞书，也使《辞源》成为名实相副的辞源。到 1966 年“文革”时，已完成了工作量的四分之一，出了第一分册试用本。十年中辍后，于 1977 年又继续修订，到 1985 年四个分册全部出齐，这一大工程才告完成。

外语辞书方面，老商务的家底，仅限于英文辞典，陈翰伯接手后，把外语辞书工作扩及到各大语种，并且外汉和汉外两类辞书一起抓。在“文革”前，已经出版的有新编《俄华大辞典》、《日汉大辞典》和《英华大辞典》的修订本，其余德、法、西班牙和阿拉伯等语种也分别出了简明小字典。此外还有若干小语种和世界语工具书,品种和数量比老商务都大有扩展。陈翰伯在辞书编纂工作上,走的是专家路线,各语种辞书都采取主编负责制,如俄华大辞典,是由俄文权威刘泽荣任主编。陈翰伯的这套做法,在当时片面强调群众路线,不要迷信教授、权威的口号下,是承担着风险的,但实践证明,这个做法保证了辞书的质量。

商务除了出版上述两大类图书外,在社会上有广泛影响的还有一套通俗出版物"外国历史小丛书"。在"文革"的风暴中,商务作为大放"封、资、修"黑书的出版机构,受到冲击本是无可逃脱的,却没有料到,陈翰伯首先是在这套小丛书上栽了跟斗。更没有料到的是陈翰伯竟是因为出版了这套小丛书,在"文革"中成了首先被报纸公开点名批判的人物。1966 年 7 月 20 日《光明日报》第四版上刊出了一篇署名文章,题目是:《揭露〈外国历史小丛书〉的反革命黑幕》,文章给陈翰伯扣上了"反革命分子"、"钻进党内的资产阶级代表人物"几顶大帽子,陈翰伯立即被挂上黑牌,关进了"牛棚"。要说编辑、出版这套小丛书的原委,正是来自不折不扣的"红线"。1961 年的一个夏天,周恩来总理会见吴晗,向他讲:三年困难时期,我们工作中出现了一些失误,究其原因,其中有一条是我们各级干部的知识不足,需要普及各方面的知识。总理讲了普及历史知识的必要,请吴晗编一套中外历史小丛书。吴晗秉承周总理的意见,分别与中华和商务两家出版社联系,在中华出了"中国历史小丛书",在商务出了"外国历史小丛书"。商务出的"外国历史小丛书"自 1962 年到 1966 年上半年共出书 59 种。这就构成了一条十恶不赦的大罪状。

陈翰伯和吴晗共同商定的这套小丛书的编辑方针,也是堂堂正正,无懈可击的。他们对编辑部讲:商务出的书许多是名著,是大部头的书,小丛书是通俗小册子,和大部头的名著自然不能相提并论,但是,请你们不要小觑小册子,它同样能给人以知识,给人以力量。越是普及读物,越要谨慎编写,把知识讲错了,观点不对头,贻害读者匪浅。从某个角度上说,小册子并不比大部头书好写,它要求深入浅出,只有深入了才能浅出。知识读物,切忌空发议论,通俗历史读物,更要用史实说话。当然,要有马克思主义观点,没有正确的观点,就等于没有灵魂。讲史实,也不可材料堆砌,要注意史论结合。文字要力求通俗浅显,但基本功在掌握丰富的知识,没有基本功,光是在文字上修饰,也写不好书。编辑部要通过编小丛书,团结和培养一支史学研究的专业队伍。如此等等。可是就是这样一些言论,也被那篇大批判的文章统统说成是"反党黑话"。原来"文革"一起,吴晗作为"三家村"的主将,就被揪了出来,不管他说的什么话,也只能是"黑话"无疑。今天,吴晗的冤案已经昭雪,陈翰伯也早已平反,毋庸为此作什么再批判。这里就陈翰伯编通俗读物的这些看法和见地作点介绍,作为他编辑生涯中的又一回合。

"四人帮"在出版口横行之际,各出版社把编辑下放到工厂、农村,搞"三结合"编书,美其名曰:出版社既出书又出人。"文革"前,出版社里没有提过这样动人的口号,但是在锻炼和培养编辑业务能力方面,确实做了不少工作。陈翰伯在商务的作法是干什么就学什么,要求编辑在中外语文和马列理论和专业四个方面下功夫。在拟定外书翻译规划时,编辑对域外的古代的学术著作不很熟悉,陈翰伯自己也感到这方面知识不足,就和编辑部一起学"四史",这"四史"就是:世界通史、哲学史、经济学说史和政治思想史。在掌握"四史"的基础上,各编辑再按专业分工,结合审稿,分别读原著,以提高专业水平。外语方面,陈翰伯强调先专后博,首先力求精通一门外语,再求掌握第二门外语。提倡编辑互教互学,以一人之长带动各人前进。对新从高等院校毕业进馆的青年编辑,给他们单另建立翻译小组,请老编辑当老师,指导他们译书,具有一定译书能力后,再逐个调到编辑室,承担编稿工作。编辑部的理论学习,除按干部学习的制度,每周有两个半天的学习外,陈翰伯还提倡自学经典原著,在自愿的基础上组织讨论,交流学习心得和体会。编辑部还经常请人来做学术报告,以活跃学术研究的气氛。以上这些做法,使新老编辑的水平不断提高,特别是青年编辑,经过先锻炼自己翻译能力,而后再校审译稿,使他们稳步地成长起来。如今这些编辑已是商务的骨干力量。

陈翰伯在他的《小自传》中说,他聊以自慰的是,做了一枚对人民有点用处的螺丝钉。确实,以陈翰伯的资历而言,他可以去做官,从另一个角度为人民服务,但陈翰伯除了最后一任当了国家出版局代局长外,他没有当什么官,他青春办报,皓首出书,一生贡献于新闻、出版事业,他是一个没有做大官,却做了大事的共产党人。

1986 年 11 月于北京

原载《出版史料》1987 年第 4 期

陈翰伯和《少年百科丛书》

遇衍滨

“青少年犯罪多,我很难过”

“没有粮食吃饿死人,没有精神食粮吃,也要饿死人,害死人。现在的孩子是处于半饥饿状态。饿,就饥不择食,手抄本就到处流传,青少年犯罪多,原因之一就是看手抄本。胡德华同志说,她有负疚的心情。这个话语重心长,我听了很难过。”这是陈翰伯 10 年前在庐山少年儿童读物出版工作座谈会上讲的一段话。当时,他以一个老出版工作领导人的事业心、责任心和良知,大声呼喊:救救孩子,希望编辑出版工作者、教育工作者和作家们,为孩子们提供更多更好的精神食粮。他说:“希望工作不是在这次会上结束,而是在会后开始。希望会后迎来一个春天,这是孩子、父母、教师的共同心愿。”

翰伯同志十分关怀和重视少年儿童读物出版工作。他在担任全国出版领导机构负责人期间,曾亲自主持召开了几次少年儿童出版社负责人的座谈会,听取改进和加强少年儿童读物出版工作的意见。1978 年 10 月党的十一届三中全会前夕,他跟其他有关部门的领导人一起主持召开庐山全国少年儿童读物出版工作座谈会,接着又在 1981 年底,在泰安召开了全国少年儿童读物出版工作会议。这两次会议各制订了一个全国重点少年儿童读物出书规划。他还亲自写了几篇关于少年儿童读物出版工作的文章。由于陈翰伯等同志的心血浇灌,少年儿童出版工作迎来了真正的春天。10 年前被“四人帮”摧残得几近荒芜的少年儿童读物出版园地,如今已经呈现出百花盛开,空前繁荣的景象。

10 年前,全国只不过有两家专业的少年儿童出版社,今天已经发展到了 26 家!

10 年前,1977 年全国一共才出版了少年儿童读物 192 种,如今,1987 年全国就出版了三千多种!

10 年前,全国只有少年儿童读物编辑人员 200 名,今天已经发展到了近千名!

10 年前,全国有影响的少年儿童读物作者只有 20 位,今天至少已经发展到几百位!

少儿读物的门类、品种,丰富多彩,质量也有很大提高。

这一切,都跟陈翰伯的名字分不开。

亲自抓《少年百科丛书》

陈翰伯特别重视抓少年儿童读物的重点工程。粉碎“四人帮”以后不久,1977 年 5 月的一天,陈翰伯驱车来到中国少年儿童出版社,对当时出版社领导小组组长胡德华说:“小平同志说教育要从小抓起。中小学教育是打基础的教育,少年儿童读物是打基础的读物。你们是不是能为孩子们出版一套打基础的中国自己的少年百科全书?”

翰伯同志的建议像一阵春风吹遍了整个中少社,领导小组和全体工作人员十分兴奋,一致认为这是出版局交给我们的光荣任务,出版这么一套书很及时,是落实教育要从小抓起的需要,是实现四个现代化的需要,也是批判“四人帮”的需要。于是领导小组组织专人,一方面多次召开有教师、编辑、家长、图书馆工作人员参加的座谈会征求意见,一方面搜集国内外已经出版的以少年为对象的文库式、杂志式、条目式的百科性质的图书,分析比较,然后发动全社同志讨论怎么编好这套书。经过多次研究,我们提出分两步走:先编一套文库式的包括 200 个选题的《少年百科丛书》(以下简称《少百》),在积累编辑工作经验和建立一支作者队伍的基础上再编《中国少年百科全书》;《少百》要编成以初中学生为主要对象、内容浅显、生动活泼的课外读物,而不是一切围着课本转的课内读物。

1977 年 9 月 7 日,出版社领导小组部分成员胡德华、刘文致和我带着这个方案来到出版局汇报。出版局领导非常重视,陈翰伯、王匡、许力以等同志亲自参加听汇报。我代表领导小组汇报筹备情况以后,陈翰伯同志肯定了我们的方案,并且就这套书的内容、编写要求和作者队伍等问题作了重要讲话。

陈翰伯说:“这套书应该专门讲基本知识,社会科学、自然科学、文学都要有,科学家的故事,人类认识事物的历史,也可以包括进去。科学著作、文学作品可以另搞。讲知识就是讲知识,不要讲空话,要改变文风。”他还强调,“这套书一定要有自己的特点,要有孩子的特点。干巴巴不行,要有文采,能引人入胜,使人看了爱不释手。”“要让读者看了，不光他自己能懂，还要能对自己的同学讲出来；不光自己喜欢看，还要让同学也喜欢看。读者看了自己讲不出来，这套书就算失败了。”

关于这套书的编辑工作，他说：“这套书编辑花的力量要比一般书大的多。希望你们多动脑筋。”后来，在另一次会议上他还说：“少年儿童读物编辑要学一点教育学，心理学，要照孩子认识事物的规律来编写孩子读物。”

关于这套书的作者工作，他指出：“你们要注意发现和培养作者队伍，写得好的要给以精神的、物质的奖励。中学教师是我们的一批后备力量。”在另一次会议上，他还说过：“我们应该多出几个科学文艺作家。苏联有个伊林，美国有个阿希莫夫。为了提高质量，培养这样一批作家，写一批使孩子爱不释手、互相传颂的东西，很有必要。”

王匡同志说：“他（陈翰伯）很积极，我也很积极，你们也很积极，大有希望。”“编这套书要一丝不苟，包括标点符号。加里宁说：一个小学教师进教室，一个举动有一百只眼睛看着他；我们出的书有多少只眼睛盯着看呐！”

最后翰伯同志说：“希望这套书能早点问世。”

陈翰伯等同志的讲话，使我们大受鼓舞，坚定了信心，明确了方向。会后，我们立刻行动起来，经过十年努力，终于把这套书出齐了，没有辜负陈翰伯等同志的期望。

一件大礼物

陈翰伯在纪念中国少年儿童出版社成立30周年的座谈会上曾说：“《少年百科丛书》是我送给全国孩子们的一件小礼物。”其实这哪里是什么“小礼物”，这是名副其实的大礼物。

这套丛书是建国40年以来，我国第一套编给孩子们看的大型知识性百科丛书，列在庐山会议上制订的全国 29 套少年儿童重点丛书之首。它从 1978 年 2 月开始出版，到 1988 年底全部出齐，总计近二百种，累计印数达 5000 万册，其中有 28 种在全国各种评奖活动中得奖，受到了有关领导部门的重视，也受到家长和广大小读者的欢迎。

原教育部曾专门发文件向全国中小学生推荐《少百》，并通知各地教育行政部门用公款购买，分发所属重点中小学每校一套。上海市教育局就这样做了。《少百》每出一种，他们就购买 12600 册分发给所属各学校。陈翰伯还曾抱病在广播电台发表讲话，向小读者介绍这套书。原国家出版局局长边春光也曾在有关会议的报告中不止一次地谈到它。

专家、学者、作家、教育工作者纷纷写文章称赞它是“通向知识海洋的窗口”，“打开知识宝库的金钥匙”，“哺育巨人的乳汁”，“面向未来的武器”。有一位家长说：“我没有什么财产，但是希望买一套《少年百科丛书》，作为遗产留给孩子们。”一位农村家长，跋山涉水几十里，到县新华书店买《少百》。另一位家长从哈尔滨出差到海南，一路上见到新华书店就买《少百》，总是凑不齐，最后找到出版社，才帮他凑齐了。他高兴地说：“谢谢你们，你们为孩子们编这套书是干了一件大好事。”

1988 年第二届北京国际书展前夕，一位台湾出版界同行访问中少社。他对社长杨永源说：“我在香港看到你们这套书，觉得很好，这套书在通俗化上是花了功夫的，很有孩子特点。”经过协商，他跟中少社签订了合同，打算从中选出 80 到 120 种出版繁体字本在台湾发行。

日本的一家刊物发表文章说，这套书是“得到社会公认的中国少年儿童出版社的台柱子”。

所以我们说《少百》是翰伯同志送给孩子们的一件大礼物。

“启发思想，丰富知识，培养能力，引起兴趣”

1980年，我们对《少百》的编辑出版工作进行了初步总结，根据陈翰伯等同志在第一次汇报会上提的意见和两年多的实践，把这套书的编辑思想概括为“启发思想，丰富知识，培养能力，引起兴趣”16个字。翰伯同志听了关于总结的汇报，充分肯定了这个方针，并说，生动活泼的通俗读物都应该这么办。我们觉得这16个字说明了这套书的目的、内容和编写方法，它是《少百》受到欢迎的主要原因。

“启发思想”，有三层意思。一是丛书要有思想性，要在讲知识的过程中，潜移默化地使读者在形成辩证唯物主义和历史唯物主义世界观以及爱国主义、共产主义思想品德方面得到启发。二是不光告诉读者现成的知识，更重要的是告诉他们发现这些知识的方法，也就是不光给他们现成的知识宝库，更重要的是给他们打开知识宝库的钥匙。三是要用启发式，反对注入式。例如这套书中有一小套《科学的发现》(共7种)，它以知识为主体，把启发思维，传播知识，介绍方法有机地结合在一块，通过一系列生动有趣的故事和一个个有启发性的问题，把读者带到发现这些知识的过程中去，引导他们自己一步步去寻求答案。

“丰富知识”，就是既讲自然知识、社会知识，也讲文学知识；既讲基础知识，也讲最新的知识；既讲配合课堂学习的知识，又讲课堂上学不到的知识。一句话，把知识的“窗口”尽可能开大一些，把知识面尽可能拓宽一些，以帮助读者把自己的知识结构搞得像金字塔，而不是像电线杆子。

“培养能力”，是说通过讲多种多样的知识，培养少年读者的观察能力，判断能力，逻辑思维能力，创造能力，自己动手的能力和自学的能力。例如丛书中有一小套动手动脑学科学，一共6个选题,就是为了实现这个要求而设置的。

“引起兴趣”,是说它要有趣味性,要能“引人入胜”,趣味性不能是外加的,必须是从科学知识本身阐发出来的。课外读物的任务不是单纯灌输知识,更重要的是通过讲知识,培养读者爱科学的品质,要使他们爱,就得先使他们感兴趣,有了兴趣,“要我学”才能变成“我要学”。

我们觉得这套丛书受到欢迎还因为它的选题比较对路。一、虽是“百科”,却不追求全面系统,而是抓住重点,突出特点,尽可能避免跟社会上已经出版的读物重复。二、大丛中有小丛,集小丛成大丛,同时又有若干单独选题作为补充。小丛的选题一般不按学科体系来分,而主要根据16个字的方针来设置。例如《科学的发现》(7种),动手动脑学科学(6种),科学万花筒(6种),生活中的科学(5种),《中国历史故事》(17种),《中国革命历史故事》(6种),《外国历史故事》(5种),中外科学家的故事(10种),中外文学家艺术家的故事(13种),等等。三、所列选题讲的都是比较稳定的基本知识,又比较系统,有长期保存和流传的价值。

还有一点,《少百》的编著力量比较雄厚,保证了它有较高的质量。我们先是用两个编辑室的全部力量,后来又改用三个编辑室的主要力量投入了编辑出版《少百》的工作。先后担任这套书的文字编辑、美术编辑、复审、终审的编辑人员近五十人,其中具有高级职称(或相当于这个职称)的就有三十多人。著名编辑家、编审叶至善也参加了选题制订和终审工作。作者有二百三十多人,其中有不少是著名的学者、教授、作家,也有中学教师。

上面这三点也可以说是我们对这套书的基本经验的总结。

现在这套书出齐了,它还存在不少缺点。特别是它出版的时间拖得比较长,许多读者、家长、图书馆的工作人员反映买不到,凑不齐。为了解决这些问题,也为了向建国40周年献礼,我们决定从这套书中精选120种,或重印,或补充修改再改,加上部分新版书,重新设计封面配套发行。我们正准备在这套精选本出齐的时候,带着它第三次向翰伯同志汇报的时候,这位《少百》的创始人却永远地离开了我们,我们真后悔,为什么不能更早一点把要出精选本的打算告诉他呢?一种负疚的心情久久地充溢在心间。

"死后元知万事空",可我们多么希望人死了真的还有灵魂呐!这样,翰伯同志将会看到他送给孩子们的礼物,将以新的面貌出现在人们面前;将会看到《少百》所传播的知识的乳汁哺育一代又一代的少年,成长为科学的巨人,成长为社会主义现代化建设的脊梁。他死了,他还活着。活在我们这些深受过他的教诲的编辑出版工作者的心中,活在千百万读者,特别是小读者的心中。他用关怀扶植少年儿童出版事业的光辉业绩,在人们心中立下了一座丰碑。

原载《出版工作》1988 年第 12 期,《中国出版年鉴》转载时作者作了部分修改

记陈翰伯在出版界三十年

赵晓恩

陈翰伯同志(1914 ~ 1988)原为国家出版事业管理局代局长、中国出版工作者协会第一届主席、第二届名誉主席,人们铭记着他一生为党的新闻出版事业的奉献。由人民日报出版社出版的《报人出版家陈翰伯》一书,客观、翔实地记述了翰伯同志的生平、情操、学识和风范。陈原同志在《记陈翰伯》一文中,说他是"倔强的人,正直的人,勇敢的人,永不向邪恶低头的人;为人民奉献了毕生精力的人……"

我们最初相识于抗战时期的重庆,在沙坪坝中外出版社孙伏园先生处。他是生活书店的朋友,赞佩邹韬奋。我们不在一个部

门工作，以后天各一方，就没有晤面的机会。建国后，当他从新闻战线转到出版战线，才有了较多的接触。1958 年当翰伯主持商务印书馆工作时，文化部创办了文化学院，我在该院主持出版编辑系，开设编辑进修班，院长黄洛峰和陈翰伯是互相熟悉的，知道他在此以前在中宣部从事理论宣传工作，主持过新闻学校，我们特请他为编辑进修班学员做学术报告，讲解马克思主义的三个来源，并请教办新闻学校的教学经验。他是文化学院热心的支持者之一，随后建立系科时，他选派了一些年青在职干部参加学习。1965 年 10 月，陈翰伯被任命为文化部出版局局长。从这时起，我在他直接领导下工作了多年，直至离休时。

翰伯自述"青春办报，皓首出书"。就是说，前半生(1936 ~ 1957)做新闻工作，后半生(1958 ~ 1988)从事出版工作。解放前他在国统区办地下党报，如同老虎口里拔牙，随时有掉脑袋的危险，需要机智、果断，掌握政策和策略。这方面可歌可泣的事迹在书上已有生动的记述。至于他从事出版工作 30 年的贡献，只讲到在商务为止，现就记忆所及，志其梗概。翰伯从事出版工作，除了主管理论刊物《学习》杂志(解放前也办过几个杂志)外，于 1958 年从中宣部调到商务印书馆，担任总经理兼总编辑。1965 年 10 月任文化部出版局局长时，商务的职务还是兼着的，白天在局里办公，晚上到西郊翠微路商务看稿子。此后经历了十年动乱的磨难。"四人帮"倒台后，1978 年 7 月 ~1982 年 4 月任国家出版事业管理局代局长，肩负拨乱反正的重任，引导出版事业迅速得到恢复和发展。

翰伯在商务，实实在在奋斗了 8 年(不算兼职)，可说是商务复兴的功臣。商务印书馆创业于 1897 年，是我国近代出版事业的开端，对我国初期的民主革命和文化启蒙运动起了推动作用。建国后，随着出版、印刷、发行专业化，商务印书馆赖以发家看家的中小学课本业务，由国营专业出版社统一经营以后，业务紧缩，与高教出版社合在一起吃老本过日子，前景未卜。翰伯接手时，文化部秉承中央调整出版的精神，决定把商务印书馆与高教社分离，恢复独立建制，并把时代出版社合并于商务（主要由于时代有一批翻译编辑人才）。按照中央 1956 年提出的“双百”方针，赋予商务印书馆以翻译出版外国的哲学、社会科学方面的学术著作为主，并出版中外文的语文辞书为基本任务。翰伯据以拟订上述两方面的出书规划，同科学院哲学社会科学部联系，搜集专家、学者的意见，制订了翻译出版外国学术著作的长期规划，并罗致人才，充实和培养与出版业务相适应的编辑出版队伍。翰伯涉猎名家著作，潜心研究，也增强了自己的学力。

随着世界学术名著有选择、有计划地翻译出版，扩大了中外语文工具书和期刊的出版规模，加上同历史学家吴晗商定主编一套外国历史小丛书，由商务出版，以及有针对性的自办发行，给商务注入了新的生命力，为商务重新赢得了社会声誉。从这一意义上讲，说翰伯是商务复兴的功臣绝不过分。但翰伯在“文化大革命”中却成了“罪人”。商务印书馆同吴晗合作出版外国历史小丛书，被别有用心的人罗织成为罪状。1966 年 7 月 20 日《光明日报》第四版上刊出署名文章《揭露“外国历史小丛书”的反革命黑幕》，给翰伯戴上了“反革命分子”、“钻进党内的资产阶级代表人物”的帽子。商务出版的另一套世界学术著作，在批封、资、修，批名、洋、古的大合唱中，是非颠倒，难逃厄运，被乱批一气。

翰伯同志学识和经验丰富，坚信自己有理，对妄加批判不予理会。但是，以此为开端，在“文化大革命”中吃过不少苦头，经历了被揪、被斗、示众、关押等众所周知的折磨之后，1969 年冬随大伙到了文化部咸宁五七干校参加“劳动改造”，在那里磨了三个春秋。单说劳动，春季下水田踩冰碴，夏日在 40 度高温下野外作业受煎熬。这些日子对上了年纪的人来说是难耐的。所幸翰伯挺过来了。1972 年翰伯（还有陈原同志等）经周恩来总理点名调回北京，任人民出版社负责人。在当时的情况下，名义上是解放了，实际上还是华盖当头，坐冷板凳。1974 年，国家出版事业管理局成立后，翰伯作为领导小组成员，分管出版，当时的出版工作由于种种因素干扰，步履维艰，又由于直言不讳的议论，又一次被列为所谓“复旧回潮”、“右倾翻案”的代表人物。如果说，不苟同于“四人帮”那一套所作所为而构成上述罪名的话，对翰伯也许是合适的。有一件事可以反映出翰伯当时的心迹。1975 年邓小平同志发表了《论全党全国各项工作的总纲》、《关于科技工作的几个问题》等论述，翰伯同志对此由衷的敬佩和拥护，并拟以其论点为依据，搞一个出版工作提纲，曾找许力以同志和我（当时我们主持出版发行部）进行商讨，做起草准备工作。这一举动，不是心血来潮，而是符合他一贯主张在思想上的共鸣的表现，政治态度是鲜明的。可是事未竟而形势逆转，这件事胎死腹中，在批“右倾翻案风”中没有透露出来。翰伯的可贵之处，是久经磨炼，不避风险，在逆境中志不移，气不馁，迂回前进。就在这个时候，翰伯会同许力以、陈原（时在主持商务印书馆）同志，由局里和商务的一班人，如方厚枢、陆本瑞、杨德炎等同志的具体帮助下，制订了中外词书的编辑出版十年规划，起草报告送国务院审批，成为周总理临终前在北京医院病榻上批准的最后一个关于出版的文件。说实在的，对于这样规模宏大的文化出版工程（其中还包括在各大区增设排印外文辞书的印刷机构），虽没有人公开提出异议，但对能否实现，不都是信心十足的。而翰伯锲而不舍，积极推进，召开了多少次协商会议，组织单位间、地区间的协作。10 年后，对文化建设有重大作用的、一部部大部头的词书出来了，人们不能不佩服翰伯的胆识、毅力和远见。

翰伯尊重知识、尊重人才，对一批有才华的同志长期耽在干校白白浪费时间而惋惜。一次，原文物出版社第一副社长徐达同志回京探亲来访许力以同志和我，说及干校状况和同志们的苦闷之情，求助于徐光霄和陈翰伯同志。按照当时的情况，这些属于文化部各个系统的干部，出版局是难以安排的。考虑到国家的长远利益，翰伯为此煞费苦心想出了一个办法，决定由徐达负责，组织一个翻译组，以“借用”的方式调来了一批人，安排在版本图书馆内做编译和研究工作，他们待到乌云消散后各自走上新的工作岗位。

国家出版事业管理局成立以来，几易主要负责人（徐光霄—石西民—王匡）。翰伯先是领导小组成员，1978 年 3 ~ 6 月任副局长，1978 年 7 月 ~ 1982 年 4 月任代局长，处在历史转折的关键时刻，为消除林彪“四人帮”干扰破坏所造成的严重后果，面临重建出版事业的任务。翰伯同志领导大家一起，做了多方面的工作，富有开拓性和建设性。

——按照党中央拨乱反正的指导方针，本着实事求是的精神，解放思想，打破“四人帮”设置的种种精神枷锁，划清出版工作中的路线是非，思想是非，明确新时期出版工作的路线、方针、政策，通过一系列的座谈讨论，提高认识，统一思想。

1978 年 10 月，国家出版局在江西庐山召开全国少儿读物出版工作座谈会，应邀出席座谈会的有著名的儿童文学作家、画家，有全国各省、市、自治区出版局、社的负责人，儿童读物的编辑和少年儿童教育工作者，以及中宣部、文化部、共青团中央、全国妇联、全国科协的有关领导同志共 271 人。翰伯同志主持会议，并在大会上作了“解放思想，勇闯禁区，迎接少儿读物繁花似锦的春天”的讲话。“讲话”指出，“文化大革命”的折腾“全盘否定了过去，也堵塞了将来的道路”；“四人帮”的干扰破坏，造成“书荒”，少儿读物更是一片荒芜。因为“书荒”，饥不择食，黄色小说的手抄本到处流传，引发犯罪。开这个会，就是商讨如何加快步伐，出好少儿读物，尽快占领少年儿童课余活动的阵地，帮助少年儿童健康成长。翰伯同志讲到在我们同志中间存在“心有余悸”，肃清“四人帮”的流毒和影响，要做艰苦的思想工作。有些同志为什么会心有余悸？一个比较普遍的问题就是路线、理论、思想是非弄不大清楚。翰伯说，十多年的折腾，总共算起来就是两笔账，一反一正，一真一假。什么是真理，什么是谬误，只能用实践加以证明。文艺方面少儿读物的出版也是如此，革命的实践反复证明，只能实事求是，一切从实际出发，理论联系实际。违反这个原则，就会受到惩罚。翰伯同志还讲到儿童文学创作中的“童心论”和少儿读物特点不容混淆，并对会上议论中提出的一些问题，如马克思主义如何对待人道主义，关于道德、关于美好感情的教育等，应用辩证唯物主义和历史唯物主义作了具体分析，表明自己见解，同代表交换意见。翰伯同志激励出版工作者解放思想、勇闯禁区，把出版工作搞上去。

解放思想和解放书有关联，对涉及“四人帮”反党集团图书进行检查和处理的同时，把在文化专制主义、文化虚无主义下被禁锢的而确有价值的一大批图书开放，或重印发行，呈现在广大读者面前，引起积极的反响。一方面缓解了“书荒”，另一方面也起到消除疑虑，促进思想解放作用。

——改变出版布局，调动地方出版社的积极性。地方出版社除上海外，在“文革”前不分专业，均为综合性的出版单位。因为建国初期，出版力量集中在北京、上海两地，其他地方出版力量薄弱，规定其出版物从当地社会经济建设和文化生活的需要出发，编印的书刊面向地方，面向基层。几十年来，各地科学、教育、文化事业有了很大发展，条件不同了，1979 年 12 月在长沙召开的全国出版会议上，与会的地方出版社代表认为，过去规定的地方化、群众化、通俗化的方针，已不适应现实情况，要求变革。这一意见，得到主持会议的翰伯同志的重视和支持。经商议改为“立足本省，面向全国”（经中宣部批准）。翰伯同志因势利导，进而认为有条件的地方，也可考虑分设地方专业出版社。这样改变结构和做法，解放了生产力，调动了各地方各部门的积极性，于是众家崛起，全国出版单位数成倍增加，形成竞争局面。这是出版改革的先声。

——推动制订长期出书规划，使出版工作配合建设有计划地进行。翰伯对此一向重视，如在商务时亲自制订翻译出版世界学术名著的长期规划，1975 年抓住中外词书的编辑出版十年规划不放，1978 年国家出版局提出了三年(1978～1980 年)出书计划和八年(1978～1985 年)的出书规划设想，并要求各出版单位制订具体的出书规划；商同有关部门制订了《1978～1985 年全国重点科普图书出书规划》、《1978～1980 年部分重点少儿读物的出版规划》，推动制订各类教材出版规划，提倡编纂具有地方文化特色的地方志，以有助于现实的经济文化建设等等。与此同时，要求各地加强对出版工作的领导和管理，倡导制订各自的出版事业规划，采取政策措施，从宏观管理上着力，改变印刷落后面貌，整顿和改进图书发行工作，统筹协调，保障出版工作的顺利进行。

——尽力争取改善对新闻出版用纸的供应。"四人帮"当道时，出书寥寥无几。出版业务逐渐恢复，被长期掩盖着的新闻出版用纸的供需矛盾凸显出来，纸张缺口很大，如最基本的中小学教科书用纸的缺额达 40%；《参考消息》印数大大不足，订阅报纸成为政治待遇。要是不适当解决这个问题，出版计划便将落空。翰伯同志亲自向当时的中宣部部长胡耀邦同志当面汇报告急。耀邦同志随即召开了专门会议商讨对策。参加会议的有国家计委、轻工部、商业部，国家出版局等有关的负责人。出版局就存在的情况和问题及其危害性作了说明，并提出改进生产供应的意见和要求。商业部也反映学生作业本无纸可印。耀邦同志明确表态说，教科书用纸必须保证，报纸不可一日缺纸，重要的书刊也要适当安排出版，此事请国家计委牵头，会同有关生产部门务必设法解决。会后，在 1979 年的全国计划会议上，调整了新闻出版用纸的生产计划，调拨约一亿美元外汇用于进口纸张和纸浆。国家出版局同时又开展计划用纸，节约用纸，并采取有力措施，集资建库，消除或减少各环节的损耗浪费现象。经多方面共同努力，终于逐渐扭转了被动局面。

——清理出版工作的规章制度。如制订《出版社工作暂行条例》、恢复和修订稿酬制度，制订期刊管理办法等等。

——重视出版印刷科研和教育工作。翰伯同志支持激光照排机的研制，利用出国访问时亲自考察；关注北京印刷学院的建设；支持大专院校增设编辑等专业；提倡对编辑出版工作进行科学研究等。

——成立中国出版工作者协会，翰伯同志被推选为第一届主席。有了这个群众团体，就能更好地团结和依靠知识分子队伍，密切党群关系，对繁荣和发展出版事业发挥决策咨询作用；也有利于以民间形式，开发对外文化交流和合作。

此外，翰伯同志大力支持中国大百科全书出版社的建立，使国家重点文化工程《中国大百科全书》得以陆续出版；为协调图书进出口工作亲自奔波，尔后又成立局属的出版对外贸易机构，促进对外文化交流和合作。翰伯在全国政协会议等场合，吁请社会各界支持出版事业，督促局职能部门与财政部反复商量，首先争取到全国新华书店系统实行利润留成，增强自我发展能力，并推进图书发行体制改革，形成 1982 年的以国营新华书店为主体、多种经营成分、多种流通渠道、多种购销形式、少流通环节的，即“一主三多一少”的发行方案。

翰伯同志是一位治学严谨、做事认真的学者和实干家，以自己的不避艰险，不辞辛劳的献身精神和务实求是的科学态度，加上容人之长，用人之长，博采众议，与其他领导同志一起，为全面探索开创社会主义初级阶段对内搞活对外开放的出版工作新格局铺路。

翰伯任职期间，任务繁重，时间紧迫，得不到很好休息，1977 年在青岛开会时曾当场病倒过一次，经医生诊断为脑血栓，过后又照常工作。1980 年秋，旧病复发，较前更加严重，留下半身不遂的后遗症。1982 年摆脱了行政事务，自称在中国出版工作者协会看摊子，其实，仍和各方面保持联系，无时不在为出版事业操心。

在以后的几年里，他行动不便，我有时去看望他，看到我病后勉力编出了《出版业务知识》一书（文化艺术出版社 1984 年出版），他高兴的笑着对我说，我们还能不能再搞个干部培训班，可我明白，这是对我鼓励，战胜病魔，增强信心，也可见他仍念念不忘出版工作，对后继者寄予深切的关怀和期望。

我和翰伯同年，在人们的心目中，我患的是难治之症（肺癌），且活到现在，而万万没有料到翰伯竟会先我而去（1988 年 8 月 26 日病故）。每当有事想到翰伯同志，而他不在了，心头泛起一丝隐隐的哀痛。我没有忘记翰伯办培训班的遗愿。最近两年来，我会同他工作过的商务印书馆、人民出版社的一些同志，在总结以往出版工作经验的基础上，结合现实问题，编写了一本出版干部培训教材——《出版企业管理概论》，由东方出版社出版了。我们谨以此作为心香一瓣，聊以告慰逝者于九泉。

翰伯同志一生为革命新闻出版事业鞠躬尽瘁，一路风云一路歌，做出了无愧于先贤和后人的奉献。翰伯为人一身正气，两袖清风，生焉有涯，而他留给人们的精神财富将与世长存。

选自赵晓恩著《六十年出版风云散记》，中国书籍出版社 1994 年

陈翰伯同志对出版领域解放思想拨乱反正的重大贡献

宋木文

【题解】 1996 年初，在谈起《中国出版论丛》这套书时，中国

出版科学研究所所长袁亮同志对我说，陈翰伯同志的出版文集太单薄了。这引起我的注意，书一印出，我便找来阅读，果然如袁亮同志所说。

手捧《陈翰伯出版文集》，我想了许多。按从事出版工作的经历及其对出版工作的贡献，翰伯同志的出版文集理应在《中国出版论丛》这套书中占有突出重要的地位。应当肯定，现已出版的《陈翰伯出版文集》，对翰伯同志各个时期的贡献是有一定反映的，从一些文章中可以感受到翰伯同志的思想和风格，很值得敬佩和学习。大家都肯定，新时期我国辞书出版取得了重大成就，翰伯同志是这项事业的主要领导者和组织者之一，在1974年、1975年期间，他积极支持陈原同志主持制订中外语文辞书10年规划，任国家出版局代局长后又全面推动辞书10年规划的实施，而对其中占有重要地位的《汉语大词典》、《辞源》(修订版)等辞书的编纂出版更是做出了突出的贡献，文集中收入的几篇有关文稿是同他在这方面的贡献相称的。我看了文集的后记，翰伯同志家属和有关同志是作了努力的，文集的不足有多方面的原因，也包括像我这样的人在编选过程中未能尽责，参与其事，所以我读文集也就自然地产生着负疚的心情。这使我回忆起翰伯同志的人品和文品，考虑向大家介绍些什么；这也使我思考为补文集的不足还应该做些什么。翰伯同志逝世已经8年了，就以此文作为我对翰伯同志的怀念和敬意吧！

翰伯同志的人品、文品和贡献

翰伯同志是我的老领导，又是我做出版工作的师长。1972年我来国家出版局(当时称“国务院出版口”)时，他在人民出版社分管编辑工作，随后调国家出版局先后协助徐光霄、石西民同志分管出版业务工作。那是“四人帮”时期。翰伯同志对问题有自己的是非观点，为人正直，不会奉承，在那种社会条件下，他也不可能事事直言，但对一些问题又难免流露出一些看法，所以常被抓住挨批。应当说1972年从文化部五七干校回京到1976年打倒"四人帮"，一有运动（其实那时天天在"运动"，我这里说的是借某一题目如"反回潮"掀起高潮），就作为批判对象，而"风头"一过，也基本上是"靠边站"着。打倒"四人帮"后，国家出现转机，出版战线出现转机，他的处境也出现转机。1977年5月后，他协助、支持新局长王匡同志拨乱反正，恢复出版。1978年7月，王匡同志调香港工作后，他任代局长，一直代到1982年机构改革出版局并入文化部。这期间，我作为局办公室主任除了平时他交办、我请示工作外，几乎每周一都向他综合汇报局机关前一周的工作情况，协助他安排新一周的主要工作。我是他的助手，他是我的领导。我敢说，他绝无领导者的官架子，更不喜欢别人，特别是下级对他的奉承、迎合。他是一位学有专长、学识渊博的学者，他精通新闻出版业务，是一位造诣深、业务精、经验丰富的新闻出版专家。我认为，对他来说，得到这样的称号并不是困难的，而最为宝贵的是他那忍辱轻荣、淡泊名利的人品，严谨求实、不尚空谈的学风和文风，就连对下属机关和负责人的请示报告的批示也不表现出官长的派头，深得人们的敬佩。我至今还常常想起，他主持国家出版局的工作达4年之久，最终都未去掉那个"代"字，而他却一直在兢兢业业地工作着，从未流露出一丝的怨言。他的组织领导能力并不很强，当面说他好话的人也不多，但他在干部中的威信是比较高的。在他从事新闻出版工作50年的时候，他的朋友也是他的学生高崧（当时任商务印书馆副总编辑，现已不在人世）写文章说他"除了最后一任当了国家出版局的代局长外，没有当过什么官。他青春办报，皓首出书，一生贡献于新闻出版事业。他是一个没有做过大官，却做了大事的共产党人"。而翰伯同志自己却十分谦逊又意志坚强，在《自拟小传》中说："1990年秋患病（病倒在青岛《汉语大词典》编纂工作会议上。——引者注),留下半身不遂的后遗症。我已告老,但尚未还乡,现在中国出版工作者协会看看摊子。入党那年,我20岁,是一匹驹。而今垂垂老矣,但愿还能作一匹骥吧。”是啊,老骥伏枥,志在千里,我之楷模,难以企及!

我同翰伯同志接触最多的时期,是1978~1982年他任国家出版局代局长的几年。这是以党的十一届三中全会为标志的我党我国发生历史性大转折的几年,也是出版事业发生大转折的几年。林彪、“四人帮”反党集团先后被粉碎了,但仍面临着他们极左路线造成的许多“后遗症”有待治理,同时也面临着许多我们不熟悉的新课题。面对这个历史转折关头,翰伯同志对工作的指导有一个准确而又简明的概括:“可以说,解放思想、拨乱反正是我们两年来各项工作的一条主线,并且贯穿在各项工作之中。”这一时期,翰伯同志对出版工作的贡献,也集中地表现如何驾驭这条主线上。我前面说文集对翰伯同志的贡献反映不够,应进行弥补的也主要是翰伯同志在那几年里是如何解放思想、拨乱反正、推动出版事业向前发展的。就让我从我所熟悉、参与的而文集又未收进的几篇文稿,未说清的几件事说起吧。

庐山少儿出版会上的解放思想拨乱反正

1978年10月在江西庐山召开全国少年儿童出版工作座谈会。当时,书荒严重,少儿读物更是一片荒芜,引起翰伯同志的严重忧虑。他认为没有粮食吃会饿死人,没有精神食粮吃同样会饿死人,害死人。这是10年“文革”造成的,解决问题也要从医治“文革”留下的“后遗症”做起。他形象地说:“‘四人帮’一举粉碎了,而肃清他们的流毒就不是一举、几举的事,而是要几十举、几百举。”他深感责任重大,下决心筹备这次会议。他在“文集”中《一件小礼品》这篇短文中说:“‘四人帮’的流毒无孔不入,在少儿读物这个领域也流毒很深,好像水银泻地,无孔不入。他们要在这个领域搞阶级斗争,还批判什么‘童心论’。符合儿童要求的都不要,要去搞阶级斗争。因此我感到有开一次会的必要,在少年儿童读物领域内拨乱反正,解放思想。这个会1978年10月在庐山开成了。”这是一次重要会议。如果说1977年12月王匡同志主持在北京召开的全国出版工作座谈会推倒反革命“两个估计”,是一次以解除压在出版单位和广大出版工作者头上的政治枷锁为主要内容的思想解放和拨乱反正,而翰伯同志1978年10月在庐山主持召开的全国少儿读物出版工作座谈会则是一次以突破出书内容和出书方针上的禁锢为主要内容的解放思想和拨乱反正,其影响又远远超出了少儿读物出版工作。

翰伯同志在会上作了题为“解放思想,勇闯禁区,迎接少儿读物繁花似锦的春天”的报告,号召出版界解放思想,敢闯禁区,不要怕鬼。他讲了《不怕鬼的故事》的《艾子》篇中的一段故事:一个小庙前有条小沟,有人过不去,就到庙里搬出木雕神像搭脚过沟。另一个人来了,认为这是亵渎神灵,诚惶诚恐地又把神像搬回庙里放好。晚上,小鬼们纷纷议论,说是应该狠狠地惩罚前面那个人。大鬼却说,只能惩罚后面那个人,因为前面那个人根本不相信我们,怎么惩罚他。翰伯同志引申说,“四人帮”也是鬼,如果我们相信鬼,就会怕鬼;不相信鬼,就不怕鬼。

翰伯同志又从思想、理论、历史等多种角度反复强调要解放思想,敢闯禁区。他指出:一百多年前,马克思主义创立时,资本主义是一大禁区,《共产党宣言》就是宣布要闯这个大禁区。五十多年前,毛主席建立中国共产党,就是要闯禁区,最后把蒋介石统治的大禁区冲破了。我们在江西开会,江西的南昌起义就是闯禁区。现在要继续革命,非有这个精神不可。他还强调要突破人道主义这一大禁区,说最近几年,由于“四人帮”的破坏,“人道”少了,“武道”多了,动不动就捅刀子。要讲阶级分析,但完全抹掉人性、人道主义是不行的。他呼吁从讲母爱、爱人类、不重视传统道德以及儿童文艺理论等问题上打破禁区，这样我们就会从狭隘的走廊走到广阔的原野上去，为少年儿童写出更多更好的作品。

1978 年 10 月召开的这次会议制订了 3 年重点少儿读物出版规划，1979 年“六一”儿童节前出版 1000 种，3 年内为孩子们出版 29 套丛书，而执行的结果远远超出了所订的规划，当时规划的有些品种至今还是不断再版的高质量的畅销书。1978 年 12 月 21 日，国务院批转了国家出版局等部门贯彻这次会议精神所写的报告。应当说，我国现今每年出版少儿读物达 4000 种，内容丰富多彩，质量不断提高，是始于 1978 年的庐山少儿读物会议，而此次会议对整个出版领域的解放思想、拨乱反正所起的积极影响也是不可低估的。

明确全党工作重点转移后出版工作的主要任务

为贯彻十一届三中全会决定把全党工作的着重点转移到社会主义现代化建设上来，在翰伯同志主持下，国家出版局党组于 1979 年 3～5 月间连续召开十多次党组扩大会议，讨论出版工作如何适应我们国家这一伟大的历史性转折。我出席了这次会议，并参与会议文件的起草工作，我认为这次党组扩大会议十分重要，会议的结果集中地反映在翰伯同志 1979 年 5 月 9 日在直属单位领导干部会议的讲话中。

会议首先回顾和评估了粉碎“四人帮”以来拨乱反正的过程。翰伯同志指出，1977 年 12 月北京出版工作会议推倒了林彪、“四人帮”强加给出版界的反革命“两个估计”，明确了“17 年”出版工作毛主席的革命路线占主导地位，但是留了一个尾巴，认为有刘少奇黑线的干扰破坏；后来随着一些历史问题的解决，割掉了这个尾巴，在出版工作中同样不存在这条黑线，这样就把林彪、“四人帮”

颠倒了的历史完全颠倒过来了。“17 年”的问题明确了,还有一个对“文革”10 年工作怎么看的问题,开头还笼统地肯定这 10 年的出版工作毛主席革命路线占主导地位,却提不出充分的论据,现在对此还有不同的提法,但有一点是明确的,这就是 10 年的出版工作遭受了一次前所未有的大破坏。这样就可以使我们更坚决地去消除林彪、“四人帮”给出版工作造成的危害。

会议对林彪、“四人帮”的路线到底是“左”还是右的讨论,也取得了统一的认识。翰伯同志明确指出,林彪、“四人帮”推行的是一条反马列主义、反毛泽东思想的极左路线,并对出版工作造成了严重危害。明确这一点,对于我们端正思想路线,彻底肃清林彪、“四人帮”的流毒,意义是十分重大的。事实上,我们这两年的拨乱反正,特别是在落实人的政策和书的政策上所取得的成果,都是同批了“极左”分不开的。对林彪、“四人帮”的路线是“左”还是右的问题,我完全赞成翰伯同志和党组其他同志的意见,现在看来这早已不成为问题了,而在当时是有不同意见的。我记得,我在会上发言时讲,拨乱反正,乱源在“左”;拨乱反正,实际上就是拨“左”反正。翰伯同志赞成这个提法,并同意写进会议文件。

会议指出,出版部门的解放思想,拨乱反正,既没有过头,更不能认为已经完成了。会议批驳了说社会上出现的错误思潮是解放思想造成的论点,指出当前存在的主要问题还是思想上的僵化、半僵化。翰伯同志强调指出:“应该看到在出版工作中这种‘左’的错误倾向,仍然是我们解放思想的主要障碍。所以,我们还要继续着重反对这种‘左’的错误倾向,同时注意反对右的错误倾向,即否定四项基本原则的错误思潮。”

会议对全党工作重点转移后出版工作的主要任务的问题,着重进行了讨论,并根据历史上正反两方面的经验做出了正确的结论。我根据会议的讨论,对这个问题做了概括,并写入翰伯同志 5 月 9 日的讲话,指出:我们确定出版工作的任务,要根据党在一个历史时期的总任务,同时也要考虑出版工作的特点和规律。否则,各行各业就没有区别了。出版是生产精神产品的,而书籍这种精神产品又与其他精神产品如报刊、新闻、戏剧等有所不同。书,要系统地介绍各种知识,供人们长期使用,从写作到出版都需要有较长的时间,没有报刊文章来得这么快。书,又有多种门类,有宣传党的路线、政策、方针的,有提供比较稳定的知识的,有作为文化积累的,有作为工具查阅的,有作为科学研究用的,有为了丰富文化生活的,也有为了提供反面材料的。办出版社与办报刊不同。有的书要努力配合党的当前政治任务,但要注意讲究实效,避免重复浪费,更不能随意把报刊文章剪贴拼凑成书。由于书有各种门类,要求和作用不同,不能都像报刊那样去直接配合当前政治任务。政治宣传可以舆论一律,学术理论著作则要百家争鸣,而不能舆论一律。多年来,由于忽视或违背书籍的特点,在出版与政治的关系上造成了混乱。这种现象再也不能继续下去了。我们考虑,全党工作着重点转移后,出版工作的主要任务是不是可以这样提:"坚持百花齐放、百家争鸣的方针,通过不断地提高出版物的质量和增加新书的品种,完整地准确地宣传马列主义、毛泽东思想的科学体系,广泛地传播科学文化知识,为提高整个中华民族的科学文化水平,为社会主义现代化建设服务。""这是一个总的要求,由于分工不同,各出版社要有自己的出书重点,不能把为现代化服务一律化。"

会议还讨论了切实提高图书质量的问题。翰伯同志指出:过去我们常说,要多出书,快出书,出好书。这当然是不错的。但是,当前要把提高出版物的质量放在第一位。现在,主要是书少,供不应求,同时也出现了一些重复浪费现象。这就是大家所说的缺和滥。为了解决"缺"的问题,需要增加品种和印数,但是,如果品种和印数增加了,而质量不高,或者重复浪费,粗制滥造,读者买不到他们所需要的书,"缺"的问题仍然解决不了。所以,关键还是要提高出版物的质量。如果能做到又多又好,那当然很好,如果多而不好，那就宁可少些，但要好些。要在保证质量的前提下，来考虑增加品种和印数。同时采取坚决的措施，削减可出可不出的书，反对、杜绝重复浪费和粗制滥造，把有限的纸张和印刷力用到出版真正需要的有较高质量的图书上。写到这里，我认为，关于新时期出版工作的任务，关于图书出版的数量与质量的关系等问题，早在1979 年的这次党组扩大会议上就基本讲清楚了，以后也不断地加以强调，回顾历史，在这个重大问题上，国家出版管理机关一直是明确的，在指导思想上不存在重数量轻质量的问题。

对“长沙会议”的重要贡献

1979 年 12 月，翰伯同志主持召开的全国出版工作座谈会（后来人们简称为“长沙会议”）是一次有重要意义和深远影响的会议。今天，人们谈起这次会议的贡献主要是说为地方出版社确定了“立足本地、面向全国”的方针。我作为这次会议的秘书长参与了会议的有关工作，至今还清楚地记得，当时是把提高书籍质量作为这次会议的中心议题，并围绕这个中心，起草了几个文件，提交会议讨论。这当然是正确的，必要的。但会议讨论最热烈并产生深远影响的却是关于地方出版社工作方针问题，即是否要以“立足本省（后来改为立足本地）、面向全国”的方针代替“地方化、群众化、通俗化”三化方针问题，这就表明客观形势的发展使这个问题成为必须解决的重要的紧迫问题，而解决这个问题的条件也已成熟了。

1979 年底的中国出版界是个什么形势呢？翰伯同志在 12 月11 日长沙会议全体会上讲话时指出：近 3 年是解放思想、拨乱反正的 3 年。1977 年的出版工作座谈会上，我们推倒了“四人帮”的两个反革命“估计”。那次会后，特别是党的十一届三中全会后，出版工作出现转折，不仅突破了“四人帮”设置的禁区，有些“17

年”不敢触动的问题也有所突破。成绩很大。图书品种增加，重大门类的供应有所缓和，特别是科技书籍成绩显著。恢复和建立了出版机构。整顿、充实了出版队伍。增加了同国外交往，开始了同国外合作出书。翰伯同志还强调，最重要的是解放思想。总结过去，展望未来，都靠解放思想。要以十一届三中全会为指针，在碰到问题、解决问题时，不能等待别人提供现成结论。这是领导的职责。要敢于领导，敢于负责，不要怕人家说“长官意志”就成了“无意志的长官”。翰伯同志准确地阐述了长沙会议前后的形势：在十一届三中全会精神指引下，出版界解放思想已经达到这样一个水平，不仅敢于突破“四人帮”设置的禁区，而且也敢于突破“17 年”中形成的妨碍出版事业发展的条条框框，包括实行多年的方针政策。这就是我在前面提到的客观形势的发展已经具备了调整地方出版社工作方针的基本条件的含义。

然而，长沙会议上对是否调整地方出版工作方针存在两种不同的意见。地方出版社出书执行“地方化、群众化、通俗化”方针是 50 年代中央有关领导部门决定的。1958 年和 1963 年的两次全国出版工作会议又重申过这个方针。主张调整地方出版工作方针的同志，也肯定过去执行“三化”方针是必要的，但强调在改革开放的新时期再念“三化”这本“经”，就是画地为牢、画省为牢，束缚地方出版社的积极性。科学文化知识没有国界，更没有省界，今天还固守“三化”，就是思想僵化。他们主张解放地方出版生产力，同京沪两地出版社展开竞争，这才有利于增强整个出版界的活力，多出好书，满足读者需要。反对调整这个方针的同志则强调地方出版社今天出书也需要贯彻“三化”的精神，并且指出原来京沪两地出版社出书面向全国还经常发生矛盾，如果地方出版社都面向全国就会“天下大乱”。主持这次会议的翰伯同志坚持解放思想，顺应历史发展，实践了他自己所说的，不要怕人家说“长官意志”就变成了“无意志的长官”，敢于领导，敢于负责，坚决支持调整地方出版社的工作方针。他说:地方出版社的同志要求立足本省、面向全国或兼顾全国,可以试行。地方出版社出书不受“三化”限制。当然,首先要满足本省读者的需要,要发挥本省写作力量的积极性。他还说:要充分发挥中央和地方出版社两个积极性,目前要特别注意发挥地方出版社的积极性,同时要树立全国一盘棋的思想。对于会议讨论中提出的也是持两种不同意见的同志都关心的中央与地方出版社的关系问题,翰伯同志明确指出:中央一级出版社力量比较雄厚,有责任帮助地方出版社。中央出版社同地方出版社是兄弟关系,同志关系,要相互支持。提倡各出版社之间开展社会主义竞赛,提倡有矛盾协商解决。

关于地方出版社“立足本地、面向全国”方针的确立,是翰伯同志和国家出版局党组对新时期出版事业发展做出的有深远影响的重大决策,而归根到底这也是出版界实践党的十一届三中全会路线的重要成果。实践证明,解放地方出版生产力,促进全国出版事业繁荣发展,这是长沙会议所做出的重大贡献。而长沙会议的意义又不止于此。这次会议为了提高图书质量决定分类制订重点图书出版规划,对新时期出版工作基本任务的进一步明确,解决印刷落后和纸张不足而做出的努力(翰伯同志说对压着我们的这两座“大山”不能坐困愁城而要挖山不止),都对出版事业的发展起了积极的作用。

对出版自由的思考

1980 年 10 月 9 日,遵照乔木同志提出的题目,以波兰事件为殷鉴,我协助翰伯同志写了《如何保障宪法规定的出版自由》的建议(以下简称“建议”)。

“建议”首先指出,就出版工作而言,容易引起矛盾的,主要是如何正确解决出版自由的问题。

"建议"回顾说,我国宪法规定公民有出版自由。建国 30 年来,我们主要是强调"舆论一律",没有认真实行出版自由。后来虽有"百花齐放、百家争鸣"政策,但出版自由仍然未能妥善实行。10 年动乱时期,出版自由完全成为徒托空言。近年来,随着民主的进程,出版自由的呼声和要求多了起来。处理这个问题的总的原则,应当是实行出版自由要有利于安定团结和教育大多数群众,孤立和打击极少数。就是说,要使大多数人的正当的出版要求得到保证,使极少数人闹不起来,即或闹一阵子,也不至于造成社会动乱。

"建议"提出如下的一些意见:

一、切实改善党和政府对出版工作的领导和管理,认真办好现有的出版物(刊物和图书)。对这些出版物,要适当放宽尺度,除了违反宪法(以及各种法律)、违反国家基本政策以及诽谤、荒诞的东西之外,一般不用行政手段限制其出版,真正做到不同思想、理论、学派都有充分发表其著作和作品的机会,使这些出版物既成为党的宣传舆论的工具,又是人民群众发扬社会主义民主和发展科学文化的园地。就是说,要通过办好这些出版物,逐步使人民群众的出版要求得到适当的满足。对有问题的出版物,要采取讨论的方法,一般不要进行行政干涉。对确有严重政治问题的出版物,必须采取行政手段时,也要妥善处置,力求作到既能保障出版自由,又能防止流毒扩散。虽然少数人难免不满,但多数人拥护、同情就不至于失掉人心。

二、允许确有需要又有条件的部分机关、团体、学校、科研单位办出版社、办刊物(不以赢利为目的),为各方面的专业工作者和人民群众增加一些发表自己的研究、创作成果和主张的园地。这不仅有利于发展科学文化,也有利于人民内部实行和发展在思想、理论、学术上的民主。

三、在认真做好上述两方面工作的同时,是否可以考虑在适当的时候有条件的允许人民群众自办出版社、自办刊物。要明确政治上文责自负，经济上自负盈亏。如果党和政府在执行政策和管理方面都能作到妥善无误，而办刊物或出版社的人又能顾大局、识大体，以人民利益为重，当可避免或减少造成危害。

“建议”提出，为了实行宪法规定的言论自由和出版自由，需要制定一部出版法或新闻出版法。

目前，世界各国的宪法大都写有出版自由，而多数国家实际上并没有真正或很少做到出版自由。那些统治经验比较丰富、政权比较巩固的老牌资本主义国家，有一套比较完整的资产阶级民主制度，出版自由的调子高一些，但也是通过各种法律手段和其他办法进行限制，以有利于资产阶级的统治。社会主义制度的历史较短，我们取得全国政权后，由于工作上的失误和敌人的破坏，社会主义民主制度不够完善。出版自由的问题长期没有得到妥善解决，就是一种表现。出版方面，以波兰事件引为殷鉴，就要求我们从我国的实际情况出发，适当参考资产阶级民主的某些经验和方法，探索并逐步形成一套实行社会主义出版自由的制度。因此，应当立即着手进行调查研究，制定我国的出版法或新闻出版法，使宪法规定的出版自由得以正确地贯彻执行。现已草拟的著作权法代替不了出版法，因为它主要是解决我国内部和我国与外国的版权关系，即出版方面的财产关系问题，以从物质利益上调动和保护各方面的积极性，为人民服务，为社会主义服务；而出版法则主要是解决我国社会内部的政治关系和社会关系问题，以利于从政治上、思想上团结和争取大多数，长久保持安定团结的局面。

此“建议”中的观点和主张，是像翰伯同志这样一位久经考验的老共产党员，或许还可以加上我这个比他年轻许多又不够成熟的共产党员，站在自身的岗位上，出于维护几代革命前辈为之奋斗在中国业已建立的社会主义制度的思考，不能说这思考都是正确的，但可以说态度是严肃的，那颗心是忠诚的。

对精神文明建设与出版工作的精辟论述

1982年，在中共十二大之后，我曾在《出版工作》上看到，原陈翰伯同志的秘书徐世平同志以本刊记者的身份，对十二大代表、当时的中国出版工作者协会主席陈翰伯同志的访问记，对其中谈论精神文明建设与出版工作的内容还有些印象。我翻阅《陈翰伯出版文集》发现竟未收此文，便找出阅读，翰伯同志对这个问题所论之精辟、深刻及其现实意义，使我不能不在这里介绍出来。

翰伯同志说，党的十二大提出了在建设高度的物质文明的同时，要努力建设高度的社会主义精神文明，这是一项重大的战略方针。我们知道，无产阶级的革命导师马克思、恩格斯、列宁对于进行社会主义建设有一系列精辟的论述，但是把社会主义建设高度地概括成物质文明建设和精神文明建设这两个方面，并且科学地阐明了物质文明建设和精神文明建设的辩证关系，这是我党在经历了历史的挫折和总结了历史经验的基础上第一次提出来的，是对马克思主义的重大发展。认真领会和贯彻十二大提出的这一重大的战略方针，对于搞好出版工作，具有十分重要的意义。

关于出版工作在精神文明建设中的地位和作用问题，翰伯同志说，精神文明的范围很广，包括社会心理、政治思想、道德风尚和科技、文化、艺术、教育、卫生等各个方面。而精神文明建设的各个方面，都离不开出版工作，都与出版工作有密切的联系。从古希腊的荷马史诗到文艺复兴时期创立的资本主义新文化，从先秦的诸子百家学说到五四时期马克思主义在中国的传播，这些标志人类进步的思想建设和文化建设的优秀成果，大都是通过出版物的形式来积累、传播和发展的。因此，可以说，出版工作既是精神文明建设的重要组成部分，又是精神文明建设的重要保证条件。离开了出版工作，许多脍炙人口的传世佳作就难以同读者见面，建设精神文明就会成为一句空话。我们必须重视和加强出版工作,把出版工作摆到建设精神文明应有的重要位置上。

翰伯同志进一步说,任何一种社会形态,任何一种社会制度,都有自己的精神文明。在生产资料原始公社公有制的原始社会中,限于氏族、部落范围的、朴素的集体主义思想,是原始社会精神文明的核心,起着维护原始公社氏族、部落制度的作用。在奴隶主阶级占有生产资料和奴隶的奴隶社会中,宣扬原始的宗教迷信思想和“上帝”、“天命”说,是奴隶社会精神文明的核心,起着欺骗奴隶阶级,使之绝对服从奴隶主阶级的统治的作用。在基本的生产资料即土地由地主私人占有的封建社会中,欧洲的基督教神学和中国的“三纲五常”,是封建社会精神文明的核心,是维护封建统治的精神支柱。在生产资料资本家私人占有的资本主义社会中,在“自由”、“平等”、“博爱”和“财产私有”的口号下,宣扬利己主义和个人主义,是资本主义精神文明的核心,这也正是资本家剥削工人,积累、积聚和集中资本的必然要求。与建立在生产资料原始公社公有制的原始社会的精神文明根本不同,与建立在生产资料私有制基础上的奴隶社会、封建社会和资本主义社会的精神文明根本不同,社会主义精神文明是建立在生产资料社会主义公有制的基础上的,它体现着无产阶级和全体劳动人民在经济利益一致的基础上日益形成的共同的理想、信念、道德、纪律、情操和高尚的劳动态度、生活方式、审美情趣,是以共产主义思想为核心的。因此,社会主义精神文明是社会主义的一个重要特征,是社会主义制度优越性的一个重要表现,它对社会主义物质文明的建设不但起巨大的推动作用,而且保证它的正确的发展方向。没有以共产主义思想为核心的社会主义精神文明,就会像胡耀邦同志在十二大报告中说的那样,“我们的社会主义就会失去理想和目标,失去精神的动力和意志,就不能抵制各种腐化因素的侵袭,甚至会走上畸形发展和变质的邪路”。建设以共产主义思想为核心的社会主义精神文明，要求我们的出版工作也必须有一个相应的和相称的发展，以此来推动社会主义现代化事业的前进。这也就是说，我们的出版工作必须具有社会主义性质，必须坚持社会主义方向，必须体现社会主义特点。只有这样，才能使我们的出版工作真正成为建设社会主义精神文明的重要组成部分，真正担负起培养和造就具有社会主义思想觉悟和各种科学文化知识的一代新人，开创和发展具有高度文明和高度民主的一代新风的重要使命。

为了加强精神文明建设，翰伯同志对出版工作提出了明确的要求。他说：我们的出版工作应当成为用先进的共产主义思想和科学文化知识引导人们前进的重要精神力量，而绝不能成为个人或集团的赚钱工具。在我们社会主义国家，出版物的真正价值并不在于它的市场价值，而在于它的精神价值。这种精神价值，对于人们的思想感情、道德情操、知识素养、审美情趣及整个精神面貌，应当是有益的而不是有害的，起着积极作用而不是起着消极作用，目的是要把我们的人民，特别是青少年一代教育和组织成为有理想、有道德、有文化、守纪律的人民。当前，建设以共产主义思想为核心的社会主义精神文明，要求我们必须坚持为人民服务、为社会主义服务的方向，正确发挥出版工作在社会主义现代化事业中的作用，为人民提供更多更好的精神食粮。我认为，对于有说服力地阐述四项基本原则，深入地宣传社会主义和共产主义的理想、信念、道德、情操和高尚的劳动态度、生活方式、审美情趣，广泛地传播一切有利于社会主义建设的科学技术和文化知识的图书，都要摆到优先出版的位置上。而对于那些有低级、下流、庸俗、腐朽、黄色和反动内容的图书，对于那些毒害人们的心灵，腐蚀人们的性情，无益于社会风尚的健康和完善的图书，都是属于“文化走私”、“精神污染”一类的东西，则坚决不能给予出版。在出版工作中，不能不承认存在着经济效果和社会效果的问题。我们的原则是，兼顾图书的经济效果和社会效果，但在两者发生矛盾时，经济效果应当服从社会效果。这是我们必须正确对待和严肃处理的一个重要问题。

写到这里，限于篇幅（实际已经是个长篇了），对翰伯同志的思想和贡献只能介绍到此了，尽管我还有一些可以写出的资料。我不能说我的介绍是充分的，但我可以说我是怀着对翰伯同志深厚感情并且一连几天日夜不停才写出的。这或许可以缓解一些我的负疚的心情。如果有机会，或者创造一个机会，我愿意为更全面地向读者介绍翰伯同志对出版事业的贡献再做努力。

选自《宋木文出版文集》，中国书籍出版社 1996 年

忆商务印书馆的陈翰伯时期

汪家熔

商务印书馆同仁对商务的历史有一个按主持人姓名为阶段的分期习惯。一般说一位主持人主持时间稍长，同仁就这样称呼。如夏瑞芳时期、张元济时期、王云五时期。沿袭下来，人们称陈翰伯主持商务工作的时候，称之为陈翰伯时期。从 1958 年商务恢复独立建制起到"文化大革命"开始。尽管在"文革"开始前已经由汝晓钟主持，而且前后有五六年之久，同志们习惯上不以他姓名称"时期"而称"时候"。而 1965 ~ 1966 年习惯称陈翰伯时期。

1954 年年初，商务印书馆公私合营时和高教部教材编审处组成高等教育出版社。同时保留商务的招牌。除以高教出版社出版高校教学用书外，继续以商务名义出版古籍、科技及工具书。但不必讳言，以商务招牌出的书比较少。

第一个五年计划开始后，中央认为，由于中国资产阶级的不够强大，在旧民主主义革命时期，本来应该由中国资产阶级完成的

事，很多没有做，或没有完成。例如介绍世界古典的和近代的思想、著作，他们只做了一点，没有完成。作为一种思想资料，资产阶级的，特别在其上升时期的思想、学说，无产阶级是应该知道的。既然资产阶级没有做完，无产阶级现在只能自己做。这事由中共中央宣传部主持。时在1954年，作为一件大事，列入了国家计划。当时出版工作行政上由文化部出版事业管理局负责，局直接管的几个出版社中，三联书店最合适做这件事。所以中宣部副部长周扬、文化部党组书记钱俊瑞分别找三联书店负责人陈原同志，告诉他这件事。周扬说，他们（资产阶级）没有完成，我们现在来“补课”。他们二位要三联作出一个规划。与此同时，胡乔木主持了一个会。徐特立也参加了会议，并讲了话。会议决定，外国学术著作的出版由三联书店负责。由三联书店编辑部重新建立一个编辑机构，负责两件事。一项任务就是翻译出版这些外国学术著作；一项任务是挑选1949年以前出版过的这类书中比较优秀的重新加以出版。二项任务是有交叉的。因为有些1949年前出版过的较优秀的翻译著作也可纳入翻译世界学术著作规划里面。这是个很大的任务，绝非当时三联书店的规模所能承受，所以文化部决定由三联书店牵头，由全国9个有关出版社一起来搞。比方说法律出版社搞法律著作，科学出版社搞科学理论著作，等等①。商务印书馆也在这9家之中。因为1949年前商务是这方面出版最多的，其《汉译世界名著丛书》在学术界是很有好评的。

三联书店由陈原同志主持，由史枚具体操作，访问、请教了社会科学界各部门的专家学者，最后汇总成一份《翻译世界学术著作规划》，收书一千六百多种。其中极小一部分分别由其余8家认去负责组织人翻译。但1954年后意识形态领域发生了多次重大的斗争、批判，这件事不能不受到影响。另外，这些任务由多个出版社分担，每个社都有它自身的主要任务，这些“外加”的自然处于各社的二线。一两年后出书极少，觉得这样旷日持久，总非办法。

到 1956 年 2 月，中央“双百”方针确定后，中共中央宣传部有一系列贯彻的措施。最早陆定一作《百花齐放、百家争鸣》的报告。他结合周恩来总理关于知识分子问题的报告，指出，“要使文学艺术和科学工作得到繁荣的发展，必须采取‘百花齐放、百家争鸣’的方针”②。应该说中宣部对“双百”方针的贯彻的考虑，包括了西方学术著作的翻译出版工作。

虽然后来基本上独力承担这项翻译工作的商务是在 1958 年 4 月才独立建制，但中宣部和文化部的方案在 1956 年下半年就已确定，并付诸实施。中间因“反右”而有所中断。

定了翻译西方理论著作的方针后，理论著作就要有个通盘考虑。有三类。一类马克思主义，由人民出版社出版；一类马克思主义各流派，由三联书店出版；一类西方，或说非马克思主义，交给商务比较合适。③当时“自‘百花齐放、百家争鸣’方针发布后，中央负责同志曾指示，应设法更多地发挥商务印书馆的作用，以适应学术界需要”④。这是顺理成章的事。商务建制独立要有一批干部。而商务在建国前几年，出新书极少，总部编辑相应也很少。高教社有一批编辑，但都是理工科的人才。当时文化部直属出版社还有一个时代出版社。建国初确定的任务是介绍苏联和出版俄语词典、读物，以和“学习苏联”的方针相适应。到 1954 年已觉得没有什么书好出。1955 年全行业公私合营，私营 50 年代出版社因其以往出版俄语读物，归入时代。时代的外语人才很多而缺少任务，1956 年初时代社搬到百万庄和外文出版社合建的新楼。仍然是两家，时代的任务和外文社相反，外文社的书出口，而时代社供国内读者用外语读物和外语词典。1956 年秋末，宣布时代社不再作为独立机构，人员一部分到外文出版社，一部分到高教；出书仍用时代社名。到高教的由郭敬同志带队。虽未宣布，但去的人都知道此行是为重组商务印书馆。因而有要求更动的，我就是其中之一。

整风、“反右”，商务的重组计划就挪后了。“反右”结束，有一个干部下放当“新农民”的事。高教社下放的人一部分跟高教部到东北，一部分跟文化部到江苏。去东北的是原属高教部的，而去江苏的是原商务和时代调去的。而在外文的时代人员下放的和高教的一起编队到江苏。应该说此时已决定时代全建制进入商务。

而时代社并入商务的组织文件是在1958年2月5日才形成的。那时文化部党组给中共中央宣传部关于商务印书馆、中华书局改组及公方董事、主要负责干部配备的请示报告。其中关于商务印书馆的如下:“商务印书馆于1954年实行公私合营，改组为高等教育出版社，同时保留了商务印书馆的牌子，担负高等学校、中等专业学校各科教学用书和原由商务印书馆出版的古籍、科技及工具书等书籍的编辑出版任务。……当时因商务印书馆……在解放后无专业出版方向，这样明确它们的专业出版任务是正确的。现在为了更好地贯彻执行党的‘百花齐放、百家争鸣’方针，考虑到商务印书馆……原有的历史特点，使它更便于发挥在人民出版事业中应有的作用，经商得高等教育部……同意，将高等教育出版社和商务印书馆分立为两个独立的出版社……商务印书馆由文化部领导……以翻译资本主义国家的哲学、社会科学、自然科学方面的著作为主，并出版中外文的语文辞书。将时代出版社并入商务印书馆，撤销时代出版社名义。”⑤董事会中的公方董事原有高教部人员，现全为文化部人员。文件提出商务领导干部:总经理郭敬，总编辑陈翰伯。副总经理俞寰澄，副总编辑刘泽荣。郭敬同志不久就调离商务到北京市工作，所遗总经理一职由陈翰伯担任:陈翰伯为总经理兼总编辑。但商务同仁印象中都没有总经理而认为他仍仅是总编辑。刘泽荣在外交部有职务，原在时代时只管俄华词典，到商务后仍如此。俞寰澄年事已高，在高教时已不视事。所以商务从1958年底以前，社级领导就陈翰伯一位。

文化部2月的请示报告经中宣部转报，至3月初经书记处邓小平、彭真审阅同意。陈原同志1994年在商务规划会上说，3月，中央书记处批准商务重新建制的计划，3月上旬他带了中央的批件去请陈翰伯同志接手办这事⑥。所以由陈原同志去传达，不仅他是文化部出版局领导，而且他们二位在建国前就很熟悉，都在白区从事党的文字工作。

上级给商务的任务是翻译资本主义国家的哲学、社会科学、自然科学方面的著作为主，并出版中外文的语文辞书。两项任务中后者商务一直没有停止过，时代社也一直没停过，两面人员、选题、编著者合在一起，轻车熟路。而翻译，问题就多得很。商务在30年代上半期，虽说汉译名著出得很多，“但选书标准不一，内容不精”⑦。而且编辑人员很少，此后八年抗战、三年解放战争，它的编辑人员出得多，进得少，所剩无几。时代社虽说有近二十年翻译出版的历史，但都译自俄文，它有一批熟练的俄文译者和编辑。虽然其中不乏除俄语外还精通英、德、法、日各语种的，但合起来，和所担任务相比较，就显得不够。而可以担任这项翻译任务的译者，已多年失去联系，所以在陈翰伯面前，有两个巨大的铺摊子的任务：首先原有编辑要熟悉新的任务，再要补充一大批编辑；其次要组织一支高水准的译者队伍，才能担任这项任务。1959年4月13日，中共上海市委宣传部帮助陈翰伯召开了一个座谈会，会上华东师大徐怀启教授谈到商务要承担的任务之难，他说：“这个任务最麻烦。我审了一本伏尔泰的书(译稿)，伏尔泰讲英国，用的是法文。艰难。改起来很不好办。”⑧徐教授讲的可能就是后来上海人民出版社出版的伏尔泰的《哲学通信》。在这本薄薄小册子里，伏尔泰批判法国笛卡尔，宣扬英国洛克的经验哲学，推崇英国的政治制度、商业和文学，还向法国人介绍莎士比亚。可见这类书翻译时必须具有的知识将多么广泛。面临如此艰难任务，商务白手起家，谈何容易。

陈翰伯燕大新闻系毕业，“一二·九”运动骨干，毕业后一直在党的领导下从事新闻工作。“陈翰伯曾把自己的经历概括成八个字:‘青春办报,皓首出书。’……先后在张学良将军所办的《西京日报》,杨虎城将军所办的《西北文化报》,成都《新民报》、全民通讯社,重庆《时事新报》、《新民晚报》,上海《联合晚报》等,或任编辑、副总编辑、总编辑,或长主笔,撰写社论。1949 年,他任新华通讯总社编委兼国际部主任,旋调任该社新闻训练班主任。此班后来转隶新闻总署,改名北京新闻学校,他任副校长,主持校务。1951 年学校结束,他调中共中央宣传部,主持中宣部干部训练班的工作。班主任为胡乔木,他是秘书长,主持实际工作。1953 年,他任中宣部理论宣传处副处长,具体主持理论刊物《学习》杂志。到 1958 年春调商务印书馆,其时他 44 岁,正值壮年,步入他自己所谓‘皓首出书’的过程。”⑨

从当时商务的实际出发,陈翰伯以多年从事新闻工作,善于跟人打交道的“职业能耐”到处求助。

首先求自己。对于要翻译的外国哲学、社会科学著作,大部分编辑同志,包括陈翰伯自己说,都比较陌生。陈翰伯“想了个主意:读四史。这四史我指的是‘洋’四史:世界通史,西方哲学史,经济学说史,政治思想史。我立刻啃起这几本书来了。我这么啃,竟然带动编辑部的同志也都啃起来,对以后大家熟悉业务,倒是起了点作用”⑩。

其次求助于学术界。在北京他“到北京大学、人民大学几个有关系里向一些学者、专家请教,如贺麟、郑昕、洪谦、苗力田等同志”⑪。1959 年 4 月在上海有一次经济学界的会议。有上海、天津、山东、安徽、武汉、厦门、广州、西安等地的学者参加。陈翰伯赶去进行会外活动,访问各位学者。他在题为《上海杂记》的笔记本里记录了一些线索。其“上海工作初步计划”写道:“复旦大学哲学系,经济系,马列主义,法律,历史,中国文学系,外国语系。华东师大中文、外文,社会科学各系。社会科学院社会科学各系。外国语学院有一个翻译室。”[12]4 月 8 日晚“未完事项排队”有：“本楼：姚耐、王亚南、李铁民；访问：华东师大常溪萍、社会科学院曹未风、宋原放、孙立功；开会：市委宣传部、董事、写稿人。”[13]从本子上记录访问内容的有：复旦大学，武汉大学的张福秋，南开的谷书党，上海人民出版社副总编辑巢峰、上社翻译室邱正衡，复大外文系，上海发行所孙立功，王亚南，朱剑农，曹未风，上海文史馆，外国社科论文文摘社周熙良。这是 4 月 7 日至 13 日上午的活动。13 日下午就是市委宣传部为他组织的会。又去拜访杭大外语系蒋忠全、地理系徐松年、历史系胡玉堂，以及文化局许钦文等人。这些自然都是为请教。

又有一个判断是 1962 年的记录本。共有 40 页，是在北大访问，计划访问哲、经、政、法、史、中文、地理各系共 24 位，实际访问了 21 位。

这些访问，说明商务从陈翰伯开始就把与学术界广泛联系、依靠学术界的支持作为自己的方针。使商务和学术界有了一定联系，或得到建议，或得到忠告，或得到了推荐的译者。用“开门办社”解决自力不足。这不是权宜之计，而是方针，几十年没变。独立建制后不久，原有编辑对业务很快就熟悉，熟悉此项业务的新编辑有所调入。但依靠外力、开门办社的方针始终不变。

得到外力帮助得益最大的是选题计划。虽然有具体由史枚组织制定的一千六百多种书的规划，但那是一个庞大的数字，变成可以操作，还得有个过程，即制订中期、短期的选题计划。哪些书可以晚些，哪些书应该早些译出，这中间学问很大。编辑部一开始就由几位骨干拿了这 1600 种书目（因为封面是蓝色的，我们通称它为“蓝皮书”）到处找人讨教，哪些先出，为什么，请谁译最合适。然后编出了第一份自己的选题。那“蓝皮书”原来仅是中文，也不知版本，不便于工作，同时由二位编辑到北图、北大等图书馆进行将大书单“还原”成原文的工作。出力最多的是由中华书局调来的沈迈行先生。

翻译西方的学术著作，应放在“外为中用”的方针上。经过向各方面专家请教，选题的重点落实在有关马克思主义三个来源上。即“德国古典哲学、英国古典政治经济学、同法国一般革命学说相连的法国社会主义”[14]。这些都是资产阶级上升时期的理论，具有一定的反封建的积极意义，而且马克思、恩格斯正是在批判这些学说的基础上产生了马克思主义，这些中译本的出版将有助于对马克思主义的理解，于我国的革命、建设事业有直接帮助。正是广大馆外专家帮助把住了方向，虽然后来“年年讲、月月讲”，其他出版社的书常被“关注”，商务的出书很少遇到麻烦。“文革”中也仅限于提供给中央理论小组用的书被“批判”。

方针确定后，接着是人员问题。原有人员远不够用。要调进人是极难，正值大跃进，百事俱兴，个个单位缺人。陈翰伯靠个人面子，在中科院社会科学部、北京大学，要了些人。当时有很多所谓“右派”，这批人才或蒙冤，或在农村劳动，或用非所长等同闲置。陈翰伯不怕牵连，派人事干部出去调来。人员逐渐充实。

商务对干部注意培养。如前面讲陈翰伯提倡读“四史”外，规定编辑每月要填读书表，互相传阅，交流读书情况，且有一定促进作用。再就是“练笔”，提倡写作。一位编辑自己笔头不硬，很难改好别人文字。一种是工作简报；一种是单项总结，人人参加。1961年《外国历史小丛书》上马，鼓励大家认选题，作为提高干部的方法之一。最早设序言组，负责所出各书的中译本序。后来改为要求责任编辑自己动笔，以提高编辑全面能力。年轻人则学翻译。

商务虽然鼓励编辑们练笔，却不鼓励编辑翻译选题内的书和业余校订译稿。只有少数经过批准的编审才可以。实行“近水楼台不能先得月”的原则。近水楼台得月，或先得月，必然有悖于开门办社的原则。从总体上看，不论商务实力多强，与全国比总微不足道。一本书商务内部译，百十人里找一人；馆外译，千百专家里找一位，质量自然不同。

陈翰伯说，处理非马克思主义的思想意识，必须用马列主义。一开始，就要李侃同志编一小册子“供本馆编辑干部学习马克思列宁主义立场、观点和方法对待历史文化遗产”[15]之用。纂辑经典作家论著中一些有关文献。当时社会上正对批判继承遗产问题有所讨论。小册子也附录有二三篇。

商务独立建制不久遇大跃进、人民公社、大炼钢铁，接着国民经济发生困难，国家采取“调整、巩固、充实、提高”八字方针。文化部对于出版的调整，重点放在调整各社的任务，使不重复。中华书局是和商务同时独立建制的，当时两家都有整理古籍的任务。至此调整。1959 年 4 月 12 日文化部下达《中华商务双方转让办法》，共 3 条 6 款：

“甲、新版：

1. 商务除已发稿者外，不再出版古籍。未发稿部分，或一律、或任便挑选，改由中华出版(付款)。

2. 中华不再出版翻译书。

或转让商务，或以后不再出。

中华规划中不再订翻译出版计划。

乙、重版(重印)：

1. 商务解放后所出版古籍，如有重印(新华书店提印或古籍整理规划小组建议提印)，一律由中华办理。

2. 中华解放后所出版西籍，同上原则，一律由商务办理。

3. 商务解放前所出版古籍，原则上归中华，个别商酌。

4. 中华解放前所出版西籍，原则上归商务，个别商酌。

丙、资料室：

商务古籍有副本者，赠一部给中华，无副本者不赠。

《丛书集成》如拟添印、配齐，由商务办理[16]。

中华不再出版中外文辞典（包括上海在内，《辞海》[17]除外）”[18]。

从此商务不再涉足古籍，原来从事古籍工作的编辑调到中华；中华也有调入商务。

商务原有4个编辑室：俄华词典编辑室、外语编辑室、哲学社会科学编辑室、汉语编辑室。以序数命名。同时又将上海新知识出版社的地理编辑室全建制，包括全部书稿，划归商务。

此时商务下放改由北京市领导，根据市里意见，建立第六编辑室，专门出版市里交给的任务。第六编辑室出版北京市大跃进中北京各厂矿技术革新资料，每件分量极小，以活页出版，没有值得保留的，现已难找踪迹，只有合订本《北京市机电工业土简设备技术资料选集》记录一些痕迹。还有一本讲商品知识的《物性学》，马连道仓促编写的。第六编辑室存在时间不长。

1963年，文字改革委员会紧缩编制，将文改出版社的出版任务中排、校、印交由商务承担。这部分书用“文字改革出版社”名义。编辑工作则由文改会负责。此外，有些文化部所属部门的，出版学、图书馆学、印刷技术等书也由商务承担。八字方针中“调整”一般是紧缩，当时称为“缩短战线”，而商务划出一项，划进四五项。

1961年4月中旬，中宣部召开高等学校文科教材编选计划会议。我国有高等教育当时已有70年历史。但始终没有自己的教材。先用英美的，读原版书，学生负担不起；30年代有自编的，但仅几十种；1949年起，全部翻译苏联课本。有一个缺点，就是搬，不顾中国特点。所以先从文科开始。会议研究后决定，编写、出版文、史、经、哲、政、教6个学系69个专业，以及各语种外语教材。分配给商务的任务：全部外语，大、小语种的课本，外国历史的参考资料。加起来是很大一个数目。

三年困难时期，“胡愈老审时度势，认为此时作为一个从事出版事业的人，最重要是抓出一套能在那样阴暗的日子里振奋人心或者至少开释疑虑的丛书来，这样，只有这样，出版工作才能真正为人民服务”⑲。当时都认为，所以困难，缘由干部水平低，把事搞坏。胡愈老也这样想，所以要编一套能全面提高干部水平的丛书。这就是 1961 年春夏之交胡愈老组织，由人民出版社、人民文学出版社、中华书局、商务印书馆、世界知识出版社和科学普及出版社 6 家联合出版的《知识丛书》。当时还有吴晗任主编的《外国历史小丛书》，是周恩来看到他主编的《中国历史小丛书》后，建议他再编一套外国的，除了可供一般读者，更可供给外事工作人员用。吴晗找到陈翰伯，陈一口承担。这两套书属于普及，出版范围又有所增加。《知识丛书》“到 1962 年夏秋，这套丛书出了三十几种，忽然局势大变，雷声隆隆——北戴河传来了‘千万不要忘记阶级斗争’的信息，阶级斗争要年年讲、月月讲、天天讲，知识不知识已经成为无足轻重的事，这样的形势注定了《知识丛书》再也出不下去了”⑳。

1962 年，中央成立一个理论文章写作小组。小组需要阅读一些海外的书刊，要几个出版社，包括商务，提供中文本。陈翰伯接受了。有个小插曲：书都属于政治读物；译文是由一流译者所译，编辑工作很轻，编辑室政治学组组长却死活拒绝接受任务。回答得极有力：这些不属于马克思主义三个来源！又要“年年讲、月月讲”，又要我搞这些，不干。政治组不接，自然可以交给其它组。

商务独立建制，三联书店将有关这一任务的全部已做未完的工作，主要是稿件和约稿，移交商务。商务自己也约稿。这时译者认识到翻译出版西方著作，有助于我国学者开阔视野，十分兴奋，十分支持，译稿源源而来。对译稿处理有两种意见：一种认为这些译者都是名家，他们珍惜声誉，译文不会有大问题，只要通读，读“不顺”处再核原文。一种认为翻译的都是经过时间洗练的名著，要对读者、原著者、译者和出版社自己都负责，大名家、小名家的译稿都要逐字逐句核对原文，改正和修润后才能交工厂发排。后者无论从哪方面讲都能站住，唯一的缺点是费工，费时。这就有逐渐增多待处理的存稿。后来得到一个名称——“水库”。讨论过几次都未解决，商务的“水库”就很有名了。文化部出版局领导陈原同志下来调查处理，研究后觉得虽然很多稿子长期压着对不住译者，但质量总应保证。只能设法添人。但谈何容易。陈原同志后来主持商务，他谈到这事时，曾代表商务对译者表示歉意。

1958 年独立建制时馆址在东总布胡同 10 号。该处民国期间是俄语专科学校。瞿秋白毕业于此。解放后为出版总署，人民出版社也成立于此。1958 年 1 月人民、通俗两社搬到朝内大街新楼，中华书局、商务印书馆两社重建，在此办公。1961 年，文化部文化学院“下马”，中华、商务两家同时迁入其翠微路 2 号院址办公，不仅办公条件大为改善，同时也解决了一些职工的居住条件。“文革”时“出版口”认为中华、商务两家不应该存在，犁庭扫院，全部下干校，房子，连同原有散处城内各处的民居，全部交给当地。交出去后一个月，周总理知道了，1970 年 9 月 17 日，把“出版口”负责人找去批评了一顿，说：“要有点辩证法，不要一听封建主义、资本主义就气炸，那叫形而上学、片面性。中华书局、商务印书馆就不要了？那样做，不叫为人民服务。青年一代着急没有书看，他们没有好书看，就看坏书。”[21]但“出版口”并未把总理的话当件事，没去收回房子。后来恢复业务，两家再无立锥之地，一起挤在王府井。因为没有宿舍，调不进人来。这是后话。

1964 年夏，毛泽东对文艺作了第二次批示。调陈翰伯去文化部整风，整风结束，他留在文化部出版局。但并没有书面调动文件，而且中宣部很多事仍找他，实际仍是他负责，每星期来一两次处理些事。后汝晓钟调来，但一直处于熟悉情况阶段，大事仍由陈负责。1964 年冬，70 多名干部分别到北京顺义、辽宁新金参加“四清”。所谓“小四清”。接着1965年45人去河南安阳,38人去河南林县参加“四清”,所谓“大四清”。第一批70多人一个冬春;第二批83人冬天去,麦收参加“文革”才回北京。1965年冬在河南“四清”时,还奉命组织年老体弱者去林县接受阶级斗争教育,“随同参观”。1964~1966年,不论馆领导还是一般编辑,真正坐下来做工作的时间实在不多。

虽然从1958~1966年初8年时间,去除“四清”等,实际工作时间不多。但这几年出书还是不少。

陈翰伯主持期间外国哲学、社会科学翻译著作,属于名著范围的395种(期间同一书名的多卷集不论册数多少,概算1种。如《傅立叶选集》共4大卷,算1种。下均同)。计哲学及哲学史著作118种,经济学著作也是118种。政治学93种,历史著作66种。地理著作和语言学著作未计在内。

哲学著作中属于东西方古典哲学,以及外国人对此的研究著作计80种。对我国发生过影响的,如穆勒、柏格森、罗素、詹姆生、杜威等西方近、现代哲学家的著作20种。上世纪末从伦琴发现X射线后,物理学引起了一场革命,进入物理学新时代。量子论、量子力学、相对论、核物理,等等,修正和更新了牛顿的经典物理学。这些对人类生活发生了极大影响,但在旧中国出版物中很少有反映。商务在60年代初进行了系统组稿。普朗克、波尔、薛耳、M.玻恩、玻姆、D.玻恩、赖欣巴哈的主要著作。二战中系统论、控制论问世。这些学说一直被苏联学术界斥之为伪科学,因而我们起步较晚。当时也进行组稿。1965年商务出版了一部控制论译文集,其余待“文革”结束才得以陆续出版。以上这些自然科学理论著作,在1966年前共出有18种。有些已发排在校的,如3卷本《爱因斯坦文集》等等已在校对,因运动而停止的,均不计。

经济学著作出版的列入12年规划,即“蓝皮书”的共46种,除数种因原著在国内无法找寻到外,均已出版。庸俗经济学和现代各流派的共66种。庸俗经济学中因批判"新人口论",马尔萨斯的著作出了13种之多,几乎全出了。对现代各流派,主要放在翻译出版30年代开始一直受到西方资产阶级国家重视、成为其政府经济政策指导的凯恩斯主义,诸如凯恩斯、汉森的著作以及对其诠释,以及凯恩斯主义的两个分支:萨缪尔森为首的后凯恩斯主流经济学派;以琼·罗宾逊为首的新剑桥学派的著作。和他们对立的芝加哥学派,像哈耶克等的著作也有出版。这就为了解西方现时学术情况提供了较全面的材料。

政治学著作,不算大量提供给中央理论小组的,就有93种。其中包括空想社会主义在内的空想主义著作最多,有42种。圣西门、傅立叶、欧文的都是多卷本选集。空想社会主义除三大家几已出齐外,其余的很多重要人物的代表作都已出版。有两个原因:一是当时正逢"大跃进",人们憧憬共产主义,而马克思主义经典作家认为未来社会的模式,是未来人们意愿的表现,不必由他们代为规定。马恩对未来社会只提出共同劳动,没有剥削,并未描绘过细节。人们就很想了解空想家的描述,对这类书很感兴趣。另外,从30年代到50年代,苏联科学院由伏尔金院士主持,从法文文献中发掘、整理了法国空想社会主义作家的著作,出版了一套《社会主义先驱者丛书》,为我们提供了母本。而且当时俄文人材很多。费边主义和英国工党代表人物的著作也很多,有14种。一般法学译作有40种。大部分是资产阶级上升时期思想家和政治家的作品。其中有4种是古希腊、罗马思想家的。其余是国际关系的。

历史和历史学有66种。除重译鲁滨逊《新史学》外,其余均作为史料价值存在的西方古代历史著作65种。

8年,去掉下乡(译者也要去的)没有多少时间,出版名著将近400种,很了不得。这个数字是解放前整整半个世纪全国有关出版单位所出此一等级著作的168.8%。解放前这类著作仅出版234种。这是学术界的巨大支持的结果。学术界提供给商务的译稿不仅这近400种。前面提到的“水库”的“蓄水量”到“文革”前是七八千万字。如以20万字一部,又是一个近400种。学术界的支持是巨大的。陈翰伯当时经常同编辑们讲,“著译者是我们的衣食父母”,确是肺腑之言。当时行政当局格于“共产主义风格”,曾一度规定减低稿费。陈翰伯总叮嘱编辑开稿费单时“高抬贵手”,说那么难译的东西,人又都是下班译的,总得让人泡杯茶、吃块点心:计划外茶卖120元1斤。“水库”的稿子“文革”后陆续出版了。

中外语文工具书是商务的另一重要任务。同样是商务历史上的强项。独立建制后也更上一层楼。

1956年2月6日,周恩来签署国务院发布关于推广普通话的指示,责成“中国科学院语言研究所在1956年编好确定语音规范化为目的的普通话正音词典,在1958年编好以确定词汇规范为目的的中型的现代汉语词典”[22]以便在《汉语拼音方案》和读音审定基础上推广普通话,使历来各异的方言能有一个得以统一的基础,以利社会主义革命和建设。次年,毛泽东指示修订《辞海》。这两个指示汇总到中共中央宣传部和文化部出版局后,经过研究,并听取了国务院古籍整理出版规划小组的意见,决定编写、修订三部配套的骨干辞书:《现代汉语词典》,用以推广普通话、促进汉语规范化,主要给中等文化水平的人使用。《辞海》,修订成以百科词汇为主,兼收语词,主要对象是大学生,成为大学生的案头书。《辞源》,修订成一部古汉语词典,除古汉语语汇外,还收阅读古籍一般必要的文物制度、文章典故。成为一部阅读古籍的工具书。《辞源》和《辞海》都是抗战前出版,都是兼收语词和百科性词汇的。《辞海》出得晚,百科性词汇相对多,这样从历史特点规定各自修订重点后,各有特色,避免重复。《辞源》和《辞海》虽名为修订,实是重编。《辞海》编写工作在上海成立辞海编辑委员会专门负责。

《辞源》由商务印书馆编辑部负责名为修订的编写工作,并由商务出版。《现代汉语词典》语言研究所编写完后规定由商务出版。

这3本辞书规定一律在编写好后要印征求意见本,广泛征求意见,然后修改,再印再征求意见,以使精益求精。《现代汉语词典》,简称《现汉》,稿子出来后,商务编辑部先看一遍,将"浮面"的问题提出双方认可后印第一次征求意见本。第一次征求意见本收回后各种意见都有。从各种角度、层面提的意见各式各样。其中有从词典编纂学角度提的,即要求词典有稳定性,收词要求注意不收不稳定的词。有从"政治挂帅"的观点出发,认为对有些旧时的词不仅解释,还要批判。前者是个很难处理的问题。意见大部对"三面红旗"有关的词,认为"大跃进"等词虽还不能否定,但两三年的实践已作了某些检验,属于不稳定词,不宜收录。但初稿收了又不敢删掉。解释又改动不好,请示也得不到确切的指示。陈翰伯称之为"烫手条目",共67条。后来一咬牙删了。对后者,周扬1962年3月7日对此有过话。他说:"编辞典一定要有新知识、新事物、新智慧……其次要有新观点,但是也不能设想我们马克思主义者对于古往今来的一切事情都可以评论一番……例句中那些和政治勉强挂钩的、庸俗化的东西一定要取消。政治是指导日常生活的,政治不能代替日常生活"㉓。对此,陈翰伯以自己的语言向词典编辑作了传达。词典据此修改后1964年排印出版,名"试用本"。认为词典已很成熟,走个形式,马上可正式出版。这年馆内年终评先进,最高奖就是这部尚未出版的正式本16开的排字本(不是32开缩印本),发了一张"凭条领取"的"白条"。可见当时确定很快能正式出版。哪知风云变幻,"文革"开始,"烫手条目"成了陈翰伯挨批的一条罪状。"文革"快结束时《现汉》又一次挨批。直到1978年底才正式出版。"十年磨一剑",它却经历了20年!

《辞源》1908年开始编,历经8年,到1915年出版。投资极大。所以一开始就决定陆续修订。不久再出《续编》。其修订工作在抗战时都没停，出版了《正续篇合订本》。1950 年又出《改编本》。《辞源》是现代词书的首创，其编写、修订都建立在原始材料的收集上。所以积累了大量资料卡片。1957 年开始的大修订不仅利用了这些卡片，而且还在做，仅主编吴泽炎自己晚上读经史百家文集摘录的语言卡片就有 30 万张。依靠了这些原有的和新作的极大量卡片作为线索查找原书，才能归纳出每一词语历史上各种的正确含义，完成《辞源》脱胎换骨的改编。《辞源》“修订”虽有大量资料，但 1100 万字的稿子的工作量极大。而新、老成员仅 10 位，所以聘请了 10 多位已退休的老先生，帮助查书。他们不仅书底厚，而且各有所长。有熟悉碑帖、有熟悉佛经的、有熟悉词章的、有熟悉文物的、有精通目录学者。20 余人各以所长，互相配合，很快初稿完成。至 1964 年 7 月出版了《修订稿》第 1 册（后来正式修订出版的叫“修订本”），约合全书的 1/4。不久“文革”开始，下余各分册的最后定稿、发排等都停止。“文革”后期继续，这是后话。《辞源》“修订”始终其事而主持者为吴泽炎、刘叶秋二位。吴先生主持原稿的定稿；刘先生主持全书校样的最后认定工作。

当时还有销量很大的《新华字典》。《新华字典》由出版总署新华词书社调集专家编写，最早由人民教育出版社出版；后来分工给商务，经过多次修订，继续出版。到“文革”前夕，修订第 6 版出书。历来制度，遇有新精神，在版书都要按精神“翻一番”。这是对读者负责。但“文革”是从“影射史学”开始，按影射翻书，岂非“全是蚂蚁”。打报告给上级，上级自身难保，只能转到“分管”出版的陈伯达。陈伯达有“大事”，岂顾这小书。直到他“自我爆炸”，清理文件，这份报告到了周恩来处。他说孩子们没词典，存书马上发行；他又指示刘西尧，马上组织修订。修订中他多次顾问，极力解除修订人员中怕犯“右”的错误的思想。所以字典虽在“文革”前期修订，并没有带上“文革味”。不仅修订后《新华字典》更畅销，而且周恩来的指示，使前面提到原先《现汉》编写时的各种顾虑得以澄清，于此后词书编写扫除了很多障碍。

1960年出版了《俄汉大辞典》。收105000个词，共630万字。是我国第一部大型俄汉词典。而且是自编而非翻译。由刘泽荣主编。他年轻时随父在俄国生活25年，他父亲教授他中国文化。列宁曾3次接见，列席共产国际第一和第二次代表大会。㉔1940年回国后曾任北平大学、西南联大俄语教授20年，后从事外交活动。他帮助实现了新疆和平解放。1949年底周恩来调他到外交部。除夕周恩来请他吃饭，席间对他说"请你先到条约委员会工作，同时编一部俄汉词典"㉕。新中国刚成立，百废待兴，周恩来考虑到编一本俄汉词典，并物色到了确实最合适的人选。刘泽荣先后主持翻译、改编了陈昌浩的《俄华辞典》，以应社会急需；又主编了中型的《俄汉新词典》；最后完成了《俄汉大辞典》。他目力不好，但3部词典所有稿子他都过目，认真改定。1958年他光荣地成为中国共产党党员。

当然汉语、俄语等还有其他词典和语法、课本、读物。此外，英、法、德、日、西、阿拉伯、越南、印尼等外语都有词典和语法、读物。还有地理读物，是在动不动就要被有关部门批评的困难条件下工作，出书不少。限于篇幅，只能叙述大概，不能详细开列，只能一笔带过，勿以挂一漏万见责，是为幸甚。

有一件陈翰伯非常遗憾的事。就是他非常羡慕中华书局有一个国务院古籍整理出版规划小组管着他们的事。规划小组有很多位古籍专家，给中华书局出主意；北京大学接受他们的建议，设立了古籍整理专业，主要为中华书局培养编辑干部。这些真是陈翰伯"奋斗"了几年没着落的事。他平常总说他非常羡慕中华金灿然。在1962年3月7日稍后些时，周扬设计的编译馆计划被否定的消息传来，陈写了首打油诗："牢骚太多防肠断，平生羡慕金灿然。忍看人间风尘事，一叶扁舟入桃源。"诗里虽说入桃源，实际他并无出世思想，仍然干劲十足。

注释：

① 根据陈原同志在1994年商务印书馆规划会议上的讲话的录音。

② 陆定一：《百花齐放，百家争鸣》，《陆定一文集》，人民，1992，第500页。

③ 1964年秋陈翰伯在商务食堂的一次谈话。

④ 1957年12月16日高等教育出版社社务会议（扩大的）的会议记录。

⑤ 文字转引自《商务印书馆百年大事记·1958》，商务，1997。

⑥ 陈原在商务印书馆1994年规划会议上讲话的录音。

⑦ 陈原：《最后一班岗》，《商务印书馆九十年》，第467页。

⑧ 陈翰伯：《上海杂记》，第29页。

⑨ 沈岳如：《汉译世界学术名著丛书的奠基者》，《当代中国的出版事业·中》，当代，第234页。

⑩ 陈翰伯：《从小读者到老编辑》，《商务印书馆九十年》，第459页。

⑪ 同上，第459页。

⑫ 陈翰伯：《上海杂记》，第3页。

⑬ 同上，第10页。

⑭ 列宁：《马克思的学说》。

⑮ 《马克思主义经典作家论述处理文化遗产·几点说明》，商务，1958年5月，第1页。

⑯ 《丛书集成》商务因抗战发生，预订读者地址变动，续出各书无法送达而停止出版，未曾出齐。解放后未出部分虽按国家规定予以经济赔偿。但大跃进时有要求出齐的呼声，当时很多新建图书馆缺乏古籍，也希望能重印《丛书集成》。但当时缺乏与已出能配套的道林纸，所以商务没能补齐和重印。1987年中华书局完成了这件事。

⑰ 所说"上海在内"指"中华书局上海编辑所"。

⑱ 录自陈翰伯：《上海杂记》第24页。

⑲ 陈原：《记胡愈之》，三联，1994，第35页。

⑳ 同上，第47～48页。

㉑ 周恩来：《不要因人废文》，《周恩来选集·下》，人民，1984，第467页。

㉒ 引自《人民日报》1956年2月12日。

㉓ 周扬1962年3月7日在翠微路2号和中华、商务主要领导谈编译馆事时谈话。

㉔ 参阅《列宁的风格》,人民,第368页脚注。

㉕ 潘安荣:《刘泽荣与俄汉词典》,《商务印书馆九十五年》,商务,第435～436页。

选自《商务印书馆一百年》,商务印书馆1998年

为了辞书出版事业的繁荣

——深切怀念陈翰伯同志

方厚枢

一

陈翰伯同志离开我们已经11年了,但他的音容笑貌至今依然十分清晰地浮现在我的眼前。

翰伯同志从事新闻出版工作50年,他从意气风发的青年时代到顽疾缠身的暮年时光,半个世纪内为党和国家的新闻出版事业作出了许多贡献,也历经风雨磨炼和许多坎坷,在"文革"中更受到精神上和肉体上的残酷迫害,但他始终坚忍不屈,保持一个战士的本色。他对革命事业的忠诚执著,对工作的严谨细致,对同志的真诚坦率,对后辈的关怀爱护;至今仍在人们的心目中留下深刻的印象。1986年11月29日,首都新闻出版界二百余人集会,举行翰伯同志从事新闻出版工作50周年纪念性学术讨论会,会上送他一幅由沈鹏书写的北京新闻学校第一期全体同学的献诗,集中表达了大家对他的敬意和祝贺:

青春办报，皓首出书，沉勇睿智辛勤。振臂呼号，为民族生存。笔战西京陪都，冒斧钺，唤醒黎民。内战急，沪上论坛，挥毫逼鬼神。

阴云初晴日，宣传阵地，培育新人。罹十年浩劫，凛然胸襟。编著何只等身，真无愧共产党人。仰师德，山高水远，吾侪永同钦。

我虽然早在50年代就已熟悉翰伯同志的名字，并在理论学习中学过他对《国家与革命》一书所作的辅导报告材料，但能够在他的直接领导下工作，还是在1965年初。当时中央宣传部为贯彻毛主席关于文艺工作两个批示，派出以周扬为首的工作组到文化部领导整风运动，陈翰伯为出版局工作组组长，领导出版局的整风检查工作，随后被任命为出版局局长。

在出版局整风检查期间，我被临时抽调到局检查组整理材料，直接受翰伯同志领导，但时间不长，即随王益同志等一大批干部下放到河南安阳参加农村“四清”运动，直至1966年6月初返京。这时“文革”已经开始，翰伯同志和其他大批领导干部一齐被集中去参加“集训班”集训，进行检查、揭发、批判，随着运动的迅速升级，不久就被戴上“反党反社会主义的‘走资派’、‘反革命’”等各种帽子，完全处于被批判的地位。1969年翰伯同志下放到湖北咸宁文化部“五七”干校劳动，直到1972年由于周总理的提名，才得以调回北京，被任命为人民出版社领导小组组长；1973年5月调国务院出版口(9月成立国家出版事业管理局)任领导小组成员，分管出版业务工作。

二

“文革”开始后，大批图书被封存禁售，广大青少年无书可读，小学开学，连一本小字典也没有，各方面反映十分强烈。翰伯同志到国家出版局工作后，了解到辞书工作的一些情况，他根据周总理1971 年在全国出版工作座谈会上提出要出词典工具书的指示，计划制订一个较长时期的辞书出版规划。他首先找陈原商量，并得到出版局主要领导徐光霄的支持。于是 1974 年 7 月正式组织了班子。参加小组的人员从商务印书馆和局出版部抽调，我也参加了这个小组。10 月下旬，翰伯同志率小组和从商务印书馆辞书编辑室、北京大学中文系借调的曹先擢等共 9 人，到上海部分高校和出版社进行调查，返京后又在北京继续调查，先后召开三十多次座谈会。

当时，由于“四人帮”形而上学猖獗，极左思潮泛滥，人们的思想是非被搞乱了，什么“要把无产阶级专政落实到每一个词条”，“将帝王将相、陛下、太监、僧侣等词汇统统从词典中清除掉”，“让词典成为宣传毛泽东思想的政治教科书”等等，盛行一时。翰伯同志对那些极左表现完全持否定态度，但迫于当时的形势，不能公开表示反对和指责，只能婉转地引用周总理批评词典工作中的极左思潮的多次指示进行正面引导；同时更加强了他要召开词典规划会议的决心，便组织小组起草词典规划会议文件和制订规划初稿。1975 年 3 月 22 日，国家出版局会同教育部联名向国务院写了召开中外语文词典编写出版规划座谈会的请示报告。这份报告经国务院几位副总理圈阅后，送到当时主持中央日常工作的邓小平同志处，于 3 月 26 日批准。会议于 5 月 23 日至 6 月 17 日在广州东方宾馆举行。参加会议的有中央有关部门和 13 个省市的文教、出版部门，高等院校的负责人和专业工作者，还指名邀请了工农兵和老专家的代表共 115 人。

会议的重点是讨论制定一个中外语文词典十年（1975～1985）规划。会议的规划组由商务印书馆的朱谱萱、朱原同志和我三人负责。两位老朱在商务负责词典编辑工作多年，在北京时已做了充分准备,也了解词典的编写单位和读者需要情况,因此对于制定中小型中外语文词典和大型外语词典的规划心中有数,又了解了会议各方面代表的反映,制定好规划并不困难;中文大型语文词典规划方面,《辞海》、《辞源》的修订已不成问题,除此之外,还要不要再加上新编更大规模的《汉语大词典》和《汉语大字典》的规划,谁能承担?心中并没有多少把握。我向翰伯同志请示,他明确表示,现在称王称霸号称世界上最大的两部中文大词典,一是日本的《大汉和辞典》,一是台湾的《中文大辞典》,而我们没有,实在脸上无光。我们应该下决心非赶上去不可,这次订词典规划是难得的机会,应该写上去。规划草案经会议讨论后,湖北、四川出版、教育部门的代表主动表示,愿意由两省协作承担《汉语大字典》的项目。而《汉语大词典》的任务则迟迟定不下来,华东几省的代表表示这一任务非上海莫属,如果上海愿意牵头,江苏、浙江、山东、安徽四省愿意参加协作编写,上海的代表则表示要回去向领导请示再定。因此,会议结束后,国家出版局于 7 月 16 日向国务院上报会议报告和词典十年规划(草案)中,《汉语大词典》的"承担编写省市"和"编者"两栏中还是空白。

列入规划(草案)的中外语文词典共 160 部(其中汉语 31 部,外语 129 部),国务院于 7 月 22 日收到国家出版局关于座谈会的报告和规划,经李先念副总理圈阅后,送到邓小平同志处。小平同志不仅同意,还将报告和规划(草案)送给周总理批。身患重病的周总理正在医院中,总理值班室 7 月 31 日收到报告,周总理于 8 月 21 日在病榻上看了并批准这一报告,还加批了一句:"因病在我处压了一下",表示歉意。国务院写了批文,于 8 月 23 日下发各省、市、自治区革委会和国务院各部委,要求各方面加强协作,力争提前完成规划中提出的任务。

三

词典十年规划经国务院批准后,翰伯同志有一个全盘考虑:先抓汉语词典,其中又着重抓影响较大的五部:《辞海》、《辞源》、《现代汉语词典》和《汉语大字典》、《汉语大词典》,并指定由我负责和几部词典的编辑部或出版社联系。这几部词典中,除《辞海》的修订已由上海在抓外,《辞源》和《现代汉语词典》有陈原同志抓,《汉语大字典》有许力以同志抓;《汉语大词典》的难度最大,翰伯同志决定由他亲自来抓。国务院文件下达后,我立即与华东几省、市联系,上海、江苏、浙江、山东、安徽四省一市均同意协作进行。于是1975 年 8 月底,翰伯、力以同志和我立即到沪,于 9 月 1 日至 5 日在上海大厦召开五省市出版、教育部门的负责人会议,就协作编写《汉语大词典》问题进行讨论。会议商定了大词典的启动计划,决定先以日本的《大汉和辞典》13 卷为分工依据,编写力量较大的省、市各分 2 册,力量较小的省分 1 册(后来福建省也参加),回去后各自组织力量,按照所分辞典中的部首,先从收集资料入手。

翰伯同志早已明确告我,《汉语大词典》的赶超目标是力争超过日本的《大汉和辞典》和台湾的《中文大辞典》,各省的工作开始后,第一步工作是将这两部大辞典的词条一一剪贴制成卡片,以便进行研究;还要从古今大量书籍中收集第一手的词汇资料,这就需要许多古籍的索引(如燕京大学的《引得》等),其中不少书要向日本和台湾引进,当时因进口图书限制较严,外地向外文书店订购,时间既慢也不易完全得到保证供应。为此,翰伯同志和图书进口公司商量,由国家出版局统一办理。首先保证承担任务的各省、市均能供应两部《大汉和辞典》和《中文大辞典》;日本出版有许多汉文古籍索引,由各省、市开列书单,交我统一办理订购。于是一个时期,我的主要任务就是跑图书进口公司,订购的书到后,再分别打包托运，保证各省、市编写组的需要。

《汉语大词典》是在没有主编的情况下匆忙上阵的，最初五省一市建立了一个编写领导小组，由翰伯同志任组长，五省一市各有一位副组长和一位副主编，上海和各省各设一个词典办公室。由于缺乏组织大型词典的经验，参加编写组的同志多数来自高等院校，地点又很分散，队伍逐渐扩大（1976 年 6 月已有 19 个编写组 200 多人，到 1977 年上半年发展到 55 个组，1000 多人，特别是福建省在收词阶段大搞群众运动，人数增加最多），许多人从未编过词典，加上组织工作难免考虑不周，存在这样那样的缺点。于是各种议论纷纷传来："从未见过这样编词典的"，"这样搞法行吗？"也有人称这是搞"人海战术"，"花钱如水"，结果将是"少慢差费"。有的热心人士甚至估算出每个词条要花多少多少钱的猜测；有的编过词典的人听说某某人参加了词典编写组后故作惊讶状："他也能编词典？！"其意尽在不言中。翰伯同志听到这些议论后说，我们现在没有一支现成的词典编写队伍可用，只能一边学习、一边培养。有缺点不怕，知错即改，在实践中前进。并在各种场合给编写组同志鼓劲，劝大家不要泄气。1977 年 9 月在青岛召开《汉语大词典》第三次编写工作会议，翰伯同志关照同时邀请《辞海》、《现代汉语词典》和《汉语大字典》等几部兄弟词典的负责同志到会介绍经验，中国文字改革委员会也应邀派人参加。翰伯同志在会议开始时作了报告，回顾几年来的词典工作情况，鼓励全体同志共同努力，迎着困难上。就在作完报告中间休息时，突然发现他的嘴角歪斜，言语不清，急忙送他到医院住院治疗。我即与北京联系，许力以同志当夜乘车于次日赶到青岛主持开完会议。

翰伯同志的病经诊断为脑血栓，但他不愿长期休养，返京后在医院小住即出院继续忙于工作。1978 年 7 月后，他被国务院任命为国家出版局代局长，为出版工作的拨乱反正日夜辛劳，但他在百忙中仍然记挂《汉语大词典》的工作。此时他念念不忘的是要为

《汉语大词典》解决主编和在上海建立编纂处两个大问题。

经过几年的努力,《汉语大词典》已积累了三百多万张资料卡片,进行了两次试写,从1978年底转入释文撰写阶段。整个工作虽取得了一定的成绩,但存在的矛盾和问题也很突出,迫切需要在上海建立编纂处。但如果没有中央批示,这一愿望很难实现。翰伯同志经过一番思考,决定到中宣部先向廖井丹副部长详细汇报情况,得到他的大力支持;同时给已到中央工作的胡耀邦同志写信,将编写《汉语大词典》的由来和几年来的工作情况,目前存在的紧迫问题以及在上海建立编纂处的必要性等于1979年5月15日上报。没有想到耀邦同志第二天即作了批示:"原则同意,请努力进行。"翰伯同志和我立即乘机到沪,先与上海市出版局的领导会商后一同与上海市委主管文教的负责同志面商,顺利地解决了在上海设立《汉语大词典》编纂处的有关事项;紧接着在苏州东山宾馆召开五省一市编写领导小组会议,商议下一步的工作。这就是《汉语大词典》发展史上被称为"青黄不接,东山再起"的由来。

1978年底,中宣部部务会议研究1979年建国30周年庆祝活动,部领导提出,上海的《辞海》修订情况如何,能否于明年国庆前出书?中宣部出版局于当日中午给国家出版局打电话询问,下午上班后我即向上海辞书出版社负责同志询问此事,很快得到答复:上海市委决定以《辞海·未定稿》为基础,加速修订,确定于1979年10月1日前出版,向国庆30周年献礼。接着,《辞海》编委会采取"大协作、大集中、大会战"的紧急措施,日夜奋战,到1979年5月已胜利在望。翰伯同志心中早有一个愿望,认为在《辞海》起关键作用的常务副主编罗竹风同志是《汉语大词典》主编的最佳人选。为此,特地登门拜访罗老,说明来意,恳切期望他能在《辞海》工作告一段落后出任《汉语大词典》主编。在得到罗老首肯后,立即与上海市委商量,也得到同意。于是《汉语大词典》的主编和编纂处两大难题都得到顺利解决。随后,组成了由五省一市 72 名汉语学专家、学者组成的《汉语大词典》编辑委员会;1980 年又聘请吕叔湘先生为《汉语大词典》首席学术顾问,聘请王力、叶圣陶、朱德熙、张世禄、张正烺、陆宗达、陈原、周有光、周祖谟、俞敏、姜亮夫、倪海曙、徐震堮(按姓氏笔画为序)13 位全国著名的语言学家为学术顾问,组成了《汉语大词典》学术顾问委员会。“汉语大词典编纂处”也经上海市委批准,于 1980 年 1 月 1 日成立,有 70 人的编制,作为《汉语大词典》工作委员会、编辑委员会和学术顾问委员会的办事机构。从此,《汉语大词典》的工作进入了一个新的阶段。

四

陈翰伯同志在抓辞书工作的过程中,还有两件事值得一提。

一件是 1978 年春,国务院转来邓小平同志的一份批件,指示落实《藏汉大辞典》的出版问题,同时附来张怡荪老先生一封长信。信中说,他早年执教于北京大学,后任清华大学、山东大学、四川大学中文系教授。20 年代末期,他看到研究西藏文化的著作多为英国、印度等外国人所著,中国人很少研究,就立志要编一部《藏汉辞典》,为沟通藏汉文化、研究西藏的学者提供方便。他于 1928 年在北京开始学习藏文,以后到成都创办西陲文化院,至 1945 年编成《藏汉辞典资料本》10 册;解放后继续努力,1958 年还亲赴拉萨作实地调查,收集了大量只流传在口头、不见诸经传的藏语词汇,1962 年返成都着手编纂《藏汉大辞典》,但“文革”中辞典和本人都受到批判,工作被迫中断。1977 年底,他给方毅副总理写信呼吁,方毅、乌兰夫同志阅后,将来信转报邓小平同志处,小平同志批示应予支持,交国家出版局妥善处理。

翰伯同志看信后很受感动,即和国家民委联系,决定为这位一辈子为《藏汉大辞典》作出不懈努力的可敬老人完成夙愿。于是，翰伯同志和国家民委萨空了副主任一起到成都，和四川省委、省民委洽商，并于到达成都的第二天，即到焦家巷一个古旧的院子里拜访了张怡荪先生。这位老人精神矍铄，十分健谈。他首先自我介绍，风趣地自称是“二八佳人”、“无齿之徒”。“二八”是指年龄即将八十八岁，“佳人”则指他为《藏汉大辞典》奋斗50年，现在还愿为此继续奋斗，不达目的，死不瞑目。在了解了张老先生目前存在的主要困难和愿望后，翰伯、空了同志即和四川省委、省民委负责同志具体研究措施，主要是解决组建一个修订班子，提供办公处所、经费、如何管理等问题。其中以建班子的难度较大，由于既精通藏文、又精通汉语的高级知识分子人数很少，适合做辞典编纂的人才更少。其中有个别参加过这部大辞典编纂工作早已改行的人可以调回；有少数张老先生提名适合做这件工作的专业人员，由于种种历史原因，当时还戴着“历史反革命”的帽子正在劳改农场劳动。但在四川省委、省民委的大力支持下，这些问题都一一得到解决。最后商定：就近在成都成立《藏汉大辞典》编纂处，专门拨给工作处所、经费，人员调动由省委解决，编纂处建立后由省民委主管，民委主任负责领导。编纂处人员方面，物色若干名有业务能力、懂民族政策的中青年汉、藏族干部参加，并为张老先生配备了助手；对于提名从劳改农场上调的专业人员，有关方面立即发出调令，编纂处不日即可开始工作。张怡荪先生于1983年在成都逝世，生前留有遗嘱，把自己多年为编纂《藏汉大辞典》而收集的藏文书籍全部捐赠给四川省民族研究所。张怡荪主编的《藏汉大辞典》由民族出版社于1985年出版。

这件事顺利解决，翰伯、空了同志都很高兴。在返京途中，两位抗日战争时期同在重庆、成都新闻战线战斗过并历经艰险的老战友，一路上谈笑风生；当回忆起当年在国统区以巧妙、机智的斗争方式与国民党反动分子周旋的生动事例时，常常开怀大笑，使我们随从的人听后也深受教育。

第二件事是翰伯同志在抓辞书工作的过程中,深感要提高辞书的质量,必须重视辞书理论的研究,才能从根本上保证辞书质量的提高。而要做到这一点,就要有研究的阵地(创办一份刊物),这样有利于发现、培养人才,逐步扩大研究队伍。

1978 年 9 月,在安徽黄山召开《汉语大词典》第四次编写工作会议期间,我和筹备这次会议的上海辞书出版社负责人束纫秋同志同住一室,晚上闲聊时谈起翰伯同志的上述意见,纫秋同志深有同感。我们共同商量,最好由上海辞书出版社创办一份刊物,刊名拟为《辞书研究》。纫秋同志十分积极,回沪不久,这份丛刊就办成了。翰伯同志对此也很高兴。1979 年 9 月,在苏州召开《汉语大词典》第一次编委会议期间,他专门约见《辞书研究》主编尚丁同志,就刊物的编辑方针和内容等谈了一个上午,提出办刊的重要意见,如《辞书研究》要研究辞书编纂学。这是一门新兴的学科,国内外都还没有这样的专门性刊物,虽属冷门,但是个开创性的事业。刊物要为创建中国辞书学做出贡献,不妨先介绍外国的,但千万不要给人家扣什么姓“资”或姓“社”的帽子。刊物要贯彻“双百”方针,要成为辞书界的舆论阵地,既评介国内外好的辞书,也要敢于批评不好的辞书和辞书界的不正之风。刊物不要刊登政治性的应景文章,也不必转载政治性的文告之类的文章(这在当时比较风行);编辑部的人不要多,三四人即可;编辑不要乱改别人的文章的观点;不必追求发行数量,学术性杂志办得好不好,主要看学术质量如何,不能用发行量大小来衡量;通过办刊要注意发现辞书人才,推动并把辞书学会组织起来,等等。这样的主张,在当时“左”的影响远未肃清时提出来,足见翰伯同志的胆识,对今天的出版界和期刊编辑也有现实教育意义。《辞书研究》认真贯彻翰伯同志提出的办刊方针,出版后受到国内外有关方面的好评。叶圣陶老人 1981 年初给尚丁来信说,他靠“两镜”(老花眼镜和放大镜)在灯下看后，“自以为受益不浅。我觉得现在可有可无的杂志不少，而贵刊是非有不可的好杂志”。

五

翰伯同志由于工作过分劳累，至1980年脑血栓再度发作，从此落下半身不遂的后遗病。1982年机构改革，国家出版局并入文化部，翰伯同志不再担任局长。但他说：“我的《汉语大词典》编写领导小组组长没有撤销，还可以继续做下去。我要与两部词典（《汉语大词典》和《汉语大字典》）相始终，一直管到底。书全部出齐了，羞耻感没有了，有光荣感了，才算到了底。”

《汉语大词典》自罗竹风同志担任主编后，在编委会、学术顾问委员会和工委会的大力支持和全体编写人员的共同努力下，工作有条不紊地前进，取得了不小的成绩。到1981年8月，已做资料卡片500万张，编写释文8万余条、1000余万字，已印出初稿1.4万条、180万字。但是，存在的问题也不少，最主要的是随着“四化”建设的进展，高校教学科研任务与编纂《汉语大词典》“争人才”的矛盾逐渐突出，参加词典编写组的高校同志长期脱离原单位的教学、科研工作，在评定职称、工资晋级和住房分配等方面往往存在一些困难，得不到合理解决，影响了编写队伍的稳定。翰伯同志和吕叔湘、罗竹风同志反复磋商后，于1981年9月8日以“《汉语大词典》编写领导小组组长陈翰伯、首席学术顾问吕叔湘、主编罗竹风”的名义，向中共中央书记处写了《关于加强〈汉语大词典〉工作的报告》，汇报了《汉语大词典》的工作情况和存在的问题，并提出了四点建议。

一贯重视和支持《汉语大词典》工作的胡乔木同志（时任中央书记处书记）读了陈翰伯等同志的报告后，于10月19日给王任重同志（时任中央书记处书记、中宣部部长）写了一封信。信中说：

“汉语是世界上最重要的、使用人口最多的语言之一，历史悠久，典籍浩繁，古今变化层出不穷，加以方言分歧，口语、书面语、专科用语和作者习用语在群书中互见叠出，读者很难一一索解。由于我国历史上只有字书，没有现代意义的词典，现出的一些辞典或只收古词，或只收今词，或合字典、词典、百科词典于一书，而且限于篇幅，远远不能满足实际需要。因此，编辑出版一部大型的比较完备的贯通古今的汉语词典，十分必要。这种工作在文化比较发达的国家中早已进行，且在迅速发展，而在我国尚属首创，很多方面需要从零开始，工作量很大，难度很高。它不但是一项极为繁重的大型工具书编辑工作，而且是一项有重大创造性、重大基本建设性、重大历史意义和重大国际意义的科学研究工作。”“显然，对于这一划时代的伟业，各有关部门和有关省市应在此重要关键时刻予以更大的支持：不但要努力保证此书按计划高质量地完成出版，而且要努力保持这一工作队伍长期稳定地存在，并尽可能地提高和扩大，以求我国词典专业得以在此基础上继续发展，以便有计划有步骤地陆续填补有关学术上的其他空白。”

中共中央办公厅于 1981 年 10 月 28 日转发了陈翰伯、吕叔湘、罗竹风同志的报告，在批语中说，《报告》已经中央领导审阅同意，并强调了《汉语大词典》工作的重要性，要求国家出版局、教育部和有关省、市委对这一工作予以更大的支持，努力保证词典按计划、高质量地完成出版。

根据《汉语大词典》在定稿出版阶段中出现的新情况和问题，翰伯同志和吕老、罗老于 1983 年 12 月 5 日、1985 年 9 月 7 日联名再次向中央写报告，提出加强、改进工作的措施和建议，都得到中央和国务院领导同志审阅同意，中共中央办公厅、国务院办公厅及时予以转发有关部门研究执行。上述几份中央文件的下达和各地的认真贯彻，对《汉语大词典》任务的完成起了巨大的促进作用。

《汉语大词典》从 1975 年上马，到 1994 年完成，前后历时 18

年。罗竹风同志在全书完成后回顾《汉语大词典》初创时的心情说："正像站在隧道的一头，四顾茫茫，前边还是漆黑一团，人们难免处于彷徨而无所适从的境地。"这是毫不夸张的真实表述。陈翰伯同志为了实现甩掉"大国家，小字典"的落后帽子，立志使我国辞书出版事业跨进世界先进行列，从 1975 年以来，为《汉语大词典》、《汉语大字典》、《辞源》、《藏汉大辞典》等辞书的早日问世而殚精竭虑，到处奔波。仅我跟随他为辞书事到过的地方即有上海（5 次）、苏州、杭州、无锡、黄山、福州、厦门、广州、成都（2 次）、重庆等处，10 年内有 15 次之多。1983 年 9 月，翰伯同志在厦门召开的《汉语大词典》第三次编委会上的讲话结尾，曾饱含激情地说："昨天，我想到陆放翁的两句诗：'王师北定中原日，家祭毋忘告乃翁。'早晚有一天，我们会得到消息，《汉语大词典》已经全部出齐。我们是无神论者，也是无鬼论者，可是在这一点上我宁可让步一下，希望得到这个消息，能够知道这书已经出版了，九泉之下也会很高兴的。"遗憾的是，翰伯同志终于未能等到那一天，1988 年 8 月 26 日凌晨 6 时，他悄悄地走了。据翰伯同志的夫人说，26 日凌晨 3 时，翰伯同志起床小便时还和她说了几句话后就上床安静地睡着了，到天亮时发现他的双脚犹有微温，但心脏已停止跳动。

今天，我们可以告慰翰伯同志：《汉语大词典》全书 13 卷，共收词语 37.5 万余条，约 5000 万字，不仅已于 1994 年 4 月全部出齐，而且还相继出版了《汉语大词典》缩印本、简编本和光盘版；《汉语大字典》全书 8 卷，共收楷书单字 5.6 万余个，1545 万字，不仅已于 1990 年 11 月全部出齐，而且还相继出版了《汉语大字典》缩印本、简编本和袖珍本。两部大型汉语辞书出版后得到国内外各方面的高度评价；其他中外文语文、专科等辞书也出现了空前繁荣的局面。

翰伯同志，您在九泉之下得到这个消息，一定会含笑感到很高兴的吧？

作者附记:翰伯同志逝世后,他的夫人卢琼英同志为筹划出版翰伯同志文集事,曾到国家出版局约我写一篇纪念文章,我当即应允,但由于《中国出版年鉴》编辑发稿工作繁忙,未能及时交稿。不久卢琼英同志突遭车祸不幸逝世,负责编辑翰伯同志文集的高崧同志也于1991年病逝,我为未能及时写出纪念文章而深感负疚。最近得知宋木文同志倡议重编《陈翰伯文集》,将由商务印书馆出版,特赶写此文,以代心香一瓣,表达我对翰伯同志的深切怀念和敬仰之情。

1999年9月9日

原载《中国出版》2000年第1、2期

存　目

著　作

陈翰伯　《陈翰伯出版文集》

中国书籍出版社1995年

陈翰伯　《陈翰伯文集》

商务印书馆2000年

高崧、胡邦秀　《报人出版家陈翰伯》

人民日报出版社1990年

论　文

陈翰伯　《肩负起艰巨而光荣的任务》

《出版史料》1979年第2辑

陈翰伯　《和革命事业联系在一起》

《出版史料》1982年第1辑

高　崧　《最好的纪念——悼陈翰伯同志》

《出版史料》1987年第1期

鹿　苑　《陈翰伯与〈联合晚报〉》

1988年12月23日《人民政协报》

冯亦代　《痛失良师益友——悼陈翰伯同志》

1988年9月5日《人民日报》

高　崧　《怀念陈翰伯同志》

1989年1月8日《光明日报》

徐亚南　《怀念陈翰伯》

《散文世界》1989年第8期

尚　丁　《陈翰伯同志二三事》

《新闻研究资料》1989年第47辑

宋木文　《陈翰伯同志对出版工作的重大贡献——〈陈翰伯出版文集〉补遗》

《出版发行研究》1996年第4期

方厚枢　《陈翰伯与辞书出版工作》

《辞书研究》2000年第5期

王一方　《陈翰伯同志出版生活回顾》

2001年9月11日《中国图书商报》

王建辉　《陈翰伯——一个值得研究的出版家》

《老出版人肖像》,江苏教育出版社2003年

胡企林　《〈陈翰伯文集〉的编辑工作旧事新感》

2005年2月2日《中国新闻出版报》

胡企林　《见证老出版家品格风范》

2005年3月15日《中国新闻出版报》

王子野

王子野(1916～1994),安徽绩溪人。原名程扶铎。1930年入上海亚东图书馆当练习生。1938年入延安陕北公学高级研习班学习。同年加入中国共产党。1939年至1945年先后任中央军委总政治部第二秘书处秘书,兼任军政学院哲学助教、中共中央书记处图书资料室副主任、中央军委编译局编译处处长、编译局秘书长、中共中央华北局宣传部出版科长、出版委员会委员等。

新中国成立后,历任出版总署编审局第三处处长,人民出版社副总编辑、副社长和总编辑、社长兼党委书记,国家出版局副局长,党组副书记,并兼任国务院古籍整理出版规划小组副组长。他曾任国家出版委员会主任委员,中国出版工作者协会第一届副主席、第二届主席、第三届名誉主席。他是全国政协第二、三、四、七届委员,第五、六届全国人大代表等。

王子野同志长期从事编辑出版工作。尤其是新中国建立后,曾积极参与创办大型文献性刊物《新华月报》的工作。他在担任国家出版事业管理局领导工作期间，大力进行了出版战线的拨乱反正工作，为恢复和发展新时期出版事业做出显著贡献。他在担任人民出版社领导工作期间，对有系统地出版马克思主义经典著作和大量翻译理论读物做出了重大贡献。

同编辑谈读书

王子野

一　为什么要提出这个问题

读书是好事，谁也不会反对。可是要问现在的读书风气怎样？老实说有点不大妙。有人说，现在流行一种风气：不读书好求甚解。这的确是个问题。不读书而又喜欢发议论，其论必败。怪不得有人说，现在阿 Q 派很流行，都喜欢“君子动口（空口说白话）不动手（下苦功）”。这些话不是没有道理的。

我们这里的读书风气又如何？说这里没有人读书是不合事实的。但是应当说还没有形成一种风气，或者说空气很稀薄。我们这里是书籍的制造所，出版社中人不热心读书外面也许不相信，然而事实确是如此。厨子闻惯了油腻，不馋吃。我们不大读书的原因是否也在这里呢？假如真是这样，那实在糟糕得很。

要确实知道这里读书风气如何，大家可以算一算自己每年读书的总账，看看究竟一年能念几本书。我们可以把一位比在座各位都年轻的俄罗斯思想家杜勃洛柳波夫作标兵，来比较比较看。杜勃洛柳波夫是个喜欢读书的人，13 岁那年，据统计一共读了 413 本有名的著作。一个 13 岁孩子一年读 400 多本书，我们又如何？我们一年能读 40 本书能有几人？

算账以外，还可以再来看一下我们的知识、理论水平究竟怎样。例如，哲学编辑不妨考一下自己，究竟懂多少哲学。假如只知道物质第一性，唯物论比唯心论好，不知道古今中外的哲学派别、源流，那末农民也可以做哲学编辑了。搞经典著作的编辑，假如猝然问他马克思什么时候诞生，哪里人，家庭情况怎样，哪年流寓英伦，哪年搞《新莱茵报》……我看也未必能随口答出。但是这样一些具体知识没有，光知道马克思是马克思主义的创始人，哪能算是马克思主义经典著作的编辑呢？正因为我们的理论、政策水平不高，现在出的书几乎天天出错，天天在写新的《笑林广记》，制造笑话。要克服这种现象，除了学习以外，别无他法。

没有读书风气的原因在哪里？有人说，是因为没有时间。诚然，有时确实忙，例如杂志要发稿的时候，搞运动的时候，就一点时间也抽不出。但是不是每一个人，每时每刻都这样忙，我看未必。我同一些同志研究过，一个星期读10小时书，是没有问题的。一星期读书10小时，一年52星期，就能读520小时，能坚持做下去，就是一件大事。

也有人说，是因为领导上没抓紧。批评领导是应当的，但是要认真读书，主要问题还在自觉。大家有兴趣读书，领导不抓，也会读书。没有兴趣读书，领导上硬叫你坐下来读，形式上在看书，心里却在想别的，当然没有效果。总之，自愿读书，事半功倍，强迫读书，事倍功半。

读书对于什么人都重要。任何工作不读书就做不好。经验主义只能苦干，不能巧干。马克思恩格斯假如只搞工人运动，不读那么多书，不去吸取人类精神文明的遗产，就不会创造出科学社会主义。自然科学如果不在接受先人遗产的基础上前进，就不会有今天的卫星、火箭以及各种尖端科学。知识来源于实践，这是不错的。但不能太简单化地去理解。我们现在的理论工作还是落后于革命的实践。党中央很重视这个问题，所以正在大力提倡读书风气。我们这些编辑出版工作者也应当跟上去，不要掉队。

二　抱什么态度读书

读书抱什么态度，这是首先要解决的问题。

我以为，读书应当去三怕，立四要。

先讲去三怕。

第一是不要怕读了书以后变成教条主义者。

一个人多读了书，可以成为教条主义者，也可以不成为教条主义者。主要看方法和态度对不对头。因为怕成为教条主义者，就索性连书本也不读了，这是因噎废食。不读书没有教条主义，但是不读书就没有知识，害处会更大。我们只要抱定一个宗旨，要读活书，不要读死书，读了书一定要用，学以致用，理论联系实际，就绝不会成为教条主义者。即使中国过去的旧学者，也有些是读书而不教条的，何况现在呢？

第二是不要怕读了书以后会脱离实际。

我们提倡读书，并不是要大家不去接触实际。理论结合实际是我们的根本原则。但是我们不能对这个问题作简单化的理解。实际固然重要，理论也不可忽视。有人说，理论就是实际，实际也就是理论，这是很错误的说法。革命理论是近代工人运动的经验总结，但又不是直接从工人运动中产生出来的，这是马克思主义经典作家所一再说过的。我们如果只到实践中去求理论，不去吸取前人和别人积累的经验和知识，就是再多两倍年纪，也不会使革命得到胜利。

有的同志认为学以致用的学习才好，否则不好。这是对的。但是也要防止简单化。有的东西学了就能用上，有的则未必，不学到相当程度，看不出什么效果来。例如学一章《资本论》，未必就会理解现在的商品经济现象；读了黑格尔的《美学》，不一定就会懂得梅兰芳的艺术。但不能因此说这些人是白学,是教条。学习需要细水长流,养兵千日,用兵一时,急于求功不是好事。假如只顾眼前的需要,我们也不必再去搞什么甲骨文,研究中国古代社会的性质了。但是实际上,懂得了甲骨文,有益于将来的文字改革工作,搞清楚古代社会的性质,绝不能说同将来过渡到共产主义社会无关。这种联系一眼是看不出来的,但却是存在的。

第三是不要怕变成书呆子。

书呆子的名称很不光荣,大家怕做。我们先要弄清楚书呆子究竟是什么样的人。"秀才不出门,能知天下事",这种人未必是书呆子。只有那些关了房门读植物学而到了田里却韭麦不分的人才能说是书呆子。

假如把呆气理解为入迷的话,我以为有几分呆气倒是好事,并不可怕。这种人对读书有高度兴趣,满腔热情,废寝忘食,那又有什么不好呢?看戏有戏迷,下棋有棋迷,做诗有诗迷,读书也可以有书迷。有些科学家对科学入迷得实在厉害,例如爱迪生新婚之夜路过实验室,就忘了结婚这件事。从这里看,我们现在对书着迷的人还太少。要学习,就得花一定劳动,入一点迷,"皇天不负苦心人",化一点功夫,就会有一定收获。

去掉了三怕以后还要立四要:

第一是要有目的。有的人读书没有明确目的,为读书而读书,这是不好的。虽有目的,而目的只是为个人,为了追求个人的名利而发奋读书,也是不好的。这种目的一定要反对。读书应当首先是为革命、为工作,为集体的利益,为人民的事业。

第二要有决心。我们无论做什么事,从来提倡持之以恒。学习也这样,一定要做到不管领导上抓不抓,自己都能坚持不懈。一曝十寒,效果很小。现在很多人学外语就是这样,今天学明天丢,念来念去 ABCD,老学不会。相反,如果我们能够持之以恒,那末"绳锯木断,水滴石穿",就不会没有结果。

第三要虚心，又要敢于独立思考。学习不能有先入之见，要抱谦虚态度。但是也千万不要虚心得毫无主见，人云亦云。不懂的问题，一定要弄清楚。不要光记结论，还要搞清楚结论是如何得出来的。我们提倡独立思考，当然这独立思考是要有立场的。

第四要塌塌实实。偷巧，好高骛远，不是学习的正道。学习超乎自己可能的东西，一定不会发生兴趣，就不能持久。现在有些同志的学习热情有点鼓起来了，我看了一些学习计划，都很庞大。有一个人一个月要读《自然辩证法》、《反杜林论》、《唯物主义与经验批判主义》等经典著作十几本。对于这些同志，我首先表示敬意，但同时也要请他们考虑一下，这些书是否都读得了。照我理解，是有困难的。《唯物主义与经验批判主义》我读了好几遍，只懂了一半。

三　读什么？

读什么书，这里有个读书路线问题。在这方面历来有两种主张，一种是“开卷有益”，碰到什么书读什么；另一种是“非圣贤之书不读”，也就是外国人主张的非第一流书不读。

这两种主张都是极端的。我以为应该折衷一下。读书无边，既不可能，也没好处。据说外国有个人把《大英百科全书》从头到尾读了一遍，我想是不会有什么大收获的，因为范围太广。但如果非圣贤之书不读，又太专了一些。其实要读懂圣贤之书，也非有广博的知识不可。列宁在《青年团的任务》就指出过这一点。毛主席也告诫我们要继承前人的文化遗产。我们不懂黑格尔、费尔巴哈，很难学好马克思主义哲学，不懂李嘉图、亚当·斯密，也学不好马克思主义经济学。同样，我们如果对中国历史一团漆黑，那也一定不能理解毛主席的著作。总之读书一定要精，要有方向，但也不要范围太狭。例如，做编辑的，除了本行之外，还可以学点文学。

做诗填词，我们学不会不要紧，但是文学知识总该有一点。还可以学点自然科学，至少要知道火箭、导弹是怎样一回事，知道当前最主要的科学成就。要学一点语法、逻辑，外语也要学。

学的东西那末多，但不是要大家一下子都学会，可以慢慢来，先抓主要的。当务之急是学好马克思列宁主义基本理论。

学习的方法是自由读书，讨论不要太多，没有准备的讨论会绝不要开。但是希望意趣相投、学习的东西相同的人经常能凑在一起谈谈，议论议论，还是有好处的。

在人民出版社编辑座谈会上的发言，
原载《思想战线》1959 年第 20 期

出版学在众多学科中应占有一席位置

王子野

钱小柏、雷群明同志编写了《韬奋与出版》，将由上海的学林出版社出版，原稿寄给我，请我写篇序。我从 30 年代起就是《生活》周刊和生活书店出版物的经常的、热心的读者，对韬奋同志从来都是敬佩的，但可惜一直没有机会认识他，和他没有个人接触，对他了解不多，请我写序本来是并不合适的。但我通读全部书稿之后，感想甚多，不能已于言，很愿笔之于书，至于这样写算不算序，那就不去管它了。

读了书稿之后，给我一个总的印象是，韬奋同志的确不愧为“中国新民主主义的新闻出版事业的模范”（这是 1944 年陕甘宁边区文教大会给他的评语）。他从事新闻出版工作近二十年之久，不仅写了大量的文章，而且在编辑、出版、行政管理方面作了大量的工作。他不仅是一位杰出的新闻记者和评论家，而且是一位非常出色的编辑工作者和出版工作者。出版工作的任何一个环节，从校对到编审，到装帧设计，到印刷，到发行，到经营管理，可以说他对每一行都精通，是出版工作中罕见的全面人材。他对编辑出版工作经验之丰富，在我国近代出版史上是很少有人能与之比肩的。我应该负责地向出版工作战线上所有的同志推荐这部好书。我敢说，任何人读了这部书都会受到教育，得到启发。

这部书中提到的经验，因为历史条件不同，斗争任务不同，不能照搬。还有些在当时是进步的好办法，现在却不适用了。例如把出版机构办成合作出版的集体所有制的事业，现在我们的出版社早已成为国营的企业，当然不必再回头去搞合作出版了。

但是书中介绍的韬奋办出版事业的基本精神，至今还有现实意义，值得我们认真学习。像他主张的出版事业要不断追求进步，应该与时代一同前进；应该把"事业性"放在第一位，不应该把"商业性"放在第一位；出书要讲究质量，要努力生产"引人向上"的精神食粮，决不能为赚钱而不顾一切去滥出有害的坏书刊等思想，都是有鲜明的现实意义的。特别是他那种废寝忘餐、呕心沥血地为读者服务的精神更是值得我们学习、继承和发扬光大的。

为人民服务这个响亮的口号是我们党最先提出来的，是我们一切行动的最高准则。韬奋同志还在 30 年代，在他还没有成为共产党员之前，就能自觉地为这个口号奋斗，实在难能可贵。读了他为人民服务所做出的动人事迹，真使人感动得落泪。因此毛泽东同志在 1944 年对他作了那么高的评价不是偶然的。这评语虽然大家都记得很熟，但我还是再抄录一次："热爱人民，真诚地为人民服务，鞠躬尽瘁，死而后已，这就是邹韬奋先生的精神，这就是他之所以感动人的地方。"

我们拿韬奋同志为人民服务的精神来对比一下自己是很有好处的。应当肯定新中国成立三十多年来，我们的出版事业是在为人民服务的总目标之下成长壮大起来的，但是和韬奋同志的服务精神相比较,差距还不小。

韬奋同志当编辑最宝贵的精神是大公无私。还在30年代他就提出当编辑的第一个条件就是大公无私。他说:"天下最可鄙的是自私自利,天下最可敬的是为群为公。"编辑肩负重任,一切作者投来的文稿能否刊登都要由编辑来判决。如编辑选稿不以公字为标准,那就会败坏刊物和出版社的信誉,一直到垮台。所以他主张选稿必须大公无私,必须坚持原则,以质量好坏为准,不管作者是谁,也不管文稿的来头大小,决不照顾情面,决不搞"关系"。《生活》周刊的信誉因此越来越高。韬奋办事就是这样铁面无私。人们总以为铁面无私就会得罪人,其实不然,韬奋不仅没有得罪朋友,而且更赢得了他们的敬重。

大公无私是个普遍的职业道德问题,也是编辑道德的首要条件。我们现在的编辑队伍很大,是否人人都能做到大公无私?大多数人能做到我敢肯定,但是要说人人都能做到,我不相信。至少有一小部分是不够格的。不是有的编辑利用职权干坏事吗?向作者强索财物,强迫分作者稿费,要求作者请客送礼等等花样都发生了。而在作者方面也有少数人感染了坏影响,为了自己的著作能出版,不惜拉拉扯扯,请客送礼,走后门,搞"关系"。事情发生在少数人身上,但这种风气很不好,让它发展下去危害极大。这种不正之风不仅在今天的社会主义时代不能容许,就是当年的韬奋同志对此也是嫉恶如仇,决不容忍的。

胡耀邦同志在党的十二大报告里说:"在今后五年内,要通过一切可能的途径,采取一切有效的方法,努力实现理想教育、道德教育、纪律教育在全国人民中首先是全国青少年中的普及。这是争取在五年内使社会风气根本好转的一项基本措施。"又说:"每一个公民都应当遵守公民义务、社会公德和职业道德,每一个劳动者都应当是社会主义精神文明的建设者。"

当我们响应十二大号召,大讲职业道德和社会主义精神文明建设的时候，联系韬奋同志的大公无私的可贵精神，难道是多余的吗？

再说一点，就是韬奋同志那种艰苦奋斗、勤俭办事业的精神也是值得我们学习的。当他接办《生活》周刊时，既没有钱，也没有人。编辑工作就他一个人干，完全是唱独脚戏，只是经过几年之后才好不容易找到一个助手。又要当编辑，又要写评论，又要下工厂当校对，还要答复读者来信，一个人能干这么多事吗？除非三头六臂。当然韬奋同志不可能有三头六臂，事实上这些工作他都干了，而且干得很出色。要问其中奥妙，也没有什么奥妙，无非一条，他坚持了艰苦奋斗、勤俭办事业的精神。坚持这一条就搞出"奇迹"来了。

我们现在办刊物、办出版社比韬奋时代条件好得不能比，可是经常听到的呼声总是编辑人手不够。真的不够吗？你去调查了解一下，一般的期刊社、出版社总有那么几十人甚至百人以上。总的来说，我感到人是多了，而不是少了。目前党中央、国务院正在抓机构改革，精简人员，企事业单位也存在着同样的问题。当我们贯彻中央决定的时候，回顾一下韬奋同志办出版事业的历史，学习他坚持艰苦奋斗、勤俭办事业的精神肯定是大有好处的。

社会上各种行业都有自己的专门学问，经济有经济学，教育有教育学，新闻有新闻学，书刊出版后也有专门的目录学、版本学、图书馆学等，唯独出版工作本身缺少专门研究。是出版工作没有东西可研究吗？不是的。出版的历史起码可以追溯到一千多年前，反正比新闻早得多。要研究的东西不是很少，而是很多。就是因为不被重视，所以才留下缺门。这空白总不能永远留下去，出版学早晚总要在众多的学科中占一席应有的位置。正在编纂的大百科全书就有专门的出版卷，这是非常令人高兴的，希望能早日编出来。出版工作的历史源远流长，一时不易弄清楚，就是近代的史料也多得不可胜数。先从五四以来，特别是从韬奋同志主办《生活》

周刊和生活书店的半个世纪的历史着手研究是比较容易进行的，而且对当前的出版工作的改进更有意义。

学林出版社成立之始，就把出版有关出版方面的史料和研究著作作为自己的重要任务之一，这是值得高兴和祝贺的。《韬奋与出版》一书的编写出版，是这项工作的开端，希望他们再接再厉，坚持不懈，不断地作出新的贡献。

1982 年 11 月

这是作者为钱小柏、雷群明撰写的《韬奋与出版》一书写的序，题目为编者所加，该书由学林出版社 1983 年出版

我国出版史上的一件大事

王子野

今天召开中国编辑学会的成立大会，这是中国历史上破天荒的第一次，当然是出版史上的一件大事。我作为出版战线上的一名老兵，很高兴来参加这个会。衷心祝愿它取得圆满成功。同时，我们这个会是在党的十四大开幕的第二天召开的，这个日子将永远留在我们的记忆里。我今天要讲两个问题：一个是编辑工作的重要性问题，一个是编辑学能不能成立的问题。

一、编辑工作究竟有无用处，至今还是个有争论的问题。认为编辑工作可有可无，或者干脆持编辑工作无用论者也还不乏其人。这种思想是错误的，但它还有一定的市场。我认为编辑工作是出版工作中不可缺少的组成部分。可以设想一下，出版社如果没有编辑部，那将是一种什么状况？岂不乱了套了。书刊没有编辑就出不了精品，只能出些错误百出的粗劣品。错误是人所难免的，任何一个高明的作者都不能保证自己的作品一点差错都没有。举例

来说，郭沫若同志是第一流学者，他的著作也当然是高水平的，但他从不自认为他的著作绝无失误和差错。他早期的名作《中国古代社会研究》30年代在上海出版。解放后从1954年起改由人民出版社重排出版。看来这样的书只要照排照印就行了。可是郭老自己重新审阅修改了一遍还不放心，他特别嘱咐出版社的编辑要认真审读，尽量提出问题，不要有顾虑。出版社的编辑果真提了大大小小一百多条，送请郭老复核。退回的书稿除了少数几条外，他基本上都同意照改。他在新版引言中说："感谢出版社的同志们，费了很大的工夫从事整理、核对引文、校勘全著，订正了不少文字上的错误。"由此可见编辑不是可有可无，而是大有作为。再如，周振甫同志曾给钱钟书的《谈艺录》担任责任编辑，对原稿作了认真的校订。书出版后钱先生很满意，写信表扬道："校书者非如观世音之具千手千眼不可。此书蒙振甫道兄雠勘，得免于大舛错，拜赐多矣。"像郭沫若、钱钟书这样的大学者都如此重视编辑工作，其余的作家谁能不承认编辑的作用。

二、编辑学能不能成立，这个问题一直有争论。新闻学已成定论，早就存在了，而编辑工作并不比新闻工作简单，为什么不能成为一门学问？应当说编辑的学问很多，不亚于新闻学。目前图书馆学、目录学、版本学都有了，编辑怎能无学呢？鲁迅曾对赵家璧说过：编辑工作大有学问。因此成立编辑学会很有必要。

自80年代以来，经过多方的努力，编辑学的研究终于提上日程，十年来已取得明显的成绩。今年还开了一次评奖会，奖了一批好作品。但是我们不能满足于现有的水平，还应有所提高。从问题方面看，许多论文理论联系实际差一些，比较空。应该努力克服这个弱点，更上一层楼。

今天，我还想趁学会成立之际，提几点希望：

(1)要加强宣传。宣传工作很重要。编辑工作长期不被人理解，其中原因之一是我们很少宣传自己的工作，所以很多人不知道编辑工作究竟是什么性质的工作。其实出版编辑工作中的好人好事多得很,应该及时宣传。

(2)要加强研究工作。研究工作一是要总结40年来的经验与教训,二是要结合实际工作,探讨当前的一些迫切问题,首先是在社会主义市场经济下的出版工作究竟应如何进行改革。

(3)抓干部培训。编辑队伍中好的编辑不是没有,但一般说来目前多数年轻编辑素质不高。十年“文革”耽误了一代人,青黄不接,修养不高,基本功不够,工作作风粗糙,许多书出的差错令人吃惊,有人甚至叹息说:“真是到了无错不成书的地步。”因此培训队伍迫不及待,各个出版社都应想方设法来培训干部,否则出版工作的前途令人担忧。

(1992年10月在中国编辑学会成立大会上的讲话)

选自《王子野出版文集》,中国书籍出版社1997年

严谨、勤奋、朴实无华

——忆父亲王子野

陈 光

在我们子女们的心目中,父亲是个严谨、勤奋的人,他感情十分丰富,但性格内向。平时我们之间交流的机会虽然不多,但通过他的生活习惯、言行,以及兴趣爱好,我们却从中受到不少教益和启迪。

父亲喜爱自学,也十分推崇自学,在长期的工作生活中,他利用空余时间自学外语,形成了一种习惯。父亲以前没有机会进正规大学,他的外语全是靠自学攻下来的。在延安时期,他翻译了俄

文版的《西洋哲学史简编》，解放后不管工作多忙，只要一有空他就翻译，先后译出了拉法格和卢梭的著作。父亲先学了英语、俄语，又陆续自学了法语、日语。他不仅自己动手从事翻译，而且很注重翻译界的动态。在阅读《红与黑》的一个新译本时，发现其中有不少问题，于是找来法文原著、英文版本及原有译文，经对照查找出新版本中不少地方照搬别人的译文，而且有一些不符合原意的地方。他立即撰文批评了这种现象。父亲的自学不限于外语方面，哲学、经济学、美学、历史、文艺理论等诸多领域的学识，几乎都是靠勤奋刻苦，不懈地自修得以积累的。

在父亲的作息表上，每日清晨第一件事便是冷水浴，一年四季，从不间断。养成这种习惯与建国初期得的那场病有关。1952年，父亲因肺病休养了两年，病愈之后下决心坚持锻炼。每到夏季，父亲喜欢游泳。当时机关作息制度严格，中午只有一个半小时的休息时间，从人民出版社到游泳场还有三站路的距离，即使如此，他还是坚持经常去游。长期的锻炼，使父亲获得了充沛的精力，他每天读书工作到很晚，第二日早上依然按时起床；中午仅有十几分钟的休息，就可保持下午的精力。1969 年，在“五七干校”，父亲得了出血热，几天几夜昏迷不醒。这种病当时没有药医治，死亡率很高，医院也只能给输点葡萄糖液，全凭病人的体力熬过这种病所特有的危险期。由于他的体质好，最后终于战胜了病魔，虽然病好时，只剩下皮包着的筋和骨。

要说父亲爱好什么，那自然是爱书。父亲藏书十分丰富，选择也是严格的。他喜爱的一般是高品位的、经典式的书籍。我国还没有自己的百科全书时，只能参考苏联的。为了收藏这一套苏联版的巨型工具书，父亲每个月专程去买，5 元一本的书，共计 51 本。他每次抱着书回来那乐滋滋的神情，至今还浮现在我的眼前。除了名家的著作文集，父亲还收集了不少国内外艺术史方面的书籍等。

爱书的人，也爱读书人。对于那些有学识、有见解，能对思想文化建设有作为的人，他都十分推崇十分关心。记得 60 年代，一位大学生受到学校不公正待遇，这位学生在研究普列汉诺夫的理论方面颇有见地。父亲见到他的文章之后很欣赏，立即把他借到人民出版社作翻译工作，在生活上也给予很大的关心，为这个年轻人的成长创造了有利条件。

父亲爱读书，但反对死读书，主张通过学术争鸣达到追求真理、繁荣思想文化的目的。为此父亲先后与朱光潜先生、周谷城先生及吴晗先生等进行过学术方面的讨论。

编辑工作是一项严肃的工作，作为编辑人员不但要有广博的知识，还必须具备严谨的工作作风。在谈到人民出版社出版郭沫若《中国古代社会研究》的往事时，父亲说，当编辑不应被名家名人所吓倒，再大的学者也难免会有疏漏，当时史枚就指出郭老书稿中的一些问题。有些问题可以从作者的笔下漏掉，但是逃不过认真的编辑的眼睛。父亲对于出版物的质量要求也是很高的，对那些品位高雅、装帧考究的书籍倍加赞赏，对一些粗制滥造的出版物却十分反感。有次一家出版社兴冲冲地送来一套大型样书，据说很畅销。父亲一看内容，觉得古文今释作得太粗糙，结果送书人非但没受到表扬，反而挨了批评。

出版工作的好坏，不仅反映在编辑工作的水平上，更重要的是要有正确的导向，通过正确贯彻党的方针，繁荣我国社会主义文化事业。父亲关心出版事业，最集中地也就是如何按照小平同志提出的解放思想、实事求是的方针，排除右的，主要是"左"的干扰，保障学术自由，推动我国出版事业的发展。1992 年他听到上海《鲁迅研究》第 5 辑被封存的消息，感到震惊和不解。他在《学习》上发表文章指出："胡风一生坎坷，最终得平反。他现已不在人世，他的文章为研究鲁迅和中国现代文学提供了一些可贵的史料，即使其中有些缺点和错误，完全可以写文章讨论，有什么理由要遭受扣压。”

繁忙的工作之余，父亲有广泛的兴趣爱好。他喜爱艺术，平生收藏了不少西洋名画集；他喜爱书法，时常挥毫运笔。他最喜爱的还有竹子。在我家庭院里，他种了一丛一丛的竹，一有空闲就坐在竹丛下欣赏和读书。春季来临，他让我们挖出新生的小笋来吃。对竹的偏好可能与父亲幼年生长在皖南有关，竹林是当地主要的景致，而且竹笋也是一种重要的辅助食物。在父亲最爱吃的菜肴中，就少不了南方的竹笋。当年在“五七干校”艰苦的条件下，父亲以竹为材，精心刻制了一批笔筒，也可作为爱竹的一个佐证。父亲书房的门上，他用行草抄录了两句诗：“虚心竹有低头叶，傲骨梅无仰面花。”对联贴出后家人并未在意，只有我的儿子对其中一个草体字认不准，请教过爷爷。现在不难看出，父亲对竹的偏爱自然不仅仅在于其外形和实用的价值，更注重其蕴含的一种意境。父亲一生追寻真理，正直无私，在事业上孜孜不倦，在生活和待遇上从不计较。从他勤奋刻苦、朴实无华的作风中，我们似乎可以看出他所钟情的竹的风格。

原载《出版科学》1994 年第 2 期

编辑家、学者和评论家王子野

吴道弘

我国近代以来编辑出版事业的优良传统之一，是出现一大批学有专长、精于编辑、成绩卓著的编辑家、出版家，人才辈出、前后相望。在现代出版界中，王子野同志就是这样一位著名编辑家、学者和评论家。

王子野原名程扶铎，1916 年出生于安徽绩溪，1938 年入陕北公学学习,同年加入中国共产党。建国前曾任中共中央书记处图书资料室副主任,中央军委编译局翻译处处长,《晋察冀日报》编委,1948 年任中共中央华北局宣传部出版科科长,从此一直在编辑出版岗位上工作。六十多年来他对现代出版事业作出极大努力,有着重要的业绩和贡献,赢得很高的声誉。

王子野在工作

建国后,王子野任中央人民政府出版总署处长。在此前后,在胡愈之的领导下,曾积极参与创办新中国第一个大型文献性刊物——《新华月报》,总揽编辑、出版业务全局,并负责编委会,奠定了该刊的编辑宗旨和编辑风格。1950 年 12 月人民出版社成立后,王子野任该社副社长兼副总编辑,在五六十年代长期担任领导编辑职务期间,对有系统地出版马克思主义经典著作与大量理论翻译读物,做出重要贡献。70 年代曾任国家出版局副局长、党组副书记。在国家出版事业领导岗位上,拨乱反正,落实出版政策,重视编辑出版人才和出版物质量,以及关心和提倡书籍装帧艺术,多次撰文评论,起过很好的作用。80 年代以来兼任国务院古籍整理出版规划小组副组长,国家出版委员会主任委员和中国出版工作者协会第一届副主席、第二届主席、第三届名誉主席,仍一如既往,关心出版工作。他亲自为《当代中国的出版事业》一书审稿,并撰写该书“绪论”部分;经常在中央级报刊上推荐好书、评论作品。他关心和支持编辑学、出版学的研究,为多种编辑著述撰写序文。他说:“社会上各种行业都有自己的专门学问,经济有经济学,教育有教育学,新闻有新闻学,书刊出版后也有专门的目录学、版本学、图书馆学等，唯独出版工作本身缺少专门研究。是出版工作没有东西可研究吗？不是的。出版的历史起码可以追溯到一千多年前，反正比新闻早得多。要研究的东西不是很少，而是很多。就是因为不被重视，所以才留下缺门。这空白总不能永远留下去，出版学早晚总要在众多的学科中占一席应有的位置。”（1982 年《韬奋与出版》一书序），王子野鼓励编辑进行出版理论研究，曾主持全国出版研究年会和编辑出版理论优秀论文的评奖工作。还提倡编辑要读书学习、博学多能，成为通才；并要继承和发扬出版的优良传统。1990 年王子野向《出版工作》编辑部建议，约请出版界一些老编辑写一写自己是怎样做编辑工作的。之后该刊开辟“我怎样做编辑工作”专栏，陆续发表了许多著名编辑所写的具体经验和切实的体会，在编辑出版界产生了广泛的有益作用。

我国实行改革开放政策，王子野为出版对外交流，做了大量的工作。先后访问过日本、美国、意大利等国，跟这些国家的出版界人士广泛接触，宣传了我国出版事业的成绩，促进国际合作出版的开展。王子野是国内外公认的享有盛誉的出版家、编辑家。在继续为编辑出版事业贡献力量。

一

王子野的编辑出版工作是跟人民出版社的建立与发展分不开的。到 1966 年“文化大革命”开始，他一直是该社的主要领导，长期主持编辑工作，1958 年起任社长兼总编辑。

人民出版社从建社起，有系统地出版马克思主义经典作家的原著就是一项重要的任务。建社初期，除出版《马恩文选》外，还有马列原著单行本，王子野重视译文的校订工作，特别是列入“干部必读”的部分。经常亲自跟译者（曹葆华等）联系。1954 年中共中央马恩列斯著作编译局成立后，马列原著的翻译出版进入更有计划有系统的新阶段。继《斯大林全集》出版以后,《列宁全集》中文第 1 版 39 卷的出版工作,仅用两年时间就完成。接着 60 年代出版《列宁选集》,王子野亲自撰文在《人民日报》上介绍。

对于马克思主义经典作家原著的翻译出版工作,王子野有一种真挚的感情和执著的追求。1984 年 9 月在新版《列宁全集》(中文第 2 版)出版发行座谈会上,王子野满腔热情地发言,希望译文精益求精,新版能反映我国自己的特点,要有自己写的前言和注释;对《全集》的装帧设计要求成为善本书。这些真诚的意见,也是他一贯的主张。王子野在人民出版社时多次讲到普列汉诺夫翻译马恩著作时增加自己注释的做法。因此人民出版社出版《费尔巴哈论纲》时,就附了普列汉诺夫写的注释。在“文革”中陈伯达曾以此作为批判王子野叛徒哲学的根据,王子野因而受到迫害。

作为编辑家的王子野,认真贯彻出版方针。人民出版社建社不久,为了执行编辑出版分工原则,他坚决主张不出版专业分工以外的书稿,得到上级领导机关的支持。在编辑工作中,王子野十分重视出版物的质量。他主持出版社的编辑业务,亲自审稿,对各级编辑的审稿意见,总是写上自己的意见、看法,或毫不留情地进行批评,但很有说服力。有一部关于辩证法的翻译书稿,编辑的审稿意见很简单,王子野看了书稿以后,写道:“虽然你们三反四复地修改,然而遗留下的问题还不知有多少(而且都是十分严重的)。我对你们的校订者和审稿者也是有点意见的。”接着指出一些该稿译文上的不妥之处,译者杜撰的名词术语以及误译的例子。然后又说:“希望你们从这部稿子的校订、审读的错误中得出必要的教训,以改正今后的工作。我的意见如不对,也可批评。”(见人民出版社书稿档案)往往有些译稿原译文比较粗疏,即使译者是名家,王子野总是要编辑把审稿意见告诉译者,让译者自己了解后进行校改。

1954 年以前人民出版社曾经出版过不少从苏联翻译的哲学、社会科学方面的小册子。后来认识提高了,1954 年 9 月间,王子野在一本重印书上批语："不再重印苏联一些教条主义的小册子。"对于选题，指出"在目前的情况下，一般书的选择，必须十分慎重，可缓就缓，可不译就不译，这样做，不会吃亏。"（见人民出版社书稿档案）

王子野对于国内一些学者的著作稿，同样认真审读。一部阐述新中国初期建设成就的书稿，王子野的审读意见是："这部稿子只是一些数字的堆积，再插进一些《共同纲领》的引文，使人无法读下去。照此样子不作较大的修改不能出版。我想修改的主要要求是充实血肉，每一个问题都必须讲清道理。材料是很多的……有血有肉又有骨头，才能读下去。"另一部学术性著作的审稿意见，是这样写的："对苏联学者的见解要认真加上一番消化工夫，不要信手大段大段去抄录。但是参考书在文末须作交代。"（以上均见人民出版社书稿档案）

王子野还经常提醒编辑部的同志，编辑工作是一项政治性很强的工作，一定要认真掌握好政策，要用马克思主义作指导。而他自己在编辑工作中的认真严肃、严格细致的工作态度与作风，也是直接影响到全社编辑的业务素质与工作作风。王子野除了审稿，还要审读、修改编辑撰写的图书"内容提要"文字，有时改动得几乎是重新撰写的。人民出版社在建社后就建立总编辑在审读、签发书稿时，同时要审读、签发书稿的"内容提要"的制度。王子野还重视出版社的书刊资料工作，认为做好藏书资料工作，对培养出版社编辑人员有很大作用。

人民出版社初期的内部刊物《出版周报》，刊载上级有关编辑出版工作的指示、选登读者对出版物的批评与建议，以及社内人员在编辑出版工作中失误的检查。诸如"新华时事丛刊"的编辑工作，书刊中重大的校对错误等，都刊出有关编辑、校对人员作出的检查和认识。对于提高工作人员的业务素质和培养严肃认真的工作作风，起了很好的作用。在 60 年代初，王子野在全社人员大会上提出编辑出版工作中的“三风”、“一严”问题。“三风”就是:勤俭朴素的作风、谦逊团结的作风、踏实细致的作风。“一严”就是一切从严,首先是政治上从严。从编辑出版到行政管理,每一环节都要求严字当头。选题组稿、审稿、加工要严,出版校对也要从严,行政管理制度的执行也要从严。只有这样才能保证出书质量的不断提高。

王子野还认为,提高书稿质量,首先必须依靠著者、译者、编者的努力。因此,出版社除了加强编辑工作,在社内培养出更多的好编辑外,同时还应当推动著者、译者和编者也积极改进自己应做的工作,双方努力才能达到书稿质量的普遍提高。

讲到出版社要团结一大批认真著译的作者问题,王子野自己是做得很好的。他亲自在编辑访问作者的“访问记录”上写意见、作指示,有时还在全社人员大会上表扬或批评。还提倡请各方面的专家学者到出版社做学术报告;他自己跟曹葆华、曹汀、朱光潜、吕振羽、季羡林、戈宝权等一大批学者专家——作者都有很好的交往。

其实,王子野对于社会上人才的重视与爱护,也是很突出的。60 年代中期,他在出版社时,把一位研究普列汉诺夫专家王荫庭,请到出版社来让他翻译作品,发挥专长。粉碎“四人帮”以后,王子野满腔热情支持、鼓励安徽一位美学家郭因出版学术著作。郭因的两本专著:《中国绘画美学史稿》和《艺廊思絮》,分别由人民美术出版社和安徽人民出版社出版。作者在后记中和向王子野的赠书中表示了他的感激之情。我很了解王子野对于人才的爱护和对有价值书稿的重视,只是他不愿意多说自己是怎样做的。

图书质量是由内容与形式两部分构成的。王子野对于图书的外观形式——装帧设计也是十分重视的。他在总编辑岗位上经常关心图书的封面设计和装帧形式,为封面设计出主意。

所有这些,可以看出,人民出版社在其发展过程中,凝结着王子野的心血和贡献。1985 年,在纪念人民出版社建社 35 周年时,王子野用秀丽的行书写下这样的题词："乐为他人作嫁衣。"这也是对他自己服务、献身编辑出版工作的真实写照。

二

早在建国前后，王子野有过做研究工作的想法。他曾经说到自己对哲学、美学的爱好，到北京以后，想从事学术研究工作，而不是编辑出版工作。不过，王子野又确实干了一辈子的编辑。王子野是编辑家，然而他又是学者和评论家。他对中外文学、哲学、历史有很深的修养，对翻译工作也很有造诣，是中国翻译工作者协会第一、二届副会长。在延安时期就译过哲学、社会科学著作以及翻译文艺理论方面的书籍等。撰写美学、文学评论，以及杂文作品，出版过多种著译单行本。1984 年三联书店出版的《槐下居丛稿》，是他几十年在编辑工作之余创作的结集，其中包括哲学评论、文学评论、读书笔记和杂文等。

1991 年 11 月，首次胡适学术讨论会在安徽绩溪召开。王子野被邀参加了这次会议。作为胡适的同乡和后辈，他作了题为《以辩证观点研究胡适》的发言。对五四新文化运动的领袖人物胡适在文化学术领域的多方面开拓工作，予以肯定。同时指出："胡适是近代、现代最有影响的资产阶级学者。可惜在学术文化上这样一个巨人，在政治上却是一个侏儒，一个残疾人。……《多研究些问题，少谈些主义》是他敌视马克思主义的宣言书。从此以后直到逝世，前后几十年，他的反共立场纹丝没有改变。在这方面我国的马克思主义和广大的进步人士从来没有放松过和他作斗争。这个斗争是理所当然的，是完全必要的。但 50 年代清算胡适思想流毒采取那种简单粗暴的，否定一切的作法，背离了一分为二的辩证法要求。"因此王子野提出："对胡适的学术思想采取探讨，也就是把以前倒污水时倒掉的婴儿捡回来。当然应当小心，在捡婴儿的时候不要把污水带了回来。……我以为必须坚持实事求是的态度，坚持‘双百’方针，允许大家发表不同的意见，做到畅所欲言，心情舒畅。”这个发言受到与会同志的好评。

作为学者，王子野博览群书，勤于钻研，他藏册极富，坐拥书城。他是珍爱图书的藏书家，又是广泛涉猎的学问家。人们很惊奇地发现，王子野面对大量藏书，但又随时能够找出来使用。在王子野的读书习惯中，对外国文学的若干名著往往喜欢对照外文原文进行阅读。他懂得俄、英两种文字，最近几年还在自学法文和日文。对学问的执著追求，数十年如一日，乐此不疲，老而弥坚。这也是编辑家一种极其宝贵的品质，使他集编辑家与学者、评论家于一身的重要原因。

80 年代以后，人们经常能够见到王子野的书法作品，从图书刊名题字、题词到条幅，生动的行草或古朴的篆隶，似乎突然出现了一个书法家的王子野。其实王子野的书法是很有功底的，只是过去忙于编辑业务和出版领导工作，无暇顾及。这几年他有更多的时间去追摹金石、研修魏碑；草书则倾慕于右任体，而又着意融合诸家，化为己长。需要说明的是，王子野在书法上的成就，有着深厚艺术修养的基础。他很喜爱中西绘画，他的藏书有大量的中外画册，对作品有很高的鉴赏能力。曾经为画家袁运甫等人的作品作序评论。他能刻竹、治印，这些艺术修养使他的书法别具神韵。一年前，我还见到他正在挥毫书写碑记。

三

跟王子野共事合作过的，或者在他领导下工作过的人们，都会一致称颂他写得一手好文章，清新流利、通畅晓达；同时也会觉得他带着浓重乡音的普通话，讲话、做报告时，往往缺少鼓动性和条理性。平时相处，容易见到他不苟言笑、严肃庄重的一面，不易发觉他平易近人、风趣幽默的一面。

50 年代在出版社时，在食堂跟大家一起排队买饭，很爱聊天、说笑话。他称赞一个工友的工作很有条理，说他有“大将风度”。一次，北京东城智化寺展出个人采集的蝴蝶标本展览，他见人就介绍。只要读到一本好书，不住地向人推荐；如果是一本不满意的书，也要说出批评意见。跟他在一起开会，晚上喝了点酒，就会闲聊，从学问到生活，谈天说地，拥有百科知识似的。

王子野平日生活朴素，做事极其认真，细致而又有条理。他日常伏案读书、写作的书桌，总是整理得干干净净，书本和笔纸放得很有规律。书桌抽屉里的东西，也是井井有条的。明窗净几，为他创造了文思如涌、学问日进的良好环境。

1993 年春天，我去拜访王子野同志，正巧子野同志不在家，出来开门的是他的在初中学习的孙子小遥。在小遥居室的墙上，我见到王子野用工正楷书写的几句话：

> 多做好事，少说空话，
> 先做后讲，做了不讲；
> 别人的好事，一件不忘，
> 自己的好事，做了就忘。

这是王子野赠给他后辈的座右铭。我觉得正是他自己的思想境界和道德标准的表现，应该说，也是王子野自己的座右铭。一种高尚的情操和职业道德，同样需要在编辑出版界大大提倡和发扬的。

〔作者附记〕 本文原是应《出版史料》编者之约撰写的。在写作过程中，承子野同志两次谈话，有很大帮助。写成后又经子野同志过目。文章最初发表于《编辑学刊》1993 年第 4 期，而《新华文摘》1994年第3期予以转载时，子野同志已病重住院治疗。我去协和医院探视时，他斜躺在病床上，面容苍白。我们没有说很多话，他提到《当代中国的出版事业》一书，问我见到没有？我将《新华文摘》已经转载本文的消息告诉了他，只见子野同志脸上泛起一丝笑意，没有说话。万万没有想到，这次见面竟是与子野同志的永别。2月16日他就与世长辞了。现在谨以这篇传记性的记述文字，表达对这位著名编辑家、学者和评论家——王子野同志的深切悼念。

1995年4月9日

原载《编辑学刊》1993年第4期

出版界的元老　爱惜人才的长者

——怀念老社长王子野

张惠卿

出版界的前辈，著名的编辑家，评论家和翻译家王子野同志与世长辞了，曾引起我对这位尊敬的老领导的无限追思和怀念。

王子野同志是人民出版社的老社长，我自1953年3月从上海华东人民出版社调来人民出版社以后，就一直在他直接领导下从事编辑出版工作。他热爱社会主义出版事业的敬业的精神，一丝不苟的认真严谨的工作作风，使我受到极大的教益。四十多年来，我从未间断过和他的联系，经常能听到他的谆谆教诲。

他对党的宣传出版工作做出过很多贡献，这里我只谈几件印象深刻的事情。

树立人民出版社的优良社风

王子野同志可说是人民出版社的真正元老，从 1950 年 12 月建社起，他就作为社长胡绳同志的主要助手，担任副社长兼总编辑。1951 年起，胡绳同志兼任总编辑后，他就一直是副社长兼副总编辑，先后和叶籁士、曾彦修同志一起，实际领导人民出版社的日常工作。1958 年，他被任命为人民出版社的社长兼总编辑，后又兼任党委书记，从此就作为总负责人挑起了人民出版社的工作重担，直到"文化大革命"开始，才被迫离开人民出版社的领导岗位。

他领导人民出版社的时间最长，建树也最多。他一贯十分重视编校质量，人民出版社的编辑力量和校对力量一向是较多、较强的。早在 50 年代，他就和其他领导同志一起，制定了一整套比较科学严密的编辑、出版制度，从而保证了全社出版的书刊总体上的高质量和高品位。

人民出版社是国家政治书籍出版社，出好政治书籍，特别是马列著作、毛泽东著作及其他中央领导人的著作，党和国家的政策文件、文献等等，是她理所当然的主要职责。严格把好书稿的政治质量关，决不容许政治书籍出现差错，这是他向全社同志一再强调的工作信条，绝不能有丝毫懈怠。他对中央和上级交办的工作极端重视，不论任务多重，时间多紧，他都二话不说，要求社内同志设法克服各种困难，去努力完成。因此，坚决完成工作任务，严肃认真，积极进取，绝对保证书稿的编校质量，已形成人民出版社的一种社风，或者叫传统，一直保持到今天。只要书稿出版任务一布置下来，全社从编辑部门到出版部门就马上出动"精锐部队"全力以赴，夜以继日地投入紧张的工作，并千方百计地保证出书的质量和时间，出色地完成任务。

人民出版社的同志可以自豪地说，多少年来，他们出版无数种重要的政治书籍，个别的、小的差错曾经出现过，但从没有发生过比较重大的差错和失误，这是难能可贵的，也是和王子野同志的领导思想、严谨作风，和由他树立起来的优良社风分不开的。

爱惜人才，尊重人才

王子野同志十分爱惜人才和尊重人才，党内党外一视同仁。人民出版社有不少非党专家，担任过编辑室的领导职务。他还敢于使用一些别人不敢用的人。有一件事，我始终不能忘怀。

那是在 1962 年下半年，正是中苏大论战期间，中央宣传部指示人民出版社组织翻译一批国外有代表性的政治学术著作，作为“反面材料”内部出版，供中央领导同志和有关研究人员参考。这就是后来人民出版社用“三联书店”名义在 1963 年至 1965 年陆续出版的那套“灰皮书”。当时任务很紧迫，其中有俄国著名思想家和理论家普列汉诺夫的一些论著，比较重要，一时找不到合适的翻译人选。我主管其事，十分发愁。如何解决这个难题？偶然记起有个叫王荫庭的译者，曾经寄来过一篇普列汉诺夫文章的译稿，质量尚好。我就设法寻找这位译者的下落，发现他是个无业青年，穷困潦倒，在长沙家中靠母亲一点菲薄的工资度日。经进一步了解，才知他原是北京大学哲学系的高材生，自学俄语，对普列汉诺夫的哲学思想有一些研究；北大毕业后分配在武汉大学哲学系任助教，1957 年“反右”时没有问题，到 1958 年忽然被补划为“右派分子”，他不服，竭力争辩无效，一气之下不顾一切自动离开武大，从此成为一名“社会青年”、“无业游民”。他寄给我们的译稿，就是在他脱离武大后译出的，想挣点稿费维持生计。

他是个合适的翻译人才，正好可以解决我们的难题，但他又是个不服管教的“右派”，在当时“以阶级斗争为纲”的高压情势下，能不能用他,又是一个难题。我于是去请示王子野同志,把他的情况原原本本地讲了一遍。很有些出乎我的意料,子野同志听后竟毫不犹豫,当场作出决断:“马上把他找来,就在社里安顿他住下来,让他专译普列汉诺夫的东西。”得了这个“尚方宝剑”,我第二天就赶赴长沙,好不容易找到王荫庭的家,向他说明来意,并和他作了一次简短的谈话,他当然喜出望外,如绝处逢生。

王荫庭来社近两年,工作十分勤奋努力,译出了近百万字的普列汉诺夫著作。王子野同志见到他,常勉励他好好做人,做学问。但对王荫庭来社从事翻译的问题,不少同志曾一再提出反对意见,认为人民出版社不应该为这个“逃亡右派分子”提供避风港。若不是王子野同志执意坚持,他在社内是一天也待不下去的。后来,各方面的压力愈来愈大,社内社外都对王荫庭议论纷纷。不久,又因人民出版社出版了《从五四运动到马克思主义在中国的传播》这本书,被上面指责为“为托派、叛徒陈独秀翻案”,王子野同志因此遭到康生的严厉批评,并书面批示要查究“王子野到底用了什么人?”风声鹤唳,如泰山压顶。在这种形势下,他才不得不让我通知王荫庭悄悄离去。

“文革”期间,王荫庭问题成为他“招降纳叛”的主要“罪行”,受到不止一次的批斗。

1979 年,王荫庭本人得到彻底平反,重新回到武汉大学执教,因学术上有较大成就,不久就被评为教授。他已成为国内著名的普列汉诺夫专家,后被南京政治学院聘去任哲学教授,发表过不少有独到见解的著述。前些年他多次来京,必去看望王子野,把子野同志视作“恩师”。谈到在人民出版社这段经历时,他感慨万千地说,如果不是王子野同志顶住巨大压力,收留他来人民出版社译书,使他生活有着,并得以全面接触、了解普列汉诺夫的著作及有关材料,他绝不可能有今天。他对王子野同志的知遇,感激不尽。

王子野同志一生虽然经历许多坎坷,但他始终非常乐观,毕生坚持不懈地忠诚于党的事业。他那出版社元老的高度事业心，他那爱惜人才、尊重人才的长者风范，是永远值得我们学习的！

原载《新文化史料》1994年第6期

敬悼子野同志

邵益文

1993年年底，子野同志病危，我去协和医院探视。当时，我心情沉重，一方面觉得不想发生的事情可能很快发生，另一方面又不能愁眉苦脸地看他，还不得不装作“若无其事”的样子，和往常一样。一进病房，发现他很瘦，不由一惊。向他问安以后，他拉着我的手说：“我没事，挺好的，你们很忙，不用来看我。”并且谈到出版研究、编校质量……特护劝他不要多说话，并以目光向我示意。

王子野与叶圣陶等在一起

我当然不再吭声，可他还是说个不停，我几次劝他少说话，也不起作用。我为他在重病中仍不忘提高图书质量、出版研究、队伍培训而深受感动。后来,书法家协会谢云同志在门外候见,我就不得不向他告辞。此后,听说他的病情比较稳定,以为大概可以闯过这一关了。不久得知他与世长辞的噩耗,仍不能不使人感到突然,想不到这次一别,竟成永诀,令人悲痛。

1984 年初,我接手《当代中国丛书》出版事业卷编委办的工作,子野同志是这部书的主编,多次聆听他的意见。他从延安的出版事业谈起,谈到改革开放,四十多年的事,在他脑子里可以说一清二楚。后来,中国出版发行科学研究所筹建,我也不止一次向他请教。他说,要搞就要搞好,中国有三千多年出版的历史,近现代又有革命的、进步的、反动的出版业,有许多经验可以总结,有搞头。现在有一批老同志退下来了,他们有经验,有时间,这支力量要好好运用。他的教导,言简意赅,把出版研究的方向、方法,包括依靠对象,都说得明明白白了。

1992 年,中国编辑学会成立,拟请子野同志当名誉会长。筹备组讨论,由刘杲同志先给他写信,然后我再登门拜访,并请他在成立大会上讲话。对这两件事他都积极支持。我马上组织有关同志给他起草讲话稿送去。他对稿子作了很大的修改补充,着重讲了两个问题:一、编辑工作不是可有可无。他用 1954 年人民出版社重排郭沫若同志的《中国古代社会研究》一书的编辑工作受到郭老的赞许、周振甫同志为钱钟书先生的《谈艺录》当责任编辑受到作者的表扬这两件事,生动有力地说明了编辑工作不但非有不可,而且十分重要。他说:“像郭沫若、钱钟书这样的大学者都如此重视编辑工作,其余的作家谁能不承认编辑的作用。”二、他着重批驳了“编辑无学”论。他说:“新闻学已成定论,早就存在了,而编辑工作不比新闻工作简单,为什么不能成为一门学问?应当说编辑的学问很多……怎能无学呢?”他又说:“鲁迅曾对赵家璧说过:编辑工作大有学问。因此,成立编辑学会很有必要。”他同时叮嘱我们,要加强宣传自己,抓紧培训队伍,特别强调要加强研究工作。他说:"研究工作一是要总结40年来的经验与教训;二是要结合实际工作,探讨当前的一些迫切问题,首先是在社会主义市场经济条件下出版工作究竟应当如何进行改革。"子野同志的谆谆教导,不光是做编辑学会工作的人,也是我们广大编辑出版工作者应该牢记不忘的。

子野同志是我国出版界、翻译界的前辈,他平易近人,没有架子。认识他的人都亲切地称他为"子野"、"子野同志"。他是学识丰富的长者,是许多人心目中的权威,但他总是勉励后进,希望别人成功,即使学术观点不同,也不抱成见。他是党龄很长的老党员,在出版界担任过重要的领导工作,但他从不盛气凌人。1984年,我曾有幸和他在一个党支部过组织生活,那时,他已年近七十,仍以一个普通党员的身份,坚持参加支部活动。记得有次为发展一个新党员,一些同志流露出和他意见相左的情绪。他觉察到了,当即表示:可不急于下结论,听听其他支部意见再说。一个领导干部、老党员,能这样对待不同意见,实在是令人起敬和难忘的。

子野同志走了,我们失去了一位值得尊敬的导师,是中国出版界、文化界的一个重大损失。但他的教导、他的道德风范,将永远激励我们前进!

安息吧!子野同志,我为您祈求冥福。

原载《出版科学》1994年第2期

怀念子野

姜维朴

中国出版工作者协会名誉主席,著名的编辑家、出版家、评论家和翻译家王子野同志，于1994年2月16日因病逝世。子野同志病重期间，我曾到医院探视，当时他还不知道自己病情的不可逆转，握着我的手，像往常一样微笑着："过几天就可以出院了，没什么大事，放心吧。"语气那样从容，分明在劝慰我，安慰守候在他身旁的夫人陈今同志，说着又从身边拿出刚出版的由他撰写绪论的《当代中国出版事业》一书，像往常那样和我品评起出版物的装帧印制如何。然后，话题又转到连环画的出版发行上……

子野同志50年代在人民出版社担任领导职务，我在人民美术出版社主持连环画编辑工作，那时联系不多，但由于都是文化部党委成员，所以经常在一起开会，经常听到子野同志的一些很有见地的发言，使我体会到他不仅通晓马列主义理论，而且在美学方面，在艺术的欣赏和鉴别方面也有高深的素养。我和子野同志建立起更深一层的联系是"文革"以后，那时文化工作百废待兴，"四人帮"的危害还严重干扰着各项文化工作和出版工作。我当时在人美社担任副总编辑，分工主管连环画报和连环画册，子野同志从1977年至1982年任国家出版局副局长，分工主管出版方面的工作。记得1977年子野同志刚任职不久，就把我叫到他的办公室，询问我连环画工作恢复情况，有哪些困难。语言不多，却使我感到一位领导同志对连环画这种通俗的文艺工作有着深刻的理解和真诚的支持。子野同志听了我简要的汇报之后，一再勉励我：一定坚持把连环画编辑出版工作抓好，不要在困难面前退缩。告别时，子野同志又紧握我的手再一次叮嘱："连环画工作好坏与否，关系到祖国下一代的健康成长，任务重大啊！"

1985年中国连环画出版社成立，当时正值连环画出版开始下滑，庸俗出版物泛滥一时，中国连环画出版社工作一上马，在人力，财力都极为单薄的情况下，编绘了一套反映人民解放军保国戍边英雄事迹的《保边疆献青春英模连环画库》，画库出版同时，还在中央美院陈列馆举办了原作展。我请子野同志为画展写一幅字作为题头，子野同志欣然命笔。1986 年 4 月 3 日上午展览开幕时，展厅刚刚敞开大门，子野同志就首先到达。当我上前与他握手时，发觉他的手很烫。我询问时，他才告诉正在感冒发烧。我和到会的同志听了都十分感动，劝他早些回去休息，但他还是坚持一幅幅看完展品，又和作者们一一交谈。几经我们督促，他才告别大家。

连环画多次举办全国性的评奖活动，子野同志都积极参加领导。他曾任全国连环画第三届评委副主任，第四届评委主任。从评选的方针大计，到具体评选，子野同志都亲临指导。1986 年第三届评奖发奖大会上，子野同志的讲话针对当时图书市场造成不良影响的拜金主义倾向，严肃指出："有些连环画追求票房价值，其实，票房价值好的，不一定艺术质量是高的。现在有些好连环画书店不订货，不要怕……我们要多想办法，事在人为嘛！"

子野同志对中国连环画出版社是一贯地热情支持帮助。我每次到他的住所"槐下居"时，他总是要询问出版社情况，勉励我坚持正确方向，带领大家艰苦创业。《地球的红飘带》连环画出版了第一集，我送样书给子野同志，他一面兴高采烈地翻阅，一面鼓励我：是要把这样的作品抓好，困难再大，也要争取出几套好书！1990 年 10 月 17 日中国连环画出版社在人民大会堂举行成立五周年纪念会，子野同志照例早早到会，会上又热情洋溢地讲了话，勉励出版社要继续保持兢兢业业的精神，坚持革命传统，开拓新的领域，还要考虑如何走向世界。

和子野同志最后相处的一段时间，是 1992 年 12 月于广州、珠海、深圳举行的第七届全国连环画报刊年会期间，子野同志这时身体已不如以前，但还坚持和大家一道把会开完。会上为获奖者发奖并讲话。一路上，子野同志和与会代表热情交谈，一道去参观改革开放的先进单位，使大家又一次得到很大鼓励。

正当出版事业需要子野同志继续给予更多的支持和帮助的时候，子野同志永远离开了我们。当噩耗传来，我和中国连环画出版社全体同志一道在礼堂聚会向子野同志沉痛默哀,当我抑制着悲痛向同志们陈述子野同志关怀连环画事业的往事时,我耳边似乎又一次次传来子野同志满含深情的话:不要被困难吓倒,胜利属于坚持正确方向的人们!

原载1994年4月2日《新闻出版报》

虚怀若谷　高山景行

——怀念王子野同志

曹治雄

听说王子野同志生病住院,几天后我带着刚刚出版的《当代中国的出版事业》一书去看望他。他躺在病床上,翻阅了分为上中下三册的这部著作,拉着我的手高兴地说:“今天看了这部书,我的病好了一半。”

是的,作为《当代中国的出版事业》编委会主任,子野同志为此书的编纂倾注了不少心血。我有幸在他领导下负责此书的编辑工作,在六年多的接触中受益良多,深感他是一位善于把关的编辑家,一位治学严谨的学者,一位虚怀若谷的前辈。

《当代中国的出版事业》是由七十多人分头编写、囊括出版事业方方面面、近一百四十万字的大部头著作,审稿工作十分繁重。子野同志虽然社会活动多,又年高体弱,仍然审阅了全部书稿。对书稿中存在的一般问题,他或是指出问题所在,或是批示修改意见,或是亲自动笔增删改动;对问题较大的篇、章、节,就果断地决定推翻重写。他还一再叮嘱我们要将部分重点稿件送请专家、学者审阅。由于经过如此严格的把关和精细的编辑、加工,使这部当代中国出版史性质的学术著作达到了较好的质量。

“马克思列宁主义著作的出版”这一章成稿最早，在形成过程中，从标题、各节安排到内容的取舍，经作者和编辑部反复修改，送子野审阅后，他明确提出：“邓小平著作的出版应单列一节。”（原稿是放在“中国老一辈无产阶级革命家著作的出版”中一并叙述的）作为我们党第二代领导集体的核心、中国社会主义现代化建设的总设计师，邓小平的著作同马列、毛泽东著作相提并论，不仅十分得当，而且也是必要的。此外在其他章节，子野还着重补充列举了普列汉诺夫著作以及《胡适文存》、《独秀文存》、胡适《尝试集》等著作，反映了他坚持实事求是的原则。对于80年代期间社会科学翻译著作的介绍，则持谨慎态度。

本书卷首的“绪论”，是论述新中国成立以前数千年书籍编纂出版发展历史情况的，跨度大，字数却极有限，写作起来难度很大。原稿虽经多次修改、加工，但子野同志仍认为不能用。编辑部下决心另外组稿，为此曾约请了好几位同志，都因太费功夫而遭婉拒，最后只好求子野执笔。他未忍相拒，知难而上。他对出版史尽管素有研究，仍然阅读了大量参考资料（光让编辑部帮助借阅的书就不下20种），花了很长时间才断断续续地写完。我们读后，认为文章是写得不错，就是觉得像印刷史，拟建议他修改成书籍编纂出版史。如此否定性的意见他能否接受？我们不无顾虑。但他虚怀若谷，认真听取我们的意见，共同研究后，决定推翻重写。于是他又用了一年多时间，写成了这篇现在印在书上的，论述中国古、近、现代书籍编纂出版发展历史概况的“绪论”。这是一篇内容丰富、论述精辟、语言精练、吸收新的研究成果的论文。此文先在《中国出版》杂志上发表，就引起了读者的兴趣，不少同志认为是一篇融科学性和知识性于一体的佳作，很有特色，很有水平。

这部书的第三十一章“出版家和编辑家的业绩”，集中介绍了对新中国出版事业有突出贡献的人物。在最后确定的15人名单中，有胡愈之、叶圣陶等老一辈，有子野的同辈人，还有中青年同志。送他审订时，他肯定了这份名单比较恰当后，提议增加另外几个人，并说他们对出版事业做出了哪些重要贡献，写进他们的业绩，这一章就显得更完备了。

王子野同志的编辑生涯跨 60 年，在出版部门长期担任领导职务，对当代中国出版事业的建设和发展做出了重要贡献，是政治、业务水平都很高的资深编辑家，是学识渊博的学者，在这部书中将他的业绩写一节，我以为是得体的。起先，我们确也将他列入了第三十一章的名单（草稿），但在送他审阅的正式名单中却未写进他的名字。原因何在？很简单，由于他是本书编委会主任，他肯定会反对写他自己的。我本想向他做些解释，继而觉得不写他是完全符合他的品格的，没有解释的必要，因而始终未提一句。后来在整个工作过程中，直至他这次躺在病床上翻阅样书后，我的感觉是，子野从来没有往这方面想过。而我常常感受到的，是他那种谦和平易、高山景行的君子之风。

主编《当代中国的出版事业》，可以认为是王子野同志晚年的一项重要贡献。这部著作将随着岁月的流逝日益显现出它的价值。

原载《出版科学》1994 年第 2 期

不尽的思念

——遥寄子野同志

郭　因

子野同志遽归道山已有半年，往事历历，思念无垠。在泪眼中,我提起了沉重的笔。

记得我第一次给您写信时是称您为王老的。那时,我已 50 岁出头,您比我整整大 10 岁,已是 60 多岁的人了。您那时位居国家出版局副局长的高位,而我还只是个“摘帽右派”,“待业”了 20 年的“社会闲散人员”。称您为王老,本属天经地义,而且实际上已是高攀。可是您来信,不但称我这个已 20 年没被人喊为“同志”的人为同志,而且对我的称您为王老,表示了极大的不高兴。您说:“以后来信,千万不要称我王老。我很不喜欢这样的称呼。只要把这两个字颠倒一下,称我老王就好了。许多 20 多岁的小朋友知道我的脾气,都不称我为王老而称我为老王,我很高兴。”但是,称您为老王,我实在喊不出口,落不了笔。称官衔,对您来说,未免太庸俗,您一定更反对。因此,我就一直称您为子野同志。现在,您已年将 80,我也年近 70。我仍然不敢称您为王老,而还称您为子野同志。我不能使您的在天之灵还为一个称呼又弄得很不高兴。

1994 年 2 月 16 日 12 时 5 分,您离开了这个世界。我想写悼词,写挽联,但我泪流满面,心乱如麻,千言万语,不知从何说起,而只能是给您的夫人陈今同志发去一个表示极度哀痛,并劝她顺变节哀的三言五语的唁电。

《新华文摘》1994 年第 3 期出来,我见到了此刊转载《编辑学刊》1993 年第 4 期的吴道弘同志所写的题为《编辑家、学者和评论家——王子野》的悼念文章。文章在谈到您对社会上人才的重视与爱护时,也以我为例,说“粉碎‘四人帮’以后,王子野满腔热情支持、鼓励安徽一位美学家郭因出版学术著作”。文章的作者还说:“我很了解王子野对于人才的爱护和对有价值的书稿的重视,只是他不愿意多说自己是怎样做的。”

我读过这篇文章之后,很想写一篇悼念您的文章。但还是悲不自胜而一再搁笔。

1994 年 4 月 22 日,您的夫人陈今同志和您的两个男孩——陈英、陈光，带着您的骨灰去徽州，途经合肥逗留时，我在和一些同志一道向您的骨灰深深三鞠躬之后，回到家中，翻出您多年来写给我的许多信件，我又边看边哭。

也许是哭够了，4 月 23 日，我的心开始平静下来。现在，雨后新晴，窗外院中一片雨水冲洗过的绿荫。翠竹和芭蕉都已长出嫩绿的新叶。今年新栽的柿子树和枣子树也已吐出不少的叶芽。我记得，您也是很爱在您那园子里侍弄果木花草的。我还吃过您家柿子树结的柿子。现在，就让我在我家柿子树边的书斋中，在摆满您写给我的无数信件的书桌上，来给您写这封信，来诉说我不尽的思念吧！

我和您接触很迟。"四人帮"垮台后的 1977 年，我一直称之为龙哥和石老的长期关心与爱护我的程龙同志和石原皋同志，一面帮我找人解决工作安排问题，一面给您写信，送去我在 20 年"待业"期间所写的《艺廊思絮》和《中国绘画美学史稿》两部书稿，还有我所写的《红楼人物咏》等一些诗词与散曲。说是请您审读赐教，当然，骨子里是想在获得您的好感后，得到您的帮助。

您很快就给程龙回了信，说"郭因同志的书稿，正介绍给一位老朋友先看看"，自已"粗粗翻阅了一下，印象很不错。看来是一部下过功夫的作品"。又说"郭因同志的诗写得很有意思，我读了很感兴趣。复制了十来份，分送几位熟悉的诗人请教，颇得好评。不知能否请郭因同志再多抄几首给我"。程龙同志把信给我看，我就又抄了一些诗词曲托他给您寄去。不久，您又回信了，对我的文字给予了充分的肯定。

这以后，我们就直接通起了信来。

您不厌其烦地把我的《艺廊思絮》一书稿给秦牧同志看，给臧克家同志看，给楼适夷同志看；把我的《中国绘画美学史稿》给秦牧、邵宇等同志看；把我的《红楼人物咏》等给臧克家、李希凡、冯其庸等同志看。您又把他们的意见毫无保留地告诉我，或索性把他们写给您的原信寄给我。我从他们的宝贵意见中,受到了鼓舞,得到了启发。

我也有不接受批评的时候,我把我的想法直率地向您提出来,您只要觉得我不无道理,也都能够表示同意,至少是默许我坚持。《艺廊思絮》中的谈“灵感”一章,秦牧同志说:“太玄了。”克家同志说:“如果叫我写关于‘灵感’的问题,我是回避的。”适夷同志则建议我“把产生灵感的客观基础摆在这一章的开头,以使读者不至于有把‘灵感’说得太神秘化了的感觉”。您开始认为“灵感问题,不谈为好”,后来则说:“如果给以唯物主义的解释,也无不可。”我坚持认为,灵感这个东西,不管你把它叫作什么,它总是有的。而用别的词,反而不如灵感这个词来得现成,来得好懂。我说,既然是实际上有的东西,又何必回避呢?就让我来冒险谈谈吧!我可能解释得不完全,甚至根本不对,但如能因此引出正确的、全面的看法,不也是一种颇为值得的尝试吗?“灵感”这一章终于保留下来了。后来,您从《国外社会科学》杂志某一期上看到一篇《论灵感》的文章,您马上写信给我,说“值得一读”。可见您实际上是并不反对谈灵感的。

我的两个书稿,经过修改后,由于您的大力推荐,《艺廊思絮》先后被几个刊物选载,被《当代》连载,最后在安徽出版;《中国绘画美学史稿》在北京出版。《红楼人物咏》等诗词也先后被一些报刊选载或连载。也由于您的推荐,《读书》发表了我不少杂文,这些杂文后来被收入了《中国新文艺大系·杂文卷》。

1978 年的 5 月和 6 月,对于我来说,是特别闪光,特别多情的。5 月,我家门口的月季花盛开,我于离开革命队伍二十多年后又回到了革命队伍,被安排在安徽省文史馆当馆员。按当时担任中共安徽省委书记处书记、省政协主席张恺帆同志的说法,是先找个地方吃饭。——以后,我的右派问题获得改正,便被安排到省政协文史办担任领导工作,接着又调到省文学艺术研究所担任领导工作了。6月，我在合肥和您见了面。我先是在石老家见到您。当石老和龙哥给我们介绍时，您紧握着我的手，一双眼睛充满感情地注视着我说："你就是郭因。你应该就是郭因。"在石老家交谈过一会之后，我们几个人又一道到张恺帆同志家。临离开张家时，您突然和我说："到你家看看。"我惶恐万分，连声说："我家一塌糊涂。"您说："一塌糊涂也要看看。"我说一塌糊涂，实在不是客气。那时，我住在我爱人的单位，一间十三四平方米的平房，一家三口睡觉、读书、写作、烧饭、大小便都在这里面。那间房子又是冬天整天不进阳光，夏天却从早晒到晚。经过"文革"期间的抄家，书籍除马列毛的著作及我爱人的医药书之外，已荡然无存。好在我的从事医务工作的爱人酷爱整洁，倒还整理得不那么十分难看。墙上又新挂上您在此不久前给我写的一张条幅和画家邵灶友给我画的两幅山水画以及摄影家卢施福送给我的两帧黄山摄影作品。当我和石老、龙哥等陪同您到达我家时，您首先就说："房子和家具虽然简陋，但还是很有文化氛围，也很温馨嘛！"您坐的时间不短，我们想招待您吃点什么，却苦于拿不出像样的东西来。我爱人急得浑身冒汗。您却从容不迫，絮絮叨叨，对我一家关怀备至。临走时，您又紧紧拉着我的手。要知道，我是那么普通，而您却是那么不普通呀！那情景，我记忆犹新。

您在宾馆逗留的那几天，几乎大部时间都是约了我去聊天。那一次见面，您的深邃的思想，渊博的知识，高尚的趣味，待人接物亲切家常的态度，您的生长于农村因而具有的那种农村人的本色，这一切，都给了我强烈而深刻的印象。和您在一起，实在是生活中难得的巨大的审美享受。

也就在这一次，您在我家中看上了邵灶友的画和卢施福的摄影，您要去了他俩的一些作品，不久，帮他俩在人民美术出版社出版了画册和摄影册。您简直是在随时随地发现人才、帮助人才；您简直在随时随地发现美，并努力使美为更多的人所认识与欣赏。

1981年春天，我调到省文学艺术研究所工作不久，和几个同志一道去北京访问中国艺术研究院。当晚，住下后，马上打了个电话给您，您兴奋地说："你不要离开，我马上来。"您很快就来了，一来就说："带上您的东西，到我家去住。"我根本无法推辞，跟着您坐车到了您家，您和陈今同志对我关怀备至，您甚至亲自替我铺床和拿尿壶。那晚，我们谈到了深夜，彼此还似乎毫无倦意。第二天一早，您领我到附近的一处公园散步，又边走边谈了很多。那次去京，我一有空就和您聊天，从您那里拼命地吸取精神营养。

以后，我又因事去过北京两次。您也曾因事到过合肥两次。我去北京，总去您家，您来合肥，也总到我家来。我们总有说不完的话。

我们不见面时，就经常通信。我们交往十几年来，您写给我的信，已数不清有多少封，算不清有多少字。而我知道，对于您自己的子女，写信却大都是由您的夫人执笔的。您给我写信，对我多所奖掖，也有所批评。特别是当我的书陆续在海内外出版，我的文章不断在海内外发表，作品多次得奖，事业似乎颇有成就，名气也似乎渐大，并获得了这样或那样的许多荣誉之后，您一面为我感到由衷高兴，一面严肃地告诫我，要我特别谦虚谨慎，戒骄戒躁，多听批评，少听表扬。对于您的奖掖，我常表示不安。对于您的批评，我总表示由衷感激。但有时也提出些不同意见来和您商榷。我们的交往很坦率，很真诚。我不知道您怎么样，我，在和别人交往时是颇少这种相互的坦率与真诚的，因为我曾经由于坦率与真诚吃够了苦头。

我常听人说，出版系统没有一个人不对王子野这个老头心服口服。我想，这不仅因为您才高小毕业，练习生出身，居然只靠勤奋自学成了杰出的专家，有不少著述，还竟然通晓英、俄、法、德等多种外文，有不少译著，晚年又成了一个杰出的书法家，更因为您为人是那么的宽厚，那么的热情，那么的诚挚，那么的严于律己，又那么的乐于助人,那么的专干好事。

我在您家,见过您麻利地打扫卫生,见过您洗衣服,见过您用小车推着液化气罐在煤气站灌煤气……我想给您帮忙,您不肯,用力把我推开……您吃饭时,好喝两杯老酒,到您开始吃饭,常只剩菜脚菜汤,您就把菜脚菜汤全倒在饭碗里,呼噜噜地吃得津津有味。我真想不到一个像您这样身份的人,生活竟是这样的不讲究。

您总那么谦逊。我在安徽省政协文史办工作时,曾请您写点回忆录给我们《安徽文史资料》发表,您回信说:“《文史资料》约我写稿,盛意可感,但实难从命。像我们这样的人算老几?哪里谈得上贡献?有什么有价值的东西可写?”

您总那样不想享受特殊待遇。安徽,曾多次表示,希望您多到家乡走走。您曾写信给我说:“家乡当然想去,但是师出无名,仅仅回去观光,让地方上破费招待,于理不合,于心不安。”

而我的学问与才华,何足道哉,您却居然那么地热情帮助我。我的著作,您居然用牛皮纸包裹了起来,比我自己还珍惜它。您每逢看到什么好书,总或者买了寄赠给我,或向我热情地介绍。您除送给了我您自己的所有著作与译作外,还送给了我钱钟书的《管锥编》,卢梭的《忏悔录》等等好书。您曾向我热情洋溢地赞美过丹纳的《艺术哲学》等等名著。您还曾向我盛赞过高阳的历史小说,并叫我一定找几部来看看。

还有一件事,我特别感到对您不起。您在看到了《齐鲁文化大辞典》之后,曾两次来信,要我和徽州的同志商量,编一本《徽州文化大辞典》。您说,《徽州文化大辞典》编得好,可能比《齐鲁文化大辞典》更丰富、更多彩。我是曾和徽州的有关同志商量过这件事。徽州的同志的确也在着手搞。但我没有为此真正出力。我总觉得辜负了您对我的信任和期望。但愿《徽州文化大辞典》终于能编出来,而且编得精彩,并终于问世,以告慰于您的在天之灵。

您在第一次见到我之后，曾写信给我说，在那次南行所交的新朋友中，对我的印象是很好的。而我的成就却远远低于您对我的期望。我又垂垂老矣，难以再大有作为。想起来实在难过。

您未到八十，走了，有生之年，我要以对您的不尽的思念来充实自己的生活，来使自己的生活有一些光彩。我要牢记您一贯的教导，活一天，学一天，干一天，为了使自己能对得起自己的衣食父母——工人和农民，也为了对得起您——子野同志，我的良师，我的益友。

原载 1994 年 8 月 13 日《新闻出版报》

胡适与亚东本古典小说

——王子野同志逝世百日祭

钟叔河

1993 年夏天，我到北京领“韬奋奖”，全国版协的同志告诉我，王子野同志希望我到他家去一趟。正好同住翠明庄的两位同行也想去看王老，于是三人同往史家胡同。在花木扶疏的小院深处的书房中，子野同志对我谈到现在印古典小说的很多，但都是辗转重印，走二三十年代上海滩上一折八扣书的路子；那时候，只有亚东图书馆印小说是严肃认真的。王老说：

> 亚东本的标点者和发稿编辑是汪原放。我在亚东的几年中，亲眼见过他做工作，一部小说要搞一年半年，校十次八次。这样的编辑，现在恐怕不多了。这套书事实上的主编则是胡适，选题、版本都是他定的，他还为每种小说写了很长的序文。

比起现在当挂名主编的先生们来，胡适这种亲自动手的精神也是非常难得的。

子野同志于是提到了我在岳麓书社服务时印行的《三国》、《红楼》，认为还印得不错，但毕竟不如亚东本。他说："你何不把亚东本的十几种小说全部重印一下？即使不说纪念胡适，纪念一下汪原放也是可以的，他还是我们党中央的第二任出版局长呢。"我告诉子野同志：早在1989年，我就离开了岳麓书社，早已无法管那里出书的事了；不过，这件事情，总会有出版社愿意来做的。这时，同去的一位同志表示他们愿意做这个工作，不过希望子野同志和我各写一篇序言。我说："我是不能写这个序的，亚东本早有胡适的序文了。即使是重印的前言，也只有子野同志您才能写，因为您总是亚东出身的人嘛！"子野同志微微一笑，说：

> 重要的是把书印好。序言嘛，也应该写一个，说明重印亚东本的道理。还是请钟叔河同志写，写好寄我看看。不叫序，叫前言也可以。要我署个名也行，表示我支持这件事。亚东有本小说有陈独秀的序，本是汪原放请陈写，陈要汪先写一篇给他看看，看后认为写得还好，便同意以陈独秀的名义发表。陈独秀帮亚东做从不要钱，他早就是大名人，更不会要这个名。他和胡适都是为了新文化运动，为了推广白话文，才帮亚东的。

当天关于这件事的谈话就到此为止。第二天，我找到戴文葆同志，请他帮忙在北京找找亚东的本子。戴文葆同志乐于助人的古道热肠是一直使我感念的，他立刻冒着可畏的夏日，徒步到朝内166号去为我找书，结果却一无所获。可见70年来历经丧乱，连1920～1932年间印行的亚东版，也已成为凤毛麟角，仅就文化积累来说，重印也是很有必要的了。

回湘以后，杂务纠缠，一直没有缓过气来安排这件事。不料噩耗传来，子野同志竟突然辞世，他的嘱托已成遗言，无论如何再也不能拖着不办了。

怀着纪念子野同志的心情，最近我把胡适和汪原放关于白话小说和亚东本的记叙匆匆重读了一遍，深深感到正如子野同志所说，胡适确实是亚东本事实上的主编。

1915年，胡适在他的留学日记里开始提出“死文学”和“活文学”的概念：云：“吾国‘活文学’，仅有宋人语录，元人杂剧院本，章回小说，及元以来之剧本、小说而已。吾辈有志文学者，当从此处下手。”1916年，他又提出“文学革命”的概念，云：“文学革命，至元代而登峰造极。其时，词也，曲也，剧本也，小说也，皆第一流之文学，而皆以俚语为之。”1917年，他发表了著名的《文学改良刍议》，与陈独秀《文学革命论》同为五四新文化运动的宣言。《刍议》指出：“今日之文学，其足与世界第一流文学比较而无愧色者，独有白话小说（我佛山人、南亭亭长、洪都百炼生三人而已）一项。……其他学这个、学那个之诗古文家，皆无文学之价值也。”读了《刍议》的钱玄同立刻响应，写信给陈独秀说：“小说诚为文学之正宗。”1918年，胡适又在《建设的文学革命论》中断言：“死文言决不能产出活文学。中国若想有活文学，必须用白话，必须用国语，必须做国语的文学。”并正式举出《水浒》、《西游》、《红楼》和《儒林外史》四种白话小说，作为有生命、有价值的“活文学”的模范。经过胡、陈、钱等人的大力提倡，到1919年以后，白话文就开始取得了对文言文的胜利。1920年，教育部以部令宣布：逐步废止用文言文编写的小学《国文教科书》，改用以白话文编写的《国语教科书》，《水浒》、《西游》的片断开始成为国语教材。这是白话小说有史以来的一个大变化，从不登大雅之堂的东西一变而为“文学之正宗”，得与诗经、史记、韩文、杜诗并列了。

20年代的胡适，和陈独秀一样，都不仅仅是写文章的人。他们都有广泛的社会联系，繁忙的社会活动，都懂得要凭借出版工作来推行新文化运动，亚东图书馆便是他们活动的一个阵地。胡陈二人的著译，包括影响极大的《胡适文存》、《独秀文存》，都是在亚东出版的。亚东的老板汪孟邹和陈独秀、胡适，汪原放（汪孟邹的侄儿）和胡适及陈独秀的儿子延年、乔年，都有很好的私交（汪原放1926年入党，便是陈乔年介绍的）。为了推进白话文运动，胡适又积极参与了制订和推广新式标点符号的工作。1920年，汪原放在亚东计划出四部"加新式标点符号和分段的"（这是当时的广告用语）小说，完全是受了胡适的影响，配合胡适的工作。这四部小说，也就是胡适在《建设的文学革命论》中列为"活文学模范"的四部小说。

亚东出的第一部小说是《水浒》。胡适不仅为它写了一篇三万字的《水浒传考证》（题为"考证"，实为新序），一年后再版时又写了一篇近两万字的《水浒传后考》。《水浒传考证》一开头就说："我的朋友汪原放用新式标点符号把《水浒传》重新点读一遍，由上海亚东图书馆排印出版，这是用新标点来翻印旧书的第一次。"接下去又说："我想《水浒传》是一部奇书，在中国文学史上占的地位，比《左传》、《史记》还要重大的多。"这是对《水浒》文学价值的评价。《考证》最后一段说："种种不同的时代发生种种不同的文学见解，也发生种种不同的文学作物——这便是我要贡献给大家的一个根本的文学观念……这叫做历史进化的文学观念。"这就不仅仅是评价《水浒》，而是通过考证《水浒》提出了一个全新的学术观点。这篇序文，至今仍为胡适古典文学研究的重要论文之一，它提高了当时《水浒》研究的水平，当然也提高了亚东本《水浒》的价值。

接着，胡适又为《红楼》、《西游》、《醒世姻缘传》等写了考证，为《三国》、《儿女英雄传》、《三侠五义》等写了序言。亚东本《红楼梦》原用道光壬辰刻本（据程甲本）作底本，后来胡适发现程乙本比程甲本好,就建议亚东废掉已有纸型,重新标点排印。这件事情最能够说明胡适和亚东(汪原放)对重印古旧小说的严肃态度和对广大读者的负责精神。胡适自己并不居功,可是他对于亚东(汪原放)从事营业而能坚持研究的精神,却不止一次地提出来,表示赞赏,1927 年他为新版《红楼梦》作序说:"从前汪原放先生标点《红楼梦》时,他用的是道光壬辰(1832)刻本。他不知道我藏有乾隆壬子(1792)的程伟元第二次排本。现在他决计用我的藏本做底本,重新标点排印。这件事在营业上是一大牺牲,原放这种研究的精神是我很敬爱的。"时隔 34 年,到 1961 年即他逝世前一年,胡适又说:"过去亚东图书馆的印书是不计成本的。他们为了程乙本,就全部另外排过,标点符号都要注意,校对又精。"(见《胡适之先生年谱长编初稿》第 10 册)

胡适帮亚东出版古典白话小说,也是取酬的,亚东除给他稿费、版税外,还曾按月付酬。但胡适之于亚东,一直更重交情,一直视义重于利。抗战期间亚东欠了大批的债,胜利后亚东老板见了胡适,说十年不曾付版税给胡,很是抱歉。胡劝亚东把纸型卖给别家,卖得钱还别的债主,至于他自己的版税,就可以不付了。

时事有代谢,往来成古今。胡适、汪原放早已作古,王子野同志也离开了我们,我们所做的工作能否留存下来呢?是任其湮没、流失、变质?还是加以继承,努力发扬光大?我想,我们不能忘恩负义,不能不珍重前人留下的一切值得珍重的东西,不能只追求眼前的这个效益那个效益,不能不尽可能做一点自己真正该做的事。难道说,像胡适这样的作者和主编,像汪原放这样的校点者和编辑,像亚东图书馆这样的出版社,还有,像王子野这样的文化出版工作领导人,真的很少了吗?

原载 1994 年 11 月 12 日《新闻出版报》

新闻出版战线上的老将、学者——王子野

蒋曙晨

新闻出版战线上的老将、学者王子野同志，像一颗正在发光的明星，于1994年2月16日遽然陨落了！他的病逝，是新闻出版界、文化学术界的重大损失！

勤奋自学，成才成家

50年代，我踏进人民出版社的大门时，王子野同志是文化部领导的这个出版社的社长兼总编辑和党组书记，还是中国社会科学院哲学社会科学学部委员、全国政协委员。由于工作关系，又同在一个党小组过组织生活，接触多了方知道他也出身贫寒，少年时就从家乡安徽绩溪到上海一家民营书店做学徒，全靠勤奋自学，下班后还到黄炎培办的中华职业教育社所属夜校学习，才增长了学识，也逐渐受到进步书刊的影响，抗战爆发后即参加革命，并且参加了共产党。他在党培养下，不但锻炼成坚强的革命战士，而且自学成才、自学成家。陆定一、周扬等中央宣传部门的领导同志，都称赞他是党内的理论家。此外，他作为作家，常在报刊上发表文章，并著有《槐下居丛稿》等书。他作为评论家，在任《晋察冀日报》编辑部长、副总编辑时，就常撰写时评、社论等政论文章；建国以来，他还撰写了哲学、美学、文学、戏剧等方面的大量的论文。他作为翻译家，在延安等地挤时间学习俄语、英语，近年又自学德语、法语，翻译过《历史唯物论》、《新编哲学史》、《西洋哲学史简编》等书籍，出任过中国翻译工作者协会副会长。他作为新闻出版家，在战争年代和建国以后，长期从事报社、出版社的领导工作；“文革”

后，曾任国家出版局副局长、国家出版委员会主任等职；去世前，任中国出版工作者协会名誉主席。他作为社会活动家，曾主要任全国政协第二、三、七届委员，全国人大第五、六届代表和第六届全国人大教育科学文化委员会委员。他非常重视新闻出版工作的质量，曾在有些会议上，为出版物质量的提高，进行过多次呼吁。

主持出版马列主义、毛泽东思想的著作

在他主持人民出版社的工作期间，他领导同志们策划、组织、编辑、出版了《马克思恩格斯全集》、《马克思恩格斯选集》、《列宁选集》、《列宁全集》、《斯大林选集》和《毛泽东选集》等马列主义、毛泽东思想著作，党和国家的重要文件以及重要的学术著作，还有影响很大的《新华月报》、《政治学习》、《时事手册》等刊物。60年代初，他还深入政治编辑组领导我们出版了《党的好干部焦裕禄》、《王杰日记》、《欧阳海之歌》等向全国、全党、全军进行教育的书。当学习毛主席著作形成高潮时，他亲自指导我们出版了一套64开、定价不过3分5分钱的小书，它们是宣传学习毛主席著作取得很大成绩的英雄模范人物的小丛书，经过“文化大革命”的浩劫，我抽屉里还有一本幸存的《好司务长孙乐义》。它连同封二、封三共28页，定价只3分钱。这套小丛书内容简要、通俗易懂、标题醒目、文字流畅，曾经大量发行，受到读者欢迎。

铁骨铮铮　宁折不弯

批判吴晗同志的历史剧《海瑞罢官》，是“文化大革命”这场“大戏”的序幕，首先是在“四人帮”一度把持的上海报纸上发难的，当时首都报刊还没有动静。一天，我路过王子野同志的门前时，看到他正送出一家大报的总编辑。事后方知，这位老总是奉

“康老”之命向他进行游说的，叫他以作家、戏剧评论家的影响，参加批判《海瑞罢官》的大合唱，而且在首都报刊上打响第一炮。可他并不“知趣”，对这位老朋友的回答却是：如果中宣部给我这个任务，我只好组织服从，但在中宣部办公会议上，没有听到“康老”提及此事啊！陆定一部长没有发话，恕我难以从命。

“文化大革命”的风暴袭来时，王子野既是“当权派”，又是不领“四人帮”旨意的“死不改悔的走资派”，自然是在数难逃了。好在此事鲜为人知，不然单位内“造反派”的“英雄”们就会作为重型炮弹进行轰击了。

经过多次批斗后，他和我们这些“臭老九”一同去湖北咸宁的文化部“五七”干校劳动改造。有的同志知他和“文革小组”红得发紫的张春桥，曾在《晋察冀日报》一同工作过，便建议他写“效忠信”，可以早日获得“解放”，早日回北京工作。可是，王子野宁肯在汀泗桥这座“大火炉”里和我们一同打石头、烧石灰，在烈日炎炎下，一同跳进高温炙热的石灰窑里出石灰，还一同到汀泗桥去拉重车运粮、运柴，却始终没有向“四人帮”递表“臣服”。这正是鲁迅先生所称道的中华优秀儿女硬骨头的表现。

1971 年“913”林彪反党、叛国事件后，“五七”干校的政治环境较前宽松，老干部的日子好过些了，王子野同志先是调到三大队队部，后又调到校部工作，他除了负责日常领导工作和主持学习《共产党宣言》、《反杜林论》、《国家与革命》及毛主席著作外，就在他的宿舍里读书、看报、自学外语和从事写作、翻译，直到文化部咸宁“五七”干校结束后，他才回到北京从事理论研究工作。

“文化大革命”后，他先后任国家出版机关的领导工作，和其他有关领导同志十分重视出版事业的发展，坚持党的实事求是的原则，推翻了“四人帮”强加在出版工作和出版工作者头上的一切诬蔑不实之词；并且按照党的十一届三中全会的精神，逐步落实了各出版单位的知识分子政策。他还倡导多出书、出好书，经常引用毛主席"认真做好出版工作"的指示,希望满足广大读者对精神食粮的需要。当社会上出现格调低下和黄色书刊时,他按照党和国家的有关要求,强调列宁关于"宁肯少些但要好些"的教导,多次呼吁出版高品位、高质量的书籍,弘扬中华民族的文化。当他病重住院期间,还念念不忘出版物要提高质量,希望出版社既要注意经济效益,更应注重社会效益,两个效益缺一不可。

王子野同志在六十多年的革命历程中,为宣传马列主义、毛泽东思想,为中国的新闻出版事业和学术、文化事业的发展,以及中外文化交流工作,为新时期出版事业的改革开放和社会主义精神文明建设,做出了重大贡献。

原载《新文化史料》1994 年第 6 期

存　目

著　作

王子野　《槐下居丛稿》

三联书店 1984 年

王子野　《王子野出版文集》

中国书籍出版社 1997 年

论　文

雷群明　《追忆王子野同志二三事》

《书与人》1994 年第 4 期

史　严　《王子野生平记要》

《新文化史料》1994 年第 6 期

萧　乾　《悼子野》

1994 年 3 月 7 日《光明日报》

弘　征　《缅怀王子野先生》

1994 年 4 月 30 日《光明日报》

张惠卿　《忆子野同志》

1994 年 10 月 29 日《新闻出版报》

杨　扬　《忆子野同志》

《出版科学》1994 年第 2 期

蒋曙晨　《子野同志一直关怀〈出版科学〉》

《出版科学》1994 年第 2 期

邵之惠　《王子野关心家乡文化建设》

《书苑》1994 年 8 月号

李城外　《却话荷蓑弄竹时——王子野“干校”生活一瞥》

《人物》1999 年第 12 期

张继华　《感念我的编辑老师们》

《人物》2002 年第 4 期

雷群明　《王子野和学林出版社》

《出版史料》2004 年第 4 期

秦兆阳

秦兆阳(1916～1994),湖北黄冈人。1937年毕业于武昌乡村师范。1938年赴延安参加革命工作,曾在陕北公学分校和鲁迅艺术学院美术系学习和任教。1940年在华北联合大学文艺学院任美术系教员。1942年主动要求到抗日游击区从事群众工作和宣传工作,曾任冀中《黎明报》社社长。1945年至1948年先后任《前线报》副社长、《歌与剧》月刊主编和《华北文艺》编辑。

新中国建立后,先后任《人民文学》小说组组长、《文艺报》执行编委、《人民文学》副主编等。他曾担任过中国作家协会理事、主席团成员和书记处书记等职务。

1956年他以“何直”为笔名发表的《现实主义——广阔的道路》,旨在坚持现实主义传统,批判文学创作中脱离生活、脱离实际的公式化、概念化倾向,而在当时却受到错误批判。1957年被错划为右派。自1958年至1978年下放广西长达20年之久。1979

年从广西回北京后，于 1980 年任人民文学出版社副总编辑兼《当代》杂志主编。

秦兆阳同志是当代著名作家和文学评论家。其短篇小说集有《平原上》、《幸福》、《农村散记》；长篇小说有《在田野上，前进！》等。秦兆阳还是一位杰出的编辑家，特别是他主持《当代》十多年编辑工作期间，办刊方向正确，强调刊物应坚持走现实主义文学的道路，突出时代性、现实性、群众性；刊物要体现正气、志气、朝气、勇气和锐气；刊物要积极培育新人等，为繁荣社会主义文艺和出版事业做出了突出贡献。

秦兆阳给邵荃麟同志的两封信

一

荃麟同志：

来信收到了。

经再三考虑后，觉得需要向你提出请求：请不要调我回去吧！

领导上早就决定让我搞创作了，并且在全机关的大会上公开宣布了，现在我离开工作还不到半个月，就要调我回去，我觉得是不合理的。而且，党组成员绝大多数都在家，只要大家能够畅所欲言，而领导上又能够尊重大家的意见，“集体领导”是可以实现的。如果我现在回去，在各种情况下，势必一直拖到 11 月才能完事，那么，今年一年又完了。

至于整风，我不是不参加，如果轮到我检查自己，我可以在适当的时候回去一趟。对于作协整个整风运动的进行，我也可以提出以下一些参考性的意见，即或我回去，也不过就是这些意见。

我虽然不了解最近的情况,但多少也可以估计到一些。我的意见很简单:问题的关键在于领导的态度。一切自以为是和舍本求末的办法都只能加深矛盾。我认为周扬、默涵、甚至乔木和陆定一等同志应该参加作协的一定的党内外的会议,该说清楚的事情说清楚,该听的听,该检查的检查。我认为刘白羽同志应该改变过去那种自以为是的作风,切实地虚心地正视问题,承担自己应该承担的责任。我以为,如果这些同志能够抱这样态度,作协的整风是容易进行的,即或是丁、陈的问题,也能够暂时求得——至少是心理上的安定——也就是矛盾的缓和,如果搞好,也可以比较顺利地解决。解铃还须系铃人。如果一些领导同志只是站在幕后,站在缓冲地带,则即或党组全体成员在家,开一百次会议,也是不济事的。目前的党组是不能完全对过去的工作负责的,因此也不能由党组在整风运动中担负一切。当然,我也并不是说党组没有责任,只不过是说应该放在一定的地位上来考虑它所能够担负的责任。而且,党组当中个别人的责任,也不能由全体组员去承担。我认为,对于“和风细雨”不能作机械的主观主义的了解,应该根据实际情况去“和风细雨”——虽然仍然是“和风细雨”。

我认为,几年来作协工作中存在的主要矛盾在于:

1. 文学运动的实际与作法和领导方法的矛盾。

2. 领导与被领导的矛盾。

3. 党内的矛盾。

4. 党内外关系上的矛盾。

而造成这些矛盾的总的原因,是教条主义、宗派主义、主观主义、行政方式。这些矛盾又总起来形成了对于“百花齐放,百家争鸣”的方针一定程度上的抵触,形成了对于文学运动的某些损害。

这种情况是由来已久的,大约从第一次文代会就已经开始了。

至于丁、陈问题，只不过是这些矛盾当中的一部分。如果领导同志们能够认真地、实事求是地把作协工作中应负的责任承担起来，在适当的场合作一些诚恳的表示和检查，然后再针对丁、陈问题作一次发言，整个作协的整风运动是好开展的。我希望这次运动要进行得切实一些，不要像肃反运动那样留下一个不好收拾的局面。

荃麟同志，过去我也对您说过，解放八年来我做了六年的编辑工作，从自己搞创作的方面想，我不能不心里难过。这次我到北戴河来，是抱着极大的决心要写点东西的。现在一个中篇小说已写了将近三分之一，如果一回去一打断，将来又不知道是否能完成了！我想利用每一分钟的时间来写，在身体许可的情况下尽量写。我要写的东西很多，心里非常着急。如果现在调我回去，我会感到非常痛苦。而且，我身体很不好，现在夜里还常常失眠。如果回去开会，一定会把身体弄垮。

决定我参加党组，原是有代表《人民文学》的意思。现在我既是脱离了编辑工作，就失去了这种代表性。因此我提议：由天翼同志或葛洛同志参加党组吧，把我的名义撤销吧。我非常迫切地希望领导上能够这样做。

敬礼

秦兆阳

1957 年 5 月 31 日

二

荃麟同志：

这两天，关于丁、陈问题的党组扩大会，我又作了一些思考。我猜想，这个会的目的应该是为了达到团结。只要想一想今后文艺界的复杂尖锐的斗争，就知道团结是如何重要。但是，根据已开的三次会议和其他一些情况，我十分为会议的后果担心。例如昨天康濯的发言，只会引起人们更多的疑团，使形势变得复杂化。像康濯所提供的一些引人怀疑的事实，阮章竞也是有一些的。比如阮章竞曾对我说，他曾主张早点把陈企霞放出来，但刘白羽不同意。“既无政治问题而又要硬把人关起来不放，为什么?”人们一定会发生这样的疑问。还有，据说，何路曾到南京调查陈企霞的材料，回来后，刘白羽同志把一些本来不是确切可靠的材料当成可靠的材料加以运用。还有，在追查匿名信期间，陈企霞曾提出，给他三天时间他可以把信查出来，但刘白羽不答应。另外还有我所经验的个别类似的事实。我想，如果大家都来凑这类事实，一定不少。而大家的发言不可能不形成凑事实提疑问的结果。当然，所有这些事实也许都可以用“主观主义”来解释。但是，为什么刘、周自己不谈出来呢？等到大家提供出来，那就更难用“主观主义”之类的说法来解释了。这样，就会形成丁、陈——周、刘之间互相明争暗斗，而其他一些同志变成了被双方利用的工具，于是伤害了他们双方，也使其他同志受愚弄、受伤害，那么，团结的目的怎样达到？会议进行到最后的时候，必然会进入追根源（不是一般的思想根源，而是阴谋陷害的根源）的阶段，势必形成无法分辨、解释，则将来如何收拾？

我觉得我的忧虑是很有根据的。现在作协的一部分人早就在怀疑过去那些作法是否别有企图。例如古立高、张松如就大约有这种怀疑，至少是对此很为不平。这是作协许多干部心里的一个阴影，这阴影将在党组扩大会进行中扩大（在全国范围内亦然）。

我认为中宣部对此事绝对不能采取听其自然的态度，陆定一、乔木两同志应该参加和干预，而且应该有所承担，使得事情能够沿着正确的轨道发展，并且容易解决。中宣部应该把这事看成是文艺界的大事，因为它会影响全国党内（文艺界）的团结，也将影响非党人士与我们的关系,是有无法估量的意义的。

我个人在这一斗争中不属于任何一派,我对任何一派都有意见,如果不是为了党的利益,我是不会提这些意见的。

如果必要,我希望把这封信转给陆定一同志看看。

敬礼

秦兆阳

1957 年 6 月 14 日

原载《新文学史料》1996 年第 2 期

关于父亲两封信的说明

秦　晴

父亲去世一年了。在收集他有关的资料的时候,想起父亲一生走过的道路和遭际,总想再为他做点什么。

得到这两封信,实属偶然。是丹弟在苏州看到的,刊登在《秦兆阳言论》第二集里。它本是一份 1958 年 1 月用八开白报纸印的内部资料,显然是供批判之用。

当年父亲被批判的文章一般都是见过报或刊在杂志上,这是从那个年代走出来的人所知道的。但这两封信都没有公开发表过。它们本是两封私人信件,但当年却被郑重地铅印成册,与父亲的《写真实论》等文章并列刊登,可见它们在决定铅印者心目中的分量。今天我认为很有必要发表。首先它为研究那段历史的人又增添了一份活生生的史料;其二,可通过它更好地了解父亲当时的真实思想脉络,以便全面了解他的为人;其三,使将要隐没或正在隐没而又不该隐没的历史亮出它的本来面目,供人们思索。

众所周知,父亲于 1958 年因为发表《现实主义——广阔的道路》一文而遭到猛烈的批判。据父亲的回忆，他写这篇文章的缘起，是由于当时对文艺界的“左”倾教条主义倾向不满。文章的初稿刘白羽看过两次，也给周扬、林默涵等人过过目。1956 年该文发表于《人民文学》9 月号上，受到文艺界的广泛注意，曾引起争论。应该强调的是，周扬、刘白羽几次对父亲说“社会主义现实主义”是可以讨论的，不要紧张。并且，这篇文章在当时确是属于学术范畴的。

也就在这段时间，在公开批判胡风的同时，文艺界内部正在对所谓“丁陈反党集团”进行批判和斗争。父亲对“丁陈”早有批评意见，但随着事态的发展，他对周、刘等人处理“丁陈”问题的主观而过“左”的态度有了异议，认为这不是对待自己同志的正确做法。于是他在 1957 年的 5 月 31 日和 6 月 14 日两度写信给作协党组书记邵荃麟同志，陈述自己的看法。

以后发生的事情是父亲做梦也想不到的。正如他在一篇文章中所写到的：“万万没有想到，这封信却种下极大的祸根。”很快，《现实主义——广阔的道路》这篇发表于 1956 年的文章突然变成了围攻批判的重点，从 1958 年 1 月到 7 月 25 日，对父亲的批判会断断续续进行了六个月，并在 1958 年《人民文学》三、四、五三个月的版面上发表了一系列的批判文章，最后以刘白羽在中国作家协会党组扩大会议上的总结发言《秦兆阳的破产》（见《人民文学》1958 年 9 月号）而告结束。

在儿时，偶尔听见大人们议论过关于“信”的事，记得母亲曾说过，你爸有时太幼稚，呆气，直正，怎么能那么写信呢？只有他会做这种事。父亲承认：我是太冲了，神经像恍恍惚惚的，写了就送去了。别人心里也有看法，只是不说罢了。我全是为了党啊！

现在再看到父亲的这些信，对他的理解更深了，正因为他对党一片忠心，纯粹是“为了党的利益”，所以他难以接受人们强加在他头上的不实之词,内心一直承受着极大的痛苦,长达数十年之久。

1996年1月4日

原载《新文学史料》1996年第2期

编辑的苦与乐

秦兆阳

青年作者李频写了一本有关文学编辑工作的书,由人民文学出版社已故老编辑龙世辉的爱人谢素台同志陪同来找我,要求我为这本书写篇序言。由于种种原因,我向来不爱为别人的著作写序。近年来脑力、视力、精力衰退,不能阅读长篇书稿,就更加不能写序。但这一次我不能坚决拒绝。原因有二:一、据说这本书稿是以龙世辉同志的某些经历为线索探讨一些编辑工作中的问题,这不能不勾起我对龙世辉同志的怀念。二、我自己是个文学期刊的老编辑,没想到现在竟然有人专门对"编辑学"很有兴趣,这不能不对我有所触发。

于是我就想趁此机会借题发挥谈一点感想。

文学书刊的编辑工作,如果抱着敷衍了事的态度去做,并不困难;如果想认真负责地把它做好,就很不容易。不容易之处何在?细说起来话太长,只能略举数端简述如下:一、年年月月,看稿选稿退稿,沙里淘金,要有恒久不衰的极大的耐心。二、组稿约稿读稿改稿校稿,往往反复多次,总起来可以名之为"磨稿"。要善交朋友、懂得写作、理解生活、善于思考,而且同样也是要有恒久的耐心。三、甘当不出名的评论者、不要报酬的创作参谋、不计私利的辛勤园丁;而且"关系"复杂,好心未必能得好报。四、既要严格把关，又要百花齐放，情况复杂，责任重大。因而必须经得住“左”右的以及其他种种气候、种种思潮的冲击和干扰。因而可能会发生这样那样的波折，形成这样那样的苦恼。因而不但要受得住，担得了，而且要善于接受教训，矢志不移。……学习啊！思索啊！要想当一个好的编辑，就永远要勤于学习，勤于思索。

然而，一个好的编辑又总是乐在其中。发现了好作品，其乐无穷。发现了新作者，其乐无穷。所编的书刊受到读者欢迎，其乐无穷。给文艺事业添砖添瓦，其乐无穷。深知工作的价值意义，其乐无穷。……理想产生热情，热情生发乐趣，快乐排除烦恼，于是干劲十足。

从五四新文学运动开始，在 30 年代的革命文学运动中，在战争年代的革命文学运动中，在新中国的社会主义文学运动中，有多少辛勤劳动热忱奉献的好编辑！他们是文艺大军中的特种兵，是文艺大厦的垫脚石。他们往往是名不见经传，功不见史籍，然而如果没有他们的热忱奉献，革命的文学事业怎么能够不断地发展壮大，直到今天！

今天，随着我国经济建设的迅速发展，加快精神文明建设的重担正落在当代人的肩膀上了。因此，也必须从文学书刊编辑工作的角度提出要求——应该充分吸取过去的经验教训，应该更好地继承和发扬优良传统。

祝愿新时代的文学园地里，出现更多的为了崇高的理想而热忱奉献的好编辑！

此文为秦兆阳同志为李频撰写的《龙世辉的编辑生涯——从〈林海雪原〉到〈芙蓉镇〉的编审历程》一书写的序。该书由河南大学出版社 1992 年 10 月出版，本文题目为编者所加

遥寄蓝天

——忆父亲秦兆阳

秦万里

爸爸,你离我们而去已经整整五个月了。但是,在我冥冥幻觉之中,你那清瘦的身影仍在身边,仍在我们的小院中徘徊。几次与你在梦中相见,醒来已是泪流满面了。

10 月 11 日,天气由晴转阴,更使人感到秋的寒意。前一晚在医院看护了你一夜,下午 4 点多钟我才从睡梦中醒来。这时二姐夫铁铮和妻子小洁都陆续下班回来了,正在问我你的病情如何,电话响了,是二姐从医院打来的:爸爸情况不好,医生让快去……

在你病重住院期间,我虽然已经有了一种不祥的预感,但还是一次又一次地劝慰自己:爸爸会挺过来的,他经历了那么多风风雨雨,这次也一定能战胜病魔,重新回到我们的小院。一天夜里,在你的病床旁我还对你说,“爸,你是一个生命力非常顽强的人……”

去年春天开始的那次大病,使你打着点滴在医院的病床上躺了两个多月。医生告诉我们你的病情十分危险。那一次,你那顽强的生命力打败了疾病。当病情渐渐稳定之后,在你的一再要求下,医生终于给你拔下了吊针。那天傍晚,天刚下过雨,外面空气很好,我提议用轮椅推你到院子里透透气,你立刻欣然接受,快活得像个孩子。你仰望雨过天晴后的蓝天,嘴里不住地说,真痛快,外面的空气真舒服,两个多月没看见过天了,真像坐牢一样啊!

你并不是没有尝过坐牢的滋味。“文革”时期,已经下放广西近十年的你,曾被“无产阶级革命派”们弄到一座剧场上面的小阁楼里关了起来。南方蚊子很厉害,而那些人连蚊帐也不让用,你被蚊子叮咬得浑身上下布满了红包。更难受的是多少天没有人和你说一句话,没有一本书,一支笔。你寂寞得受不了,就捡起地上丢着的所有废纸,读完上面的所有文字,又把废纸揉成小球,自己和自己下棋!这一次还不算完,后来你又被关进了真正的牢房,经历了一段更加苦难的生活。

你曾多次对我说,你小时候十分羡慕天上的飞鸟,好几次梦见自己变成了一只鸟,在蓝色的、飘着美丽云朵的天空自由自在地飞翔。你小时候曾经捉到过一只鸟,而那只鸟却不吃不喝,在笼子里拼命扑撞,撞得头破血流。善良的你不忍心看着这小生命死去,又把它放回了大自然。也许就是这个原因,你不大喜欢笼中鸟和缸里的鱼,也不喜欢盆里的花。你热爱自由,热爱大自然的美。在你给了小鸟自由的时候,恐怕怎么也不会想到,自己的无罪之躯,有朝一日也会被关进牢笼。你是不能像鸟儿那样为自由而拼死反抗的,因为那便是"自绝于人民"。

你哪里会"自绝于人民",你是从穷苦的人民中走来,到延安参加了革命。在抗日战争时期,你主动放弃留在机关工作的机会,到了环境最残酷的游击区,正是为了使自己更加贴近人民群众,你的那些小说、散文、诗歌,篇篇都凝聚着对乡土、对人民的深情厚爱。然而,你这人民的赤子,早在 1958 年就被人抡起"反右"的大棒,打出了人民的行列!

1961 年,我随妈妈住在柳州市内的一所中学里,你在柳州郊外的一家机械厂"改造",住在大饭堂角落的一间用木板隔出来的小屋里。学校不上课的时候,我就坐上公共汽车,经过一条尘土飞扬的石子公路去陪你,晚上和你同睡那块一翻身就吱吱作响的木板。那时的生活十分艰苦,你患有严重的胃病,又买不到比较好消化的馒头,每天只能吃满是稗子的糙米饭,所以你每天晚上都胃疼得睡不着。我从梦中醒来,经常看见你披着衣服坐着一支又一支地吸烟。那时我不懂,现在回忆起来,你一定是一面忍受着胃痛,一面在苦苦地思索。一颗赤诚的心被曲解了,强烈热爱的工作权力被剥夺了,怎能不让人痛心啊。为了排解苦闷,你在休息时间经常去钓鱼,把鱼钩抛进水里,你就凝神望着那起伏的群山发呆。有一次和妈妈一起散步,你对她自解般地说:“你看这山多秀,这水多清,比北京那样的大城市强,人能够和大自然融合在一起,也是一种幸福啊,其他的事情,还是少去想吧!……”

那时我才十来岁,不能理解你的痛苦,只知道我能和爸爸在一起了,跟着你散步、钓鱼,聆听你的声音,和你睡一块木板。而原来在北京时,你只顾了工作,是没有时间理睬我的。

记得五八年以前咱们家住在小羊宜宾胡同3号《人民文学》的宿舍里,我和姥姥她们住在前院的南屋,你和妈妈住在后院的两小间朝西的房子里,外屋就是你的工作间。我经常到里屋的糖罐里偷偷地拿糖吃,每次去都看见你背对着门,坐在写字台前,沉浸在工作或写作中,对我这个“小偷”毫无觉察。在被划成右派之前,你写出了大量引起广泛影响的优秀作品,你在《人民文学》编辑部的信山稿海中辛勤耕耘,亲自逐字逐句地修改稿件,发现和推出了一批颇有才华的作家。你日以继夜地苦干,累得不行了就在玻璃板上冰一冰头……那时,我对“爸爸”的印象就是一个伏案疾书的背影。反右斗争以后,你失去了工作的权力,我却得到了父亲!

爸爸,因为你的热情直言,因为那一篇享誉当代文学史的《现实主义——广阔的道路》,你走过了一段多么漫长、多么崎岖艰难的路,20年光阴一去不复返,你失去了最宝贵的年华!

粉碎“四人帮”之后,你主持《当代》的工作,终于又得到了奉献的机会。在那间夏潮冬寒、越来越破败的百年老屋里,你不知阅读、修改了多少稿子,接待了多少作者、编辑,你又推出了一批文学新人。还是在这间房子里,你完成了前前后后为之付出近二十年心血的长篇小说《大地》,其他作品也不断地问世,秦兆阳的名字再一次引起人们的注目。你躲开了文坛上的恩恩怨怨,是是非非,甚至躲开了别人都在争抢的出国机会,只求多一些时间去完成你的事业。然而你却从不躲避平民百姓,许多人慕名来信来访,你总是来信必复,有求必应,说不定什么时候,你就会骑上那辆破旧的"二六"女车,到王府井邮局去给什么人寄上一笔钱。你曾为了好几个素不相识的人,给你的朋友或有关部门写信,把他们从冤案中解救出来。做这些事情的时候,你也是那么细致那么认真,充满了激情,你把这些也当成了事业的一部分。

随着岁月的流逝,你老了,身体越来越弱,目力也一年不如一年。渐渐地,老花镜不顶用了,需要用放大镜看稿,后来用放大镜也不行了——因为眼睛,更因为身体精力不佳。但你又是一个无论如何也闲不住的人。在天暖和的时候,身体能够支撑的时候,你就写字画画。你写得那么投入,画得那么着迷。经常把自己弄得痴痴呆呆。我说:"爸,别人写字画画是修身养性,你却像干累活儿,注意点身体吧!"妈妈和姐姐们也这样劝你。而你却欲罢不能,陶醉在艺术当中了。你说,受苦我不怕,就怕不能做事情。在"文革"当中,你连写字画画都不敢干了,就动手制作各种木盒子,也同样做得那么如醉如痴,那些木盒至今还保留着,其精美程度,真不亚于一个好木匠的手艺。遭受 20 年冤屈,你没有过什么怨言,却经常为自己身体不好做不成事情而叹息。

然而,病魔却无情地不断向你袭来,先是气管炎,进而变成肺气肿,而后是青光眼,接着又是肺气肿哮喘,再后来是肺心病,你一次又一次被迫住进医院。在医院里,病情稍有好转的时候,你还是忍受不了"不做事情"的煎熬,于是负责白天看护你的两个姐姐就为你读《当代》上的文章,有时还把你思索中的东西记下来。就这样,又写出了几篇文艺杂谈和散文。直到你临终前的最后几天,还要问及《当代》一百期庆祝会的事情,并让二姐给你读了《当代》上的一篇文章。

爸爸，你可以对你的一生问心无愧！无愧于你赤诚热爱的事业，无愧于与你心灵相依、患难与共近五十年的老妻，无愧于对你无限崇敬无限热爱的儿女们，你甚至无愧于一只小鸟……你是那么热爱蓝天大地，那么热爱山河湖海，那么热爱朴实勤劳的祖国人民，你要用你的笔，对这一切不停地吟唱，不停地吟唱……但你却“书没写够，画没画够”，许多事情没有做完，带着无尽的遗憾走了……

是肺气肿肺部感染引发的心力衰竭夺走了你的生命。因那百年老屋的阴潮寒冷，你每年都要复发肺气肿哮喘，但你却不肯亲自去向单位力争一套有暖气的楼房。你保持了自己的本性，却为此付出了巨大的代价。

最后这次住院，你肺部的炎症总是消不下去。10 月 9 日这天，你开始发高烧，大姐二姐去请了中医专家又去请西医教授，还到街上去买三株口服液。但是任何药物都不起作用了。晚上我去值夜班看护你的时候，你又开始腹泻，一夜十几次，到了 10 日夜里，便出来的已经完全是鲜红的血了。你已经虚弱到了极点，这天夜里还接受我的劝告，努力喝下一点点壮骨粉冲的糊糊，你是希望还能康复，希望完成那些没有完成的事情呀！

我坐在你身边，抓住你的一只手，为的是使你在病痛中感受到亲人在身边的温暖。有时我又把手伸进被子摸一摸你的体温。那一夜你时而发高烧时而虚汗淋漓，湿透了衬衣又湿透了穿在外面的病号服。你虚弱得每一片肌肉都在抖动，随着这抖动我的心也在颤抖！但你的头脑却十分清醒，还问我文学基金会主办的中国作家十人书画展操办得怎么样了，你的画送去没有。我告诉你，画已经送去了一部分，画展 12 月开幕，你好好养病，到时候我用轮椅推你去看。爸爸，你那么热爱书法绘画艺术，这是你的作品第一次公开露面呀。我默默地在心里祷告：爸爸，快点好起来吧，到时候，我就是背,也要把你背到中国美术馆!

在那个阴沉沉的深秋的傍晚,当我和姐夫铁铮妻子小洁一起赶到医院,已经到了最后的时刻,你没有来得及最后看我们一眼!我们向医生求告:请你不要停止抢救,不要停止呀!……但是,我把脸贴在你的胸膛,那里面已经像寂静的山谷,没有任何声息了。和铁铮一起为你擦洗完身体,我依然握着你那尚带余温的手,久久舍不得放开。你的手是一双充满智慧的手,是一双多么灵巧的手啊,它能创作出那么多脍炙人口的文学作品,能使许多不成熟的稿件变成叱咤文坛的佳作,能挥洒飘逸挺俊的风荷墨竹,能刻出独具特色的篆刻,能制作出精美的木盒……但是爸爸呀,你唯独不会伸出手去索取!

爸爸,或许你得到了有些人所不能得到的,那就是心灵无悔无愧的轻松,那就是人们永久的思念。

我幻想你的存在,你会在一个遥远的地方读到我的这篇文字,你会把回信寄往我的梦乡。我抬头仰望,相信你的灵魂已经飘向那湛蓝湛蓝的天空。你说你小时候多么羡慕天上的飞鸟,那么就请你像鸟儿一样飞回来,在我们小院的屋顶上落一落吧,我会看见你,会感觉到你目光的注视。

爸爸,你永远活着!

原载《当代》1995 年第 5 期

秦兆阳印象

孟伟哉

似乎是四个人,我现在只记得三个:刘白羽、海默、秦兆阳。刘白羽走在前面,海默居中,秦兆阳最后。海默的头是那么大,令我好奇而意外。秦兆阳的脸红,红光满面。他右手上夹一支烟,举在胸侧,脸上一直带着笑意……

这是1956年3月,在全国青年文学创作者会议上,一天晚间,他们来到新侨饭店的一个会客室,看望我们天津的代表,集中谈论的是作家深入生活的问题。人家介绍说他是“秦兆阳同志”。我记住了他——一张红红的微笑的面孔。

那时他是《人民文学》的副主编,说了些什么我不记得了。但他的口音使我觉得他像是四川人。而且我还想:这个四川人,他什么时候参加革命的呢?他怎么会熟悉华北特别是河北地区的生活呢?

那时我23岁。以后多年再没有见过他。当我的年龄翻了一番的时候,在生活的九曲回廊里又见到了他,而且是同他一道工作了。

“四人帮”覆灭,他调来人民文学出版社。许多同志为此兴奋,我当然不例外。开头,虽然职称不明,但从社长严文井起,大家都尊重他。尔后,他被任命为副总编辑,大家同样尊重他。是一起工作之后,我才约略知悉,二十来年,他在广西,经历是坎坷不幸的。

这回,第一次见他,似乎是在韦君宜同志主持的一个业务会议上。他抽着烟,很留心地听着别人的议论,目光随着发言人的转移而转移,而他自己却迟迟不讲话。

韦君宜说:“老秦,你谈谈吧!”

他在沙发上,动作颇拘谨地说:“不讲了吧!我没有什么话。”

“讲讲吧,讲讲吧!”在韦君宜的再三催促下,他才很不好意思地慢声慢气地讲起来:

“……出书,编刊物,是不是要注意研究社会需要和读者心理?这些,都是随着现实生活的发展而变化的……”

他完全是商讨的口吻。而且,在我的感觉上,他很留意别人的反应。

我望着他。我知道他不会记得我。我可在回忆新侨饭店的那一幕。他真是变了:脸没有当年红,也比不上当年的结实丰满。他两腮瘦瘪了,牙齿稀疏,头发苍白,也戴上眼镜了。然而他的思想并不陈旧,他极力追踪的正是时代前进的脚步。

我第一次到他家去才知道:他五口之家住一大间没有隔断的南房,不方便也住不开。于是,在这间大房前面,不得不搭个小厨房和一间六平米左右的小屋。这粗陋低矮的小屋,便是他的寝室和工作室。

他床头有一个长约尺余、高约寸余的竹凳样的东西。我问那是什么?他说:“枕头。我爱头晕,枕这个东西清凉。”这个竹器确被他枕得油光发亮。我猜想,这大约是他从广西带来的纪念品。

他的中篇小说《女儿的信》,就是在这个夏天闷热、冬季寒冷的小屋里写的。确切些说,他近年来的大部分评论、作品、书信,都产生于这个小屋。差不多每次我到这小屋,总看到他桌子上摊开着未写完的文稿,一个椭圆形陶瓷烟缸和一个铝质烟缸里,烟灰烟蒂总是满满的。客人一来,他就把老花眼镜换成散光镜,从那把吱吱响的矮椅上侧过身子,或者站起来递烟倒茶。无疑,这小屋是他沉思、想像和幻想的重要场所,也将留在他终生的记忆中。当然,来过这里的许多人,也不会遗忘这个小屋。

我到他家去过多少次,跟他交谈过多少次,记不清了。然而,他作为一个共产党员、一个作家、一个编辑、一个人,给我的印象是越来越深了。

他受过委屈,吃过苦头。我原以为,至少是在最初接触的时候,他大概少不了表白、诉苦、泄怨、发牢骚。如果他这样做,我不会奇怪,并自信能够理解。然而事情不是这样。

他极少主动谈起那已成历史的事,尤其不认为自己有什么不得了。他倒是这样说过:

“我一直在自我反省,真诚地检查着自己哪里错了,反复思考自己和党的关系是不是没有处理好……我这个人好激动。回想起来,也有过少壮得意和过于自信的时候……”

他说这些的时候,从椅子上向前倾着身子,音调不高而深沉,使你觉得他在掏肺腑之言。

他在广西的漫长岁月是怎样度过的,他到底有些什么隐痛,由于他不爱谈,我至今未知其详。提到广西,他只是带着感激之情,说起那里的哪些同志关心过他,帮助过他。他更关心的是现实和未来,热衷于讨论当前的创作、理论和实际生活。

在我面前,他无疑是一位老作家。我同他接触,即使是讨论工作,也主要是向他学习。他不摆老资格,不以长者自居,更不简单说教,而总是进行同志式地平等地讨论,很注意听取晚辈人的意见。

一次,他写了一则文艺短论,征求我的意见:能不能发表?我看过后坦率地建议他不要发表,他真就再没有拿出来。过了若干时日想起此事,我觉得我的建议是不对的,但没有向他说明,他也从未有过怨言。

我不曾料到他会向我谈他的创作构思。但这样的事竟有过好几次。谈完之后他总是很恳切地问:“你觉得怎么样?”

他近年写作的短篇小说,有两三篇在发表前曾让我看过。谈构思也好,看稿也好,他希望听到的是真正的意见,而不是奉承话。

有一回,他把一个短篇拿到《当代》编辑部让同志们先提意见。大家果真说了不足之处。他愉快地接受意见,又换了一篇来。

不光是听意见,他还让我们帮他修改某些地方。有一次他就在电话里跟我说:“你给我改改嘛!没有关系。改吧!”

他的平易近人和虚怀若谷,增加了他作为一个老作家的吸引力,在工作上也使我们晚一辈的人觉得很好合作。

我曾这样想过:假如他不当编辑,专门从事写作,仅这几年,他就可以写出比现在多得多的东西。然而,我渐渐知道,几十年来他实际上是个业余作家,大部分时间正是花在了编辑工作上。

他不是单纯看稿的编辑。他常常花很多精力与作者研究生活,讨论艺术,帮助作者构思。并不是每个作者都那么尊重、体谅编辑和容易对话的。这种讨论,有时很愉快,有时很艰难。也不是每个作者都能面谈的。这样,他就要写许多信,有的信是很长的。因此,我总觉得,他这些书信,是他尚未发表的很重要的著作。顺便说一句,他的许多工作通信都是自己付邮的,没有用公家的邮资,这并不是一个小数。

他主张编辑对稿件进行加工修改。他说他50年代编《人民文学》就是这样作的,若干稿子实际上是改出来的,否则是不够发表水平的。那时,周立波发现了他这种作法,颇为惊讶地说过:“嗬呀,秦兆阳原来是这样工作的呀!”因为这样做确实艰苦。然而时至今日,他已六十有余,还常为一些年轻同志的作品做这种雪中送炭或者锦上添花的工作。

在编辑工作中,他最大的愉快是看到一篇好稿子,发现一位新作者。一次,一部稿子他刚读了一半,便兴奋不已,在电话里跟我说:“很好呀!请你让作者马上到我家里来谈谈……”他在编辑工作中倾注了对青年的满腔热情。他把发现、培养和扶植文学新人视为编辑工作的崇高职责。

我常想:他在编辑工作中对我们文学事业的贡献,虽少为人知,实际上也许超过了他自己的著作。

他在时代的大潮中投身革命。那是1938年,日寇的侵略使中华民族处于生死存亡的关头，他和一个朋友一起，由在武汉的陶铸同志介绍到八路军驻武汉办事处，从武汉经西安直到延安。尔后不久，他又由延安到晋察冀。截至今年(1981年)，他的党龄足足四十载。他确是老革命、老干部、老同志了，给他多加几个头衔，人们是不会有异议的。然而到文学出版社来，他没有参加党委会，不参与一般行政事务。曾给他预备过一间办公室，去了两次他也不用了。他满怀激情(正如他说的"好激动")，却不喜欢抛头露面(这似乎是他同自己的"好激动"作斗争的一种方式)。挪威的奥斯陆大学曾请他去讲学，他婉言辞谢。一次，在我们社二楼那小小的会客室里，一位华裔美籍作家对他说："我翻译了你的《现实主义——广阔的道路》……"他听罢只是淡淡一笑。他反感那些庸俗的事。

他不愿掌管行政权力，安心于日常的编辑业务。这并非消极遁世。他在默默无闻的实践中，显示着自己的党性。

社里分工，他的主要精力办《当代》。怎样使这个刊物和党中央保持一致，受到群众欢迎，常常是他考虑的中心。

《当代》发表报告文学多些。这个主意最早就是他提的。

历史在前进。生活在发展。以往的悲剧性的教训不能否认，新的现实所展示的光明的前景更应该重视。然而许多同志正痛定思痛，对新的现实还不能及时予以艺术的体现。怎么办？单个的作者尽可以写他最感兴趣的东西，一个刊物却应该力求多方面地全面地反映时代。他肯定文学对丑恶现象和阴暗面的批判作用，正如他说的"正确的批判是健康的头脑的产物"。同时他也认为负责的作家应通过自己的作品给读者以希望、信心和力量。记不清是在办公室还是在他家，也记不起是第几次研究这个问题了，他说：

"现在是需要一些振奋之作，鼓舞人心。我们就多搞一些报告文学吧！反映四化过程中的矛盾斗争，也可以写中国人民、中华民族在艰难曲折中的坚忍不拔的精神……”

他很注意领会党中央和中央领导同志的指示精神，力求辩证地看待问题，使自己的工作有利于党的整个事业，其中当然包括社会主义的文艺事业。

他把注意力放在刊物的重点作品上。我们形成了默契：凡是这样的作品，尽可能请他过目，来不及时也要向他介绍内容。只要时间允许，他总要亲自看，并时常动手加工。有时，“三校”了，要付型了，他还要再作推敲。

八〇年初冬的一个晚上，我去看他。在他的大南屋里（这时他的住宅扩大了一些，大南屋成他的书房了），他一会儿坐下，一会儿走动，吸着烟，仔细琢磨着已经付型的刊物，一直同我谈到 10 点多钟；按他的身体和习惯，本来该 9 点睡眠的。每逢这样的时刻，我就想：他是赤子，有一颗丹心。

有一次，我告诉他：一位大学讲师找到了他青年时代在武汉发表的长诗。“是不是呀？真的呀？……”他的声调忽然提高，高兴得像个青年。

我对他 40 年代、50 年代的作品不熟悉，真是遗憾。然而我前不久读了他 60 年代发表过一部分的长篇小说稿《两辈人》（书名尚未确定），却衷心赞佩。这真是好作品。在政治上被误解的时候，他能克服抑郁的心情，写出如此昂扬奋发、激荡着英雄气概、讴歌人民和党的作品，实在不易。

他又是那么谦虚地要听取意见。我们谈了两次。我谈的实际上是学习心得。我说：“你的作品使我联想到很多创作上的问题，而最重要的一点就是我感觉到：这是一种带着浪漫色彩的、闪耀着理想之光的现实主义……”

我惊异于他对冀中生活的熟悉。他说，为写这作品他准备了许多年。那天晚上，送我出大门的时候，他还笑着说：

“这作品按构思要写一百多万字的，现在看来可能完不成了。我有时想，一个人死的时候，会把多少思想带到坟墓里去呵！”

他的感慨令我激动。然而我认为他不是感伤主义者，而是唯物主义者。

夜深人静。在骑车回家的路上，我想：这个为人民编辑了许多作品、写了许多作品的人，他自己是怎样生活的呢？他休息的方式是写字，绘画（他喜画山石、竹梅和无邪的小鸟），在故宫后面的护城河边散步，而他的享受，大概就是抽烟喝茶了。他也喜欢喝一点儿酒，但是最近，医生可能对他发出了禁令……

他不是四川人，籍贯湖北黄冈。

原载《文艺报》1982 年第 4 期

“休云编者痴，我识其中味！”

——秦兆阳谈文学编辑工作

何启治

1983 年 4 月 16 日，一个春光明媚的上午，秦兆阳同志应邀到北京劳动人民文化宫电影馆为北京文学讲习所小说创作讲习班讲课。听众有一千多人。散会后，我陪着他出来，意外地一再遇到人群中有些四十岁左右的男女学员迎上前来问好。他们不约而同地问到兆阳同志的年纪和健康，而且都说在中学生的时候读了他的长篇小说《在田野上，前进！》，想不到过了快三十年才见到作者本人。这时，我在兆阳同志领导的《当代》已经工作了两年多，记不得第一次是在什么情况下见面了，但这一次却给我留下了很深的印象。劳动人民文化宫里古柏青青，丛丛鲜花飘散着淡雅的香气。

这天天气暖和，他脱下中山装外衣挎在手上，上身只穿一件灰色的衬衣，头发虽已斑白，脸色却是红红的，很有光彩，始终含着微笑回答这些老“青年”的问好，健步走向文化宫的东门——他就住在挨近劳动人民文化宫的北池子。

真的，他这天一点也不像快67岁的老人，更不像备尝艰辛、受过冤屈的人。他平时就不爱向别人诉苦，今天讲课末了给文学爱好者的赠言就是：与其常常悲叹，不如自己去干；与其发牢骚，不如自己站得高；与其嫌阴暗，不如自己做火焰；与其打冷颤，不如自己变火炭。然而，我知道他其实是一个历经坎坷而律己甚严的人，他不但是一位有影响的作家，而且是一位富有献身精神、把毕生的主要精力都贡献给编辑工作的老编辑。

“‘衔’我以‘编辑’二字更为恰当”

秦兆阳，发表、出版过短篇小说集《平原上》、《幸福》、《农村散记》，中篇小说集《女儿的信》，童话集《小燕子万里飞行记》，长篇小说《在田野上，前进！》、《穿云山》、《大地》，评论集《论概念化公式化》和《文学探路集》等，现为中国作家协会主席团委员，是一位有成就的老作家。但是，他自己却认定了：“如果一个人必定要有一种头衔的话，我倒觉得‘衔’我以‘编辑’二字更为恰当。”（《秦兆阳小说选·自序》）他几十年的编辑工作的经历给这句话作了很好的说明。

1916年，秦兆阳出生于湖北省黄冈县枣树店村一个贫苦教师的家中。他毕业于武昌乡村师范。1938年奔赴陕甘宁边区，先后在陕北公学分校和鲁迅艺术学院美术系学习。1939年结业后，便在延安边区政府保安处宣传科编《锄奸画报》。这是一张土黄色的四开（像今天的《参考消息》这么大）石印画报。画画，编排，上药纸全由他一个人包办。

1940 年至 1942 年，他在晋察冀边区华北联合大学文学院美术系当教员，同时自画、自编、自刻油印的《联大画刊》。

此后到 1945 年抗日战争胜利前，在冀中区第十军分区任《黎明报》社社长，1946 年在冀中军区《前线报》社任副社长，均具体负责编辑工作。

1947 年秋至 1948 年秋，在冀中文艺工作者协会编不定期的通俗文艺刊物《歌与剧》（铅印）。

1948 年秋至 1949 年全国首届文代会前在《华北文艺》（铅印月刊）任编辑。

从 1949 年 7 月《人民文学》创刊至 1952 年，秦兆阳任该刊小说组组长。此后两年下乡体验生活搞创作。1955 年在《文艺报》任执行编委。1956 年至 1957 年 1 月任《人民文学》副主编（执行主编）。

1957 年 1 月，他请假学习。此后，党的工作的失误使他蒙冤 20 年。从 1959 年起，他在广西等地经受了长期反复的批判斗争，直到 1979 年 3 月改正，然后恢复工作，任人民文学出版社副总编辑兼大型文学杂志《当代》主编迄今。

秦兆阳说"'衔'我以'编辑'二字更为恰当"，这除了因为他几十年来的正业是编辑，经常在约稿、看稿、谈稿、改稿、退稿和编稿中度过繁忙的日子之外，还体现着他自己对编辑工作的深厚感情和献身精神。

最突出地表现这种献身精神的，是在他担任《人民文学》小说组组长和执行主编那几年的工作中。《人民文学》是新中国诞生后第一家全国性的最大的文学刊物。领导上对他们期望很大，要求"发表示范性的作品，指导性的理论"（周扬语），可当时实际上稿源却非常困难。从敌后和延安来的有经验的作家一般都在各自负责的文艺工作岗位上担任行政工作，无暇顾及创作；当时全国的文化水平还比较低，新作者对新文艺、对革命文艺还不大懂，还没有掌握好。而《人民文学》主要又是发表小说的。这样，作为小说组组长的秦兆阳就自觉地承担了大量的、从来稿中挑选稿子并亲自修改稿子的任务——不必改就拿去发表的几乎没有。秦兆阳自己通过实践渐渐懂得了一些小说艺术的规律，晓得创作的甘苦，因而无论给作者提意见或亲自动手删改，都能对作品的提高有切实的帮助。这样，通过他和编辑部其他同志的努力，在《人民文学》这块园地上就涌现了一批文学新人：玛拉沁夫、孙峻青、白桦、林斤澜、张弦、刘宾雁、王蒙、萧平、耿简、耿龙祥、李威仑、大群、闻捷、公刘、雁翼……

那时，还不到四十岁的秦兆阳把最好的年华，旺盛的精力（虽有胃病，却常常带病工作）献给了编辑工作。这几年，他最辛苦，最繁忙，也确实取得了相当可观的成绩：优秀作品和文学新人成批地涌现，刊物受到读者、特别是青年读者的热烈欢迎，短时期内销售量增长了将近一倍。然而，新的文学浪潮很快就被打了下去，有人利用几件事情强使秦兆阳不幸“蒙尘”20 年。

其一，是在鸣放的背景下发表了《现实主义——广阔的道路》（对于现实主义的再认识）。1956 年 5 月间，陆定一同志发表了大文章《百花齐放，百家争鸣》。这是代表党中央发表的文艺方针。作协党组接着动员鸣放，作协负责人一再鼓动秦兆阳写文章。耿直、深沉而又勤于思索的秦兆阳从自己的实践中，感到解放后评论界和理论界教条主义相当严重，一再干扰文艺创作的繁荣发展，很想就社会主义文艺怎样才能更好地按文艺规律办事发表意见，于是便动手写起来。写之前，《人民文学》编委会还谈过有关当前文艺思想上所存在的问题。他于 6 月完成初稿，7 月修改，8 月发稿，9 月发表于《人民文学》。这期间，两次送请作协负责人看过，均无意见，这才发表，却想不到竟因此罹祸。

其二，是在他的主持鼓励下发表了刘宾雁等人“干预生活”的作品，特别是在发表上述文章的 9 月号上同时发表了王蒙的《组织部新来的青年人》。作品引起了巨大的社会反响,也引起了激烈的争论,以致不得不把稿件的修改情况同时在《人民日报》和《人民文学》上公布。秦兆阳修改过那么多稿子没有得到应有的肯定,却因修改这篇小说(尽管修改情况公布后反而没什么意见)而挨整,受到了公开的批评。

这两件事,再加上秦兆阳"不识时务"地写信给作协的另一位负责人,表示他不愿再参加关于丁(玲)、陈(企霞)问题的党内鸣放会,说他对丁、陈一方和另一方都有意见,建议由作协领导同志在一块儿谈谈解开疙瘩,他自己不了解情况,夹在中间不好说什么。可惜,这样直爽、恳切的陈辞没有得到理解和接受,反而使他从 1958 年起,被强加上"反党反社会主义"的罪名,经受了长达 20 年的反复批判和斗争。

新时期的曙光普照祖国的大地。秦兆阳刚恢复工作就选择了编辑这个职业。在人民文学出版社副总编辑这个岗位上,他认真地审读过《秦川儿女》、《冬天里的春天》等长篇小说。但他的主要精力还是放在《当代》主编的工作上。他沿用在《人民文学》时的做法,为了使作品更精练、合理、准确、完美而促请作者或亲自动手为他们修改作品。如中篇小说《代价》,报告文学《热流》和《中国姑娘》等作品,他都亲自动手修改过。《代价》中,在徐克文的冤案平反后,他把始终忍辱顺从丘建中的余丽娜改写为拿起剪刀作了适当的反抗,这是为了使情节更合理;有的作品在排成清样之后,他还仔细地作了一些最后的改动,以便使作品的某些情节或细节描写显得更合理,格调也更健康一些……

这样做,自然要付出更多的精力。繁重的编辑工作确实影响了秦兆阳同志自己的写作计划。但只要这样做了对提高作品有好处,对繁荣社会主义文学创作有好处,他是心甘情愿的。

1984 年 7 月 4 日,在他家里那间书房、客厅兼卧室的南屋里,他和我们几个人谈到对社会和文坛的某些看法。先说到有些作者存在三浅的问题——学识浅（学问知识根底不深），城府浅（争眼前利益），思想浅（对人生、对社会的认识一知半解，短视，往往只看到局部）。他认为这样的作家是写不出大作品来的。

说到这里，他深深地吸了一口烟，苦笑着说："只盯着眼前的利益，只顾争一城一地的得失是很要命的。'文革'十年，概括起来是一个'斗'字，乱斗一气，全面内战，打倒一切，全国分裂，自我毁灭。现在不少人又醉心于一个'争'字，这也是很够呛的。竞争和争名争利是两回事。经济上的竞争和事业上的竞争不同，事业上的竞争和名利之争又不同。生活条件、待遇是可以适当地讲一讲的，但总不能以这为理由不好好工作。文学事业要有牺牲精神，献身精神。一个文学编辑，更要有自我牺牲的献身精神。"接着，他和我们谈到文学史上的一些佳话，讲到文苑的风范，提到竹林七贤、李杜、韩柳的友谊，提到屈原的《离骚》如果没有人传抄也就流传不到今天。还提到现代文学史中瞿秋白牺牲后鲁迅为亡友编《海上述林》的事，讲到鲁迅和瞿秋白、白莽、柔石等作家的友谊，特别推崇鲁迅先生的自我牺牲精神。他十分感慨地说："我们应该在这方面组织一些文章，讲一讲怎么做人的道理。有些事，我真希望能在有关的人还活着的时候写出来啊！"

可惜他的这些意见我们至今还没有很好地贯彻，但他这一席话却深深地印在我的脑子里。其实，对于上述主张，他自己倒是身体力行的。直到今天，他已行将七十，由于工作需要，还要他兼顾着《当代》主编的工作，还要亲自终审某些重要的稿件，还要经常为办好《当代》而耗费心力。他的确是一个久经磨难而依旧奋斗不息、在文学编辑的岗位上富有献身精神的人。

带着时代的使命感办好刊物

作为一个大型文学杂志的主编，秦兆阳同志常常提醒我们要带着对祖国、对人民和我们这个时代的责任感、使命感来办好刊物。在 1982 年 2 月的一次谈心会上,他和我们一起回顾了现代文学史上的一些现象。他指出,办文学刊物,不要简单地注意刊物的发行量,而要看重刊物在社会上的作用,看刊物在这个时代起了什么作用。他说:"过去《文学》、《奔流》、《光明》等刊物对我这样的青年就产生了很好的影响。很多青年那时就是读了这些刊物,读了鲁迅他们的文章走向革命的。在冀中打游击时的一位司令员也是其中的一个。"他说:"鲁迅是最清醒的现实主义者。回顾五四新文学运动中,《新青年》、《创造》、《语丝》都是以文学为武器,带着对时代的使命感来办的。"

联系到《当代》这个刊物,他说:"我们的刊物是在打倒'四人帮'之后,在党的十一届三中全会之后创办的。人们一方面要求思想解放,一方面又在探索文艺如何在这历史要求面前发挥作用。我们是为了建设文学事业办刊物的,《当代》这名称就意味着我们对时代的责任感和使命感。因此,我们不能简单地去迁就、迎合读者,而要有自己的主见。我们要走一条既解放思想,又有益于读者、有利于文学事业健康发展的路,使刊物富有朝气,比较准确,有分寸感而又思想解放。这是我们的特点,也是我们的优点,应该保持下去。我们的刊物就这样从开头印七万份发展到五十多万份,可见读者也是欢迎的。"

他指出,现在文坛上有些不正之风,如钻营评奖,钻营出国,钻营别人吹捧自己的作品,钻营名人作序……凡此种种,和文学的严肃的使命感都是不相容的。这种种造成了文学界庸俗化的趋向。我们看到这些,保持冷静、清醒的头脑,才能避免编辑工作上的盲目性,才不至于被出版物的市场和一般读者的趣味所左右。他说:"我们就应该从这个大的角度来看刊物的编辑工作。"

秦兆阳通过自己对新时期文学的思考,认为以"伤痕文学"来概括这几年的文学是不恰当的。1983 年 7 月 8 日,在我们的一次编辑部会议上，他明确地提出，“四人帮”垮台以来，我们的文学应该是拨乱反正新历史时期的文学。他指出，十年动乱造成了伤痕，但文学不完全是为写伤痕的，为写伤痕而写伤痕的很少很少。拨乱中主要写了正——应该改革，也涉及乱——伤痕，我们发表的主要就是这样的作品。

他认为，在这个重要的历史时期里，搞创作，写评论，办刊物，都相当艰难。又要为群众说话，又怕伤害党的形象和党的事业；又要拨乱反正，又不能调子太灰。这路子实在难。他很有感慨地说：“可惜在这样的时候很多人都不清醒，不少作家和编辑头脑都不冷静，带着盲目性只想冲锋陷阵，甚至求救于宗教，简直不知往哪里去，真是一种灰败情绪啊！”

他认为，又要稳，又要准，又要写矛盾，还要给人以鼓舞的力量，实在很不容易。要处理好这样复杂的关系，对作家、对编辑，都要提倡冷静、清醒，用历史唯物主义的观点，用作家的眼光，站在时代的高度来认识和反映生活，就要反对就事论事的创作思想，就要努力使作品不仅有深厚的思想内容，而且有深切的感情内涵。他指出，像鲁迅的作品感情内涵就深，就不会过时。

关于“就事论事的创作思路”，他曾经在一篇文章中作过进一步的说明，指出这是一种“眼光窄浅，看局部不看全体，看个别不看关联，看表面不看实质，拘于眼面前的事态，缺乏推论的能力和想象的习惯”。其具体表现为：“着眼于题材、事件、过程、小范围内的所见所闻；不少作品被事件的无关紧要和平淡无味的琐碎过程缠住了思想，笔墨沾滞，摆荡不开；不少作者淹没于生活之中，不能‘既进去，又出来’；不重视性格、内心、感情，以及震动灵魂的强烈和回肠荡气的深沉性；不作概括性大而且深的构思，不注重鸟瞰式的纵横思考；没有气魄宏大而又思想深沉的巨制；不善于深掘生活的底蕴，灵魂的奥秘；不追求‘意识到的历史内容’（恩格斯语）的深刻性和广泛性，以达到作品内涵的深厚宽宏；人物只是在政策和问题面前表态，是说明政策和问题的工具……”他十分恳切地希望有人对这种“就事论事的创作思路（或艺术观）”产生的根源和克服的途径加以研究，“以求得文学艺术的更快更健康和更有成效的发展”（《略谈“就事论事的创作思路”》，载《当代》1985 年第 1 期）。

秦兆阳对拨乱反正新历史时期文学创作和编辑工作的认识，在 1983 年 11 月 2 日接受《人民日报》一位记者的采访时，有过更明确的表述。他在记者采访时表示，如何把刊物办成既敢于揭露矛盾，又鼓舞人心、活泼、有朝气，我们是经过摸索才慢慢明确起来的：第一，努力反映当前全国人民关心的大事。如通过《耿耿难眠》、《这里通向世界》、《跋涉者》、《改革者》、《厂长今年二十六》、《龙种》、《赤橙黄绿青蓝紫》等中长篇小说和《命运》、《励精图治》、《热流》、《中国姑娘》等报告文学，较及时地反映了城乡改革事业的发展和举国注目的、振奋人心的大事。第二，掌握好所发作品的格调。不是低沉灰暗的，也不是浅薄庸俗的荒诞和空空洞洞的东西，而是严肃、健康、引人奋发向上的东西。第三，编辑作风要严肃正派，把刊物当做严肃的文学事业来看待。对稿件的判断取舍从作品的实际出发，对名家也不乞求、不迁就。同时，把培养、扶植文学新人当做办刊的重要方针，公开宣布每期必发新人新作。第四，与党中央在政治上保持一致，要求在不违背四项原则的前提下来反映矛盾斗争，帮顺忙，决不帮倒忙。如何真正使党的要求和群众的要求相一致，使革命的利益和群众的愿望相一致，是个很复杂的问题。我们在办刊的实践中对此逐步加深体会，也逐渐明确起来，从而使刊物成为各方面反映较好，比较受读者欢迎的杂志。

文学最终要给人以希望和信心

秦兆阳同志很注意一个文学刊物的总体形象。他当然知道一个刊物所发表的不可能都是完美的作品，刊物也不可能一点都没有差错。但他历来强调，只要我们在总体上把正面的、健康的东西树立起来，其他方面、次要的方面有点问题也就不要紧。

在谈心或正式的会议上，他也不止一次地表示，他并不同意“爱护羽毛”的说法。因为我们的文学刊物是面对社会的，成败得失如果只是牵涉到一个人或一个刊物都没有什么了不起，怕的是影响整个大局。所以，他在1982年2月4日的一次谈心会上十分恳切地说：“思想解放不是很简单的事。如果比做打仗，保存自己消灭敌人就是一条原则。那么，你要站住脚就不能像曹操手下的大将许褚那样赤膊上阵，中了好几箭——这一来自然也就不能连续作战了。”紧接着，他又严肃地指出：“个人受损伤问题还不大，严重的是这会影响到整个文坛起风波，以至影响到整个社会对中央领导、对双百方针、对思想解放……发生怀疑。这样重大的损失可能一时看不见，但却是实际上存在的危险。而我们当然要不偏不倚地朝着正确的方向解放思想。否则，就会造成不良的社会效果，对实现四化产生不利的影响。”

后来，在1985年9月13日的一次会议上，他又进一步指出，现在的文坛很活跃，我们不能乱了方寸。他对新时期的文学作了历史的回顾，说：“粉碎‘四人帮’以后这几年，文学基本上是把对现实和历史的沉思形诸于文。试看头三届获奖的短篇和头两届获奖的中篇即可了然。这是整个国家的、全民的历史的实践所促成的。对过去肯定或否定的都要再认识，要拨乱反正，所以作品往往都带批判性。但一个民族光批判以致没有自信心也是不行的，所以当大家一片反‘左’批‘右’时，我们有意识地发表了《热流》和《中国姑娘》这样一些引人注目、鼓舞人心的作品。我们选发《在困难的日子里》、《励精图治》这些作品，也是从时代的使命感出发的。这些作品表现了我们的人民在困难面前的骨气和正气，这就难得，就比那些华而不实、哗众取宠的作品好。”

在 1983 年的新年座谈会上，他指出党的十二大以后，历史又掀开了新的一页。“在这样的时候，文学更应该为整个社会主义事业的利益克服矛盾，帮助党和人民克服前进路上的障碍，促进改革事业向前发展。”

在 1985 年 4 月 1 日的一次谈话中，他把这种办刊的指导思想表达得更加明晰。他说，在编选处理稿件时，他“总是抱定一条总的宗旨：文学作品最终要给人以希望和信心。作品不怕写得尖锐，但要准确，要能鼓舞读者，所以要花相当力气组织时代气息强的报告文学”。他不愿意大家总是唉声叹气，认为那样会影响一个民族的气质，影响人民的心理，造成一种对社会主义事业不利的失望情绪。他相信历史总会前进的，人民总是有力量的。因此，他说：“我们不要回避矛盾，但也不要被矛盾吃掉。要看到希望，保持着一种健康的思想感情去写矛盾斗争。”

“留下一些历史上站得住的东西”

我们曾经向秦兆阳同志提出，希望他能根据自己的编辑经验谈谈判断来稿优劣以决定取舍的标准。1983 年 5 月 9 日的一次座谈会上，他回答了这个问题，指出在阅读和判断小说稿件时应该掌握如下的标准。

首先，小说的人物和事件都应该是形象的而不是概念的，即能形象地给读者一个印象。

其次，小说应能调动读者的情绪，引起读者思想感情的共鸣与激动。好的小说应该使读者的情绪随着作品主人公命运的变迁和故事情节的流动而变化，随着整个作品情绪的起伏波动而产生喜怒哀乐的共鸣。

第三，小说的格调应该是高尚的，哪怕在反映畸形年代被扭曲了的人物和生活，也不应该是简单地集中展览丑恶的东西，而应该是从反面促使人们痛恨假恶丑而向往、追求真善美，应该给读者以美的艺术享受。

第四，小说应该能通过形象的塑造和对生活的真切描绘引起读者对重大社会问题的积极思考。

概括起来，一篇好的小说应该有使读者获得印象，引动感情，引起思索和得到艺术享受这样的效果。

但是，这只是一般意义上的几条标准。他还常常提醒我们：不要过多地重视那些单纯以针砭时弊、写具体问题为目的的作品，而忽略了文学的长远的生命力。

1981 年 11 月 16 日，他在回顾一年的工作时严肃地对我们说："不要光看我们刊物今年发表的中篇多了，社会上反映好了，就感到满足。关键在于留下一些历史上站得住的东西，让人家一想到《当代》就能想起来的东西，例如《芙蓉镇》这样的作品。"

关于"历史上站得住的东西"，他后来在文章中，在讲话里都一再接触到这个问题，并把他对这个问题的思考概括为：时代的要求，人民的愿望，历史的真实和艺术的规律。他认为这四个方面结合得比较好的作品就是成功的、受人民群众欢迎的好作品。

在 1985 年 4 月 1 日的谈话中，他又对艺术规律这一点作了解释和发挥。他指出：好的作品要和时代的脉搏相呼应，在一定的历史背景下把握从生活的逻辑性过渡到作品情节和形象的逻辑性。这就是作品艺术的逻辑性，也就是一个艺术规律问题。事物、生活都有它的逻辑性亦即规律性，写到作品里面，就是艺术形象和故事情节发展的必然性，这种规律性能使你在想像的时候，知道事情应该怎样发展，人物的性格应该怎样表现，可能怎样表现，必然怎样表现。只有这样，作品才是合情合理的，也才是真实可信的。

遗憾的是，他认为我们许多编辑、许多做文艺工作的同志对此还不能很好地把握和理解，这就是现在我们一些同志感到现实主义没有力量的很重要的一个原因。他说，"其实不然。马列著作为什么那么有说服力,就因为它的逻辑性是铁的,推翻不了的。这逻辑性是从生活中来的,从客观现实中来的。这用到文艺上来也一样。我们看作品,无论如何要把握住它的逻辑性,合理性,而不能光用知识分子自我欣赏、自我同情的态度去看作品。”

期待着史诗式的作品和巨人式的作家

作为一个老作家、老编辑,秦兆阳常常殷切地期待着、呼唤着史诗式的作品和巨人式的作家的出现。为什么在当代的中国文坛上少有堪称为史诗式的作品和巨人式的作家出现呢?他在一次谈话中指出,这和多年来政治上“左”的干预,和作家们思想、艺术、文化修养上的不足,以及生活实践的不够等等大概都有相当大的关系,而我们的编辑工作做得不够深入、细致,不那么理想,恐怕也是一个原因。

在1983年的新年座谈会上,他又一次谈到了这个问题。他说:“许多大作家往往都是那个时代的大思想家,都是能够站在时代的高度上观察、感受、认识生活,然后才写出史诗式的作品来的。列宁说托尔斯泰的作品是‘俄国革命的一面镜子’,就因为他的作品反映了俄国农村的矛盾和农民的愿望,为他们寻找出路。巴尔扎克也是如此,站在时代的高度,历史发展的高度,形象地说明了金钱的本质。雨果的《悲惨世界》反映了法律和人性、人道主义的矛盾,也是这样的作品。我们能不能也站在历史的高度来看改革、找题材呢?”他指出:“《改革者》是有时代高度的,所以受重视,但可惜艺术上粗一些,细节上也不够精致。《改革者》反映的矛盾是真实的,起了开路的作用,但和《当代》上发表的另一些作品一样,还是有点把生活、把矛盾简单化。更有一些作品,不是站在时代的、历史的高度来看生活,而是多少有点实用主义,如某些针砭时弊的问题小说。过去的教训,使人们对配合形势、政策的文学作品很反感。现在也不是绝对不讲配合,但不能盲目。一个是要配合正确的东西,一个是真实,还要在艺术上尽可能提高。有这三条就不怕配合、跟形势。党的十二大以后历史掀开了新的一页,党中央有了划时代的决议。这样的时候文学更应该为整个社会主义事业的利益帮助党和人民克服前进中的困难。《改革者》之所以引起了有关同志和许多读者的注意,道理就在这里。"

接着,他又以在《当代》上发表的、有相当大影响的两个作品来说明这个问题。他说:"路遥的《惊心动魄的一幕》写的就是史诗式的题材:革命老干部为了制止武斗在雨夜踏着泥泞去赴死。这题材气魄大,强烈振动人心,是时代火花的爆发,应该并且可能写成史诗式的作品。但作者做得不够,还是没有达到。这样的干部为什么会为了群众去赴死?他平时是怎么工作的?跟农民有什么样的交情?对'左'的错误有什么抵制和斗争?可惜作者对这个反极左的典型写得不够充分。如果从极左思潮和党的传统的群众路线的冲突这个角度把这个故事写深了,写好了,其历史意义就更大了。陈国凯的《代价》也是这样,写了十年动乱使我们的政权在此时此地变了质,写出了我们的党、国家和民族为此付出的惨重代价,也是个史诗式的题材。可惜写得还不够准确,不够深刻。如余丽娜内心的痛苦和为了摆脱绝境而迈出决定性一步之前的内心矛盾还写得不充分。作品对徐克文这个人物的内心刻画也比较简略,以致没有很好地发挥这个史诗式的题材的力量。如果再认真改一两遍就好了。"

由此得出什么结论呢?他指出:"就事论事的创作思想是史诗式的作品难以产生的重要原因之一。"什么叫现实主义的深化?他指出,"从时代的高度看生活和提炼主题思想,这是一个方面。另一方面,是要把特殊的构思所涉及到的最深刻的生活逻辑性充分地具体地表现出来"。"要把作品的独创性、强烈性、深刻性,跟有意追求'以怪取胜'的胡编乱造区别开来"(秦兆阳:《学习与探讨》,载《民族文学》1982 年第 2 期)。

此外,是否能产生史诗式的作品,也和作家的气质和艺术追求有关。在 1985 年 9 月 13 日上午的一次谈话中,他在谈到有的作品追求所谓思想的空灵的问题时指出:政治就体现在时代的要求和人民的愿望里。提空灵的人不一定空灵,提出远离政治的人不一定懂得政治。他说:"有的作家把抗日战争时期的斗争生活写得很美,也许有一种空灵的意向。本来很残酷的斗争在作家的笔下有一种隽逸之美。但他的弱点也就在这里——写不出长江大河式的史诗式的作品来。而有了那种纤巧的、具有隽逸之美的作品并不该、也不能否定《红旗谱》的存在。文学中的这种现象和绘画中的虚实结合有某种相似之处。"因此,他认为空灵的意境不是绝对不可取,"在短篇、中篇以至长篇的某些部分都可以尝试、追求,但要有一定的条件——和作者的气质一致,才能做到自然而不做作;虚实在一个作家的作品中存在,要视具体的题材而定"。

然而,他所殷切地期待的还是那种历史感深厚的、长江大河式的史诗般的作品和巨人式的作家,秦兆阳自己就是一位有多方面艺术修养的作家。除了创作、理论,他还工于字画和辞章。1985 年第二届《当代》文学奖的奖品中,有很别致的一种,就是他为获奖作者题写的扇面。其中,他写给《故土》的作者苏叔阳的题辞是:"故土情意厚,人生滋味长,关山几万里,处处贴心肠。"他为《新星》的作者柯云路写的题辞是:"振衣千仞岗,濯足万里流,文章千古事,飞笔到白头。"

去年年底,第二届茅盾文学奖揭晓,刘心武的发表在《当代》的长篇小说《钟鼓楼》获奖,他又为刘心武写了这样的条幅:"心存古往今来事,人在长河大海中,只因历史多情意,楼头钟鼓震苍穹。"

我们从这些打心里流淌出来的文字中,不是也能体会到一位思想深邃的老编辑的一番浓浓的情意和苦心吗!

“休云编者痴，我识其中味”

秦兆阳历来认为，要做一个好的文学编辑，首要的是对工作有正确的态度。特别是文学期刊的编辑，工作的确比编书还紧张，还累，但他认为这样更能促人进步，工作逼着你要更及时地去接触社会和文坛，逼着你去认真地思考时代提出来的问题和创作中存在的种种问题。你付出了艰辛的劳动，也就从中得到了提高，并从办刊物所取得的成绩中得到了安慰。

在1982年2月4日的谈心会上，他以自己为例说：“我从1943年开始做报纸编辑，1947年正式编文艺刊物，几十年来主要做文学编辑工作。如果利用得好，善于学习，工作本身就是个学校。比如，学会精练，就是办油印小报学来的。我天天磨自己，做到多一块少一块都有办法，结果养成了尽量去掉废话的习惯。另外，只要你用心，从来稿中你也可以体会、感受时代的气息，群众的心声，以至你并不熟悉的各行各业的生活情状。工作还会促使你去思考各种各样的问题，如为什么这样的稿子读起来就有味，为什么那样的稿子就没味？为什么写新人形象不能写缺点？怎么叫诬蔑工人阶级……那时候有的报纸和刊物一再发表文章批评《人民文学》上发表的作品，我想老这样不明不白的也不行，就看了一本《马恩列斯论文艺》，结合自己的编辑实践和思考写了《现实主义——广阔的道路》（对于现实主义的再认识）。这样思考、学习，慢慢才懂得一些文学创作的规律。”

总之，他认为要当好一个文学编辑一定不要有单纯任务观点，不要把工作当作负担。一则“为他人作嫁衣”的结果使刊物在社会上发挥了良好的作用，人民和社会都不会忘记你；二则越是用心工作越能处理好这个矛盾，你也就能从工作中学到真本领，在别人的经验教训中得到提高，自己也就在编辑实践和学习的过程中成长起来了。

此外,他还主张编辑不光要学习生活,还要学习理论,还要善于思索,及时地掌握信息,分析形势,才能在复杂情况下保持清醒的头脑。文学来自生活,又往往要走在生活前面,糊糊涂涂是当不好文学编辑的。他还是以自己为例说:"当年发表《现实主义——广阔的道路》时,我一时好像成了英雄。其实,挨批评也恍恍惚惚地有点不知所措。1958 年开始批我时,冶金工业部一个年轻人在会上说秦兆阳不是修正主义,还给我来信,而我却回信说,'一失之误,铸成大错'。可见我当时并不清醒,也就在复杂的形势中糊涂起来。"他所总结的这些历史教训,至今对我们还是有深刻的启迪意义的。

耿直、深沉、多思的秦兆阳同志已近古稀之年。他在艰难复杂的情况下做了几十年的文学编辑工作,他所披阅的稿件何止千万言,他在编辑实践中的深切感受和应该总结的经验教训又哪里是一两篇文章说得完的?真正的作家,不仅是描写人生的高手,而且还应该是严肃而又深刻的思想家;一个成熟的文学编辑,同样也应该是熟悉人生而且有深刻思想的人吧。曹雪芹为了把他的思想和从特定生活题材中提炼出来的主题思想表达出来,曾经历过"披阅十载,增删五次"的磨炼历程,并在《红楼梦》的头一回就写下了这样几句话:"满纸荒唐言,一把辛酸泪!都云作者痴,谁解其中味?"秦兆阳同志也曾化其意为一位老编辑题辞:"磨稿亿万言,常流欢喜泪;休云编者痴,我识其中味!"在我看来,这几句话也完全可以看做是他的自况。一个仍然坚守在编辑岗位上的古稀老人的话是值得我们这些后来人铭记在心里的。

1986 年 2 月 12 夜,鞭炮声中

原载《编辑之友》1986 年第 3 期

永远纪念我们的主编兆阳同志

《当代》编辑部

1994年10月11日下午6时,我们的老主编秦兆阳同志永远地离开了我们。我们失去了一位慈祥和蔼的师长,《当代》失去了一位德高望重的主编。我们深深地陷入悲痛之中。这些日子里,我们时时回想起秦老在主编《当代》的15年中所做的一切,他的办刊思想,他的工作精神,他的道德风范,将长留在我们心间。

秦兆阳主编的《当代》

秦兆阳同志从1979年《当代》杂志创刊后就任主编,领导我们编辑部工作了15年。15年来,在他的主持下,《当代》沐浴着党的十一届三中全会的春风,始终把为人民服务、为社会主义服务作为办刊的唯一宗旨,注重作品的思想艺术品位,注重题材的新颖和艺术风格的多样化。在已经出版的上百期刊物中,发表了大量反映我国政治、经济改革和时代风貌的作品,受到了广大读者的关注和欢迎。目前,《当代》在国内外读者中享有很高声誉,发行量在国内同类刊物中长期居于领先地位。15年来,秦兆阳同志以多病年迈之身,为《当代》的发展付出了大量的心血。

人有人品,刊有刊格。秦老非常重视刊物的品位和个性。他自始至终强调《当代》要名副其实,要有强烈的时代感和现实性,在近年来各种创作实践和理论主张色彩纷呈的情况下,他始终坚持现实主义的文学主张，强调刊物要办出自己独特的风格，力戒“跑野马”，不要跟着“风”跑，要坚定地走自己的路；他强调我们发表的作品必须从生活出发，反对歪曲或粉饰生活，主张既要敢于直面人生，不回避或掩盖生活中的矛盾，又要正确认识和表现现实生活或历史生活，给人以希望和鼓舞。严肃、深刻、尖锐、准确，是《当代》多年来追求的思想艺术风格。

秦兆阳同志提倡文学刊物的艺术风格和表现手法要多样化，但他更看重那些朴实厚重的作品，反对在刊物上发表那些过分缺乏思想内容，单纯在形式上要花架子的浮华之作。他还提出了“五气”的办刊主张：即《当代》要有一股正气，发表的作品要表现出志气、骨气、锐气和朝气来，要为人民鼓气而千万不要泄气。他认为，表现人的价值和尊严，表现国家、民族的价值和尊严，是文学期刊的志气和骨气之所在。

秦兆阳同志十分重视发现和扶植文学新人。早在50年代他担任《人民文学》副主编期间，就曾经发现和培养了一批有才华的作家。20年后，他在主持《当代》的工作中仍然乐此不疲。他为刊物发现了新的年轻作者而高兴，经常在家中接待他们，亲切地同他们谈创作问题。在他的领导下，15年来，我们编辑部一直坚持扶植文学新人的方针，并且公开宣布“每期必发新人新作”。文学新人大都来自生活第一线，思想敏锐，朝气蓬勃，因此，他们的作品常常给《当代》带来勃勃生机，而他们自己也在《当代》这块园地上成长起来，其中许多人还成了当代文坛上知名的作家。秦老为此做出的贡献是巨大的。

秦老是一位责任心很强的主编。尽管他年事已高，不可能做到事必躬亲，但对办刊的重要事情十分关心，对一些重要稿件常要亲自过目，认真审读，提出意见，有些稿件还要亲自动手修改。近年来他虽然年迈体衰，目力不济，却仍然时刻关心着自己主编的刊物。他常常为刊物工作中的重要问题反复思索，甚至因此睡不好党。直到他去世的前一天，还在让女儿为他读《当代》的文章，口里还在叨念《当代》目前的工作……他这种对工作极端负责的精神为我们树立了良好的榜样。

秦老在与编辑部同志的接触中，从来不摆大作家和领导的架子，总是平易近人，和蔼可亲，循循善诱。他在我们眼里，既是一个忠厚长者，又是一个可以无话不谈的朋友。我们在同他的接触中，深深感到他的人品高尚。他热爱党，热爱祖国，热爱人民；他忠于自己的信仰和事业，有很强的党性原则；他淡泊名利，正直廉洁，严于律己，宽厚待人；他爱憎分明，对于党内外种种腐败现象，痛心疾首；他一生虽然遭受了那么多的苦难和委屈，却从不愿意甚至也容不得别人说党一句坏话。秦老高洁的精神世界，时时给我们以深刻的教育。

秦老的不幸辞世，是我们编辑部不可弥补的重大损失。我们对他的最好纪念，就是在今后继续坚持他的办刊思想，学习他的优良品德和崇高精神，像他那样去做人，像他那样去办刊，用办好《当代》的行动告慰他的在天之灵。

秦兆阳同志永远活在我们的心中！

原载《当代》1994 年第 6 期

老秦的遗言

韦君宜

10 月 15 号惊闻秦兆阳的噩耗，恰巧就在同一天，收到一本刊物——《散文选刊》封二登出他的照片。是他在院子里微笑着散步时照的，还有他的题句："月到中天处，风来水面时。散文所应达到之境界也。1994 年春老芹。"没想到、没想到，他正在散文应达到的境界里，竟离此境界而去。

我认识他很早。在 1950 年，我还在青年团中央做青年工作。那年我们招待苏联来访的客人，得找几个文艺界青年陪客。来了秦兆阳、康濯，（还有一个忘了）我以青联派出的主人身份，认识了青年客人。他知道我正编《中国青年》，就给了我一篇小说稿《壶嘴儿说媒》。交稿时附一短简，说自己干了些年，成果止此，自愧得很云云。我当时想这个人要求自己太严了吧。我和他一般大年岁，什么成果也没有，当时还毫无自知之明呢。

后来我离开青年团，见到老秦一篇一篇写农村人物的特写《农村散记》，不断在《人民日报》上发表，记得有《王连君》等篇，很引人注意。同时，我也到了作协，知道他在《人民文学》当副主编了。他爱当编辑大概和我一样，当编辑似乎比自己写作更热心，连续发出了许多震动一时的名作。例如王蒙那《组织部新来的青年人》。为了发表这些作品，他本人挨了许多非议。但跟许多青年作者成了朋友，许多作者由他的识拔成了作家。他对作品的看法越来越热心明朗，那篇提出自己主张的《现实主义——广阔的道路》轰动一时。但一下子成了他的重大罪案。其实他这个人，只是对文学作品有真正爱好，跟谁也没特殊关系，什么派也沾不上，但是竟由此划成右派，谪往广西许多年。

20 年的坎坷，回到北京时他已经衰老，非复当年了。使我高兴的是他竟答应了来人民文学出版社，主编《当代》。更使人未能想到的是他对作品、对青年作者的热心，竟与 20 年前一样，还是为了人家的作品不惜心血提意见，直到使它成功地与读者见面。作者蜚声文苑，成为作家；而老秦则默默地一篇一篇仍旧成天忙着人家的稿子必使之达到“月到中天，风来水面”的境界。

他家里的常客是《当代》的编辑们。商量了这篇，又商量那篇，他对于这一行就这么乐此不疲。我去看望他，他告诉我，为了某某稿子，自己睡不着，怎么也放不下心。他能书能画，在家除了看稿，还有时对客挥毫。我家存着他 1982 年给我写的一幅单幅。文曰："辽东老将鬓成雪，犹向旄头夜夜看。"至今挂在我的床头。在他突然去世的消息传来之后，我再看这单幅，顿觉老秦在对我这个同时代人谈心！"就是双鬓成雪，也得夜夜惦记着你终生从事的事业啊！"

是啊！极是极是。虽然又是十几年了，这竟可当做老秦临去留给我的座右铭，我怎能像老秦那样一生律己极严才好。

原载《当代》1994 年第 6 期

秋天的怀念

——秦兆阳同志在我心中

崔道怡

1956 年秋天的一个傍晚，我被分配到《人民文学》工作不久，刚搬进杂志社那座四合院后花园的一间小屋，正在安顿行装，突然有个人静悄悄地踱进门来。我一下愣住了，这就是我心中崇敬的作家、我即将共事的领导秦兆阳。

他完全不似我想像的模样。在大学里，也曾接触过几位当着教授的作家，无不具有学者风度，令人肃然起敬。而眼前的这位，虽也有些文弱的书生气，却更像一位文书类的农村干部。清瘦的面孔，和蔼的笑容，一双让人一望见底的眼睛，像拉家常一样问到我这样那样的情况。显然，这是一次礼节性拜访，是代表着编辑部对我表示欢迎。但他做得那么随便，一点儿也没有领导的派头和应酬的味道。可我从来没有经历过这样的场合，一时间不大自然，回答得就相当拘谨。他大概看出并理解了我的窘态，宽慰地说：

"今天你太累了,早点儿休息吧,以后交谈的日子多着呢。"

这是我第一次跟一位作家直接的交谈。此前,我只是通过作品来了解作家,对他们具体的为人并不真正了解。读着《农村散记》的时候,曾猜想能写出如此优美文字的人,一定是很有才气因而也未免有些傲气的。不料身为名家又正主持着文学国刊的秦兆阳,竟这么平易,这么随和,这么亲切。过后,我几曾懊悔自己的愚拙,怎么就不趁那机会也问候他,跟他畅叙,向他讨教呢。

当时,何曾想到,以后交谈的日子,其实并不多。共事仅仅一年,再没有单独相处,突来一场风雨,阻隔了廿载春秋,重逢时都有了两鬓霜雪。又怎能想到,38 年之后,当我展开稿纸,要跟他无所顾忌倾心交谈之时,他却已不在了。那样的日子没有了,永远不会再有了。只剩下我一个人,默默独语,落到纸上最凝重的,惟有泪滴。

——秦兆阳同志,我怀念着你。

人间的交往千千万万,初次见面就留下难忘印象的为数无多。头一日结识了秦兆阳的场景,那几分尴尬又几多温馨的氛围,像一幅珍贵的历史镜头,多次映上我心底的荧屏。不仅仅因为,他是我刚涉世事所遇到的第一个上级,他是我开始实际接触的第一位作家,还因为,他是我走上生活旅程的第一个领路人,他是我从事编辑事业的第一位带头人。

为秦兆阳所写的讣告新闻里,开具了一系列光荣的头衔,在优秀党员、著名作家、评论家等后,还赫然列有编辑家这一称号。可以想见,编辑家这一称号,会引起文学界更多人的叹惋。而我作为他早年的部下,作为在他影响下大半生投身于编辑事业的后进,对这一点更是感慨至深。与其说我是把他视为作家而相识的,不如说我是把他当作编辑家来了解的。那时候,我对能分配到《人民文学》来当编辑,既感到荣幸,又有所不甘。一方面惟恐力不胜任,另方面还想圆作家梦。正是秦兆阳的人品和文品,如春风细雨,滋润我心田，使我认清并充实自己，打消了不切实际的念头，坚定了为他人做嫁衣的志愿。

——秦兆阳同志，你曾是我修身的明镜、敬业的旗帜。

他并没有找我谈过关于端正思想之类的话，他是以他的行动、以他的精神感召着我的。为了办好显示国家水准的《人民文学》，为了匡正公式化、概念化的文风，为了把真正关切时代命运、真正具有艺术情味的作品，奉献给年轻的共和国和解放了的人民，他放弃了个人的创作全身心投入编辑事业，常常通宵看稿改稿，直到天明。

我具体见到的，就是那耿耿长夜不灭的灯光。关于那灯光，我曾在一篇评论文章里顺带提到过：那时候，《人民文学》杂志社坐落在一条小胡同的一座大四合院里。垂花门内，带抄手游廊的大北房和西厢房为办公室，东厢房便是秦兆阳同志的家。后花园里新建的平房，住着几个年轻编辑。我有时深夜穿过庭院，总见到东厢房还亮着灯光。秦兆阳伏案劳作的身影映在窗帘上，常引起我崇敬的情感和好奇的猜想：他在审读谁人显示了特色与潜力的作品，或者是在修润哪篇准备作为重点发上版面的稿件。他本人早已是名作家，又正当驰骋笔墨的最佳年华，但他却把精力和文采，全都用来培育有苗头有厚望的年轻人了。

对年轻人，秦兆阳总格外关心。记得我上班当月，正巧刊物发出王蒙的《组织部新来的青年人》，在一次会议上，他便指着我说："你就是编辑部里新来的青年人，该对我们的工作多发表意见啊。"我明白这不是顺口说出的风趣之言，他是在表达对一个新手的鼓励和信任。编辑部里比我早来的年轻人，已经跟他相处得非常亲近。他们都亲昵地称呼他为老秦，其实老秦那时才不过四十岁。只要听到有人说"老秦过来了"，就会隔窗看见，他端着茶缸子，绕过丁香树，漫步踱到办公室来。他到办公室，要么是来发布消息："这个青年人的处女作显出了才气呀，是不是把他调进京来好好改改?”于是,四合院外院的客房里,就会住进来一个夜以继日修改稿件的年轻作者。要么是来发表见解:“昨夜晚我又有了个新的想法,咱们是不是交换一下意见。”于是,编辑们放下手头的稿件,一个小型的随意的座谈会便临时凑拢起来。有一次我从来稿里挑出了一篇小说,作者是一个大学毕业之后新到科研岗位的年轻人。那作品的情感表述比较真切细腻,但思想蕴涵却显得浅露直白。为使稿件改得达到发表水准,秦兆阳叫我把他请到编辑部来面谈。那简直是手把手地在教作者,谈话一直持续到傍晚。意犹未尽,秦兆阳决定留人家吃便饭。那天雨雪霏霏,大街上湿漉漉、冷飕飕的,编辑部附近的小餐馆里,则雾蒙蒙、暖融融的。潜藏于年轻人内心的智能和美感。沉醉中一下子得到了醍醐灌顶幡然顿悟的放释。那欢欣鼓舞的情景,至今留在我的记忆之中。那位现在也已年近花甲的作者,想来更是不会忘记的。

——秦兆阳同志,每一个承受过你恩泽的人,都会永远感念着你。

秦兆阳是《人民文学》创刊的元老。从登载毛泽东主席题词“希望有更多好作品出世”的第 1 期起,一本本刊物,一篇篇文章,无不都铭刻着他辛勤耕耘的汗水足迹。尤其是 1955 年冬到 1957 年夏这一段美好时光,他出任副主编,和葛洛同志一道,具体主持版面,强调新人新作新观点新风貌,使刊物呈现了前所未有的蓬勃生机。以发表王蒙的《组织部新来的青年人》为标志,《人民文学》把我国小说创作推上了一个新的高度,真个是万紫千红,人才辈出。有多少香花,有多少俊杰,就是因了秦兆阳的发现、扶持,才得以开放,才脱颖而出的。他慧眼识人,鼎力相助,再生造化,点铁成金,推举了、成就了整整一代文学新人。如今诸多享誉文坛、蜚声世界的大家,在回顾他们的处女作、成名作一炮打响、一鸣惊人之时,也该都会想到秦兆阳的名字。而这情状,在讣告新闻里,并无记叙,只是简化为编辑家三个字。但那些经他手编辑发出的《人民文学》,可以作证,他头衔中的编辑家三个字,通连着千万名读者的情感和心愿,通连着上百位作家的成果与声誉。

1957年7月份的《人民文学》,是秦兆阳精心编织的“革新特大号”。他在“编后记”里写道:“艺术家在创作上总是在不断地探索,我们编刊物的也是在不断的摸索中,这一期的所谓革新,实际上应该说是一种探索的表现。我们愿意向读者表示:关于革新,我们是决不动摇的。”现在看来,这些话还是那么闪闪发光、铮铮作响。就在那一期上,推出了文学新人的处女作:李国文的《改选》,宗璞的《红豆》;同时发出了老作家有新意的篇章:丰村的《美丽》,艾芜的《春天的风》。现在看来,那一期总体上可以说是新中国文学史短篇小说佳什荟萃的一座高峰。

——秦兆阳同志,那就是你的没有名字却凝聚心血的非人工纪念碑。

然而,那一期,也是秦兆阳命运的重大转折。那一期出版之日,也正是那一场被称作“阳谋”的狂风暴雨铺天盖地骤起之时。可叹我那时候天真幼稚,竟没有觉察到“扩大化”的罗网已罩临他高昂正直的头颅。有一次,我因编务到他房间里去,偶然看到他书桌上添了一纸字幅:“毁誉不计,荣辱自安。”作为文学家的秦兆阳,同时还是一位美术家、书法家,所以我浑然不觉有异,还以为那只是他即兴信手写下的自律格言。事后我才明白,那实际上是他敏感到噩运临头的心理写照,是他面对不公正待遇的人格自白。就因为,作为编辑家,他广开文路,编发了一批确实贯彻“百花齐放,百家争鸣”方针的出色作品,他不拘一格,选拔了一批卓有艺术良心和才华而各具特色的精英才子;就因为,作为评论家,他见微知著,切中时弊,推陈出新,仗义执言,以何直的笔名,发表了至今看来仍不失为特定时期真知灼见的《现实主义——广阔的道路》。他的路,被粗暴地截然切断,他和一批同甘共苦的文苑挚友,一道蒙受了不白之冤。从那时起,东厢窗下,熄灭了灯光。

——秦兆阳同志,你一定知道,你已经知道,太阳的光辉是不会熄灭的,尽管曾经发生过日蚀。

在历史的长河中,日蚀的劫难不过是微乎其微短短一瞬,但对人生的旅程,那沉重的阴影却长达 22 年。幸喜新时期毕竟到来,当他作为历尽坎坷的老作家重返文坛时,日子又已春光明媚。而他依旧回到编辑岗位,出任了《当代》杂志的主编。工作不在一起了,心灵却是相通的。那一次难得的重逢,又给我留下了难忘的印象。1986 年夏天,我按照中国作家协会文学期刊工作委员会的安排,在北戴河组织了一次文学编辑的学习班,特邀秦兆阳同志来讲课。他的课程,鞭辟入里,语重心长,我们收获之丰美,自不待言。我要说的是,我曾和他一起,到海边去采集卵石。那一刻,我们彼此都忘掉了各自的年纪、身份,忘掉了身外的人际、世态,真是达到了忘我、忘情的境界,就像两个无邪赤子,弯着腰,低着头,东瞅瞅,西看看,无声地、专注地寻觅着、捡拾着。当我们都捧着一堆自认为精致的卵石,相聚一处,互相展示时,犹如争强好胜的小孩子比试高低,便炫耀起各自寻到的宝贝。

“这一块,你看看,漂亮吧?”他手捧一块卵石,伸到我眼前,脸上洋溢着自得。

“你看我这一块,比你那个强多了!”我也伸过手去,捧给他看我那最得意的收获。

他一下子睁大了双眼,接过那块卵石对着阳光观赏起来。那的确是一块难得的精品:质地圆润,花纹俊雅,色泽晶莹。

“真美啊!”他爱不释手,由衷赞叹。

“送给你吧。”我的审美眼光,能够得到他的赞许,这就很满足了。

“真的吗? 太好了!”他珍惜地收存起那块卵石,指着他收集的那一堆,“你喜欢哪一块? 咱们交换。”

难道我们真的如儿童游戏般地进行交易么? 难道我还像跟他

初识时那样蠢笨么？我心里颤颤的，有些哽咽地说："我捡到它，就是为了奉献给你呀。"

"那……谢谢了。"他大概没听出我那句双关语，还沉浸在童话似的境界里。

而我那时，心里想的是，秦兆阳同志，我这才懂得了"毁誉不计，荣辱自安"，乃是你淡泊清明、宁静致远的人格体现。你不就是这坚韧而剔透的彩石么？多么愿意跟你一起，多么愿意像你一样，做一块彩石，去铺展那绚丽斑斓的文学路途。

——秦兆阳同志，后来我又捡到几多彩石，却不料再也无法奉献给你，只能将它们致祭于你灵前。

如果不是《当代》杂志副主编朱盛昌同志约稿，我是不会写下这篇回忆的。因为我了解秦兆阳的脾气，他不愿听赞颂的语句。那一次我在一篇评论文章里回顾到当年情景，曾顺带提到了他不朽的功绩；事先没有征得他的同意，他看到后便有些生气。以至后来有人约我描绘50年代《人民文学》春光烂漫的花季，我一直迟迟疑疑未敢动笔。这一次，这一次我不再顾忌，只恨我才疏笔拙，只恨我写得不全不够不深不细。但我多么希望能再听到他的声音，同意也好，生气也罢，只要他再说一句，就说一句；而他已经离去，此去永无归期……又是秋天，又是夜晚，暮霭沉沉，万籁寂寂，最大的悲哀，原来在这里。

——可是，秦兆阳同志，我们的好老秦啊，你应该谅解、你会谅解的。秋天里每一颗成熟的果实，都必然将深深怀念护花园丁的拳拳心意。

1994年10月22日夜

原载《当代》1994年第6期

唯向秋风恸

——悼恩师秦兆阳

叶文玲

偏偏又是，果然又是香山红叶时！

屋里浓暗如墨，再也止不住这腔清泪，我痛悼您，恩师秦兆阳！

苍天啊，你别马上开亮，我怕难以阻隔的市声会骚扰我的缅思，唯有黎明之前的清寂，才能倾泻如瀑的思绪……

一晃就是14年。兆阳老师，您一定记得14年前的那个隆冬，人民文学出版社小小招待所的一角，我在昼夜奋笔疾书，用文学赤子的全部挚诚，点燃一瓣《心香》……

您知道我不能不“疾”，兆阳老师，经受了二十余年的炼狱煎熬，从身体到灵魂，我伤痕斑斑；刚盼来春回大地，就像萎苗枯垂，我是那样渴盼甘霖如雨！

您知道我不能不“奋”，兆阳老师，卑微如草芥的我，刚从生活的底层挣扎出来，终于落回文学的芳草地。哪怕依然是一株小草，我也要奋力生长，生长得芊芊郁郁。

1980年初，文学创作是一条条开闸的江河，是一炉炉迸溅着愤火怒花的钢水，柔弱如小草的我，只能颤颤地舒茎展叶，只能兢兢地拾薪，燃起久萦心头的这瓣《心香》。

我没料到，就是这缕淡淡袅袅的清烟，居然被您注意了，居然得到了《当代》的召唤！

再过十年八年乃至瞑目谢世，我都忘不了兆阳老师您在《心香》稿末的批注，忘不了您让朱盛昌同志殷殷转告的修改意见；就是您倾心注血的扶掖，《心香》终于问世，并且得到了文学界的嘉许。兆阳老师，我怎能忘记，怎能忘记您是我满怀第二次解放的喜悦，踉踉跄跄急奔文学之途时，为我揩灯点火的灯塔工，是指点我迷津的导师。

兆阳老师，也许您已经忘记，因为似这般殚精竭虑扶持后辈之举，在您不是第一次也绝非最后一次；因为，在您的一生里，种树不乘凉是您的永远情怀，施恩不图报是您的人生宗旨，文坛如您德行的前辈，当然还有许许多多，文坛应当擎起你们德行的大纛，猎猎高扬，清风祛弊……

兆阳老师，您也许全然不知，1980 年春天，有幸成为文讲所学员的我，在听命教务处分配创作指导老师时曾经发生的微波小澜：因为，我曾那样渴望我的老师就是您。为此，我曾那样嫉妒我的同学蒋子龙和陈国凯——他俩与您并无“前缘”，居然洪福齐天地“抢”走了您！您也许全然不知，兆阳老师，当这两位文坛骄子兴冲冲去您家“拜师”并谢却意欲同行的我时，年纪老大不小的我，气得撅了半天嘴……

兆阳老师，您也许不知道，您在我心中的老师地位，绝非 1980 年初修改《心香》始。早在您那本大作《在田野上，前进！》问世时，早在您坦陈创作与生活关系的种种卓见时……如此金玉良言却蒙莫名之冤，如此洋洋大著却遭箭镞如雨的批判，天理、公道在哪里？无庸细说，无庸细说，那是指鹿为马的年代，树怕倒头理怕翻，年代都不正常了，何说天理？遑论公道？

世事偏就奇诡，不意复得的往往就是曾被粗暴褫夺的。时代驱邪扶正之日，兆阳老师，您终于讨回了公道，您的大著再次饮誉文坛，您那有关创作的论断有如鲜花灿然重放，您同时收获了文心和人心。

兆阳老师，我无法忘怀终于能够的一次拜访，那是我到您“寒舍”唯一的一次。是的，按常情，不称“府上”也该称“家院”。可我无法讳言，您那是地地道道的寒舍，朝北的房子怎能抗拒朝向和坐落的偏差？破旧的四合院无言地诉说中国一代老知识分子的清贫！这些境况是那样怆然凄楚，怆然凄楚如钝锯，一点点一寸寸锯着我的心！……我无法表述无庸表述，兆阳老师的家居就是当时我们中国万千知识分子生活的写照和缩影！在80年代初，我们根本无法指望有关方面能够迅速持平荒谬岁月布施我们的种种刀伤弹痕！就因为如此，我才掩泪于笑地写了《藤椅》，才发出《送药》的呼号……

但是，恰恰就是这间寒舍，使我真真切切徜徉了一次精神的伊甸园，灵魂的芳草地！兆阳老师，在您和师母为我生起的火炉边，我温暖如沐春风，由您和师母为我沏泡的热茶中，我从从容容地品味了您安详旷达山中高士的气质，品味了弥漫全室熏染人心的那脉不散的书香！

我永远不能忘怀，不能忘怀您书斋的布设，那满得无法放置的书籍，那漆色全无的书桌和破旧的藤椅木凳，那套浸透了您毕生心血的笔砚，那幅您仅仅用以自娱的水墨画！

桃李春风一杯酒，江湖夜雨十年灯。兆阳老师，我们永远记得住这两句小诗。一角老藤，一茎葫芦，是否是您的自喻？那把小壶那支烛，更该是您的精神写照。我凝目环视，神思走马，兆阳老师，您怎知我在您书斋小坐的这个把钟头，岂止是胜读十年书的感慨？您怎知我心头的那股泉流啊，有如高山悬瀑！

我多么后悔，多么后悔！这十多年我差不多每年都要来一次北京，年年来京我都想来拜望您。可是您坚贞卓挺骨鲠之士的品格和胸襟，总是提醒我千万不能有如俗之念如俗之举，您丰浩如海的学问更提醒我拿不出比《心香》更有分量的作品岂可贸然去访？我迟疑着，努力着，我祈望再次拜望您时，不光又一次得见您清癯的面容慈颜如故，更祈望您亲切的眼神再次溢露嘉许的微笑。

月余前，当得知我马上就能将长篇《无梦谷》捧到您面前时，我曾那样兴奋急切！急切中我得了您让女儿燕子转述的电话：即使我看不清书上的字，我也会让燕子读给我听：你的新作，我当然乐于知悉……

兆阳老师，您可知我听到这些话语的心情？五十岁出头的我，手握话筒，再次热泪盈眶……

我这么那么忙碌着，数着指头期待着，我盼着很快来北京，很快，很快，就在十月的金秋，就在香山红叶时……

苍天无情，人世不测，就在我兴冲冲拿了机票时，您突然谢世！

我怎能相信？我不愿相信！不愿相信！！

明知您近年辗转病榻体力渐衰，明知人生自古谁无死，我还是不愿相信……

兆阳老师，纸笺一张泪两行，我实在写不下去……

人生丰于书，师恩长如泉！

1994 年 10 月 22 日哭于北京

原载《当代》1994 年第 6 期

耿介一世人

——悼念秦兆阳

陆　地

秦兆阳，一代作家，终也放下他生花妙笔，撒手而去了！

痛定反思：人，耄耋寿终，生命的必然归宿，人世的哀荣。何况一个作家身后能有如此丰富多彩、抚慰人心的真正文学著作以及璀璨可观的书画、金石，按说应当"死去何足悲"的了。

然而在我，枉与知交于忧患，相濡以沫，情深谊重，非同一般。乍闻噩耗，顿为沮丧，不禁口出悼唁：

文章千古事，耿介一世人！

人说，长歌当哭，我这谨挽短联，遥奠故人，不尽千言万语。

我想起他在1989年的《新文学史料》上连续发表《回首当年》长文。叙述他早于1939年春，从陕北公学和华君武、辛莽等同学得到学校组织的保送，进鲁艺美术系学画。这期间，打心眼里，一厢情愿，偷偷看上一位窈窕夺人的图书管理员。每天端只听课用的小板凳，坐到图书室窑洞门前的坪地画素描。这竟使我忆起那时节，自己也讲不清为什么，着了魔似的，三天两头尽往图书室跑。惹得那位美人儿诧异，问我："你那样喜欢屠格涅夫的书，是不是真要研究他呀？"在她，哪里猜得到，我是醉翁之意不在酒啊。而在我，也没想到，正在此刻，竟有位学美术的人也在把她看作蒙娜丽莎。

可见我们在那时候，就该成为"有共同语言"的跨系同学朋友的。可惜，那段日子短，秦兆阳他便和大部分同学一道，由副院长沙可夫等老师率领，开赴华北前方建立华北联大去了。失之交臂，彼此也就未能相识。

等到认识这个名字，已是八年抗战胜利之后了。那时，我在哈尔滨、沈阳等地的东北局《东北日报》社编文艺副刊，就便能看到关里来的华北局的《人民日报》，不时读到带股清新气息的《农村散记》系列短篇。秦兆阳这个陌生的名字，俨然成了引人瞩目的文坛新人。

建国后，1952年11月。中宣部为振兴、繁荣新中国文学事业，从中央直属机关以及全国各省市，借调为期一年的第二批作家、诗人集中北京，学习短时间的政策文件，然后有组织、有计划地统一分派去部队、去各地工厂和农村，深入体验生活。要求这批多少具有全国水平而较有把握拿出作品来的作家,领头创作一批反映新中国当代现实生活的社会主义现实主义的作品。

当时从各个实际工作岗位能够暂时调得出来、集中于中国作协宿舍羊尾巴胡同 4 号学习的,记得有:北京的艾青、卞之琳、赵树理、秦兆阳、路翎和束沛德;天津的孙犁;武汉的李季、孙峻青;成都的邵子南、戈壁舟;沈阳的罗丹、崔璇(女);广西的陆地;贵州的邢立斌,等等二十多名。

直到这时,在学习讨论会上,我才初次见到这位《人民文学》编辑的庐山面目了。

他,瘦长身躯,一脸深沉、凝重、寡言;常爱侧身枯坐于不显眼的地方,不惯、或不肯在人前抛头露面。

跟他虽近在咫尺,却因彼此矜持拘谨,始终没谈过话。所以到此,仍旧不了解他起初是学版画的,曾同古元、彦涵和钟惦棐他们一道,在鲁艺学习过。而且有幅初作的木刻,为周扬主编的有全国影响的《文艺战线》采用于第 4 期的封面。

这之后,他重返河北农村,深入他在抗战中生活过的旧地。一年后,由于他的才华加勤奋,果然有了收成,比我们一批人领先拿出长篇《在田野上,前进!》。作品,体现了"合为时而著"的政治思想要求;作者,借此一跃而知名于文苑。

令人悲哀的是,稍后不久,一篇署名何直的专论《现实主义——广阔的道路》,作为《人民文学》的头条发表。其立论对当时正统的文艺思潮,多少带点顶风逆鳞的犯忌意味。但料不到这时,正是"山雨欲来风满楼",骤然来了 1957 年那场风暴,这就无异雪上加霜。文章被指责为右派进攻的号角,作者的桂冠,就此变成了"右派分子"的帽子。于是,放逐柳州,被安排到郊区的机械厂劳动改造。两年后,"右派"帽子虽然得脱了,党籍却未得恢复。抑郁的情绪,老缠住他不放。

1960 年，农垦部长王震将军来广西视察，特向区党委书记韦国清转达：说临来，周扬请他就便过问一下秦兆阳下放广西的情况。说如已脱帽，工作，广西要是不便安排，拟将他调回北京。

这时，也只有这时，区党委才要我代表组织，找秦面谈。这才成为我和他交往的开始。组织的意思：以为广西人才欠缺，诚意留他在文联做专业作家；借重于他，以影响、带动青年作者队伍的成长。他的态度，表示无可无不可：觉得回京，生活虽好，但工作上，想想，自己素性落落寡合，特别是，跟某些人实难相处。一旦回京，只怕陷于所谓“冠盖满京华，斯人独憔悴”的尴尬境地。犹豫几天，最后才同意将妻室子女接来，落户于当年柳宗元羁身之地，甘心做个柳州移民。

兆阳到底是位才气出众的作家，随手即有表现城市青年生活的短篇《一封拾到的信》问世，告慰读者对他沉默几年的期望。

翌年，正当大跃进的余波未消，国家处于三年困难时期。我也不免染上营养不良的肝炎疾病，去到柳州羊角山医院，住上享受特殊待遇的高干楼房，借助于食物疗法。这时，恰遇秦兆阳正闹十二指肠溃疡，也需饮食调理。于是为他特向老红军院长商量，幸得慷慨允诺，破格准予住我隔壁作伴。从此，我们两人有了进一步交往的机会。早晚一道散步、聊天，消磨惆怅的时光。

养病山林，借得空闲。我便应《人民文学》约稿，试探写起知识分子命运的一个短篇《故人》。另外，日夜思索，构架一部革命历史题材的长篇《瀑布》的工程。兆阳他则或不时应付机械厂编写厂史的工友们来求辅导，或尽日埋头苦读《鲁迅全集》，或随意磨石、刻印名章。再不，就是闷声不响、也在悄悄创作反映抗战前后的河北农村风情的史诗长卷。雄心勃勃，发誓要为中华民族争口气。私下对我讲他自我许愿，不信写不成《静静的顿河》那样的巨著。为了先睹为快，我向他要来已经写出开头十多万字的初稿看看。那里头，见他描绘华北农村的场景和刻画的人物面貌，好歹都觉似曾相识,可读、可信。因而鼓励他拿给《广西文学》发表,探听更多的读者的反映。他却谦虚:“你说可以吗?只怕我现在这样身份,居然敢写长篇,别人会怎样看呢?”在他,这种过虑也许是可以理解的,在我却不以为然。好在《广西文学》主编肯听我的推荐,也就敢把它连载出来。原来草稿的篇名叫《不平的平原》,作者可能多虑,唯恐“不平”这类字眼,对当时的风气太刺激,改成《两辈人》。到80年代出书,又定名为《大地》。是预作多部头的首卷。至于后面的部分,或许后来作者心情有了变化;或许身体欠佳,力不从心;或许专注于《当代》的编务而分了精力,迟迟不见再有续部之作了。

这,对其本人的文学生涯,不能不是令人痛惜的遗憾,对中国文坛,当然是一笔难得补救的损失!

回想在羊角山的日子,白天,我们各自闭门不出。黄昏时分,照常结伴徜徉于林下村路,闲话逸闻、往事:臧否人物,感叹人生。

某日,雨后斜阳,虹挂林梢,天地清新。饭后,和秦依旧踯躅村道,也许是如同俗话说的,“伤心人别有怀抱”吧,彼此沉默半天,等到路尽转回,秦才开口倾诉他憋了多时的心曲:说那回,我向他传达王震对韦国清打听他的事,恐怕未必真是出自周主动托王对他的关怀。说某年,他曾同王住北京医院而相识,王对知识分子是特别爱护的。可能是王拿他个人自己对待成了右派的艾青那样照顾的心情,临来广西之前,特意向周提起他的。

一场十年历史闹剧,终归落幕了。

秦兆阳不变初衷,再作冯妇。组织上的尊重他的作家专长,派去都安县辅导一个写作小组,体现“三结合”集体写作一部反映山区农业学大寨的长篇。柳州的同行真诚仰慕他的才气、人品,极力挽留他定居下来，做个现代的柳宗元。

但在秦本心，以为柳州棺木虽好，却不情愿“死在柳州”。因为妻子儿女都已回京，而且自有独门独院的旧居，足以避风雨。

这事，从我个人的工作着想，为了发展、繁荣广西文学事业，理应把秦挽留下来的。但在感情上，对秦的苦衷却深表同情，也觉得他的舞台应当在首都。

1978 年我去京出席筹备恢复全国文联会议。见到昔年的广东省一师同学陈涌。他老兄也是 1957 年和秦同命，下放于兰州。如今幸蒙人民文学出版社的照顾，借调回京，工作于“鲁编室”，从事《鲁迅全集》重版的注释。于是，灵机一动，联想秦的去留，觉得大可如法炮制。即去会见出版社负责人韦君宜，代秦走人情：说要是北京对他肯予关照，借用于他，我们广西可以放行。幸好韦系秦的华北战友，欣然同意，先用借调办法，人能回京再讲。

不久，历史的错误终于全盘得了平反。

由此，秦最终结束了长达 20 个春秋的逐客生涯。回京后，做了人民文学出版社副总编辑，创办、并兼大型文学期刊《当代》的主编。1979 年，当选中国作家协会书记处书记。

听熟人来信，秦回京，逢人便说：在广西 20 年，要不是遇上我这个与人为善的大好人，当他正在受煎熬的考验时刻，敢于伸出手拉他一把，他可真是不可能有“死去活来”的今天这样平安的晚年了！

为了表达他的感激吧，特意给我画帧而且裱好的墨竹，还题上五言四句：

南国有绿竹，意趣超凡俗；
清风金石声，不计荣和辱。

这，与其说对我的过誉，倒恰恰是他本人情操的概括啊！

1994 年 10 月 31 日，于南宁。

原载《当代》1995 年第 1 期

慈祥的火——秦兆阳

蒋子龙

秦兆阳先生走了，悄悄地走了，也许比他到这个世界上来的时候还要普通。没有惊动任何人，甚至没有惊动他自己——他还没有想到自己会走得这么急。前不久还对女儿说："我的文章没有做够，书没有读够，画没有画够，字没有写够，人没有做够。"和他住在同一间大病房里的另外二十多个目前中国最普通的老百姓，也没有想到他是一位将会被中国当代文学史记住的重要作家，是早在半个多世纪前就投身革命的"高干"，更没想到他会死在普通百姓中间，死得这么仁义，不吵不闹，不兴师不动众，静静地默默地温慈地告别了大家，让人感到生死就在呼吸之间。

这就是秦兆阳的风格。

大约七八年前，在北京召开全国作家代表大会，秦兆阳没有出席这许多年一度的"文坛盛会"，选举的时候却得票很高，在前六名之列。当时没有人公开说破这一现象，但有相当多的人记住了这件事，并生出许多感触……

因为秦先生自 1978 年复出文坛以来，不"炒"别人，也不被人"炒"。但他从不对别人使用"炒"术发议论。我不知道出于什么原因，他用什么办法，使自己成功地躲开了文坛的热闹，几十年来在所有著名的会议上，在电视上，绝对找不到他的影子。他本来是一个无处可躲的人，50 年代初，先以长篇小说《在田野上，前进！》

向世人证明了他是一个深刻有力、大气磅礴的作家。继而以《现实主义——广阔的道路》为题，发出雄浑的强音，震惊文坛，被批判了20年，被摘引了20年。无论批判者或称颂者都无法超过他，这篇文章成了中国当代现实主义文学的理论巨石。在他担任《人民文学》副主编期间，披坚执锐，扶植新人，当代许多知名作家的处女作或成名作是经他的手问世的。此后到广西过了20年右派分子的生活，“文化大革命”结束两年之后重新回到北京，出任人民文学出版社副总编兼《当代》杂志主编。用冯牧先生的话说，秦兆阳是大作家、大编辑家、大评论家。这样一个人物能往哪儿躲呢？况且他又多才多艺，早年毕业于延安鲁迅艺术学院美术系，我见过先生为我画墨荷翠鸟，笔风飒飒，墨浪滔滔，荷杆高二尺，一笔贯到底，挺直灵逸，鲜健质朴。时下正是“全才”走红的时候，先生却默默地躲开了时尚。他并不轻视时尚，也不鄙视喜欢热闹的人，有热闹才叫文坛，才叫社会。直到去世他没有出过一次国，当然也不是因为没有机会。我不想以出国与否论雅俗得失，我就出过国，到国外看看是我所希望的。提起此事只想印证秦兆阳的性格，想知道他是怎样消除了生活中各种各样的诱惑？

他隐逸而不逃避，沉博而不孤傲，超拔清脱而不落落寡合，清雅而不闲适，热忱而不偏激，深邃而不沉郁，旷达而不圆滑。所以他不参加各种各样的活动，组织活动的人并不记恨他。人们习惯了他，但没有忘记他，且越发尊敬他。他更有力量了。

当今文坛被人爆炒、被人议论、被人艳羡的人不少，被人尊敬或者说值得尊敬的人不是很多。提起秦兆阳，人们很容易生出一种敬意。他躲开热闹却没有躲开人们的尊敬，这简直是现代社会的一个小小奇迹。他的突然去世同样也使许多人对他的生命生出一种崇高感。

历来文坛上少不了恩恩怨怨、是是非非，秦兆阳以前是否和人结过恩怨不太清楚。应该说他被打成右派分子就是搅入一场大的是非当中去了。他为文个性雄强，喜欢创设新说，以他的为文揣度他的为人，大概也相当锋利。曾取笔名“何直”，何直何直，何其耿直，这样的性格可能容易得罪人。但是，“经过文化大革命的战斗洗礼”，近二十年来，谁能说得出文坛上的哪一件是非和秦兆阳有关系？谁能说得出秦兆阳和什么人结过怨？

他并不是老好人。一位还健在的文学大家说过这样的话：“只有秦兆阳改过我的稿子，他敢提意见，敢改任何人的稿子。”这不是责怪，语气里带着敬意。既不当老好人，又不得罪人，该怎样拿捏这种火候呢？

他爱自己的国家，并未因这种爱没有得到回报而变为恨。他长期情绪负重、愤世嫉俗，并未转化成牢骚和叫骂，也不以嬉笑怒骂表达自己的机智和清高。自己挨过大整，并未因此而报复别人以泄怨忿，有一句很流行的话，“谁没有挨过整，谁没有整过人”，对秦兆阳不合适。他属于现实，却未被现实所毒蚀。他关心现实又襟怀高淡，洞彻人事对生活又充满热情，厚重耿介又平正清穆，为文几近炉火纯青，为人宽展谦和、气度从容，人品与文品相契合、相映照，高标当世。

这境界大概不是拿捏得出来的，跟修养和年龄有关。人老了总会有些变化的，想想我们周围的熟悉的那些老人吧，甚至包括历史上一些著名的人物，老了以后有人变得多疑了，有人变得孤僻和爱妒忌了，有人变得野心更大了，有人变得残酷了，有人返老还童变得像孩子一样天真可爱了，有人变糊涂了，有人成精了，有人说起话来没完没了，有人变得宽容和慈祥了。我想秦兆阳先生是最后一种。

先生是文坛一蓬慈祥的火，温暖着人心、文心，净化着当代人文精神。他的去世使文坛又失去了一片洁净的天空。

然而他并非不食人间烟火的“世外高人”，而是“世内高人”。先生是我和陈国凯在北京文学讲习所读书期间的导师，有一次我们俩到家里去看望老人，正赶上当时的第一机械工业部副部长孙友余在座，听两位纵论天下大势，得益殊深。原来先生对社会状况、对国家的经济文化形势了解得相当多，相当透彻，外和中介，壮怀不已。

一个多月前先生发病住进首都医院，由于不是部级干部，不能进高干病房，只能住进30人的普通病房，先生安之若素，自己本来就很普通，理应住普通病房，心里坦然。这境界真的是很普通吗？去年冬季先生突然发病，人们把他送进了海军医院小病房，他显得不安定，不自然，向家人露出了老年人的唠叨："出版社没有钱，我的级别又不够，只要能治病何必非呆在这高干病房里！"危机一过就坚决逃出了医院。他有肺心病，最怕冷，最怕过冬天，一冷就感冒，一感冒就引发肺炎，剧咳不止，继而引发心肌梗塞。这次就是这样丢了性命。几年前医生就千叮咛万嘱咐，不可受凉，不能感冒。然而每到冬季他总是要不断地受凉，反复地感冒，因为他住在阴面的旧平房里，没有暖气，到冬天阴冷阴冷。去年冬天他为了不感冒，只好穿着棉衣棉裤、戴着棉帽子睡觉，起夜也方便。从这一点看他又不普通了——北京市最普通的住宅楼里都有暖气，然而没有一间是属于他的。也许因为他有自己的老房子，单位便不再给他新房，他不属于那种能给自己搞好几套房子的人。也许他对这所早已被房管所下了危房通知单的老平房怀有特殊的感情，舍不得丢弃它，或拿它去换一间暖和的房子——1957年他被划成"右派分子"后，知道自己前途黑暗，在中国作家协会肯定是呆不住了，便拿出全部积蓄匆匆买下这房子，安置家属。岂知，当时一个"右派分子"的家属，有了房子也难以安置得住，很快就被赶出了北京，20多年后才得以房归原主。秦兆阳又怎会对这所房子没有感情呢？今年冬季将至，他又面临挨冻的困境、窘境，干脆撒手西去，一了百了。

房子问题——这是老百姓最容易碰到的难题。正是这个难题,葬送了一位老作家的性命。

如果说秦兆阳先生是“高人”,恰恰因为他普通他真实。1990年8月29日先生给我一信:

> ……数月前你给我的复信,至今记忆犹新,原因是你把我看得太好,使我惭意难消。近几年渐入衰老之境,不免常对自己的一生有所回顾,深觉自己各方面都很平常,其所以有点“名气”,是二十余年被当做批判的典型造成的,这连我自己也出乎意外。从本心说,我对自己是颇失望的,再加上经历多了,对许多事情易于看透,故不争不求不扩张,极少参加种种热闹场面。且不通世故,迂阔成性,不善处事,只得时常逃避世事。这样可能就显得与人有些不同,不同就不同,听任自然过自己的日子,求得内心安静而已。因此,请你把我当做一个忘年之交的平常朋友吧。

平朴,坦诚,宽厚,自然。没有想到将来可能会发表或收进“文集”而装腔作势,以假面示人。先生不希望我把他看得太好,读了此信我仍然无法把他看得不好,听了别人几句真诚的好话,一定要直来直去地还自己以本来的面目,眼下这样的人就不多。单凭这一点也可看出先生是大好人。

其实,对他的任何赞美都没有必要。先生已经去了,他的一生就是对自己最好的赞美。

57年前,一个刚刚从师范学校毕业的少年,提着一个旧皮箱,告别亲人热土去投奔延安。他走出了很远,再回头,看见母亲依然站在湖边望着他,形神清肃、目光灼热。从此这目光就再也没有离开他。前不久秦先生还对大女儿说:“原来母亲的眼光盯了我一辈子。”一辈子生活在母亲的注视下是幸运的,是充实而强大的。这母亲也是他的大地,他的民族。

所以,他的内在稳健专一,树立了一种精严凝重的风格;不为当世的浮器所动,使淫丽夸饰的风气也难以近身,保持了大家的严格和恬淡。这是秦先生能获得普遍尊敬的主要原因。虽然他走得太匆忙,但他走得气度超拔,神风卓荦,无愧于自己的一生,无愧于自己所经历的时代,也无愧于母亲。他已经与母亲团聚,重新投入了母亲的怀抱,又怎能说得清他是走了,还是来了?

1983年秋天,先生写完长篇小说《大地》之后,曾即兴向我念了一首打油诗:

莫道人生易老,苦辣酸甜味好;
且喜大地多情,天涯处处芳草;
若无酷暑严寒,哪得绿溶春草;
白头犹自繁忙,只因吐丝未了;
回头无愧于心,始可安然定稿。

秦兆阳先生安息。

1994年10月29日

原载《当代作家评论》1995年第2期

化作春泥更护花

——怀念秦兆阳同志

程树棒

秦兆阳同志匆匆地走了,噩耗传来,使我陷入深深的悲痛之中。一闭上眼,脸前便映现出他那和蔼可亲的睿智面孔,耳畔又响起他曾对我的谆谆教诲。

我知道秦兆阳同志的名字,还是得自50年代他发表在《人民文学》上的那篇著名文章《现实主义——广阔的道路》。那时,我还是刚满20岁的文学青年,正在大学里念书,课余,也舞文弄墨,偶尔发表一点文学习作。因此,对文坛上发生的事还是关心的。凭我对文学粗浅的理解,兆阳同志的这篇轰动文坛的力作,我是心悦诚服地拥护并接受的。因为他讲的是真话,而真话是最能打动青年人的心的。

遗憾的是,不久他便遭到了批判,报刊上连篇累牍,帽子大得惊人。此后,他便在文坛上消失了。除非是每当文艺界有个风吹草动,又把他的这篇作品"示众"一番外,再也没有看到他的名字,不知他的去向。

我和他真正认识,是在他复出后80年代初的一个春天的早晨,那时,他是新创刊不久的大型文学期刊《当代》的主编。我是《当代》的一名作者。

70年代末,我住在人民文学出版社修改一部长篇小说稿,有机会常和《当代》的编辑同志接触,因谈话投机,彼此成为朋友。当其中一位朋友得悉我来自黑龙江省富拉尔基重型机器厂时,立即把我"盯"上了,约我写一篇反映该厂新厂长宫本言事迹的报告文学;因为他从一家报纸上看到一篇通讯,记述了宫本言在"一重"的几则动人的事例。他认为"此人大有写头,值得搞一篇有分量的作品"。同时着重说明,这也是秦兆阳同志的意思。老主编希望《当代》的作品能够与时代和现实贴得更近些。这是他的一贯主张。

我当时虽然发表过一些作品,但对报告文学却从未涉足,未敢骤然应允;可是,我是在宫本言身边工作的人。他的那些撼人心灵的事迹,在"一重"已家喻户晓。我耳濡目染,早已为之感动,焉能轻易放弃!于是便说个活络话:"我试试吧!"

谁知回到富拉尔基"一试",却难以放下笔了。无数动人的"材料",扑面而来,稍加梳理,便即成篇,于是,立即给《当代》寄去。这就是那篇曾在工业战线上引起较大反响的报告文学《励精图治》。

稿子寄出不久,便收到《当代》回信,说此稿决定刊用,尚需稍作修改,要我立即来京,共同商量改稿事宜。

收到回信的第二天,我便"马不停蹄"地赶到北京,径至《当代》编辑部,住处早已为我安排好,并派了一位资深老编辑担任责编。《当代》的热情,令我感动。随之便共同研究修改方案。商讨中虽有不同意见,但经过友好切磋,大体上取得共识,遂即下厂付印。

任务"完成"了,我便去火车站买了票,拟于日内回去。谁知次日一大早,《当代》的一位副主编来到了我的住地,他说:你且慢走。主编秦兆阳同志看了你的稿子后,还有些想法,很想见见你,和你谈谈。

听说秦兆阳同志亲自约见我并谈意见,我当然喜出望外了,随即随着副主编来到了秦兆阳同志的家。

我万没想到这位当代著名作家的家庭陈设竟是那么"寒伧":低矮、破败的院落,斑驳残旧的门窗,饱经风雨剥蚀而变得不规整的砖墙、瓦顶,令人有隔世之感;一堆蜂窝煤堆在庭院的一个角落,杂乱而无序。会客室是一间低暗的北房,光线艰难地从门窗逸入,照在主人花白的头发上。室内有些阴冷,虽然正是4月初的天气,主人仍然穿着一身棉衣。

秦兆阳同志亲切地接待了我,并亲自沏了一杯茶放在我的面前,简单地叙了寒暄之后,谈话便切入正题:关于报告文学《励精图治》存在的问题与不足。他一章一节地加以剖析,耐心细致地指出必须修改和补充的地方。看得出他是经过认真思索的。我对他的意见从心眼里感到心悦诚服,和我所思所想是完全一致的。但是,我也表达了当时的顾虑:清样已经排出,版面有限,再补充和修改,如何处理？他当即表示：可不受版面限制，根据文章本身的需要而定。坐在一旁的那位副主编，也当场表态：请按兆阳同志的意见办，不必多虑！

回到住地之后，我立即动笔进行补充和修改，因有兆阳同志剀切而中肯的意见垫底，我改得既快而顺畅，当天便交卷了。责任编辑看后，也较为满意，认为较前有明显的进步。只是由于我的水平所限，未能完全达到兆阳同志的要求。

《励精图治》发表后，第一重机厂因而名声大振，远播海内外，一个时间内，被人们视为大型企业改革的典型。前去参观学习的人不绝如缕；作为厂长宫本言，也因此得到社会的广泛了解，受到党和国家领导人的器重，此后不久，便被调往哈尔滨，成为省委主管工业的负责人，并在党的十二大上，当选为中央候补委员。这一切当然首先应该归功于宫本言同志个人出类拔萃的才干与突出的贡献，但此文的宣传效果也是不容低估的；其中《当代》和兆阳同志的关键作用更是难能忘记。

因为这篇文章，秦兆阳同志和我以及宫本言同志结下了深深的缘分。他不仅关心我的创作，同时还关心宫本言同志的工作。当年夏天，当宫本言同志来京开会时，秦兆阳同志专门把他请到《当代》编辑部与编辑们座谈。秦兆阳同志抱病参加座谈会，与宫本言同志交谈了很长时间。此后，彼此还经常通过我互致问候。宫本言同志说：这样的大作家、大编辑，对企业改革如此关心、如此支持，真是难能可贵；而秦兆阳同志则说：中国需要宫本言这样的改革家！只是这样的人太少了。

不久，《励精图治》的续篇，又在秦兆阳同志的亲自关怀下于《当代》上发出。上海文艺出版社出于对工业战线改革开放的关注，决定将这两篇作品，合并在一起出版单行本。为此，我又找到了秦兆阳同志，请他为这本小册子写个序。他笑着对我说："我向来不给人家的书写序，但这次对你却要破一回例。"第二日，他就把序言写出来了，题为《列车上产生的序言》。其中有这么一段，兹抄录于后：

1980年6月某日，《当代》编辑室的一位同志出差到外地去组稿，在列车上碰见对面座位上一位年轻的工人在聚精会神地阅读刚刚发表在《当代》上的《励精图治》。等他读完了，编者和读者就面对面地谈起话来……

"你觉得这篇《励精图治》写得怎么样？"

"嘿，前几天我读了《人民文学》上的《乔厂长上任记》，觉得真带劲，心里老是想：要是真的有乔光朴这样人，要是有这样人到我们厂来当厂长，该多好！可真没有想到，倒真有这样的真人，比乔光朴还要乔光朴。不过，可惜这样人太少，一个两个，三个五个，不顶事……"

"也许慢慢会多起来的……"

"也许？'也许'到什么时候？连我这样年岁的人也怕这样的'也许'，更别说你这样年岁的人……"

"也许生活里本来就有不少的宫本言和乔光朴，只不过，第一是没有人用他们，第二是没有人写他们。"

"这两个'也许'倒是有些道理——也许是这样的。"

……

最后，他在这篇序言中写道：

……宫本言同志已经在党的十二次代表大会上被选为候补中央委员了，这说明我们党是多么重视宫本言同志这样的人才！两年前那位青年工人所希望的"也许"，正在多么广阔的生活场景里成为事实！今后这样激动人心的生活场景必定会更加广阔——这是毫无疑问的！

产生在时代列车上的序言是无穷无尽的，需要有多少报告文学的集子把这些序言抄上去啊！

我所以这样长地引用他的文章片断，是想证明这样一点：这位对生活充满激情的老作家，是怀着多么大的热望寄重于青年作家和他们的作品啊！忧国忧民之心变成崇高的社会责任感，溢于言表。

这与他以后每次见到我总是劝导我“不要脱离生活、不要忘记你的富拉尔基”是一致的。他一再说，现实生活充满着丰富的创作素材，是取之不尽的创作源泉。作家，尤其是青年作家决不可对火热的现实生活无动于衷，否则，你的艺术生命便枯萎了。

1983年，我调离富拉尔基去省作协当专业作家。对此种调动，他并不十分高兴，只说了句：“对你的创作来说，不见得是件好事；富拉尔基可是块宝地啊！”

事实正如他所料，调到省作协之后，我便被大量的行政工作缠身。每天忙于出席各种会议、处理各种琐碎事情，迎来送往，应接不暇，而创作却被搁在一边了。有一次，我来北京开会借机去看他，他见面的第一句话便是：“最近怎么看不到你的作品了？”我告诉他我的处境和苦恼。他斩钉截铁地说：“要尽快摆脱掉这种尴尬处境，投入到生活中去！没有作品的作家有再多再大的头衔也是毫无意义的！”

我听信了他的劝导，回到哈尔滨之后，便找了由头先后到齐齐哈尔、大庆、富拉尔基厂矿、油田深入生活，一去就是好几个月。新的生活，又燃起新的创作灵感，我的笔不再那么锈涩了。我把新作寄给了他，请他指教。当我来京又去看他时，他的脸上绽出欣慰的笑纹，又进一步鼓励我说：只要和新的生活保持紧密的联系，你的思维就能始终保持活跃状态，创作的路子就宽阔多了！

有一段时间,文坛像打摆子似的,热一阵、冷一阵;各种流派、艺术主张,异彩纷呈;这个潮、那个热,沸沸扬扬,好不热闹;文坛上的各种风云人物,“你方唱罢我登台”,“各领风骚若干天”,气象万千,让人眼花缭乱。此时,我又去请教兆阳同志。他对此种现象表现出空前的冷静。他笑着说:热闹点比冷清要好;但一个成熟的作家,要保持冷静,要有自己的主见,不随波逐流,要走自己的路。文坛就如天空中的星星,各有自己的位置、自己的轨道,至于亮度如何,则靠自己发出的光和热了。对于文坛上的论争和几十年形成的恩恩怨怨以及由此而形成错综复杂的人际关系,他也有自己独特的看法,表现出超然物外的态度,从不轻易卷进某种漩涡中。他说,有些是非掺杂着历史的纠葛,斩不断,理还乱,很难一下子说得清楚;你们年轻人,且不可陷进去,把前一辈的矛盾继承下来,那么,文坛就永无宁日了。大家还是度量宽一些,既让自己活也要让人家活。他的宽厚待人、不计个人恩怨、处处从大局出发的长者之风,实在令人敬佩。

我奉调来京到《人民文学》工作,曾专门拜访他这位老的《人民文学》副主编,并征求他的意见。想不到他这次倒表示赞成和支持的态度。他说,这是个锻炼人的地方,在那儿锻炼一下也好,不过,你不会感到轻松愉快的。最后,他一再叮嘱:要注意团结各方面的作家,能容百家之言;还要扶植新人,看准好苗子就加意培养,我们那会儿就这么做的。他历数许多现在已成为名家当年在《人民文学》崭露头角的人。

他的这些话都是金石之言。每次同他谈话都大有收获,总想多坐一会儿,多听一点,只是怕他身体欠安,讲话多了会劳思伤神,故才依依告别。

最后一次看他是在海军医院住院的时候。他患了心脏病,报了“病危”。但在某合同医院却无法住单人病房,原因是他的“级别”不够。像他这样参加革命五十余年、国内外闻名的老作家,还不够“级别”，真令人感慨万端。最后是靠一个好心的同志走了“后门”，方才住上这个医院。当我们为此感到愤慨时，他却一再摆手说：“各有各的难处；总得有个限制嘛！否则，都有此要求不也是很不好办吗？”他总是处处替别人着想，很少想到自己。就在这一天，他提出来快点出院，因为这儿的住院费太贵，他不愿公家为他花太多的钱。我们劝他还是多住几天，等病情稳定了再出院，他却执意不从。家人只好连声答应，他才重新坐下来和我们谈话。三句话不离本行，我们又谈起文坛上的事。他关心地问起《人民文学》现状，我告诉他，现在给《人民文学》写稿的人越来越多了，艺术质量也有所上升，新人佳作也时有出现。他听后欣慰地笑了，说：“那就好，以后写稿的人还会更多的。《人民文学》是全国作家的刊物，没有理由拒绝为它写稿嘛！不过，你们还要多做团结工作。”谈到当前文学上某些理论的歧见，他说，简单问题被某些人搞的复杂化了，要认真澄清起来也不难。随之，他兴致勃勃地谈起他的见解。我们听后，感到句句鞭辟入里，令人心悦诚服。当即劝他形成文字发表出来，定会给纷乱迷离的文坛一清泾渭。可他慨叹一声：力不从心了。我们建议：可否由他口述，请人代为整理。他初始似乎首肯，但转而又说：以后再说吧！看来他也有难言之隐。

原以为他出院之后，病情会逐渐好转，以致康复。谁知，过不多久，听说他又住院了（这次由于他的固执，没另找医院，而是与众多病人合住一病房），而且由于病情太重，不让外人探视。再以后，就听说他溘然长逝了，我竟未能与他见上最后一面。

一代文豪，就这样默默地走了，作为他的后辈和学生，我感到悲痛难已；当我又来到他那破旧的院落为他凭吊时，看着他那遗像清癯的面容，我不禁悲从中来。我再也不能在此聆听他的亲切教诲了；我失去一位敬爱的师长，中国失去一位优秀的作家。我们多么需要他呀！文坛上像他这样人品文品都受人敬重的作家太少了、太少了，因此越发显得他走得太早了，太匆忙了……

兆阳同志,您安息吧!

1994,11,15 于北京

原载《人民文学》1995 年第 2 期

磨稿亿万字　多少悲欢泪

——缅怀秦兆阳先生

李　频

秦兆阳先生去世已两年多了。我一直揪心地怀念他。

我只见过先生两次。但我梦见他却远远不止两次的,在他生前和死后。

现在移居北京了,应该说对严冬有了更多更深的体悟。回想起来,1994 年郑州的冬天是最冷的。在那个冬天,秦兆阳先生去世了。在那个冬天,我知晓了这个噩耗。

我是从《新闻出版报》上看到先生去世的讣告的。当时我正参与创办一张读书类小报,够忙碌、劳累的。晚饭后便斜靠在沙发上随意地浏览当天的报纸。看到讣告,我只是默默地流泪。稚气的儿子跑去厨房告诉正在洗涮的妻子,"爸爸哭了"。妻子大惑不解,夺过报纸一看,把孩子支走了。

那个晚上真冷。我猛蹬着自行车在郑州市里瞎闯。也不知在街上瞎骑了多久,到底转了哪些街道。后来我跑到一同事家里,告诉了她这一噩耗。她也只惊讶地"啊"了一声便说不出话来,便默默地陪我坐着、坐着。

她也知道我曾想写一部秦兆阳传。

但那个可咒的冬天使我的写作思路冻僵了,把我的计划冰封,直到现在也没有解冻,无法解冻。

我是在收集、整理龙世辉的编辑生涯的过程中,在研究《林海雪原》、《将军吟》、《芙蓉镇》等当代文学名作的编辑出版过程中逐渐增多对秦兆阳的侧面了解的。在《龙世辉的编辑生涯——从〈林海雪原〉到〈芙蓉镇〉的编审历程》一书的写作过程之中、之后,我都曾涌起一种向往:要是能有人细致、深入地研究秦兆阳的文学、文学编辑思想与成就,该多好,该多精彩;以他的人生里程为主题的文学雕塑该是一片多么丰厚、亮丽的人文景观。面对一些收集在手但又来不及细致研究、没有披露于世的材料,我也曾产生过这方面的写作欲望和冲动,潜滋暗长,或者此消彼长。

听说我想研究秦兆阳,人民文学出版社社长兼总编辑陈早春先生是积极支持、热情肯定的。我手头没有秦兆阳在该社出版的《文学探路集》,他便特意安排总编室的同志在没有余书的情况下从样本室找一本送我。大概是担心我过分集中于秦兆阳文学编辑家的侧面,他还特意提醒我,研究秦兆阳,除文学编辑外,还可以研究他的文学创作。顺着这指引,我才发现那一个让我惊异的秦兆阳的文学创作世界:《农村散记》清新隽永,《大地》气壮山河……

也是经陈早春先生的引荐、联系,我于 1988 年 11 月 3 日拜访了秦兆阳先生。这是第一次,是在北池子的秦先生家中。秦先生花白的头发,红光满面,映衬得很是精神。那天下午我们谈了两个多小时,围绕着《人民文学》、《当代》等编辑工作我问他答,他说我记。不知是他平时讲话就那样舒徐、沉稳,还是他见我在一旁笔记便有意放慢了语速,他说的话我都没有多少遗漏地记了下来。听一位历史老人谈论我感兴趣却又久疑不决的话题,我油然感到他的南书房特别空旷,书房中一桌一椅一床,两个书架,几幅字画的简单陈设也特别亲切。在记录完一个答问后抬头向他老人家提下一个问题时,看着他棱角分明的脸庞,慈祥、智慧的眼神,我才第一次知道,到底什么叫睿智,睿智的文化老人到底该是啥样的感性形象。我曾问到:胡风编《七月》时,通过编刊物组织一个文学流派,请问这是否中国当代文学编辑的发展方向?今后是否还有类似的情况发生?他回答说:“这种事情是自然要发生的。有理论的负责人,围绕着他,便形成一种流派。但并不一定每个刊物都这样。我比较主张这样,但是在中国,要求每一个刊物都这样是不现实的。”这简单的几句话,就给当时的我很大的启迪。当然,就文学编辑与文学期刊、文学编辑与文学流派的关系问题,他还谈了很多。直到他送我出门的路上,我才忽然想到:秦先生今天的谈话很重要,便问他是否可以整理来发表。他只简单地说了一句:“今天谈了些什么,我也忘了。”这话真让人回味,懈怠的我便因此而一直没有整理。只在写《龙世辉的编辑生涯》一书时,就涉及的有关内容引用了两三处。现在想来,要是整理出来,经他审阅、订正一次该多好!

后来对秦兆阳了解稍多了,才知他的南书房就是他的办公室。他是 1938 年参加革命,1941 年入党的老党员,但他在新时期出任人民文学出版社副总编辑、《当代》主编后,却没有参加社党委会,一般不参与出版社的行政事务,社里曾给他预备了一间办公室,他去了两次便不再去了。日常的办公、写作都在那间书房里。《当代》的编辑向他汇报工作,在这书房;与来京修改创作的作者谈书稿也在这间房里。有一次,一部稿子他刚读了一半,便兴奋不已,在电话里告诉另一主编孟伟哉说:“很好呀!请你让作者马上到我家里来谈谈。”自然也在这书房里。想到那么多文学作者向往着这一书房,想到那么多名作家、名编辑在这里的凳子上坐过,在这书房里谈过,我于 1992 年 4 月为求序再次去见秦老时还特意观察了一下:椅子是木头的,年轻人的家庭中早不用这种旧款式的椅子了;地板也是木头的,但没有装修镶嵌,走在上面还一动一动的,有点像我们湖南农村家庭中冬季用来贮藏红薯的地窖的活动木板。因这书房是平房,那天我忽然萌生一个念头:地板下是否有老鼠冒出来?要是地板下有老鼠,它们又耐不住寂寞,趁秦兆阳先生正与几位青年作家谈天说地时跑出来听一听，再叽叽喳喳发几句言，这书房可就热闹了。后来我还真留心看是否有作家写这方面的文字。至今未见，可见我是胡思乱想，大概老鼠也耐不住先生书房的清贫、寂寞吧。

近年来，我执著于编辑出版科学的研究，对文化人物、文化现象的审视，思考自然坚持编辑、出版的专业本位。最让我动心，也最激发我探究心理的还是秦兆阳作为文学编辑家的跌宕人生；他丰富的文学感性与深刻的社会理性交织而成的文学编辑抉择；他慧眼发现、精心培养出来的一代又一代当代文学作家；他极力推出而又精心编审、甚至于可以说精雕细刻出来的一系列当代文学名作。

死去的作家路遥曾称"秦兆阳是中国当代的涅克拉索夫"。他在 1978 年写了中篇处女作《惊心动魄的一幕》。两年间先后投寄了当时几乎所有的全国大型文学刊物，但却因和当时流行的观点、潮流不合而退稿。绝望中最后投寄给《当代》。让他意想不到的是，路遥不久就收到了《当代》主编秦兆阳的长信，对稿件给予了热情肯定，并在信中与路遥商量，如果不愿意再改，原文就发表了，如果愿意改动，请速来北京。结果，秦兆阳指导路遥修改发表了这篇小说，并在秦的力争下获得了全国第一届中篇小说奖。"这整个地改变了我的道路。"路遥反思自己的人生时这样意味深长地说。由秦兆阳发现、培养的当代作家，路遥不是第一位，也不是最后一位。细究起来，名单是可以开列一大串的。

秦兆阳说："我是个搞写作的人，却不愿意自己认为是作家，也不喜欢别人称我为作家。如果一个人必定要有一种头衔的话，我倒觉得'衔'我以'编辑'二字更为恰当。"秦兆阳的文学编辑工作集中在文艺刊物，从 40 年代的《锄奸画报》、《联大画刊》、《华北文艺》到 50 年代的《人民文学》、《文艺报》，到 80 年代的《当代》。《人民文学》和《当代》既是中国当代文学期刊史上的两座大厦，也是他个人文学编辑生涯的两座高峰。真不知是历史选择了他，还是他改写了文学期刊历史，他主持《人民文学》和《当代》的那些年月，分别是两刊最辉煌的重要时期。1955 年 12 月，秦兆阳受命重返《人民文学》任副主编，主持该刊编政。他在编辑室内宣布，要将《人民文学》办成俄国 19 世纪《祖国纪事》、《现代人》那样有影响的第一流刊物，要有自己的理论主张，要不断推出新人新作。《人民文学》从 1956 年 4 月号起，相继推出了刘宾雁的《在桥梁工地上》、《本报内部消息》（上篇）、王蒙的《组织部新来的青年人》、耿简的《爬在旗杆上的人》、耿龙祥的《明镜台》等作品，正视现实，直面人生，剖析现实生活的复杂矛盾。《人民文学》因此深受广大人民尤其是青年读者喜爱，发行量在一年之内由十余万份跃至近 20 万份。一年间发表的 50 篇小说，竟有一半是新作者写的，其中好些写得很出色，发在头条。但他本人却因为这一年的编辑工作（包括撰写《现实主义——广阔的道路》）而罹祸，远离京城，蛰居广西二十多年。

新时期后，有出版社将那组作品结集为《重放的鲜花》重新出版。为此，我在 1988 年 11 月 3 日访谈时问他：《重放的鲜花》中，很多作品都是您签发的，如果您不从《人民文学》副主编的职位上下来，是否有可能形成一个作者群？他回答说："有可能，但作者群不一定是《重放的鲜花》那样的作者群。当时形势朝气蓬勃，我比较注重歌颂性的作品，王汶石的《风雪之夜》、林斤澜的《台湾姑娘》等我都很重视，当时带批判眼光的作品刚出来，更容易引起我的注意。所以如果说形成一个作家群的话，是这样的作者群：现实主义文学水平较高的作家群，不光是像《重放的鲜花》那样的作家群；既冷峻地批判现实的阴暗面，又看到生活的光明面，这样两者都顾到的情况。我到现在也是这样，生活总要有希望，有光明也有黑暗，刊物要给人以力量，鼓舞，不能偏到哪一面。这一思想，到现在我还坚持。"这看似平淡的话却总引起我的沉思。我以为是解析秦兆阳一系列编辑实践活动的一把钥匙。由秦兆阳，到目前为止也还只有秦兆阳，我才强烈地感到：有现实主义的文学家、文学理论家，那么顺延开来是否应该有现实主义的文学编辑家？现实主义文学编辑思想的核心内容是什么？秦兆阳是否为当代现实主义文学编辑家的典型？

直到现在，我依然认为，秦兆阳的死，即使不说给他们那一代文学编辑家画上了一个句号，也总该打上一个沉重的分号吧。我真不知道成就、思想出其右的当代文学编辑家还有几个，还有哪几个，如果真有，也屈指可数吧。这或许是我的仰视角度和交往太少的眼光所致。惟其如此，我才一直都不敢向秦先生谈我的写作计划，我才一直都想先操练自己研究编辑家的步伐。

“曾经沧海难为水”，就我对先生的侧面了解而言，秦兆阳先生似乎对一切的一切都清淡了。国外有大学请他去讲学，他婉言辞谢了。有位美籍华裔作家曾告诉他：“我翻译了你的《现实主义——广阔的道路》。”秦兆阳只是淡淡一笑。1991 年 8 月，我曾将《〈林海雪原〉再版的编辑加工面面观》（后作为《龙世辉的编辑生涯》一书第三章中的一节）一文寄交他指正。他在 8 月 23 日的回信中说：“文中多少有些对我的赞词，请删去。”

在写作《编辑家茅盾评传》的过程中，我多次想从他口里了解一些茅盾主编《人民文学》的情况。1949 年 10 月《人民文学》创刊到 1952 年，秦兆阳任该刊小说组组长，1956 年至 1957 年 1 月任《人民文学》副主编（执行主编），他对该刊主编茅盾的编辑思想应该说是最了解的。挖掘整理他这方面的回忆，不论是对《人民文学》这一重要期刊的研究，茅盾研究，还是秦兆阳研究，都有重要意义。但我终于没有提采访要求，因为《人民文学》杂志的老编辑涂光群先生 1982 年 10 月写的《秦兆阳与文学新人》（后刊于《当代文艺思潮》1983 年第 3 期）最后说：

秦兆阳饱经风霜，满头华发。但他那不倦地探索和写作以及对新作家、无名作者关怀的精神，一如既往。但他的精力大不如前，时间对他也更显紧迫。他还有好些过去长期酝酿的作品未写完，还有好多写作以外的工作要做。我建议有志写作的青年人，不必再去打扰秦兆阳，以便于他安安静静地写作，为我们的读者献出新作品。

秦兆阳先生为我国解放后几代作家的成长付出了太多太多的心血，涂光群先生的奉劝是很合理的，是应该遵循的。

我也曾计划，待《编辑家茅盾评传》出版后，将书呈献给先生指正，同时斗胆提出以他的文学编辑生涯写书的请求，再全面着手这方面的工作。我哪里会想到，《编辑家茅盾评传》在郑州正出清样，即将付印时，秦兆阳先生却在北京去世了呢？这怎能不让我痛心疾首，悔恨终身。

1980 年初冬的一个晚上，当时同为《当代》主编的作家孟伟哉去看他。秦兆阳向孟伟哉谈了他以冀中生活为题材的长篇小说创作，为此，他准备了许多年。把孟伟哉送出大门时，秦兆阳笑着说："这作品按构思是要写一百多万字的，现在看来完不成了。我有时想，一个人死的时候，会把多少东西带到坟墓里去啊！"先生十几年前的笑谈终于铸成了永远无法弥补的历史遗憾！

不知道先生的"回忆录"写得怎样？1988 年拜访他时，我问的最后一个问题是：您晚年是否打算写有关编辑方面的回忆录？他说："也曾动过这个念头，但总觉得不好写，很多当事人都在，关系复杂。二则有些事情很琐细，写起来不一定有深度。"我是奉劝他写的。如果他没写，损失就更惨重了。

老人走了。秦兆阳先生说走就走了。调来北京后，我多次想去秦先生那个南书房看看，但我终究没去。不敢去。不敢面对自己的心灵悔恨。

还是1988年见他那次，临走时，我请他写个字作为纪念。略一思考，他挥笔在我的笔记本上写下了这几句诗：

> 磨稿亿万言，多少悲欢泪；
> 休云编者痴，我识其中味。

这是他从《红楼梦》第一回“满纸荒唐言，一把辛酸泪，都云作者痴，谁解其中味？”化来的。后来我发现他给我写的这几句诗与别处略有不同。他给《当代》一老编辑的书斋题名“磨稿斋”，并为这老编辑题辞：“磨稿亿万言，常流欢喜泪，休云编者痴，我识其中味。”（见《编辑之友》1986年第3期第21页）《当代》杂志《创刊十周年的一点表白》也引用了此诗，但作：“读稿千万言，多少灼心泪，休云编者痴，自识其中味。”（见《当代》1989年第4期）从秦兆阳先生为我的《龙世辉的编辑生涯》一书所写序言手稿中，我也看到，他曾想在序中添加上“磨稿亿万言，多少欢欣泪，休云编者痴，自识其中味。”但他最后还是把它删去了。他为何老是变换“悲欢泪”“欢喜泪”“灼心泪”“欢欣泪”的用字呢？“磨稿亿万言，多少悲欢泪”是否更全面、真实地反映了秦兆阳的心灵世界呢？哲人已去，我再问谁？

在撰写《秦兆阳小说选·自序》时，秦兆阳先生才对自己有忽然的、惊异的发现：

> 这几十年竟是在许多矛盾中走过来的。搞写作而不愿意以作家自居；正当年富力强之时却失去了写作的年华；是歌颂者却长时间变成了“暴露黑暗”的代表人物；离开了革命所教导的认识生活的能力和对生活的感情，我就一个字也写不出来，长期以来却被认为是马克思主义世界观的反对者；在取消了这种“代表性”以后反倒写了一点批判意味的作品；一直不

愿搞编辑工作却一直使劲地搞编辑工作，甚至就是在编辑工作上摔了很重的一跤也不后悔；本来是个搞创作的人竟被人认为是搞理论或搞批评的人；自己确实不愿意搞理论，也自知学识基础极差，"理论水"很少，麻烦性也很大，但又常常被环境推着在理论的圈子里打转；明知干文艺这一行有种种极难克服的困难，却非在这条难走的路上跋涉不可；已达衰老之年，仍有"板大"之性……

这是历史与人生的尴尬？这浓缩的是秦兆阳先生的人生精华？我真判不准，也真说不清了。我只知道其中有沉甸甸的内涵，社会历史的，他个人心理的。

但是，还没有人求索、展开其中的故事与情节。

我愧对秦兆阳先生，也愧对自己。

原载《出版广角》1997 年第 2 期

脚踏现实

——一生敬业而正直的秦兆阳

胡德培

1956 年春，在中国农业合作化的热浪中，秦兆阳一部长篇小说《在田野上，前进！》曾使如我这样在大学中文系求学的年轻学子们热血沸腾，多么向往着欲投身于这场社会热潮当中，去拥抱这个现实。没有想到，二十多年后，我与秦老都先后到了人民文学出版社工作，有了许多接触、交往和相互了解的机会。1992 年，我还有幸调到《当代》杂志编辑部，在秦老主编的领导下担任副主编的工作，对兆阳同志一生虔诚的信仰、执著的追求、兢兢业业的工作，一步一个脚印、永远脚踏现实的精神和品格有了更深的感悟与理解。

从《人民文学》到《当代》杂志

1916年10月，秦兆阳出生于湖北省黄冈县枣树店村一个贫苦的教书先生的家里。1938年到延安参加革命。1950年在中国作家协会《人民文学》编辑部任小说组组长，1955年底任副主编，主持《人民文学》杂志的编辑工作。1979年春天到人民文学出版社，1980年1月任副总编辑，创办并兼任《当代》杂志主编，直至1994年10月病逝。秦兆阳长期从事文学编辑工作，用他的话说，一直“看稿、改稿、退稿、编稿、谈稿、约稿，总起来或者可以名之为‘磨稿’”，即是对稿件反复进行切磋和琢磨。他终日致力于案头工作，给人的印象总是兢兢业业、勤恳认真、一丝不苟的。

从《人民文学》到《当代》杂志，是两个不同生活年代，不同历史时期。从计划经济到市场经济，从舆论一律到思想解放，从一元化到多元化，改革开放，民主法制，与世界接轨，西方现代文艺思潮和形形色色的文化艺术作品大量涌入。20世纪50年代与八九十年代，社会有种种的变化、发展和不同的时代色彩，秦兆阳的办刊思想和文艺观点在不同时期虽有某些变化，但十分明显的是有其共同的基本思路，有其共同的发展脉络。

秦老一贯主张文学反映生活的真实性、现实性，文学作品为人民大众服务的群众性、社会性。在50年代大搞政治运动和阶级斗争的情境下，他还强调文学的战斗性、鼓舞性；在80年代改革开放的社会主义新时期，他更强调文学的当代性、审美性。总而言之，他始终坚持文学的现实主义主张，认为这是“在文学艺术实践中所形成、所遵循的一种法则”。正是在他的主持及其影响下，经过编辑同仁们的共同努力,50 年代的《人民文学》杂志先后推出了《组织部新来的青年人》、《在桥梁工地上》、《本报内部消息》、《爬在旗杆上的人》、《明镜台》等颇受群众欢迎的引人注目的作品。八九十年代的《当代》杂志陆续发表了《将军吟》、《芙蓉镇》、《改革者》、《跋涉者》、《故土》、《新星》、《钟鼓楼》、《大上海沉没》、《白鹿原》、《我是太阳》、《尘埃落定》、《代价》、《布礼》、《秋天的愤怒》、《妯娌》、《女性三原色》、《二嫫》、《生生不已》、《生命通道》、《雕花烟斗》、《心香》、《最后一个渔佬儿》、《麦客》、《命运》、《中国姑娘》、《超越自我》、《世界大串联》、《"希望工程"纪实》、《澳星风险发射》等产生了巨大影响的优秀作品。同时,通过编辑部着力扶持了一批文学新人,为我国文坛演练着一支朝气蓬勃的文学生力军,像王蒙、李国文、刘心武、从维熙、张炜、冯骥才、焦祖尧、蒋子龙、陈国凯、柯云路、陈忠实、邓贤、邓一光、柳建伟、阿来等一批响亮的名字,今日已流传在广大读者群中。

1959 年秋天,我被分配到中国作协,秦兆阳正遭受意外的打击而被调离,后在广西 20 年,因此我与他无缘得识。1992 年,我到《当代》杂志任副主编兼编辑部主任,不几天,朱盛昌副主编约好与我一同去秦老家拜望,听取他对编辑工作的意见。见到我们,他很少客套。我们一边落座、沏茶,他一边便和我们谈起了工作。他特别强调:《当代》是以靠近时代、服务现实为宗旨。办刊物,应该办出自己的特色,不要跟着别人跑。我们不赶潮流。他说话时,一字一句,缓慢而坚定,立场鲜明,态度果决。一句句话语,从他清癯、干瘦,骨骼挺拔而有力的身躯中传出,显得胸有成竹而深思熟虑。我从他的言谈中,感受到一种意志,一种精神,一种情感,一种信念,一种品格,一种追求,实在耐人思索和回味。正如他在自己一本小说选集的《序》里所说:"在旧社会里我是个几乎不能生存的人,也看到过许多劳动人民如何挣扎于穷苦的命运之中,更看到过亲爱的祖国经历巨大的危难。所以在参加革命以前的学生时代，当我开始在报纸上发表一些不像样的诗歌时，就自自然然地宣扬过爱国思想。以后，是中国共产党所领导的革命事业给我以光明，昭我以真理，亲我以人民，练我以战争，溶我于时代，引导我走进了胜利以后新的中国，使我获得了生命的意义和内心的寄托，所以我心里总有一股火热的味儿。”几十年来，秦兆阳办刊物，写文章，搞创作，提主张，一切言行，皆是以这股火热的味儿和人格的力量坚定地走着自己的路的。

秦兆阳病重住院期间，直至他病势垂危、在逝世前的一两天，他还在关心着人民文学出版社和《当代》杂志的评奖工作，关心着青年作家的成长，关心着《当代》杂志出版一百期的有关活动……真正是鞠躬尽瘁，死而后已！

现实主义的倡导者和实践者

人生的许多事情，往往是人们所难以逆料的。

秦兆阳少年时代最喜欢绘画，曾经梦想过要当画家。后来在湖北和上海漫画界崭露头角，希望将来自己靠画画为生。到延安后，他先是在陕北公学。1939 年春，与华君武、辛莽等一同被保送到鲁艺美术系学习。1940 年他在华北联合大学当过美术教员。可是，后来的工作需要和事业发展，却让他做了几十年的文学编辑。

他从事诗歌、散文和小说的创作，到组织安排他做编辑工作，促使他“去研究生活规律和创作规律”，并“越来越认真地思考一些创作问题”，从而于 1956 年写出了那篇著名论文：《现实主义——广阔的道路》。这是他事先没有想到的。他更没有想到的是，因为这篇论文及别的一些原因，使他遭受到二十多年的苦难折磨。其内心的苦闷和煎熬，实在是难以言说的。秦兆阳在 80 年代回顾过去岁月时说：那时，“支持我生活下去的仍然是对于革命和对于现实生活的感情，给我以寄托和安慰的仍然是文学创作”。到了1979年春天，“法轮妙转”，我“又投胎到编辑群里了”。

生活历程的坎坷曲折，激动人心的悲欢喜乐，随时碰到的困难和矛盾，许许多多的爱和恨，种种的理想和追求，都促使他学习、思索、总结、概括，不断受到锻炼，获得提高，铸就了他这样一位现实主义的热情倡导者和忠实实践者。

秦兆阳在《现实主义——广阔的道路》中主张文艺创作“以严格地忠实于现实，艺术地真实地反映现实，并反转来影响现实为自己的任务”。同时，他号召作家们“勇敢地从自身的教条主义的束缚下解放出来”，“大胆地刻苦地来进行百花齐放”，从事创造性的艺术劳动。二十多年后，他在《现实主义——艰苦的道路》中仍然坚持认为：“人民迫切需要文艺真实反映自己的生活、认识自己的生活和提高自己的精神境界。”是的，秦兆阳始终关注现实，立足现实，站在现实的泥土中，主张作家以现实主义的艺术创造服务于现实，服务于人民。

80年代初，秦兆阳的长篇小说《大地》出版前后，我有几次机会去他家里。他拿出一摞小笔记本给我看，共约十来本。我一看，那都是色泽陈旧，规格各异，纸质泛黄，仅有手掌般大小的笔记本。显然年代已很久远了。上面的字，真是小得很，只有芝麻粒一般大小。他说：这是为了当时行军带起来方便。当时墨水也没有，那是用染布的那个染料来写的，今天看起来实在太费劲。他桌上摆着一个圆圆的放大镜，他便是借助于放大镜慢慢地翻看。那时，他在《给一位青年的公开信》中写道：“我在搞报纸工作和搞群众工作之余，在地道里，在农家的炕头上，经常把所见所闻的故事、语言、人物记在小本子上……尽可能按照他们讲故事的口吻记下来。”战争年间，他这样一边工作，一边读书，一边思索，一边练习写作。50年代初，他深入农村生活，写了十几篇“农村散记”和反映农业合作化趋势的长篇小说《在田野上，前进!》。后来，他根据那些笔记和多年的思索与体验，构思创作了反映冀中人民斗争生活的长篇小说《大地》。用他的话来说，这是描写中国大地的不可毁灭，人民力量的不可制服。冬天一片荒凉，春天大地又是一派生机。小说出版后，他迫切地想直接听到读者的感受和意见。为此，我社总编室和当代文学编辑室于1984年11月16日在北京朝阳区专门召开了一次读者座谈会。秦兆阳兴致勃勃地到会听取大家意见。读者们觉得，小说中活鲜鲜地展现出冀中人民的斗争精神和豪迈性格，其气质、个性、形象、语言都很生动、逼真。秦兆阳说：我不是北方人。读者们阅读后有这种感受，全靠了那些年的革命斗争生活，全靠了当时那些笔记，全靠了人民群众那种伟大的精神和品格。他反复说："我是凭良心在写。"他原来搜集的材料很多，构思的规模比较大，从60年代初期开始动笔，经过反复地琢磨、修改，现在这一本《大地》只是写了个开头。他很想继续写下去（实在可惜，秦兆阳后来未能续写下去）。

秦兆阳几十年来的工作和创作，就是这样忠实于生活，忠实于人民，充满着热烈的爱和深沉的恨，他对国家、民族，对事业、理想的热爱与执著，始终坚定地勇敢地为捍卫并实现文学的现实主义原则，竭心尽力地为之而奋斗、而抗争、而倡导、而实践，身体力行，直至最后一息。

始终脚踏现实，敬业、正直

秦兆阳是从贫困生活里走出来的，一直热爱生我养我的大地和故乡的泥土。他说，他是"吃泥土生长的粮食长大，后来又是革命给我以寄托心灵的泥土，而革命又需要我把生命变成泥土"，所以，他的一生、直至衰老之年，都在为人民、为国家"努力做一把铺路的泥土"（《小说选集·序》）。

在革命战争年代，他全身心地投入到"血与泪、风与火的斗争里去,进一步跟人民一起去共生死,同悲欢”,“我到了平、津、保三角地带——来到这插在敌人心脏的尖刀上”,那里“有最好的老师——人民,斗争,生活!”从 1943 年秋到 1948 年秋,五年多时间里他都生活在火热的斗争生活里。建国后,他工作忙了,任务重了,仍抽出 1953、1954 两年时间回到战争年代老根据地去生活,所以,他很快就写出了那些带着浓郁生活气息的散文、短篇及长篇小说。以后,二十多年痛苦生活的煎熬,他始终不忘祖国大地上的人民群众,60 年代初期就开始构思长篇小说《不平的平原》,1963 年在《广西文艺》上连载时改名《两辈人》,这即是后来在 1984 年重新写定、共 42 万字的《大地》。

历史的错案被改正后,秦兆阳回到北京,他一直住在北池子二条的一个小院子里。这是当年戴帽子时为安排家属匆忙买下的。我们走进小小的大门,穿过窄窄的夹道,才能走到他所住的后面院子。院子更显紧窄,不及转身就到了他那间低矮、破旧、狭小而阴湿的南屋。那一次,外面已是草木返青、迎春花开的季节,他那小屋里依然生着火炉,可是,我进屋后感觉仍像冬天一般阴冷,一直没有想到脱掉外面的罩衣。看到这情景,我真有些忧虑这对他年老多病的身体实在是不利的。秦老好像并不在意(也许是环境逼使,没有办法),他与我颇有兴致地谈起近日写作和他挂满两面墙壁的书画。

他在工作之余,常常拿起画笔,寄情丹青。风荷墨竹,强枝劲根,都是他所喜爱的。他屋子里摆了好几蔸树根,那都是原始状态的略带泥土的僵直有力的一些树根。这是否是他热爱大地、喜欢泥土的一个旁证?那些根茎大多显示出一种桀骜不驯而强劲有力的逼人气势,这是否又是他个人气质和人格力量的一个表征?在房间东头靠墙放置着一张长长的大桌,那是他写字、绘画用的。桌上及旁边经常摆放着许多张字画,是他写作间隙时独自赏玩或与朋友们互相切磋、鉴赏的。如有朋友喜欢或索要,他往往即请朋友自选。有一次，我就是在他那些字画中挑选了一张墨竹和一幅书法。

工作上，秦兆阳对编辑部同志要求很严。他总是反复强调：我们的工作要对得起广大读者。他自己更是时时谨慎，事事认真，兢兢业业，刻苦勤奋。他刚直不阿，耿介忠贞，襟怀坦荡，而且顾全大局，与编辑部同志在某个问题或某件稿子上有不同看法时，他总是充分说明自己的意见，以同志式商讨的方式交换看法，务求以理服人。他自己的作品，在写作过程中总是反复修改，字斟句酌，尽可能达到较完美的程度。他是一位知名作家，曾当选为中国作家协会理事和主席团成员，担任过作协书记处书记，但他不务虚名，淡泊名利。有关领导多次安排他出国访问，都被他婉言推辞。人民文学出版社建社 40 周年，要对社里所出的优秀长篇小说评奖，他的《大地》获得大家提名，他恳切地向有关负责人表示：自己是社里的人，最好不要参加评奖。可是，对青年作家和文学爱好者，他却十分热忱帮助，对他们的作品真是不惜心血地提出自己的意见，直至作者修改成功。能够请来的，他愿意花费时间与作者当面交谈，具体指导；实在来不了的，或者是外地作者来信询问什么问题，他常常亲自复信，尽可能谈出自己的看法，以使对方受益不浅。秦老逝世后，陈国凯、叶文玲、蒋子龙等人都非常动情地写了悼念文章。西北边远地区一位不知名的读者也写了一篇沉痛缅怀秦老的文章，虽然他们素昧平生，从未见面，但却收到过秦老一封感人至深的复信。

秦兆阳就是这样，脚踏现实，立足于生活的泥土之中，几十年兢兢业业地耕耘着，奋斗着，创造着。

原载《新文学史料》2002 年第 3 期

一个不应被遗忘的人

——编辑家秦兆阳逝世十周年

杨春兰

也许我们对王蒙、路遥、蒋子龙、陈国凯等这些在中国当代文学史上有着一席之地的作家和他们的作品以及发表这些作品的《人民文学》、《当代》非常崇敬，然而在这些优秀的作家、作品和刊物的背后，我们却遗忘了一个不该被遗忘的人，他就是这些作品的编辑者、这些优秀作家的发现者和培养者，《人民文学》副主编和《当代》主编——秦兆阳。直到有一天，我的导师告诉我秦兆阳是中国20世纪一位杰出的编辑家，我才慢慢地开始关注他。当我研读了有关他的一部分资料后，一种再现编辑家风采的责任感驱使着我，再也无法抑制自己激动的心情，真的想为这位优秀的文学家、编辑家写点什么，因为秦兆阳为中国的文学事业和编辑事业所做的贡献是不可磨灭的。

一　不平凡的人生

秦兆阳，1916年11月15日出生于湖北黄冈一个贫苦的教师家庭，从小对绘画产生浓厚的兴趣，梦想着将来可以成为一名画家。他先后就读于汉口市立第一中学、武昌乡村师范、陕北公学分校和延安鲁迅艺术学院，亲身经历了抗日战争和解放战争。他曾发表出版过短篇小说集《平原上》、《幸福》、《农村散记》，中篇小说集《女儿的信》，童话集《小燕子万里飞行记》，长篇小说《在田野上，前进！》、《穿云山》、《大地》，评论集《论概念化、公式化》和《文学探路集》等，这为他从事文学编辑事业打下了良好的基础。他曾任冀中《黎明报》社长，1945 年至 1948 年先后任《前线报》副社长、《歌与剧》月刊主编、《华北文艺》编辑。

新中国成立后，他先后任《人民文学》小说组组长、《文艺报》执行编委、《人民文学》副主编。秦兆阳作为一个大型文学期刊的编辑，认识到自己有责任也有理由编辑出一本能够真实地反映现实生活的文学刊物，但不幸的是，在当时"左"的思想影响下，他却因那篇《现实主义——广阔的道路》和经手发表了几篇所谓"干预生活"的作品而蒙冤。"文革"结束后，秦兆阳带着满身的伤痕回到北京，于 1980 年任人民文学出版社副总编辑兼《当代》主编，1987 年离休后继续担任《当代》主编直至 1994 年去世。

二　宝贵的编辑思想

1. 做文坛托星人，推出新人新作。"有远见的编辑和文艺部门的领导者，他们的目光决不会仅仅局限于少数几位名家，他们高瞻远瞩的眼光更多地注视着蓬勃成长的、有一定潜力的青年一代，给文学青年以更多的信任、关怀、扶植、帮助，他们这样做是有战略意义的。"[①]在秦兆阳担任《当代》主编期间，公开宣布每期必发新人新作，他也是这一口号的积极实践者。在他的努力之下，中国当代文学史上出现了一颗颗耀眼的明星。

路遥的中篇处女作《惊心动魄的一幕》，两年间先后投寄给当时几乎所有的全国大型文学刊物，但都被退稿，最后投寄给《当代》。让他意想不到的是，他不久就收到了《当代》主编秦兆阳的长信，对稿件给予热情肯定。在秦兆阳指导下，路遥对这篇小说进行修改，并最终发表，并在秦的力争下获得了全国第一届中篇小说奖。由秦兆阳发现、培养的当代作家，经秦兆阳之手发表的优秀作品还可以开列出一大串，如玛拉沁夫的处女作《科尔沁草原的人们》,孙峻青、白桦发在《人民文学》的第一篇小说,王蒙的《组织部新来的青年人》等。

2. 尊重作者权益,审慎修改稿件。编辑作为一个"把关人",一个重要的职责就是对作者的稿件进行加工和修改,秦兆阳对稿件加工修改的仔细认真态度和严谨作风是一般编辑难以比拟的,而且他始终把尊重作者权益放在第一位。

他修改稿子,往往愿意花费时间与作者当面交谈,具体指导,实在不能面谈,或者是外地作者来信询问什么事情,他常常亲自复信。在叶文玲所写的悼念秦老的一篇文章中,有这样的记述:"再过十年八年乃至瞑目谢世,我都忘不了兆阳老师您在《心香》稿末的批注,忘不了您让朱盛昌同志殷殷转告的修改意见;就是您倾心注血的扶掖,《心香》终于问世,并且得到了文学界的嘉许。"② 他20世纪50年代编《人民文学》时,若干篇稿子实际上是改出来的,否则是不够发表水平的。

对中篇小说《代价》的修改和出版过程,充分体现了一位老编辑家尊重作者著作权益的谦虚与高贵品格。《代价》发稿之后,秦兆阳给作者陈国凯写了一封长信,信上详细说明哪些地方他做了改动,还说明由于发稿时间匆促,改动时来不及预先和作者商量,表示歉意,他说,如果作者对改动的地方有不同的意见,到出版单行本时还可以按作者的意见改过来。在《代价》单行本三校已完毕,作为该社的重点图书即将付印之时,陈国凯赴京参加文学讲习所学习,秦兆阳又热情地约请他到家里谈《代价》的进一步修改问题,该不该再作较大幅度的修改?陈国凯颇有顾虑。秦兆阳坚决主张修改,这显示了他作为一位老编辑家的风范和气派。

3. 感知体验生活,融生活于审稿。秦兆阳曲折坎坷的人生道路决定了他有着丰富深刻的生活体验,这为他审理稿件提供了良好的生活基础。《芙蓉镇》的终审过程体现了现实的生活体验对编辑审稿、取舍稿件的重要性。

当时,秦兆阳听了龙世辉的口头汇报后,便决定把《芙蓉镇》发《当代》头条。秦兆阳之所以作出这样的决定,是因为他参加过解放初期的土改,有着丰富的生活经验,对作品中涉及的内容可以从自己的生活体验中找到原型。秦兆阳曾说过:“编辑鉴审,关键是编辑要有生活,要懂创作。龙世辉汇报时谈到,李国香与芙蓉姐谈话算她赚了多少钱,这种生活我见得多了。这写得很真实,我发表作品都从生活出发……像这些,是生活经验的问题。”③正是在这种意义上,文学编辑鉴审实质上是对社会生活的鉴审,发现作品的含义在于发现生活。

4. 认真对待稿件,坚持“沙里淘金”。编辑是人类文化的重要缔构者,在人类文化的缔构过程中,承担着将优秀的文化传播给读者的任务,所以编辑对待每篇稿件都要认真谨慎,不能轻易肯定,也不能轻易否定,对准备采用的稿件要千琢万磨。

“磨稿亿万字,多少悲欢泪;休云编者痴,我识其中味。”这是秦兆阳几十年编辑工作的真实写照。他常常为了编稿子,忘记回家,忘记吃饭,而且从不轻易放掉任何一篇稿子,有时很容易被别人忽视的稿子经他救治都会成为经典之作。肖平的小说《三月雪》是编辑下班后,秦兆阳从一个编辑案头堆积的稿件中挑选出来的,这篇小说很快发在《人民文学》当年第8期,并受到读者好评,影响很大。

秦兆阳的“沙里淘金”“起死回生”救活了一篇篇稿件,也救活了一个个作者。他曾说:“有时救活一篇作品就是救活一个作者。”

作为一代文学家和编辑家的秦兆阳离我们远去已有十年之久了,但他的丰富的文学作品已成为我国文学事业上的宝贵财富,他独特的编辑思想对现今的编辑工作仍具有一定的指导意义。在秦老逝世十周年之际,谨以此文作为缅怀!

参考文献:

① 陈国凯. 一本书的诞生. 青春,1981(12)

② 叶文玲. 唯向秋风恸——悼恩师秦兆阳. 当代,1994(6)

③ 李频. 龙世辉的编辑生涯. 开封:河南大学出版社 1992. 114 ~ 116

原载《出版科学》2004 年第 3 期

迟到的悼念

——怀念秦兆阳老师

陈世旭

在我步履维艰的文字生涯中,不知得到过多少让我铭心刻骨的帮助。有的帮助出现的时候,是让我非常意外的。20 年前的一天,当我突然接到下面这封信,真是有点儿做梦的感觉:

陈世旭同志:

我们未曾识面,但前几年读过你的《小镇上的将军》,至今印象颇深。近来从吉晋东同志处得知你对文学创作虚心而且认真,作品不断有所进展,非常高兴。目前文坛上轻率之风日盛,像你这样深知写作艰难的同志实在不多,使我不禁要引你为同调。也许我们在年龄上有所差异,愿与你成为忘年之交。如有新作,如蒙惠寄,当以先睹为快,如你愿意,我会给《当代》发表。

敬礼

秦兆阳

1984. 8. 4

记得是上小学的时候，就在姐姐的高中课本上见到过“秦兆阳”这个名字，后来又知道他是“大右派”。对我来说，所有这一类人都肯定不是凡人，即便是“坏人”，也是伟大的“坏人”，一般人只能是仰望。这样一个像星星一样遥远的大人物现在忽然给我来信，要跟我“成为忘年之交”，真让我不知所措。

我1979年在《十月》上发表短篇小说《小镇上的将军》；1980年，由《十月》推荐到中国作协第5期文讲所（文讲所据说是丁玲创办的，办了4期，就因为“丁、陈反党集团”案停办了。“文革”后续办，故称“第5期”）学习；半年后回到江西，被有关部门从县文化馆调到省里从事专业文学创作。先前在县里舞文弄墨，玩票而已，而今事惹大了，实不知怎样当这个“专业作家”。之后有两年时间，我脑子里几乎一片空白，苦苦写出的东西，屡遭退稿。1984年，情况似乎稍稍有了一点儿转机：短篇《惊涛》给我带来第2次全国奖，中篇《天鹅湖畔》也多少有一点儿反响。但我的状态仍旧是糟糕，对自己全无信心。

秦老信中的“吉晋东同志”是当时在《文艺报》工作的晓蓉老师，她来江西参加一个文艺理论的会，不知听到关于我的什么，回去也不知怎样向秦老讲到了我，使我收到这样沉甸甸的一封信。我感激她，又觉得这份突如其来的荣幸难于承受。

回信折磨了我好几天，比写一个中篇还难：

秦兆阳老师：

您好！

接到您8月4日的信，先是一惊，继而是非常感动。这使我惶愧不已，真是不敢当。这之前，我做梦也不敢想这样的事，尽管您的爱护青年是众所周知的。

我们并不是“未曾识面”。我是有幸见过您的。第一次是1980年春，《人民文学》请您给我们几个人（河北的贾大山、河南的张有德、天津的冯骥才)开小座谈会。我那次是进京领奖。您当时用很大篇幅谈了《小镇上的将军》。我紧张得要命。那时候,我是莽莽撞撞地很紧张瞎闯到文坛的,对文学创作远没有您说的那么多自觉性。第二次是人民文学出版社请获奖作者吃饭,您很诚挚热情地希望作者们在“人文”出书。这也使我很感动。其实“人民文学出版社”还用得着约稿吗?第三次是您到作协文讲所来讲课,我就坐在下面同您正对面的第二排座位上。后来,您是蒋子龙、陈国凯同志的指导老师,还有古华同志也得到您的热情扶助,我从他们那里也常得到一些关于您的信息。我这人很没出息,加上久居乡间小镇,造成我的孤僻拘谨,任什么场合也决不敢趋前的。何况,我自己也很清楚地知道,我所以能到这种场合上来,完全是由于幸运、机遇。

……

从去年起,我开始有计划地对原有的生活积累作了一些浅开发。这次寄您指正的“下湾洲纪事”两篇就是这个计划的一部分。下湾洲是我插队的地名化过来的,以此寄托一点儿怀念。我已用这个题目写了两篇,在《文汇周刊》发了,往后我还将写若干篇。一方面由此对短篇写作作些摸索,另一方面希望由此增加一些技术上的准备,写这些短章的最终目的还是为一部长篇作准备。这部长篇背景是十年动乱,基本上是我自己在农村的那段经历。这个计划我一再提起,又一再搁下,一是怕才力不够;二是我又有些好高骛远,不太愿意用一些浅薄的牢骚或豪言壮语,或悲欢离合的故事,来赚一些涉世未深的青年的眼泪。但我又觉得,我还没有把握站得很高。您在文讲所讲课时,讲历史的大真实给我印象很深,触动也很强烈。可以说,您那次讲课,是我一再放下这部长篇写作的一个原因。确实是这样,一部文学作品,如果缺乏历史感,不能使人增加对生活对人生的热爱,不能增加人们对民族以及人类前途和国家命运的自信心,那是很难谈得到真实的。我担心的就是我还不能把握这种历史的大真实。这部作品写完之后,我大概顶多还会写一部现实感强些的长篇。力量大概也就会耗尽了的。与其写些敷衍的文字耽误读者的时间,就不如老实罢笔。这就是我目前想到的一些计划。已经耽误您许多时间了,不写了,很对不起。

我非常感谢吉晋东老师这样非常热情、热心的人。在我略有一点儿进展的时候,就给我极大的关注。你们这样对后进的关心,可以说是我们社会主义文学事业的一种特征吧。这种无私、真诚的关心,对一个在艰难中摸索的人,是多么温暖。

寄去的这两个短篇,请您教正。这两篇的想法是对现实生活提一点儿探幽的意思。有些至今仍对责任制持保留态度的人,肯定认为,道德同金钱成反比,这在当前现实中看,自然是很陈腐的观点。但反过来,绝对认为成正比,也显然是不合适的。当然没有人明确这样说,但有些文学作品却是这样表现了,似乎农民有了钱,就什么都变了。灵魂深处的因袭的负担就那么容易消除了吗?毫无疑问,净化和美化灵魂,对任何人都是必需的。而生活是光明的,生活的趋向更是光明的。这些意思小说是否讲清了,我也没把握。只是一心想尽可能把短篇写短点。您看不行就退给我。如觉得可发《当代》,我自然很高兴。由您转,编辑老师会不会怪罪我,说我这人不像话,竟让您劳神?我有些担心。我在医院住了几个月院治血吸虫病,打算不久出院后,写个扎实些的改革题材的中篇给《当代》,如能写出,到时再打扰您指正。不过也可能写不出。最近一段我想集中精力把《下湾洲纪事》一组十来个短篇写出来。

好，再不打住就真不像话了。您那么忙，我的字又像狗爬，改也改不了，真是惴惴。

叩颂

撰安！

江西省文艺研究所　陈世旭

8月12日敬上

如今看来，这封信知人论世的幼稚和浅薄是再明显不过的。就秦老来说，敬业、责任感、对青年的关爱，这是一种品格。任何社会都会有具备某种品格和不具备某种品格的人。就小说来说，这样无知可笑的认识，能写出怎样的"佳作"来，是可想而知的。

当时除了那两个加起来不足一万字的小短篇，我手头上什么稿也没有。我把小说寄出去，马上就后悔了。这是我这一辈子做过的最愚蠢的事情之一：明明知道那两个短篇毫无意思，一直没有拿出去发表，现在却寄给了"秦兆阳"，并且指望《当代》的发表。真是神差鬼使！人要是犯起糊涂来，根本就无可救药。

更使我觉得罪过的是，秦老竟然没有嫌弃这样的文字垃圾，而且看得极为仔细，写了极为仔细的意见。其字端劲，一丝不苟，其心切切，恨铁不成钢：

陈世旭同志：

首先得说明：我不是退稿，是就原稿跟你交换意见。至于我的意见对不对，则由你考虑，也许可供参考。

1.《恩怨记》的缺点，我认为正如你来信所说的，把握历史感不够。……

这篇东西如果抓住代仁和性格上的这个"聚光点"来展开故事情节，那就可以删节许多无用的叙写，而把重点放在分家前后的情节上。

……

这样，小说就有味道有深度了，就不是“照搬平庸的生活”了。

2.《天仙配》的缺点是揣度人物心理不够。

……

3. 从这两作品看，你还没有学会在描写、用笔、表现内心等方面“爱抚”或“抚摩”你所喜爱（你所应该喜爱）的人物。必须比所写人物站得更高，从高处透视他们，然后抓住情节（关键性的情节），着意写他们的可爱、可同情、发人深省的言谈、思想、举动、行为等。这样，短小说方能写得短而有味，才能生动活泼、文浅意深。

从来信中看出，你的确是对文学事业态度比较严肃，所以我也无顾虑地对（你）细说。另外，切不可“就事论事”。比如，你想通过这两个故事说明“富了不见得就思想坏了”。但如果不是主要着眼于人物性格——把它想透，并产生富有表现力的形象，那就是把人物当棋子，用以表现一种观念，其结果是艺术上思想意义上都不够成功。

敬礼

秦兆阳

8.20

我很难描述接到秦老的这次来信时的心情。有一点儿如释重负：总算了结了一次出丑。更多的是为他老人家难过：以他那么殷切的期望和那么滚烫的热心，却错爱了这么一个不折不扣的庸才。秦老在信的一开头就小心翼翼地说明“我不是退稿，是就原稿跟你交换意见”，但我知道，他是生怕挫伤了我的自尊心。那稿子其实是无从修改的，朽木不可雕。他煞费苦心地出了那么多主意，简直恨不得手把手帮我写出来，我却根本没本事实现他的意图。

我没有再翻那稿子，也没有给秦老回信。那些日子，我长久地把自己反锁在房里，静思默想。出路只有两条：要么就此罢笔，另行择业；要么咬牙挺下去，看看还能干点儿什么。结果是选择了后者。这选择的最重要的心理根据之一就是：不能辜负秦老！

后来的几年时间，我努力给秦老主编的《当代》杂志写稿，稿子都直接寄给编辑部，事先和事后都没有告诉秦老。我是希望一旦有稿子得以发表，能让秦老得到一份意外的欣慰。遗憾和无奈的是，我笔力不逮。

在前后十几年时间里，我给《当代》寄过两个中篇、两个长篇，只有一个中篇勉强留用，刊发以后毫无反响，还不知道秦老是否看到——那时他似乎退休了。我终于彻底死心，对自己不再抱非分的希望。惟一能指望的就是所有像秦老这样错爱过我的人尽快忘记我。

但我却永不能忘记秦老。忽然从报上看到秦老过世的消息，脑子轰然一下，几乎傻了。看到这张报纸已是秦老过世几个月后的事。这样一个老人，一旦过世，本是最值得我哀悼的人之一，我却错失了机会。从接到他的第2封信之后，算来已是10年过去，因为我的偏执，我没有给他回信，没有再见到过他，甚至连一个电话也没有打，我们失去了任何联系。现在，连这联系的可能性也永远地失去了！

尽管如此，在心目中，秦老却从来也没有离开过我。他对我的影响，在我的写作里已经成为一种潜意识。每次写稿、寄稿以及稿子发表出来，我总会莫名地想起秦老：他会有什么意见？他会看到吗？2002年我写中篇《救灾记》，主人公是个老编辑，给他取名的时候，首先想到的就是姓秦。事后发现，这个人物身上实在有太多秦老的影子。

一直动着念头写关于秦老的文字，但以我始终的迄无成绩，拿什么告慰秦老？这样想着，又屡屡把念头放下。2004年8月初，参加中国作协组织的甘肃采风，其中有秦万里兄，好几天之后我才偶尔听说他是秦老的公子，此前我只在《小说选刊》上见到过这个名字。此番结识，他的朴素热诚，有识见而毫不张扬，处处透着秦老的风范。

那天我们闲坐在拉卜楞寺主殿的台阶上，我向他说起秦老，说起我的遗憾和无奈，说起我的错失，说起我多年来那些提起又放下的念头，他静静地看着我，若有所思。

从甘肃回来不久，接到一封从北京寄来的署名“秦晴”的信，从信上知道，“秦晴”是秦老的女儿，随信附来了前面已经全文公开的我在1984年给秦老的那封回信的复印件。我想，这应该是万里兄回京后在家里讲起我们在拉卜楞寺那次谈话的结果。

秦晴的信中特地说明：“友人来信，我父亲留存的不算太多，这是其中一封。”这使我再一次格外清晰地感到了肩上的沉重压力。20年来，这压力其实从没有放下的一天。它使得我的做人和为文都从不敢稍有懈怠。

不幸的是，尽管不可谓不努力，我却始终不能够越出自己的平庸。在20年前给秦老回的那惟一的一封信中，谈到当时的写作状况，我说：“……这种技术上的练习还要持续多久，我自己很难说。对于一个没有才华的人来说，这也可能是一辈子的事。就我来说，我目前还很难说真正走上了创作的路子。”如果说那封信通篇是那么幼稚和浅薄，这句啰啰唆唆的话倒是一个老到的预言。直到今天，我依旧确实没有找到自己的职业自信，除了数量（其实也很有限）上的平面积累，别无建树。惟一能最大限度做到的只是安守本分、力求真实，断不敢哗众取宠、欺世盗名。这样，对一个不才弟子，九泉之下的秦老纵不能因我的长进开颜，却也不至于因我的劣行切齿。以其对我的寄望之高和错爱之深，如此告慰也许太过苍白，但对于一个在物欲横流的生态环境中苦苦挣扎的俗物，这已是很不容易的了。

2004 年 10 月 11 日，是秦老去世 10 周年。这一则苍白的文字，就算是我对一位仁厚前辈的一种迟到的悼念吧。

秦老安息！

2004 年 8 月 28 日

原载《中国编辑》2005 年第 1 期

存　目

秦兆阳　《回首当年》

《新文学史料》1989 年第 1 ~ 4 期

秦兆阳　《最后的歌》

《当代》1995 年第 5 期

秦　晴　《最后的歌》

《散文》（海外版）1996 年第 1 期

秦晓晴　《我的父亲秦兆阳》

《今日名流》1998 年第 8 期

光　群　《秦兆阳与文学新人》

《当代文艺思潮》1983 年第 2 期

陈　健　《我求拜你……秦兆阳生活片断》

《瞭望》1984 年第 34 期

杨桂欣　《永远怀念秦兆阳同志》

1994 年 12 月 7 日《新闻出版报》

李　纳　《宽心地安息吧，老秦》

《当代》1994 年第 6 期

李宝靖　《怀念秦兆阳》

《广西文学》1995 年第 2 期

屠　岸　《风雨长征路，丹心永不泯》

《当代》1995 年第 1 期

陈国凯　《文坛高士秦兆阳》

《当代》1995 年第 1 期

涂光群　《吊秦兆阳同志》

《当代》1995 年第 1 期

黄伟经　《秦兆阳的印象及其遗简》

《书与人》1995 年第 3 期

楚大红　《致秦兆阳同志》

《小说》1996 年第 3 期

张丛笑　《秦兆阳的‘磨稿’》

1997 年 6 月 3 日《新闻出版报》

徐　靖　《怀念秦兆阳》

1996 年 9 月 20 日《文艺报》

黄秋耘　《“二板先生”秦兆阳》

《黄秋耘文集》(一卷)，花城出版社 1999 年

李　频　《秦兆阳：从〈人民文学〉到〈当代〉》

《出版广角》1999 年第 10 期

黄伟经　《他有幸笑在最后》

《博览群书》1999 年第 3 期

韦君宜

韦君宜(1917～2002),湖北建始人,1917年10月26日出生于北京,原名魏蓁一。早年就读于天津南开女中,接受进步思想的影响。1934年考入北平清华大学哲学系学习。在校期间,曾任《清华周刊》编辑,积极参加学生救亡活动,加入民族武装自卫会。1935年投身"一二·九"爱国学生运动,次年5月加入中国共产党,从此走上献身于中国人民解放事业的道路。

1937年"七七"事变后,平津沦陷,韦君宜同志辍学回到湖北,从事党的地下工作,曾任襄阳特支委员、宜昌区委委员。1939年1月到延安,历任中央青委干事、《中国青年》杂志编辑、新华广播电台编辑,并开始文学创作。所著《三个朋友》、《龙》等短篇小说获得好评。

解放战争期间,韦君宜同志于1947年2月随中央机关撤离延安,到晋察冀解放区工作,曾任平山县温塘区委委员,参加土地改革运动。1949 年初参与《中国青年》复刊筹备工作,并任编辑干事。

新中国成立后,韦君宜同志担任共青团中央宣传部副部长兼《中国青年》杂志总编辑。1953 年 7 月调入中国作家协会,担任《文艺学习》主编,1959 年任《人民文学》杂志副主编。

1960 年韦君宜同志调任作家出版社总编辑。1961 年 4 月该社并入人民文学出版社,韦君宜同志出任人民文学出版社副社长兼副总编辑,1981 年 2 月任总编辑,1983 年 10 月任社长,直至 1985 年 12 月离休。

韦君宜同志投身革命六十多年,在长期的文学和出版活动中,她尊重人才,团结作家,奖掖后进。晚年又在极艰苦的条件下写出了《思痛录》。她以卓著的业绩和高尚的操守赢得文艺界和新闻出版界广泛的尊敬。

为人民当一名德才兼备的好编辑

韦君宜

我到长春来,是来看看这里的作家,来组稿的,本来决心不作什么讲话。承主人再三邀请,我考虑既然我是编辑,就谈点编辑业务方面的事情。

一 要有事业心

当编辑首先要有事业心,要热爱这一行,不能有私心,不能有名利观点。如果想通过当编辑达到什么个人目的,以为当编辑能爬上去,那肯定是要失败的。第一,根本达不到这个目的;第二,时间长了要引起很多人反对,作者读者有意见,刊物也办不好。回想我自己当编辑的时候,才二十几岁,那时在延安,胡乔木同志是我们的总编辑，后来到党中央毛主席身边工作了。有一次他对我说，你当编辑要考虑到，你将来是“爬”不上去的，地位也是提不高的。你现在是个编辑，将来顶多只能提两级，第一级提到主任，再提一级到总编辑，这就到头了。要想再提，就得脱离编辑这一行，比如去当宣传部长。所以，要干这一行就不能考虑个人名利，像提拔升级之类的事情。我听这话已经几十年了，我一直记着，认为这话很对。我甘心干这一行，甘心不提拔了。编辑工作是吃力的，而且还吃力不讨好。当部长的，可以让秘书起草讲话稿，他上台去讲，但做总编辑的就绝对不能请别人给写稿。不能让别人替写，而且还要替别人写稿，比如编辑写的按语、序言、稿子的说明，有时稿子加工得不够，也要自己动手去干，否则，你再能说会道，也不能做这个总编辑。所以，当编辑就不能怕辛苦，不能偷懒，不能图轻闲省事，不能考虑自己的名利。这就是我几十年做编辑的经验。

二　要讲编辑道德

第二点，要有当编辑的道德，即编德，就是必须公平正直。发现一个好的作者、一部好的书稿，你应当觉得，我这是给祖国发现了一个人材，为人民做了一件好事。从成千上万部、有时甚至是破破烂烂的稿子中发现好的，就不能有私心杂念。繁荣我国的文学事业当然首先靠作者写出好东西来，但让这些稿纸上的东西被全国广大读者都知道，变成全国人民的精神营养，对读者起到教育作用，就得靠我们编辑了，我们就是起发现人材的作用。世有伯乐而后有千里马，编辑必须做伯乐，否则千里马出不来。一个好作者被压抑下去，那就是你对文学事业的破坏。发现一个比较好的、有苗头的东西，就是发现一个金矿的矿苗，决不能放弃。有的投稿者说我们编辑掌握着生杀大权，可以随便枪毙稿子，这话有一定的道理。我们不能自轻自贱，认为自己整天翻破稿子没出息，要看重自己的责任,我国的文学事业与我们关系很大。所以,当编辑首先要公平,不管认识的不认识的,知名的不知名的,不管是张三李四,都要公平对待。其次必须耐心,要很耐心,有的作者字写得不好,错别字又多,但若耐心看,有可能发现好的东西。不能不耐烦,我们没有这个权利。

不要以为别人记不得我们。到现在这么多年了,已经七十多岁的巴金还记得发他第一个稿子的编辑是叶圣陶,至今念念不忘。丁玲老讲她的第一篇作品发在茅盾编的刊物上。我们能够做一点事情,不要怕埋没,人民也不会埋没你的。最近一个时期,报刊上骂编辑的话很多,大家都见过。说你们搞“交换文学”,互相发东西;还有崇拜名人,是名人的就要,不是就不要;甚至还有的说你们受贿,人家送东西就给发表,不送就不发表。我当了好多年编辑,北京的许多编辑,我都认识,我总觉得这些人没有那么坏。我自己的工作我敢问良心,我没有这样干过。谁送我一包礼物我就给谁发稿子,哪能这样干事呢?!我们出版社曾出了这样一件事:有一次,一个人假冒高晓声的名字给我们投来一篇稿子,大家看过觉得不能用,就给高晓声退回去了。后来,高晓声来信说,稿子不是他写的。查地址和笔迹,的确不是他写的。我为此写了一篇短文,意思说编辑部并不是只看名人,高晓声的稿子不行,我们照样不用。短文发表后,《人民日报》给我转来大量来信,不是说我的看法对,而是骂我,不单骂我,也骂包括你们在内的编辑,说我们就是只看名人。我们做了那么多工作没人说,而这些指责话却老有人讲。最近我又收到一封挺特别的信,是河南一个投稿者写的,他说我有一部稿子,原来寄给中国青年出版社,写了一百万字,中青社给我退了,我就坐火车从河南跑到北京,希望能感动他们,结果仍然给我退了。我去北京前就有一个朋友劝我,说你若去北京必须带着香油、花生等种种土特产给编辑送礼,少一样也不能出版。我觉得不能这么办,什么也没送,稿子果然就给退了。所以我这次把稿子寄去，看看你们人民文学出版社能不能公平办事。我把这封信转给中青社，中青社副总编辑给我回信说，这部稿子实在要不得，不是受不受贿的问题。我又把稿子交给我们的编辑看，限他们一个星期看完。看完后，编辑说这部稿子根本不能用。而这个作者的理由就是，我写了一百万字你还不发表，那就是要受贿。看到这样的信，听到这样没有道理的指责，实在让人生气，我相信大多数编辑不是这样子的。

但有时我也想，把人家的指责一概顶回去，不考虑，好像也缺乏自我批评精神。我们一点值得自我批评的地方也没有吗？比如我自己的工作，一丁点的照顾也没有？我不敢说。但不是他给了我香油、花生或者是我的熟人我就照顾。我们看稿子有这种毛病：有名的、老作家的作品和少数民族作家的稿子，多少有一点照顾，我觉得好像不这样做，就不符合党的政策，因为敬老尊贤，团结少数民族，我们有这个责任。但我们对所有稍有名声的人，一律进行迁就就不妥了。有些名人的稿子大家争着抢，刊物又这么多，全向这些人抢稿，这些人有时被逼得没办法，随便写出的稿子，有的刊物也拿去不分好歹就采用，这种事情是有的。对青年作者严，对大小名人松，这种情况比较多，我们应该警戒自己。

当编辑会得罪人，我们要不怕得罪人。很有名的作家的稿子我没要，就得罪了人家。因为我总让他改，他应该写出好东西，我相信他能写出好东西，但他没有改，跑到另一家出版社出版了。我觉得这对他本人是个损失，而无损于我们。所以当编辑不但要不怕得罪无名作者，还要不怕得罪作家，没这点骨气当不了编辑。

搞刊物办出版社应该积极发现新作家，在这方面有建树，才看得出这个刊物办了有意义的事。有些省份如湖南在这方面有成绩，出现了叶蔚林、古华、孙健忠、莫应丰这批作家。

搞“交换文学”，这种事情不可以做。大概是人比较熟，我的文章在他那里发了,他又给我寄来一篇,文章不是太好,但还将就,便也发了。这实际也是对自己要求不严格,如果这个人你完全不认识,写成这个样子大概你不会用。一个人一生写许多文章,要每一篇文章都好,这办不到,文章总是有好有差,有高有低,任何人也如此。但写的时候,对自己要求要严,对朋友的也要这样,这是对熟人与生人掌握同一个标准的问题。要求标准一致,这说起来很容易,做起来不容易。我们是国家给工资给人民办刊物,不是办同人刊物,不能自己喜欢什么发什么,不喜欢的就不发。编辑必须兼收并蓄,百花齐放,否则有亏职守。做编辑的道德就是公平正直,为国求才,要有这种心胸才能干好工作。

三　要有业务才干

编辑光有德不行,还要有才,要德才兼备。编辑的才首先是专业修养,要学习,要知识广博。我们往往有一种概念,认为这个人写小说不行,让他去当编辑吧,这是不对的。编辑是另外一行,不是写不好小说的人才去当编辑。编辑处理稿子首先要有修养,能辨别作品好坏。一般地看看作品好坏,是任何一个读者都可以的,编辑不能只有这个水平。编辑要知道作品何以好何以坏,为什么读者喜欢或者不喜欢。不喜欢的是真的不好,还是读者没这个水平。编辑必须学习,读许多书,掌握较多的知识,作品中所写的那些事情必须基本知道。除读文学作品外,还要读许多理论,读马列主义,读文学理论,要有理论修养,以文学理论来说,什么《哥德谈话录》,前些年提倡的别林斯基、杜勃罗留波夫的著作,中国古代的诗话、词话、《文心雕龙》等中外古今著作都要读,都要懂一些,要有这方面的学问。有些文学爱好者不读书,只看当前的刊物,一个编辑这样是不行的。不学习,你的鉴赏能力提不高。不知道高的什么样,也分辨不出中的低的什么样,所以要善于学习,要有知识。

我是半路出家当编辑的，后来发觉自己不胜任，那时我编《文艺学习》，林默涵同志开了一大张“文学青年必读书目”。我把这张表贴在家里墙上，看过一本圈掉一本，过一些时间全看完了。看得多了，自然有用，到现在还有用，因为有这个底子，稿子是好是坏，达到什么水平，有什么问题，才能说清楚。我们年轻时常说我们这一辈的学问比前辈差远了，鲁迅先生年轻时就写了《中国小说史略》，现在的许多小说史料是他搜集的，许多观点是他提出来，今天看仍是大胆的新奇的，没有广博的学问是提不出来的。郭沫若的广博众所周知，与文相关的领域几乎都涉及到。茅盾先生和我接触过，古今中外几乎无所不知。我们这一代外文底子都不足，来了外宾没有几个能与人家直接谈话，而这种情况对某些外国的编辑和作家来说是不允许的。出版局的评定业务职称的规定，要求凡副编审以上必须精通一门外语，我们没有几个能精通的，按这条要求谁也不行。下一代的编辑、作家不应该再是这样子，应该青出于蓝而胜于蓝，应该努力学习。不单是文学和外语要学，经济学、自然科学……知道得越多越好。当编辑要碰到各种知识，范围广得很。不学习，只凭小聪明写点小文章，不只成不了大作家，也成不了好编辑。

编辑常产生一种创作的苦恼，自己也想写点东西，对此我认为应该赞助。写什么，应该结合自己工作考虑。我在许多年前就开始写小文章，但不是为当作家，实实在在是为了当好我的编辑。一个字不写没法当好编辑，因为你要和许多作家来往，你一字不写，人家不知道你主张什么，就没有共同语言，所以编辑写一点东西是必需的。我常对编辑们说，你们写东西我决不反对，需要时间可以给一点，这有好处，可以锻炼编辑眼光。编辑要写出一篇评论文章就得认真思考一下，指出它的优点是什么，问题在哪，从中看出你的理解是深是浅。但如果是以编辑工作为据点，认为可以写文章往刊物上塞，这就是旁门左道了，用这种办法当不了作家，天下也没有这样的作家。

编辑看稿子不能以自己的好恶做标准，喜欢洋气华丽的就觉得朴素的不好，喜欢风格朴素的就觉得意识流的要不得，这都不对。编辑都要改稿子，这是加工，好比理发匠，头发是别人的，我给他剪短点，剪得漂亮点。句子不顺的给改一改。句子啰嗦、不生动，这样的地方给他提意见请他自己斟酌，不能替他改。你既不是他的老师，也不是检查官，发现不符合政策的就改成符合的，这也不恰当，还是要和作者商量而不要自己乱动笔。作者所写的许多生活中风俗习惯，你不理解又随便乱改，是极容易出乱子的。有一个编辑把清朝人写的说话体小说中的“列公”、“看官”全改成“读者”了。“读者”这个称呼是现在才有的，那时怎么会有呢！出这样的笑话就是缺乏知识所致。所以，碰到自己不懂的问题必须要查，要问，一点不能马虎。

编辑和作者应该互尊互谦。作者的稿子编辑不能乱砍。有时作家精心结撰的地方，被我们随便给改了，这是编辑应该注意的；但完全不动也不行。有的作家，作品写得不错，但错别字真不少，还有主语、宾语分不清，念不通顺的，必须给他改动。但要动得准确恰当，不能冒冒失失。做必要的改动而又不过分，这是大有讲究的事情。做编辑重要的不是改人家的文章，而是给作者提出正确的意见，帮他当参谋，有的作家是需要有参谋才能写好作品的。我替别人当许多年参谋，我觉得我不是坏意。我是希望他把作品改好。有时主意出坏了，或者有时作者坚持自己意见我不便再提，因而影响作品的质量，这种情况也有。有的作家常常抱怨编辑，说把他的作品砍坏了、改坏了，意见不小。但从我自身写作的经验看，我常常觉得编辑的意见是有用的，哪怕只是一句话，对我也有很大启发，甚至觉得没有编辑，我的文章就改不好。所以编辑要博学多识，严肃慎重，不能轻率；作家要谦虚谨慎，好学深思，不能骄傲。十年内乱中，作家受到很大的拘束，被捆得紧紧的，编辑部又被上边捆得紧紧的，没有正面指示，从上边一会儿来一个小道消息，叫怎么写就得赶紧怎么写，比如小说里要硬添阶级斗争、添特务，是编辑指挥作家写作，编辑的权力很大。现在这种局面已经过去，编辑不再听小道消息，也不再管作家、让作家服从我们；作家思想解放，大胆创新。但也有人不受拘束，想怎么写就怎么写，别人还不能提意见，不能改，提意见就说你思想僵化。我觉得思想解放是应当的，但要经过自己认真的观察思索，不能赶时髦。对这种情况，编辑还是应该提出自己的意见和看法的。

原载《上海出版工作》1983 年第 2 期

忆《文艺学习》

韦君宜

《文艺学习》创刊号

《文艺学习》创刊于 1954 年，结束于 1957 年。这个刊物在我一辈子的编辑生活中，就像腿上一块带着旧子弹的肉，虽然伤口早已愈合，碰一碰还有点疼。

直到现在，我碰见有些中年的作家，也有党政干部，见面还对我说他们年轻时候是《文艺学习》的长期订户，很想念这个刊物。我这个编辑也由此引起了怀旧感。

我们那刊物有一个编委会，一个编辑部。编委会是由热心青年工作的作家（如黄药眠、萧殷、李庚、彭慧、公木……）等组成。编辑部则基本都是青年,四个三十岁以上的,是杜麦青、黄秋耘、杨觉和我。我那年36岁,他们也差不多。其他编辑都在三十岁以下,而且都从来没干过编辑。我们是个新班子,大家现学现干,初生牛犊不怕虎,主意倒不少。

那刊物说评论刊物不是评论刊物,说创作刊物更不是创作刊物,算文艺研究刊物或语文学习辅导刊物也都不对,只能按它的名称,就算个文艺学习刊物。我们请了些教授专家为刊物写通俗地讲解文学史的连载,例如王瑶的中国诗歌史,吴小如的中国小说史,臧克家的五四以来新诗。单篇介绍名著的文章则占刊物主要篇幅,但并不像中学老师似的逐段“赏析”、“选讲”。也不大发表原文,只作概括介绍,让想学文学的读者,自己找书读去。这种“名著”,选题范围很广,古今中外全有。那一阵,正在时兴苏联的《卓娅和舒拉的故事》、《普通一兵——马特洛索夫》,青年几乎人手一编(那正是目前许多中年人所无限怀念的“纯洁的五十年代”)。我们就想把爱文学的青年的视野弄得再稍微宽阔一点,除了这几本书,再能多知道一点。于是我们介绍了一些西方19世纪作品,如巴尔扎克、契诃夫等的小说,一些当代创作,如《保卫延安》,苏联新作品如《拖拉机站站长与总农艺师》……

其实这“宽阔”自然也很有限,基本上仍属于文学常识。我们只觉得宽一点比过于狭窄好些,思路稍活泼比完全单线好些。于是就这么做了。而且为此观点发过一些浅显的评论。

我们就《拖拉机站站长与总农艺师》,及《组织部新来的青年人》两篇作品组织过读者讨论。意思也无非引导青年人多想想问题,关心一下正在前进的祖国所存在的疾病,共起疗治。不希望青年老是满足于坐在“糖罐子”(50年代对青少年生活的常用形容词)里吃糖而已。其实从今天看去,那意思还是很平实的,只不过把不同主张平等摆开讨论,而且实无惊人之论。但是不料刊物竟因此受到了上至毛主席的注意,说“北京发生了世界大战”,因为讨论了《组织部新来的青年人》。我们编辑部当时听了自然受宠若惊,怎么我们竟然有这么重要!自然十分兴奋。可是万没有想到,后来刊物实际即因此而关门。虽然没有正式宣布这个理由,没有说这个刊物是因犯错误关门的,但谁心里都知道。《组织部新来的青年人》作者王蒙,参加讨论的刘宾雁,编辑部内组织这次讨论的李兴华等都成了右派(王、刘不只因为此事,但此事显然引起了高级领导对他们的注意)。七位编委,三位成右派,编辑部内负责人我与黄秋耘受党内处分下放农村。其余老实些的并入了人民文学编辑部。这个颇受青年欢迎、销路达三十几万(在当时这可是了不起的数字)的刊物,在配合反右发表了许多批判和自我检讨文章之后,悄悄结束。连一份声明结束理由的终刊词也没有。——因为本来没有什么理由。

现在想起来,我们当时办刊物真是希望为青年做一点事。为了了解青年情况,我们在全国组织过通讯员网。为了联系群众,我们为北京通讯员举行过电影招待会。我们组织作家举办文学讲座,公开发票(不花钱的)。

除了文学,对美术作品我们也选登一些,也必请人写文章讲解这幅作品的精妙之处,想帮助读者提高一点艺术欣赏力。外国名画如“喂食”,中国画如齐白石的小鸡,都选过。还开过许多次读者座谈会。

这个学习刊物也发表青年的习作,有一个登习作的小栏目,发表完全没有名气的青年投稿者的短篇,加上评点。稍查了查在我们刊物上发过的习作,而现已成为作家的,有张天民、尚久骖、兰珊、郑秉谦、李幼容、刘饶民、宋汎、孙静轩、李学鳌等人。(邓友梅的《在悬崖上》和严阵、顾工的诗,也发于《文艺学习》,不过他们当时已在大刊物上发表作品,这些篇虽发于《文艺学习》,却不属于习作一类。)这些人,当然对刊物有感情。

我们兢兢业业,希望把刊物编好。几个主要负责人过去倒都是编过刊物的,而且在来此以前都已达到局级或处级。但这时候就像我们刚开始干工作一样,每期轮流自己跑到钱粮胡同的印刷二厂校对室看校样。逐页看,逐页签字付型,有问题当场解决。这样加快了印刷进程。我记得常常是由我、黄秋耘、王锡厚三个人挤公共汽车去。到午餐时候了,我们就跑到厂对门的东四人民市场后门小饭馆去随便吃一点。大夏天太热,厂里校对科把供应工人的防暑盐汽水,分给我们喝,我们跟校对科同志流水作业,大家干得乐此不疲。没人提到:"我本可以当作家写书(或提拔做更高职务),干这个妨碍我的前途。"

可尽管如此,这个渗进了我们心血的小小刊物还是毫无理由地被宣布结束了。最后结束的局面是很冷落难堪的。我记得自己当时一方面成天在作协召集的会上挨斗,另一方面还要我回编辑部来召集会议斗别人。这样的"一身而二任",实在太苦,既已无发言权,也没有心劲再坚持下去。在决定将刊物结束的时候,我一句话也没有说就接受了。在为解散而举行的告别茶话会上,大家强打精神,唱歌取笑。后来我大概喝多了酒,从开告别会的大编辑室退入旁边我自己的小办公室躺椅上,最后躺了一会儿,直想掉泪。

这个刊物的关门,使我好像目睹我的一个亲爱的朋友死亡。与过去离开别的刊物有些不同,想起来总感到心里不平静。

这一段不够史料的材料,说的是50年代一个并无特殊主张的文艺学习刊物的实况。别无用处,就算给现在的文学青年们增加一点感性知识吧。有用无用,听你们自己评定。

原载《文艺学习》1986年第1期

编辑的忏悔

韦君宜

卢梭的《忏悔录》,记录了他平生见不得人的事情,有损自己人格的事情。我想,我们中国知识分子,如果尽情去写,写写这些年都搞了些什么运动,写了些什么文章,那真要清夜扪心,不能入睡了。

1973 年,我离开了干校,回原单位,算是得到了真正的"解放",实则是回到了真正的囚笼,真正去做自己应当忏悔的事情去了。

我虽不再当领导,上有军宣队,却也算做了人民文学出版社领导小组的一员,管业务,就是管组稿出书。但是,这时哪里还有什么作家来写稿出书呢?有的进秦城监狱了,有的下干校了。要出书,就要靠"工农兵"。换句话说,靠不写书的人来写书。

我心中想定自己的原则,今后决不再发表只字作品。但是对于别人的作品,我却不得不管,无法逃脱。于是我开始一个一个地和这些作者接触。

这些作者,大部分是生平从未写过任何作品的人。往往是组织者接到党委指令,某某题材重要,于是便把这些人集中起来。这些人中具备一点写作能力的,有勉强拼凑完成任务的,有想学时髦写几句的,还有很想写自己的生活但是对于这生活没有认识的,或者自己的认识与领导上的意图完全两样的……而我这时的任务,就是把着他们的手,编出领导所需要的书来。

我记得第一条需要编进去的内容就是"以阶级斗争为纲"。这一条使得作者和我都动尽脑筋。有一本在当时销了好几十万的书,叫《千重浪》,故事原是写的"走资派"不准搞机械化,农民积极分子弄了些拖拉机零件来，自己制作了一台拖拉机。生活内容很少，也不大有现实性，但好歹也还算一件说得过去的事。但是，不行，要阶级斗争，那就得把意见不同的双方写成两个阶级，敌对阶级还要具体破坏，这就更难了。作者想出一个隐藏在地窖里多年的人，这是从报纸上抄录的。但是，还不行，如何破坏拖拉机？作者从没有见过。我这编辑的主要任务就是帮助作者把“作品”编圆。于是我带着作者跑到一个有拖拉机的农场里去，请拖拉机队长给我们讲破坏拖拉机的窍门儿，如是，就算我帮助作者深入了“生活”。

浩然的《金光大道》，是当时的范本，因为他能编得比较像个故事。其中必然有阶级斗争，又必须有故事，他就编了一个“范克明”，地主化装远出当炊事员，搞阶级破坏。自从他这一招问世，于是纷纷模仿，有男地主化装为女人的，有用烟头破坏自己的脸化装为麻子的，所谓“十八棵青松”都是如此栽成。几位作者听说阶级斗争要提得越高越好，不能只写些农村土地主，于是就提高到局长是混进革命队伍的坏人，又提高到“苏修”和国民党直接派进来的特务。既然一定要写这些东西，而作者对这些又实在毫无知识（不是说生活），于是要编辑帮忙。我实在无法，正赶上文化宫有公安局办的特务罪行展览会，我就出主意，带着二位作者参观。也真亏他们的脑筋灵，看了两回就有了故事，后来小说居然出来了。

我记得当时的大作家浩然，他那个《金光大道》的架子实际上是由编辑帮他搭的，先卖公粮，后合作化……前边我不清楚，到写第 2 卷时，我从干校奉命调回社来，接任责任编辑，管这部书的编辑组长，是由外单位调来没当过文学编辑的一位造反派，他看了稿子就说：“书中写的那个时候，正是抗美援朝呀！不写抗美援朝怎么成？”但这一段故事，实在与抗美援朝无干，作者只好收回稿子，还是把抗美援朝添了进去。那编辑组长再次提到，在四五页稿子上，每页均加上“抗美援朝”，又把小标题《堵挡》，改成颇有战斗性的《阻击》，把《让房》改为《让房破阴谋》。记得浩然苦笑着对我说："我不同意他这么改，没有别的意思，只是还想保护一点点我的艺术创作……这个人像念咒似的一句一个抗美援朝……"

有一本我奉派去延安组织插队青年写的，歌颂"第一号英雄人物"的小说。我物色到了两个下放插队的姑娘，文笔不错。"第一号英雄人物"选定为她们插队青年中一个挺泼辣能干的姑娘。第一稿，老实说是不错的。写这些青年想法儿改善那穷得要命的陕北农村，做种子改革实验，和不卫生的习惯斗争，自己冒险学做医生，救活农民的孩子……大概都是作者亲身经历的。糟糕就糟在那"以阶级斗争为纲"，要找出一个地主来做斗争对象。但是，陕北土改已经过去50年了，又是真刀真枪干的，不是和平土改，那时候人人知道的口号是肉体消灭地主。到了这时候，哪里还找得出地主？不是杀光也是死掉了。说陕北还有土地革命前遗留的地主，当地农民听了也会诧为奇谈。我主张可以写一个新生资产阶级分子，作为斗争对象，闹一次反贪污就完了（作者原来有写贪污案的意思）。但陕西文化局派来指导的同志认为，这样的阶级斗争还不尖锐，坚持用地主，于是把地主编成是从外地偷迁来的。最后要生死斗争，是地主开闸放水，女英雄拼死堵闸门。作者说："我从未见过这种水闸。"那位同志就领着作者去参观并讲解，最后这样照写了。年轻的女作者对我悄悄地说："我实在不愿意让我的女主人公去和那个老地主在水里肉搏一番，那成什么局面？怎么下笔……"我懂得她的意思，这不是叫她创作，这是侮辱她。干脆说，侮辱一个作者。但是在我们那天开会"集体创作"中还是通过了。我也屈从了。天，我干了什么事情！

到后来，看稿看得多了，渐成习惯。好似看那些诬陷别人的刀笔吏的讼状，知道它反正是假的。只有一点难过之处，就是我自己必须参加帮忙制造这种刀笔吏的讼状。这里面有些文章，说的那些罪状，好似过去我确曾见过的某些人的罪行，都是通告了的，罪大恶极，而实际上竟不是那么回事。

后来我想了很多很多忏悔的事情。我为什么抛弃了学业和舒适的生活来革命呢？是为了在革命队伍里可以做官发财吗？当然不是。是认为这里有真理，有可以救中国的真理！值得为此抛掉个人的一切。那么又为什么搞文学呢？自然也不是为了挣稿费或出名，是觉得文学可以反映我们这队伍里一切动人的、可歌可泣的生活，叫人不要忘记。但是现在我在干这些，在当编辑，编造这些谎话，诬陷我的同学、朋友和同志，以帮助作者胡说八道作为我的“任务”。我清夜扪心，能不惭愧、不忏悔吗？这一点自知之明，我早就有了。

“四人帮”垮台之后，我才忙着下令，让当时正在炮制中的这类“青松”式作品赶快停工。但是有许多部作品正在进行中，有的编辑单纯从业务出发，觉得半途丢掉太可惜，还有的已经改完了，发排了。为了这些事，我和一些同志争论过。同时，我尽力帮助一些好作品，反映真实的作品，能够出版，和读者见面，这实际上都是一种忏悔自己错误的行为。后来有的同志写文章，对于我这样当编辑颇有褒词。而我还能有别的改正自己罪过的做法吗？我有罪过，而且没别的改正的做法了。十年内乱，自己受的苦固然有，也应该把自己的忏悔拿出来给人看看，不必那么掩饰吧。我这么想的。

选自《思痛录》，北京十月文艺出版社 1998 年

我所认识的韦君宜同志

黄秋耘

我认识韦君宜同志，算来四十有七年了。然而，我还不敢说完

全了解她。

从头说起，那就得追溯到1935年“一二·九”运动时代。当时我们都在北平清华大学读书，我是国文系一年级学生，她是哲学系二年级学生，比我高一年级，是“老大姐”，其实她只比我年长一岁，我17，她18。我们同时参加了“一二·九”运动，同一年入党，同在一个支部里过组织生活。但我跟她并不太熟悉。她的同房王作民同学，经常因为民先队的工作要和我联系，有时我到女生宿舍静斋去找王作民，因此也就认识了韦君宜。我只知道这位戴着深度近视眼镜的“女学长”是个出色的“笔杆子”，静斋壁报刊登的一些锋芒毕露、痛斥国民党反动派的文章，大都出自她的手笔。她写得很快，下笔万言，倚马可待，当壁报主编的，谁都想抓到她的稿子，她几乎有求必应，而且往往当天就可以交卷。真是文如其人，她本人也是个急性子，说话好像放机关枪似的。据说有一次她骑自行车去办事，高速度横冲直撞，连人带车都闯进清华园的那条小河沟里。这件轶事在同学们中传为笑柄。

“七七”芦沟桥事变爆发后不久，北平就沦陷了。清华同志大都逃出北平，分散到各地去。从此我就没有再见过韦君宜，也很少听到她的消息。直到建国以后，1952年，有一次我和任以沛同志去团中央找我的入党介绍人何礼同志聊天，听何礼说，经常在《中国青年》上发表文章的那个韦君宜，就是当年我们的老同学魏蓁一，她现在是团中央宣传部副部长、《中国青年》的主编了。那天我们没有去找她，经过15年人事沧桑，我担心她根本不记得我了，假如还得请何礼出来介绍一番，这将会显得多么别扭。

真是有缘千里能相会。1954年秋天，邵荃麟同志把我从新华通讯社福建分社调到中国作家协会工作，路过杭州，荃麟同志告诉我，他想让我到新创办的《文艺学习》杂志工作。这个刊物已经出版四五期了，主编就是我的老同学韦君宜，他相信我们将会合作得很好。我听到后也对这个新的工作岗位比较满意，不管怎么说，韦君宜是老熟人，在我的印象中，她这个人很正直，很坦率，胸无城府，很好相处。关于她的性情急躁一些，那也没有什么，我倒是最讨厌跟那些拖拖拉拉的人共事的。何况领导班子中还有一位杜麦青，也是我的老熟人，过去在地下党的同一个党小组里过组织生活，他临事总是不慌不忙、心平气和的，为人又十分老实，大可以调和和缓冲一下。

想不到刚刚开始工作不久，我就跟韦君宜闹了几次小磨擦。记得有一篇谈论《红楼梦》的文章，用了“鹡鸰之悲”“棠棣之威”这两句成语，典故出自《诗经》，本来指的都是兄弟不和，但文章却在“棠棣之威”后面注上了“父亲对儿子不好”，这显然是错误的。我最后通读校样时就发现，但看到韦君宜已经在校样上签字付印，我就没有吭声了。刊物出版后，有些读者来信指出这一错误。在刊物检查会议上，我说这一处错误我在付印前就发现了。韦君宜很不高兴地质问我：“那么，你为什么不改正过来呢？”我说：“这份校样您已经签字付印了，我初来乍到，怎么好随便改动主编签过字的校样呢？”她听了马上就变了脸色，激动地说：“咱们是老同学了，多年不见，想不到你变得那么圆滑世故！”幸亏杜麦青在一旁急忙打圆场说：“秋耘，你就是不改正，至少也应当拿去问问君宜嘛！”我只好低头认错。还有一次，我写了一张便条给她，用“您”字称呼她，她马上拿来质问我这样写是什么意思。我说：“‘什么意思’？‘您’字是尊称，您是领导嘛。”她气得几乎说不出话来了：“你干吗要这样见外我，奚落我？我是领导，难道你就不是领导？我外行，你看不起我，就明说出来好了，用不着说话带刺！”现在事隔将近三十年，回想起这些往事，真是滑稽可笑，其实大家都是闹孩子脾气罢了。我这位“老大姐”啊，有她的严肃认真的一面，也有她的天真稚气的一面。

不过，时间过得长了，我逐渐发现韦君宜的文艺思想“正统”得惊人，跟我有点格格不入，她简直想拿编《中国青年》那一套来编《文艺学习》。有一次,我们谈起喜欢哪一位苏联作家的作品,我说我喜欢安东诺夫的,他那篇《雨》写得很美。她正儿巴经地对我说:“你应当更喜欢波列伏依,安东诺夫的‘小资’情调太浓厚了,波列伏依的《真正的人》、《斯大林时代的人》、《我们是苏维埃人》才是真正用共产主义精神教育人民的,不少领导同志都有这样的看法。”我没有跟她辩论,但心里颇不以为然,难道连喜欢哪一个作家都有那么多框框条条么?难道领导同志喜欢波列伏依,我就非喜欢他不可么?要知道,在50年代初期,大家认为每一个苏联作家都是革命的,不会有什么“修正主义分子”。

无论对于君宜还是对于我,1956年春夏之交都是一个痛苦的转折点。1956年4月下旬的一个下午,我们一起去听有关苏共二十大的传达报告。这次传达的内容涉及斯大林时代苏联肃反扩大化的许多内幕情况,都是我们从来没有听说过的。对于我们这两个有20年党龄的共产党员来说,这次传达简直赛似晴天霹雳,使我们失魂落魄,好像一下子给抽掉了精神支柱。当天晚上,我在君宜的家里谈到深夜,话题当然离不开这次传达的内容。她神色阴沉、眼睛直楞楞地望着我说:“秋耘,你能相信这一切都是真的么?”我强作镇定地回答道:“我相信这是真的,至少基本事实是真的,多可怕啊!幸亏咱们中国没有做这样的事。”她沉默不语,泪珠却在她那副厚厚的眼镜后面转悠着,我简直不敢正视她那充满着迷惘和忧郁神情的泪光。

此后,君宜在现实生活中又碰到不少惊心动魄的事情。例如有一位她所熟悉的青年干部,由于在政治运动中不肯违背良心编造假材料来“检举揭发”自己的同志,而被逼跳楼自杀了。诸如此类的悲剧使得她的思想受到极大的震动。打从那个时候开始,君宜仿佛变成了另一个人。她提出要在“青年知识”上面转载肖洛霍夫的《一个人的遭遇》,还发表了赞扬这篇小说的文章,又组织了对王蒙的《组织部新来的青年人》的讨论……这些不平凡的措施在一年以前简直是不可想像的。她的“非正统”思想一天天多起来了(用今天的话来说,应当是思想越来越解放了),连她的爱人杨述同志也在开玩笑,管她叫“哥穆尔卡同志”。她的“非正统”思想不但表现在编辑工作上,而且在创作上,一些“干预生活”、“为民请命”的作品也纷纷写出来了,例如那篇后来成为“众矢之的”的《乘公共汽车旅行记》,就是1957年上半年的产品。

反右派斗争一开始,君宜和我都被列为重点批判对象,那一阵子,真是“文章尔我各辛酸”。当然,我的错误比君宜严重得多,我的处境也比君宜艰辛得多,简直到了“右派”的边缘了。要是换了别人,大可以把《文艺学习》所犯的错误一古脑儿都推在我的身上,本来好些“馊主意”也都是我想出来的嘛。可是君宜并不那样做,她反而竭力替我辩护,甚至跑去跟一位领导同志痛哭流涕地说:“唉,要是黄秋耘要划为‘右派’,恐怕我也该划,我们的思想本来就差不多嘛!”这件事,她当然不会对我说。后来还是郭小川同志悄悄地告诉我的。小川还无限感慨地说:“秋耘,你真是得天独厚,有那么一位肝胆照人的道义之交!”

在反右派斗争后期,君宜也受到点处分(七九年已得到改正),但使她感到痛苦的并不是这个,而是为势所逼,错划了一些明明不该划的下级为“右派分子”,其中最突出的例子就是李兴华和杨觉。她时常为此耿耿于怀,把自己折磨得很苦。前年李兴华病逝以后,她写了一篇《一个普通人的启示》的悼文,作了深刻的自我解剖。她谴责自己当时不该盲从,以致造成悲剧。其实即使她不盲从,难道李兴华就能幸免么?在那个年代,倘若韦君宜拒绝把李兴华划为“右派”,自然会有人去划的,说不定把韦君宜也加上去呢!

到了60年代初期,我们都已经调到不同的单位工作了,但彼此还不时有些来往。我自己不争气,五七年大难不死,还是不肯接受教训,慢慢又故态复萌,不断地捅娄子,什么“中间人物”啊,“杜

韦君宜(右一)与同仁讨论出版社工作

子美还家"啊,"鲁亮侪摘印"啊,一次比一次更加"肆无忌惮"。到了1964年,终于又受到雷霆万钧般的批判了。每一次见面,君宜总是语重心长地劝诫我,有时甚至"垂涕泣而道之",仿佛她这个"老大姐",有责任来管教一下我这个既不懂事又不听话的小弟弟似的。我当然很感动,痛恨自己冥顽不灵,屡教不改,害得"老大姐"替我担心。不过,有时候也禁不住会这样想,你还不是也有跟我差不多的想法,只差没有说出来、没有写下来就是了。

在十年动乱期间,所有朋友的消息全都断绝了,君宜自然也不例外。后来才听说她也按照全国一致的对待"走资派"的规格,被批斗、被示众、被隔离审查……经历了九九八十一难。幸而平时她在本单位人缘很好,和平接物,忠厚待人,因此在一定程度上受到革命群众的"宽待","解放"得也比较早;但她的爱人杨述同志却被打得遍体鳞伤,肋骨折断,心脏受到严重损害,终于无法康复。她的次子在学校里被当作"狗崽子"看待,被侮辱,被殴打,以致被逼得精神失常,至今还不能正常工作。这一切苦难,她都以坚强的意志熬过来了。

1973年君宜从干校回到北京，马上就一心扑在工作上面。当时她的生活还是相当困苦的，一家五口住在永定门外郊区两间仅堪容膝的破房子里，她每天要换三趟公共汽车，历时一个多钟头才能上班下班。杨述同志实际上已经病重得不能自理生活了，君宜一边要完成繁忙的编辑任务，一边还得耐心地照料着他、护理着他，毫无怨言。1980年杨述同志突然逝世，她含着眼泪写下了《当代人的悲剧》、《蜡炬成灰》这两篇令人禁不住要同声一哭的悼文。但揩干了眼泪，她又全心全意投入工作了。她咬紧牙关，勤奋地干着日常的编辑工作，还竭尽所能地帮助别人。她有一种特性，总是爱给别人打抱不平，不但对于文艺界的中青年一代作家，就是对于素昧平生，毫不相干的人也并不例外。

更为难能可贵的是，她的创作又似乎比过去还要旺盛得多。这两年，先后出版了短篇小说集《女人集》、《老干部别传》、散文集《似水流年》，不久以前又发表了脍炙人口、得到广泛好评的中篇小说《洗礼》（获中国作家协会第二届全国优秀中篇小说奖），和若干篇中、短篇小说和散文。翻阅全国文艺刊物，几乎每个月都可以读到君宜的一两篇新作。现在她又正着手创作一部长篇小说，已经完成了十多万字初稿。一个65岁的老年人，担负着繁重的行政工作（她还担任着人民文学出版社社长职务），同时还能够在文学创作上获得那样大的丰收，这不仅由于她有过人的精力和丰富的生活积累，更重要的，还是由于她对革命文学事业始终抱着鞠躬尽瘁的忠贞和生死不渝的使命感。我心折君宜的文学才能，但是更敬重她的为人。没有崇高的人格和纯洁的心灵，就没有真正的艺术，古今中外，概莫能外。文以人传，我以为是理当如此的。当然，传的因素，不是决定于作者的地位，而是决定于作者的人格和心灵。

“老当益壮，宁移白首之心；穷且益坚，不坠青云之志。”我愿以此语与君宜共勉。我们都是接近暮年的人了，但愿到了我们告辞人世的那一天，能够问心无愧地闭上眼睛。

原载《文艺报》1983 年第 5 期

耕云播雨四十春*

——韦君宜畅谈编辑的素质、修养、职责和作风

何启治

在编辑工作岗位上，人民文学出版社的总编辑韦君宜同志已经度过了 40 个春秋。积 40 年之经验，她对于怎样才是一个好编辑，对于一个编辑的素质、修养、职责和作风等等，都有些什么宝贵的见解呢？带着这些问题，我两度去拜访了她。

她的家是一排老式的旧平房。我们谈话的房间大约有十五六平方米，木地板，后墙镶有装饰性的花格木板壁，朝阳的一面镶着大玻璃；窗台上，快要绽开花蕾的水仙和几盆常绿的花草，显示着顽强的生命力。这房子就像它的主人那样，既颇有资历，又富有朝气。我和君宜同志对坐在办公桌旁的两张旧藤椅上，聊天似地谈起来。

被同志们亲切地称之为“韦老太”的韦君宜同志，其实并不是生来就喜欢编辑工作的，她原先并没有当一辈子编辑的兴趣和愿望。我们的谈话一开始，她就直率地向我讲了自己走上编辑工作岗位的经过。

1938 年年底，正当民族危机深重的时候，年仅 22 岁的韦君宜从武汉辗转来到延安。那时，她本想和当时许多人一样，不是到

---

* 此文刊发前经韦君宜同志过目并改定。

"陕公"(陕北公学),就是去"抗大"(中国人民抗日军事政治大学)。没想到,中央青委第二书记胡乔木却亲自到招待所的窑洞来找她,说她是老民先队员,青年工作做久了,笔杆子也可以,而现在《中国青年》又很需要人,希望她去当编辑。

一当上编辑就脱不开身了。没过多久,她被分配到前方,去晋西北做《中国青年》晋西版编辑,然后又返回延安,在《中国青年》社当编辑。这以后,还曾在晋西北解放区和陕甘宁边区绥德分区当过中学教师,在中央党校工作过一段时间,在地方上还编过小报《抗战报》,然后又回延安,在新华广播电台当编辑。1947 年党中央撤离延安时,随中央机关到达晋察冀解放区。其后曾参加土改工作团。对于自己的职业,她此时确曾一度动摇——她已在业余写了短篇小说《三个朋友》等作品,很想继续写下去。可是,全国解放前夕,她一回到河北平山县中央机关,就立即被动员去参加《中国青年》的复刊筹备工作。那时,杨述是《中国青年》总编辑,她当助手。1949 年进北京后,杨述当了青年团中央宣传部长,她就接任《中国青年》总编辑。其时,她只有 31 岁。

1953 年在韦君宜同志的人生征途中,是一个重要的年头。这时,中央组织部提出团中央应该更新换代,年纪大的可输送给党。她就是当年的输送对象。谈到这里,她不禁发出了爽朗的笑声,说:"那时可不像现在,五十六岁甚至七老八十才算年纪大。我从团中央出来时才 35 岁,就算大了。"

输送到哪里去呢?原来,是要送她到哪一个工学院去当党的领导干部。她有点慌了,赶快给胡乔木同志写了封恳切的信。大意是说,自己念中学时化学就不及格,现在完全是个业务外行,去工学院当领导怎么行?!自己比较喜欢文学,希望乔木同志从中为力,另外安排合适一些的工作。

结果分配到全国作协。没想到,到了作家协会以后,二话没说,又要她主持《文艺学习》的编辑工作。然后,1958 年下放到河北怀来农村，和别人合编了散文特写集《故乡和亲人》；1959 年到二七机车厂，又参加了工厂史《北方的红星》的编写工作。1960 年调到作家出版社当总编辑，1961 年又合并到人民文学出版社，直到今天。

从 1939 年到现在，君宜同志除了在边区当过三年中学教员，在党校工作过年把，就一直没有离开过编辑工作。如果说远一点，则早在北京地下党参加妇救会党组的时候，她就编过《北京妇女》；在清华大学，当左派把《清华周刊》这个宣传阵地夺到手之后，她也当过周刊哲学专栏的编辑。这样，如果我们把编辑工作比作在文化出版园地上的辛勤耕作，那么，韦君宜同志就是在这片广阔的园地上耕云播雨，卓有成绩的老园丁了。

这样的老园丁、老编辑，有些什么经验之谈呢？

要当个好编辑，就不要去谋官位

谈起编辑工作，君宜同志颇有感触地回顾说："我在延安新华广播电台当编辑时，才二十几岁。有一次，我和杨述去看那时在毛主席那里当秘书的胡乔木。他对我们说，你要当编辑，就别想着要提拔，要做官，别考虑这个！当编辑还能提拔做什么呢？现在是编辑，再提拔不过是总编辑。当了总编辑再往哪里提？提不上去了。再提就只能脱离编辑工作了。所以，想做官就不要当编辑；想当个好编辑就不要去谋官位，不能成官迷。从编辑提成编辑室主任，再提做总编辑，顶多提两级，还能往哪儿提？再提上去你就不是编辑了。他的话很有道理，不能考虑当官、往上提这些个人名位的东西。"

接着，她还坦率地以自己为例说："比如我，假如想做官，我是要后悔的；因为，我的很多同学早已做了官，我要做个像点样子的官大概也不会太困难。可是我觉得，编辑工作既然是很有意义的革命工作之一，就要安心去做。而要做出成绩来，固然要认真地读书，刻苦地学习，勤奋地练笔，但是还要特别强调这点道德修养。”她恳切地指出：“编辑道德是很重要的。你没有这点思想根底，你就学不了，学不会。”她笑着说：“你成天惦着是提拔他还是提拔我，那就不灵啰。某人提级了，某人当什么长了，你成天惦着这个就没办法。还是不去考虑这些吧，使自己心胸开阔一点是很重要的。”

她深有感触地说：“当编辑反正不能偷懒，白天晚上都得看稿子，这的确是非常辛苦的职业。图名图利，什么也图不上。但是，现在确实也有人想拿当编辑作为爬上去的桥梁，比如当作家。要不然他上不去。当了某出版社、某刊物的编辑，好像就可以办到这一点，就可以利用职权把自己的作品不断地送往别的出版社或在自己出版社里出版。像这样的人，我觉得第一不是好编辑，第二这样的编辑也当不长，他坐不住，也受不了这个苦。”她进一步指出：“名和利你不能考虑。现在作品出了名是作家的，作品有什么错误你做编辑的可跑不了。”她还以自己为例，说明编辑有时为作品背黑锅是难免的事。因此，想当好编辑不仅不能图个人的什么，还得冷静地、实事求是地对待可能受到的委屈。

要当耳目灵通的社会活动家

讲到这个话题，君宜同志脱口就说：“当编辑是要有许多学问的。不管当哪一行的编辑，重要的一条是耳目灵通。书呆子是当不好编辑的。编辑应当是社会活动家。”

她指出，搞新华社的工作，固然随时要了解国内外不断变化、发展着的情况；搞文艺，也需要了解文艺方面的消息、情况和形势；办青年报刊，同样需要及时了解和考虑青年的思想动向。

她回顾说，她编《文艺学习》，开始就是书呆子的编法。反正青年需要文学知识，她就给灌，就给教。但后来觉得，既然是文艺青年的刊物，就应该知道文艺青年关心什么，议论什么；钻不到他们心里去，刊物是办不好的。谈到这里，她以调侃的语气说："可是也有搞砸了锅的时候。我们后来发动了关于《组织部新来的青年人》的讨论，影响很大，也就是造成了很大'恶果'的那场讨论。王蒙那时是东四团区委的，我和团的系统本有联系，知道团内有争论，于是抓起来就讨论。万万没想到会引起那么大的风波！"

她又说，在办《中国青年》的时候，建立了这样的传统，就是凡要提倡什么或讨论什么问题，总要先派人去调查，开座谈会，然后再写文章。她举例说，土改后不久，《中国青年》就发动过"郑辉人如何对待他的地主家庭"的讨论。"郑辉人"这个人名是编的，信是编辑部根据大量调查材料自己写的，这样把情况概括起来，就有针对性地深入展开了一场有广泛影响的讨论。她高兴地说："最近《中国青年》发起'人生的路为什么越走越窄'的讨论，看来老传统还在起作用。你就是得到群众中去吸取营养，知道他们想什么，关心什么，这样才能给群众解决点问题，刊物也才能办得活泼。"

办报刊如此，到了出版社，一个人抱着几十万字的稿子一时半刻看不出来，还要不要耳目灵通呢？君宜同志明确地回答，还是要耳目灵通。她指出，这不等同于过去的所谓"政治把关"。你知道一点当前的政治形势和文艺界的情况，对你订计划，看稿子，出书，肯定有很大的用处。鉴于不少编辑对此往往并不关心，她说："我不赞成这种态度。到出版社以后，我就强调开编辑月会，传达文件，介绍、交流情况，通气。你向作家组稿不能光要他给写稿子，这样谈不起来，没有共同语言，组稿的任务也完成不好。因此，不但要知道上级指示精神，最好是常到群众中去跑跑；不但和作家交朋友，最好还要和读者交朋友。"

不学习万万不行

一个编辑,应该有什么样的修养呢?君宜同志认为,除了编辑道德上的修养,自然还要有文化知识的修养和积累。她说:“学习是极其必要的,不学习万万不行。我们有的编辑整天忙得要死,不读书,有的甚至自满自足,觉得很够了,其实是差得远。我也常感到来不及读书了,但还是时刻觉得书是非读不可。文字也得经常练习,一点不能马虎。读书,练笔,必须经常做。”

读什么呢?她认为,编辑就得是个杂家,什么书都得读,一切书,中外古今什么都得读一点。你很难预料编辑工作中会碰到什么问题,所以读书要广泛。她回顾《文艺学习》发表的《文艺青年必读书目》说:“那是当时作协党组讨论认为要这么搞的,由林默涵同志起草。我拿到手一看,许多书我也没有读过。我当主编,让人家读自己不读怎么行!我就挤时间一本一本地看,晚上回家就念书,看一本圈掉一本。这样,除了当时没译全的如《悲惨世界》,我终于通通读下来了。否则,我和作家就没有共同语言。同时,邵荃麟同志也告诉我要关心各种流派,如苏联的安东诺夫、西蒙诺夫等等,都要注意。”

为什么当个编辑还要练笔呢?君宜同志说,当编辑,尤其是编《文艺学习》时,接触的多是年轻的作者,光靠嘴巴说要这么写,那么写,而自己一个字不写,那样下去是不行的。她坦率地说:“我觉得要在作家、读者中有点发言权,就需要自己也写一点东西。自己写一点才知道作家的甘苦,知道作品怎么不容易形成。搞创作,并不是张三要捏扁了就扁,李四要捏圆了就圆。你自己写一写就懂得这么个道理,就有这么个好处。”说到这里,她强调指出,练笔的基本目的是为了更有利于做好编辑工作,当然不应该妨碍编辑做好本职工作。

谈论起练笔,使她回忆起这样一件往事:在 1949 年进城前几个月,一天她到胡乔木同志那里去,遇见他正在面对面地阅改一位报纸总编辑写的文章。这使她十分感动。她说:“在我眼里,他们都是老前辈了。可是,他却是那么认真,一个字、一个标点地抠,对语句文法不通、欠妥的地方一点也不放松。相比之下,我们在练笔方面还努力得多么不够啊!”

公平正直地看待来稿

关于编辑的职责,君宜同志认为,首先必须很细心地看稿子。而看稿子,却有个态度问题。

她介绍了最近在西安一次编辑座谈会上听到许多编辑诉苦的情况,无非是挨骂,什么“交换文学”啦,“眼里只看着大作家”啦,等等。对此,她严肃地说:“不管人家骂的是真是假,我觉得我们当编辑的人,必须公平正直。就是一个小小的编辑,不过你这一关,任何人的稿子,包括什么大作家的稿子,也没法问世。因此,这个权力不能忽视。”她打个比方说:“当县官是为民之父母,我们不是为民父母,却是稿子的父母。面对稿子,就得抱着公平正直的态度,决不能说某人和我关系不错,我得稍微照顾一点;或者想,某人我得罪了可不好办,将就一点吧。”她不客气地指出,有的刊物简直办得和同人刊物差不多,这太不好了。

针对有的刊物以吸引、培养青年当作家为己任的情况,她说:“文学的任务好像不是这样的。我们不能打包票,对外宣称我要保证你成为作家。文学的任务并不是要产生更多的作家,文学的任务是满足人民精神生活的需要。能产生更多的作家当然是好事,但是第一位的任务并不是因为中国知名的青年作家太少,我们要多多地产生知名的青年作家。”

因此,她强调说:“我觉得,能否公平正直地看待所有的稿件,也是一个非常重要的编辑道德问题。你身为编辑,任务是满足人民精神生活的需要,可你自己的精神境界就非常低下,那怎么行?如果有人骂,那就骂得应该!”

那么,是不是对每一篇来稿都必须一字不差地看完,才算公正呢?她认为,那倒不一定。她说:“常常有那样的稿子,你看上几页就可以肯定不能用。我并不需要把你50万字的稿子全给看完才知道你的稿子要不要得。根本上还是要看你对稿子的判断准不准,退得对不对。”

由此,我们又进一步谈到了这样一种情况:许多投稿者很希望编辑像当老师改作文似的多给他一些帮助,多提一点意见,有的编辑也只好这么做,结果弄得写不完的意见,搞得稿子积压了一大堆不能及时处理。君宜同志认为,说到底,当编辑并不是来办一个辅导学校。她明确地表示:“这做不到,当编辑并不是要把投稿者一个一个辅导成为作家。我们的主要任务是办好刊物,或者办好我们的出版社。当然,我们应该花一些功夫,去帮助那些确实有希望的青年作者。但是,不能对一切投稿者都进行这样的帮助,这是办不到的。”

谈到这里,她颇为感慨地介绍了自己最近无端挨骂的一个例子。原来,她最近收到一封信,毫无来由地把她骂了一顿。那信是这么说的:“我这信送到你的手里,我相信你是不会看的,你不过是把它扔到字纸篓里。”又说:“像我这样的小人物,哪里值得你大作家、大总编辑一顾。”后面还说:“你们这些人,何必一天到晚宣传鲁迅呢?你们宣传鲁迅怎样帮助青年作家,而自己又说忙呀,忙呀,忙呀,没有工夫来理睬我们。你们宣传鲁迅岂不是骗人吗?”

君宜同志笑了笑说:“我回了他一封信。我说我与你素不相识,你骂我一顿不知是何道理。再则,你关于鲁迅的意见我也不能同意。鲁迅当时给回信的,是些什么人呢?是在黑暗的中国许多向往革命的文学青年。对这样的青年,鲁迅是一个都不放过的。

他不仅是为了文学，也是为了革命。鲁迅也不是办一个文学辅导学校，不管你什么人写了不通的作文送给他，他都给一一批改，告诉你怎么写小说，教给你作文的秘诀。鲁迅是向来反对这么做的。鲁迅如果收到你们这样的来信、来稿，大概也不会看的。何况，现在我们来信来稿的数量和鲁迅那时比，百倍恐怕都不止。如果现在有一个作家像你说的那样，对一切来信来稿都看，对写上自己名字的来信来稿都看，那他就任何别的工作都不用做了。”

当我问及对她这封回信的反应时，她说：“今天收到一封信，好像就是这个人的回信。他是北京一个大学的学生，回信说你批评我，我很高兴，非常满意。我就怕你不理我。”她接着说：“我看这大概是总想引起编辑的注意，想来想去想了这么一招——找这么一个编辑骂一顿，把你惹火了，那么你就得注意我。不然何必这么说。”

聊到这里，君宜同志沉吟了片刻，恳切地说：“我是把一些稿子认真地看了的。但那首先是我打开一看，有些苗头，觉得值得看下去，这才看的。看几页觉得值得看，才坚决把它看下去的。”所以，她很希望众多的投稿者不要都把稿子寄给她，还是把稿子直接寄给编辑部。否则，过多的干扰会影响她的工作和写作。实际上任何个人也对付不了这么多稿子，徒然增加转交给编辑部的麻烦而已。我想，这点苦衷，热心的投稿者们是理应明白并且谅解的。

不赶时髦、不跟风看稿

我们的谈话渐渐深入到编辑工作态度的另一个问题，君宜同志认为，作为一个编辑，决不能赶时髦，不能跟风看稿和决定稿件的取舍。

她明确地指出，在实际工作中，这一段实行这个，另一段实行那个，是难以完全避免的。但生活和艺术总有客观的标准，你既然是编辑,这一点应该能掌握。她针对眼下的一些时尚说:"你可不能赶时髦。存在主义啦,什么主义啦,看到作品连一定的时间环境都没讲清楚,有点朦朦胧胧、奇奇怪怪的,心想就是什么主义吧,就给用上了。这可不行。"

她直率地指出:"有的年轻作者是很容易赶时髦的,有人还会说我不赶时髦你们不登哪。其实,有的年轻作者自己不见得真给生活中的什么事情感动了,他就是为了发表,你当编辑的可不能上当。你不能看现在的青年读者大概喜欢什么,我就赶紧给他什么。可不能这么干。当编辑的一定要头脑清醒。"

在谈到关于鉴别稿件的好坏优劣,是编辑的职责之一的问题时,君宜同志说:"鉴别稿件的优劣,并不是一件太难的事。我们当编辑的往往是作品的第一个读者,也是第一个评论者。尽管我们的评论是不发表的,但总得对作品行不行这个问题评论评论。普通读者都能知道作品的好坏,当编辑的还分不出作品的好坏,这大概还不至于。问题是分出好坏来之后,你能不能按照客观的标准来正确决定稿件的取舍。"

她举例说:"像《醉入花丛》那样的东西,任何有一点编辑基本常识的人,我想也不会发这样的作品,他却发了。这大概不是由于他丧失了美感,总是另有原因。也许是想引起轰动,也许是觉得这是当时的风气——也可能他从哪里得风气之先,以为最惨、最惊人的东西就好!这不仅是跟风、追风,而且是在创造一种什么风。这就不像是编辑的艺术鉴赏能力太低所致。"所以,她认为这还是牵涉到编辑的工作态度问题,即是否公平正直的问题。

当好参谋、"理发匠"

对一个编辑来说,如果说判断作品的优劣还不算太难的话,那末要中肯地指出作品的具体问题、缺点,给作者提出恰当的修改意见，帮他把作品改得好一点，提高一步，那可就要看编辑的水平和功力了。

关于这一点，君宜同志认为，对于有希望的稿件，编辑应该尽到自己的责任。在认真看稿的基础上，从挑小毛病到提出大问题，包括作品的人物等等，都要帮助作者好好想一想。比方说什么人物是该发展而没有发展的，哪里是应该含蓄而没有做到含蓄的，都要替作家设身处地想出点好主意来。不要光指责他这不行，那不行，他也没辙了。对那些有一定才能而又有生活积累的作家，只要他能接受你的好意见，就能发挥得很好。你一看他生活底子好而作品结构差，来个简单退稿，那也许这个作家从此就被你埋没了。所以，君宜同志强调指出："当编辑最好给人家当好参谋。别出馊主意，如叫他增加路线斗争、阶级斗争等等，人家没有这些，你硬要塞进去就糟了。"

至于如何对待大量一般来稿的问题，君宜同志不赞成那种所谓"处理烂稿子的通行办法"。她严肃地说："不能抓一把，瞧一瞧，甚至翻都不翻就退稿，或者看那字迹难看就不看。决不能那样做。"她认为，对来稿无论如何不能拿来就扔，人家写那几万字很不容易。自然，也有的稿子实在不知说的什么，题目也不通，信也写不通，像这样达不到基本水平的稿子，那只好不看就把它送走。但除了这种情况之外，她认为编辑应该有这样的修养，看到那稿子有点苗头，就认真地看下去。她指出，看稿子要有耐心，因为确实也有前头写得不怎么样，而后面硬是不错的。她举例说："有的人不会开头，我最近推荐给《当代》的就有这么一篇。作者是我素不相识的北大的一个女学生，她投稿寄给我了。我一看开头的风景描写，腻味了。那风景写得也还像，只是小说不一定需要。但看下去，后面相当不错，真不错。所以你得有这个耐心。"

那么，文字加工该怎么做呢？

她认为："当编辑不是当老师，替小学生改作文本子——那样谁也办不到，何况作家也不服。但文字修理工作确是必要的，不过我们只是‘理发匠’。文字是他的，风格是他的，不能把编辑的风格塞给他。你只是帮他修饰修饰，从个别错字，直到标点，文字欠顺之处给顺一顺，太啰嗦的地方删去一点。不能太过分地大删大砍。”他指出，像《高玉宝》、《把一切献给党》等这类较好的书，固然作者是主要的，但是编辑也是花了很大力气的。

对于那种对作家的稿子只字不改照样发排的做法，韦君宜同志是很不以为然的。因为稿子的修改，既牵涉到技术上和艺术上的问题，也牵涉到思想内容上的问题，编辑是有责任慎重处理的。她以自己为例说，她的中篇小说《洗礼》，给了《当代》。几个人看过了，主编秦兆阳亲自提了意见，她作了大修改；到了已经发排的程度了，责任编辑贺嘉又提出一些意见，她又作了修改。她很赞赏这位责编认真负责的工作态度。她诚恳地说：“作为作者，不管你是总编辑的意见，还是一般编辑的意见，都应该虚心考虑。不要怕人家提意见。”她认为，有的编辑对稿子一点意见也不提就发排，是书刊容易出错的原因之一。她说：“稿子总是难免有毛病的。当编辑的应该负一点责任，指出毛病，提出意见，跟人家好好谈一谈，认真研究一下。就是当个‘理发匠’吧，能把头发理得光洁一点，去掉那些本可以没有的毛病，你也是帮助了作家。——自然，如果他的作品确实没有毛病，那当然更好。”

注目新人，不盲目崇拜名人

谈到如何正确对待作者这个话题，君宜同志禁不住有点激动起来。她说最近出去组稿，听到对于编辑的很多难听的话。有的业余作者说编辑只重视名人，不重视业余作者，说他们的稿子一辈子也发不了。还有人举了例子，左手两瓶酒，右手烧鸡、点心……要送礼才肯登。再一种是“交换文学”，互相交换，根本不提拔新生力量……君宜同志激动地说:“这种大骂,使我很难忍受。我说靠送礼登稿子是个别的。我还举了例子——眼下的许多名作家,三年前有谁知道?难道不是编辑部发现,而是靠送礼出名的吗!我最后干脆拍板,对他们说,谁有杰作而受压的,请当面交来或送到旅馆,我一定好好给看。”她笑着说:“靠受贿,你这刊物、你这出版社怎么办得好哟,非关门不可!”说到这里,她明确表示:她不相信有多少编辑是靠受贿来发表作品的。也许有,决不会多。要有了,那是败类,这样的败类应该从编辑队伍中赶出去!

那么,问题在哪里呢?她说,一方面是确实有人缺乏自知之明,而另一方面盲目地崇拜名人的编辑恐怕还是相当多的。她指出:这种编辑作风实在要不得,必须改变。要不然,新生力量是很难出来的。而培养青年,这也是我们的任务,不管他将来是不是一定能成为作家——那还需要取决于许多别的因素。

对于目前创作界的实际情况,韦君宜同志作了这样中肯的分析:现在是中年作家时兴的时候。中年作家的稿子大家抢着要,真正的业余作者往往冒不出来,老作家的稿子也很少有人欢迎。两头不行,中间行。所以,她说,眼下说的“名人”,还不是文学史上的那个“名”,而是目前谁时兴,就找谁。几位中年的得奖作家,现在正是最红的时候,几百家刊物和出版社都找他们。人忙得一塌糊涂,就难以保证质量了。这个做法实在不太好。

谈到这里,君宜同志那近视眼镜的后面好像闪烁着一种深沉的光。她感慨地说:“我们发现一个作者很不容易啊。发现了一个作者,你应该好好培植他。现在有的刊物几乎没有发现什么新的作者,却专找知名人士,有的作品很不高明也照登。每当一个刊物发现了新作者,就赶紧一拥而上去抢,我觉得这样的编辑作风是很不好的。发现作者是大家的任务。”

韦君宜同志认为,对已经成名的作家,不但不应该这么一拥而上,而且也不能过于客气。谈到这里,我们讲起最近《当代》编辑部发生的一件怪事：有一个人假冒高晓声的名义，以“江苏文联转”为寄出地址，给《当代》投来一篇短篇小说。编辑部经和高晓声联系，才知道并不是他写的。君宜同志激动地说：“这件事应该引起警惕，我已写了一篇文章给《人民日报》，叫《高晓声双包案》（按，已发表在1982年1月17日《人民日报》‘文化生活’栏）。名是真高晓声的，一旦发表稿费也是真高晓声的，投稿人图什么？他还不是想在文章发表以后跳出来说这是我写的，可不是那个已成名的高晓声写的，让编辑部出洋相。这是深深值得我们的编辑警惕的，不改变盲目崇拜名家的作风不得了！当然，高晓声不会写出冒名者那样的文章来；如果写出来，也就不成其为高晓声了。问题在于，在我们的编辑部，经常能听到这样的议论，说这稿子如果是业余作者的，早不能登了，只因为是名家写的，我们没法不登。这说明，我们的编辑不是没有鉴别能力，而是思想作风有问题。这样的作风一定要改。”有人担心，公开发表《高晓声双包案》这篇文章，某些业余作者可能群起效尤。她笑了笑，斩钉截铁地说：“这事必须认真处理。除非我们眼睛真瞎，否则怕什么！不管他用什么名义寄来的稿子，如果写的根本不行，就照退；如在可用可不用之间，就和这位知名作家联系一下，商议修改；如果确实写得很好，那就照登好了。”

君宜同志很恳切地说：“我们不但要坚持看作品不看人的原则，而且要鼓励作家不要怕退稿。有人认为，我已经成名了，所以你退稿是对我极大的羞辱，我就受不了啦，就对你发脾气啦，以后我和你这个刊物就绝交，不理你啦。这不是好的作风，但很遗憾却真有其事。有的作家还不是被退稿，只是给他提了点修改意见，他就生气不干了。这样真不好。”

这时，我们回忆起文学出版社在“文化大革命”前的一场争论。那时，有人力主不能改作家的文章，叫作“文章千古事，得失寸心知”，因而不能变动只字。君宜同志认为，帮助作家修改好作品，应该是编辑的重要职责之一;作家对编辑部的意见,也理应认真地考虑。她以自己为例说:“如果有些词句我是用了心的,编辑删掉或者改成流行语言,我也很不满意,看校样的时候就改回来。但是,凡是好的意见,提得中肯的,我就一定接受。认为别人对自己的作品有意见就是羞辱,这种心理状态必须改变!最近,我听说蒋子龙那个中篇小说《赤橙黄绿青蓝紫》,原是某文艺月刊不敢发而退了的稿子,我们《当代》看后觉得苗头还好,后来提了意见请他改。退改后效果很好,作品确实提高了。这是好事。编辑所起的作用就在这里。”

那么,老作家的情况又如何呢?她说,有的老作家对编辑盲目崇拜时兴的名家也有意见。君宜同志批评说:“那恐怕也包括我们编辑部喽。这样不好。不一定非逼着七八十岁的老头老太太写出小说来,写点史料也可以嘛,零碎的散文也可以瞧瞧,对他们过去站得住的作品评论评论,介绍一下他的创作特色也好。不然,使老作家感到很冷落,也不合适。”她指出,当编辑的眼光就得要看得宽一点,就得眼观六路,耳听八方。你是哪个省的,就得把全省的老少作家都得看着点。我们出版社和《当代》是全国性的,担负的责任当然就更大一点。真要忙不过来,哪怕写封信也好。她说:“我今天就给萧三写了封信。老头嗓子都说不出话来了,你再叫他写新作实在难。但他老人家还关心某一本书的出版,这也是难得的。我赶紧写了封信,把这本书叫人送去。应该如此。”

胆识、预见和决断

文学作品要准确、深刻地反映生活,不光靠作家的胆识和勇气,也需要编辑有这样的胆识和勇气。谈到这个问题,韦君宜同志首先想到的例子就是莫应丰写的长篇小说《将军吟》。她说,这篇小说是人家写得好,我们的问题是敢不敢出,怎么出。这事发生在三中全会之前，君宜同志跑到湖南去组稿，不相识的莫应丰找上门来，讲他的生平，讲他“文化大革命”中在部队见到的一些十分可怕、十分可气的事。后来他躲在文家市冒着风险写了两部稿子，在箱子里压了两年，现在才拿出来，这就是后来出书时定名为《将军吟》的长篇小说。这在全国还是头一部正面写“文化大革命”的长篇，问君宜同志敢不敢要？她说：“我当即表示，你给我带回去看看吧。带回来给龙世辉看了。老龙也说小说写得好，就是全盘否定‘文化大革命’，究竟出不出？那时候，社里有人反对《铺花的歧路》。老龙说，《将军吟》与《铺花的歧路》可不同。那只写到一个女学生打死一个女教师，这比那个可厉害多啦，这关系多大呀！他的意思我明白了，意思是稿子好，就看敢不敢出。我说，既然确是好作品，咱们就出。至于你说那风险我也知道，最成问题的就是牵涉到毛主席他老人家，作品里有些不恰当的描写。我说，这些描写咱们把它稍稍去掉一点，改一改，别的照样出。于是就把作者请来，改成现在的样子，终于出来了，也没事。”

和《将军吟》类似的例子还很多。如《生活的路》、《冬》、《铺花的歧路》这些中长篇小说，现在看来很普通了，但当时社内却争论得很热闹，议论纷纷。韦君宜同志说：“当时我是坚持要出的，但我的威信不够，我就把这三部小说都搞了故事梗概，亲自送去请茅公看。茅公都肯定了，说好，这才出版了。”

对于优秀的文艺作品要敢于支持，那么对有错误的文艺作品，一个编辑应该怎样坚持实事求是的态度呢？谈到这个话题，君宜同志想到了“四人帮”猖獗时出过一部描写所谓“教育革命”的长篇小说。这本来是随大流的作品，教育思想当然不对，但想不到粉碎“四人帮”后却担了很大的罪名，以“反党反社会主义”的通栏标题在报上公开批判，作者也被隔离审查了。君宜同志生气地说：“这实在太不公平。作者原来写的中学校长是个忠厚长者，只不过教育思想上不重视劳动，后来是编辑部要他改写成‘走资派’。他虽然这样做了，改了，但那还是个勤勤恳恳、好好工作的‘走资派’。这作品无非是教育思想错了，不能说就是敌对的。那时候要出书也只能这样。当时我还曾给我妹妹魏连一看过。她是北京著名的铁二中的校长，搞中学教育也算专家了。她看后笑了笑说：‘现在没办法，现在谁还能提倡读书，只能这么写吧。’她对小说作者是抱原谅的态度。可是作者却不能得到当地有关领导的宽恕。我们写信，当面提意见，说作者没这么坏，是否可网开一面？可他们说他还有别的‘反革命言论’呢，就是不行。实在没办法，我只好让人搞个简报，我亲自修改；怕中央看不到，又写信给《人民日报》的负责同志，请他们把我们的简报登到《人民日报》的简报上去，好让中央领导能看到。最后总算好，耀邦同志看到了，亲自批了，说人应该先放出来。这样问题才得到解决。对于犯错误的作者应当有个实事求是和与人为善的态度。”

君宜同志谈到的这些例子启示我们，一个编辑除了要对稿件和作者有正确的认识之外，果断地、及时地采取有效的措施是多么重要啊！

要当出版家，不当出版商

是当出版家，还是做出版商？谈到这个和编辑方针有关的、现实性很强的话题，君宜同志很有感慨地指出，正确的答案报上宣传过，可做起来很不容易。她说：“各方面都有压力，你老赔钱？怎么办哪！”

君宜同志首先对古典文学作品的出版谈了自己的看法。她说：“我们社出的古典作品，一般是能赚点钱的。如《海上花列传》是小说史料，是鲁迅在《中国小说史略》中提到的较重要的作品，长期没有刊行过，自然是可以少印一点提供给研究者的。但是，有的东西印几百万，一直行销到农村，这种搞得挤破县城书店玻璃的搞法,是无论如何不行的。像《三侠五义》,有的叫《七侠五义》,几家都出,印了四百多万。还有什么推理小说,卡夫卡啦,存在主义啦,都上市了……有一阵真是热闹极了,不少出版社都在抢着出这个'侠'那个'义'的东西。咱们社也有人嚷嚷,好像不凑热闹弄一点就不行似的。"

但是,她遗憾地指出,文学史上确有一定价值的《金瓶梅》却出不来。她说:"《金瓶梅》是应该出的,但是我们却不能出,一直压着,节本也出不来。为什么?当时再三说过,我们可以少印,我们印上十万,或者再少一点也行。可出版领导部门的同志就很怕,说不行,据了解现在有好几家出版社都搞自己的节本,都排好了,他们等着,等什么时候文学出版社的书一上市,他马上就印,就出。那时他仿佛就有理啦——你先出的,我们当然也就可以出呀。接着,他们就不知道会印多少万。几百万投入市场怎么办?所以他们说你们不能开头,你们一开头就没法办。"

我大惑不解地说:"这种事是应该有领导、有控制地进行的,由出版局规定让文学出版社按一定的印数印一点,控制发行,不让别的出版社插手也不行吗?"

君宜同志颇为激动地回答我:"不好办。好像那一阵谁也管不住,出版局也实在是难办。比方,有的出版社用某某书社之类的名称代替省出版社,版权页上连印数也没有,谁也不知道就出些乱七八糟的东西,只管赚他的钱。"说到这里,她严肃地指出:"要说资产阶级自由化,我看这倒实实在在是出版界的资产阶级自由化!"

说起出版战线的自由化,君宜同志还列举了其他方面某些表现,如:有的出版社不惜花几千块钱招待作家,拉稿子,连夫人都一块儿招待,住一晚二十几块钱的高级房间,游山玩水,而结果却出不来什么好作品;有的没有章法地滥出选本,滥发稿费,有个别优秀作品据统计竟印了 16 次,16 个不同的版本全部按第一次发表的办法付稿费……

对此，君宜同志大不以为然地说："有些作家被捧来捧去，都捧坏了。大家都奔着那个热门货来，这绝不是办法。一个作品给两三次稿费，即一次发表，一次收入集子或编个选集，是正常的，但是发十六次怎么说也不正常。那样选来选去，什么'女作家作品选'，什么'佳作选'、优秀中篇或短篇选，选来选去还就是那么几篇。说实在的，我觉得出版界一直存在一些不正之风，包括几千几百元大手大脚地花钱请作家，这个'侠'那个'义'的滥印作品，以及十几次重印某一种作品。"

她很严肃地批评说："这样做编辑工作算什么？什么加工都不用做，剪下来贴上去就行。有的作者还就是喜欢这么搞，这个出版社不接受就转到别的出版社，直到被接受了才算。"她语重心长地指出："一个好的编辑，实在不应该推波助澜去支持这样的事。这样做对作家、对创作都没有什么好处，只有坏处。"

君宜同志认为，要当出版家，不做出版商，就得下功夫出一些有意义的书，哪怕赔点钱也干。她说："在有些人大出什么'侠'什么'义'的时候，我们古典文学编辑室倒是出了一些要的人很少，只供研究者参考的书，比一般诗话、词话的印数还少。文艺理论方面也有一些。地方上为了扶植中青年作家，只销两三千册的小说集也出。这都是应该的，就得这么干。"

为编辑呼吁

我们谈的最后一个话题是关于编辑的培养和应有的待遇问题。

君宜同志认为，一个编辑应该经过起码的专业训练，有了基本知识，有了文字基础，领导才好来帮助你提高。她说："领导应该告诉他的是，你要读书，练笔。同时，也要为编辑的基本功训练提供一定的条件。根据过去胡乔木、邵荃麟、林默涵他们培养我的办法，我只能说这些意见。他们叫我读书，让我读哪些方面的书，我就好好读；乔木同志说你的文字还要好好推敲，我就认真地推敲、练笔。另外，就是已经讲过的，还要耳目灵通，要经常关心一些事情，领导要经常向编辑们提出一些问题来讨论讨论。你当领导的知道的事情，要经常和大家讲一讲，只要不是泄露党和国家的机密，让编辑们多知道一些事情没有坏处。”讲到这里，她特别指出：“同样的事情，在作协系统党内外都知道了，而我们这里的编辑往往还不知道。这一类限制实在没有必要，实在是对编辑工作的妨碍。”

当我们进一步谈到编辑的其他待遇问题时，君宜同志不禁摇摇头，无可奈何地苦笑了。她说，有些书，没有编辑的帮助根本就出不来。但是出书以后，恐怕再也不会有谁想起为它付出许多艰辛劳动的编辑了。对这一点，她十分感慨：“编辑在出书过程中起了这么大的作用，有谁理你呢？还是默默无闻，老是‘为他人作嫁衣裳’！从作者写东西到作品发表，编辑起了很重要的桥梁作用，可他们在待遇上的差距，实在没法说。多少外地回到北京来的作家，马上分到了挺好的新房，可老编辑住得不成样子！是的，出版社自己应该管一管，我何尝不知道啊！可我有什么办法？我自己住的几间平房还是亲自跑房管局，东奔西走跑来的啊！”

接着，韦君宜干脆以自己的例子来向领导呼吁。她激动地说：“我自己跑进作协，不是因为当了这几十年编辑——当这几十年编辑没人看到我有多少功劳，而是因为我写了几篇微不足道的文章，这才成了作协的会员。这个事情我觉得实在是不公平。向来如此。作家写了一篇小说得奖了，马上出国访问，可编辑有几个出国！”

接着，自然就谈到目前编辑队伍正在评职称的问题。君宜同志说：“按说编审、副编审相当于教授、副教授待遇，副教授以上出门可以坐软席，可以要汽车，我们向哪里找去？办得到吗？作协、

《文艺报》、《人民文学》编辑部等单位已经评过了。我们这里按同样标准也有不少人可以评编审、副编审。评上以后又怎么办呢?怎样从实际上改善编辑的地位和待遇呢?这种情况真要好好向领导上呼吁呼吁啊!”

时间已经不早了,我准备起身告辞,但君宜同志还没有什么倦意。望着她那斑白的头发和身上穿着的普普通通的衣服,特别是那件没结扣子的蓝布棉背心以及已经显得很旧的格子呢面的布鞋,我不禁产生了一种联想:她所说的许多意见,不是和她的衣着、为人一样朴实吗!这也使我想起了她的平凡而又颇不一般的身世:四十多年前,在民族危难的紧急关头,她抛弃了资产阶级家庭的舒适生活,拒绝了家长安排她赴美留学的“前途”,毅然奔赴延安,在文化出版工作的编辑岗位上几十年如一日地奋斗不息……是的,应该说,她的呼吁不但是一个老编辑,也是一个革命老战士十分恳切的心里话啊!我们的有关领导能不能为编辑的锻炼、提高,为改善他们的应有待遇,做一点切切实实的工作呢?我们殷切地期待着。

韦君宜同志自己,既是个老编辑,也是个老作家;她为做好编辑工作付出了许多心血,也不停笔地写了许多小说和其他文章。1954 年结集出版了《前进的脚印》(中国青年出版社),这两年又先后出版了短篇小说集《女人集》(四川人民出版社)和散文集《似水流年》,加上已在刊物上发表的中篇小说《洗礼》、《平常疑案》以及其他尚未结集出版的文字,总数已在百万字以上。如果考虑到一个编辑在我们国家的实际待遇,考虑到十年停笔等多种因素,应该说她已经写得不算少了。从“一二·九”运动宣传工作中颇有名气的“才女”,到今天的国家文学出版社的总编辑,她在编辑工作上倾注了那么多心血,做出了重要的贡献,而练笔、写作又那么勤奋,主要靠晚上的业余时间为人民奉献出丰硕的创作成果,一个编辑所作出的牺牲，经过努力可能取得的成绩，都在她的身上得到了体现。难道我们不可以说，她是用实际行动，为众多的编辑工作者树立了良好的榜样吗？

自然，“金无足赤，人无完人”，君宜同志在繁忙紧张的工作中也难免有过差错和失误，我们也许还可以要求她做得更多一些，更好一些吧。正是怀着这样的心情，我在临别时问候她的健康。她爽朗地笑着说：“挺好，我没什么病，还可以好好干一些时候。”是呀，她就要过66岁的生日了，“满目青山夕照明”，让我们衷心地祝愿她在未来的岁月里，为社会主义的出版工作和文学事业继续做出更多的贡献吧！

1982年1~10月，北京—羊城

原载《编创之友》1983年第1期，根据何启治《文学编辑四十年》人民文学出版社2001年一书所收该文排印

夕阳风采

——韦君宜素描

何启治

写下这个题目，心里腾地便涌现出几年前在渤海海洋钻井平台上观望夕阳时，所见充满着悲壮色彩的落日情景和那种难以名状的心境——

除了海船，四顾是无边无际的茫茫海水，在你的脚下拍击着船帮，发出一声声使人心旌摇荡的叹息。这时，奔跑了一天的太阳仿佛真是疲惫不堪，再也没有多少热力了。夕阳通体燃烧着的桔红色已逐渐由浓变淡，同时以肉眼能感觉到的速度慢慢地往下沉，终

于完全消失在海平线下。但这夕阳又像是并不情愿就此离去，于是便以它的余晖在水天相接的地方抹下壮丽动人的一笔：西天好像突然筑起一堵绛紫色的“墙”，晚霞把这墙涂染成红色的一片，愈往上这红色便由赭红而粉红而至于更淡，终于和灰蓝色的天幕融为一体。极目远眺，西边靠近晚霞的海水呈深浓的蓝黑色，而船边上的海水却不停地泛着浪花；在那起伏的海浪上，晚霞给染上了一片紫红，于是眼前便好像飘动着宽广无边的锦缎。

我想，这一切都是太阳给留下的呀。噢，它一定是不情愿、不甘心消失哪，这火热的、坚强的、美好的太阳，这仍然执拗地爱恋着人世，这仍在竭尽全力要继续给大地以热能和绚丽色彩的夕阳！

这夕阳所展现的风采和情怀，如今却自然使我联想到我的老上级韦君宜。我想，我们人民文学出版社的老社长，认真执著地追求着救国救民的真理、做了几十年编辑工作的老作家，如今年近74岁已经卧床而还在惦念着文坛和创作的韦君宜同志，不是很像这执拗地爱恋着人世，仍在竭尽全力继续燃烧的夕阳吗！

“崇拜朝阳的人总是比崇拜夕阳的人多。”（培根语）我却很乐意为我所敬佩的君宜老人抒写我的夕阳礼赞！

一

我自1959年离开学校被分配到人民文学出版社，先当校对，然后才开始做当代文学的编辑工作。从此，可以说一直是在同志们亲切地称之为韦老太的君宜同志领导下工作的。记不得是在什么情况下第一次和她见面的，大概是因为我上面还有组长、主任，我不会有多少机会直接和她打交道。留下的最初印象是：这位社级领导平时衣着朴素，绝不像是从富有的大家庭出来的人。她平时不苟言笑，讲起话来快如放机关枪，办起事来爽快利索，却没有另一些老延安、老解放区来的同志（如何文）那样对年轻下属问寒问暖好接近。一次在公共汽车站候车,见韦老太戴着深度近视眼镜昂首阔步地过来了,便点头招呼,岂料她却视若无睹地不予理睬,只顾自己挤上车走了,也不知是太专注于挤车没看见我,还是真不知道我是谁。

她这种比较内向的,认真到有点迂的性格,在平常的接触中也时有所见。

1964～1965 年间,我受命先到北京郊区南口农场组织参加农业建设的知识青年自己动手编写了报告文学、书信和日记的结集《我们的青春》,其后又到上海和两位工人业余作者一起完成了所谓"揭露资产阶级剥削罪行"的小说《天亮之前》。两部书稿都由韦老太终审通过,书名也都是由她选定的。作为从大学毕业不久的青年编辑,我能从无到有组织、编写出这两本小册子来,自以为已经尽心尽力;又由于适应了当时的政治需要,两本书各印了二十多万和近四十万册,便有点沾沾自喜起来。但自始至终就没有听韦老太说过什么表扬鼓励的话。至今尚记得的,是她不止一次地提醒说,在知识青年写的文章中可绝对不要出现什么"油票"啦,"粮票"、"糖票"啦这一类字眼。言下之意是,无论我们国家如何困难,都是暂时的,都不该公之于众,颇有点家丑不可外扬的味道。

1982 年,我申请参加中国作家协会,问她愿不愿意做我的入会介绍人。她只是说,我看你是可以参加作协了,便提笔签署了意见,此外再没有什么多余的话。

1984 年,龙世辉同志调离《当代》杂志,到作家出版社担任领导职务。她和另外几位领导循惯例设宴欢送。我是老龙的同事,便也参与张罗其事。这次是在前门全聚德烤鸭店临时订的席。按韦老太他们的规矩,除了被请的人,还是每人凑钱交粮票。使我感到意外的是,在这种场合也听不到韦老太说什么通常要说的客气话。只见她举起杯来就说,老龙,今天我们欢送你,你要知道,不论在五七干校还是从干校回来之后,我可没有什么对不起你的地方呵！这使大家都觉得突兀费解,但在她看来,大概要紧的是说出自己要说的话,照顾什么场合、环境之类倒在其次了。

其实,韦君宜的认真和执著,当然首先体现在她的专业工作上。

拨乱反正历史新时期的春风,使文坛和出版界逐渐繁荣起来。但美妙的乐曲中也有一些不和谐音。她对此深感忧虑。

1981 年初冬,韦老太冒着寒风出现在北京一些新华书店的门市部。从王府井到东单、东四,都留下了她来去匆匆的足迹。她和读者、售书人员交谈,探询,请教。不久,她就在社会调查的基础上写成《关于文学与文化的经济体制》一文(载《新观察》1981 年 22 期),探讨了出版、印刷、发行三方面存在的种种问题,提出了打破新华书店独家发行的“大一统”局面,乃至按不同服务对象把发行机构分成好几家,同时允许出版社自办发行等建议。文章在作家、读者和出版发行工作者中间引起了意想不到的强烈反响,其中有的建议后来已在实际工作中被采纳而成为事实。

1981 年除夕,我按约定的时间去探访韦老太。谈到是当出版家还是当出版商这个话题,韦老太很有感慨地说:“按理谁都不难找到正确的答案,但真做起来却相当复杂,不好办。有的出版社用某某书社之类的名称代替省出版社,版权页上连印数也没有,谁也不知道就出些乱七八糟的东西,只顾赚他的钱。”接着,她还列举了另外一些不良现象,大不以为然地说:“有的作家被捧来捧去,都捧坏了。大家都奔着那个热门货来,这绝不是办法。一个作品选来选去,什么‘女作家作品选’,什么‘佳作选’,优秀中篇或短篇小说选,选来选去还就是那么几篇。说实在的,我觉得出版界一直存在着一些不正之风,包括几千几百块大手大脚地花钱请作家,这个‘侠’那个‘义’地滥印作品,以及十几次重印某一种作品,等等。”

她很严肃地批评说:“这样做编辑工作算什么？什么加工都不用做,剪下来贴上去就行。”她语重心长地指出:“一个好的编辑,实在不应该推波助澜地去支持这样的事。这样做对作家、对创作有什么好处呀!”

韦老太认为,要当出版家,不当出版商,就得下功夫出一些有意义的书,哪怕赔点钱也干。她说:“在有些人只顾赚大钱出什么‘侠’什么‘义’的时候,我们古典文学编辑室倒是出了一些要的人很少,只供研究者参考的书,比一般诗话、词话的印数还少。文艺理论方面也有一些。有的地方出版社为了扶植中青年作家,只销两三千册甚至几百册的小说集也出。这都是应该的,就得这么干。”

韦老太这么坚决、执拗地执行上级指示,这么严肃、执著地对待编辑出版工作,实在是出于她对社会主义文学事业的热爱,出于她对人民的一片赤诚呵!

二

在她手下工作的时间长了,就会知道貌似木讷寡言、不苟言笑的韦老太对工作、对作家其实充满了热情。为了支持未成名的年轻作家,她还常常表现出难能可贵的胆识和勇气。

文学出版社的一些老编辑都知道,我们出版社不允许、也没有经济条件为作家写作租用高级宾馆的房间来炮制“宾馆文学”,但韦老太却不止一次地为了让黄秋耘或别的作家有个安静的写作环境而腾出了自己的办公室,还从自己家里拿来了刚拆洗过的棉被。

还是这个似乎不大善于交际的韦君宜,却曾在1980年挤公共汽车跑到上海郊区南翔镇去看望、指导写长篇小说《生活的路》的青年女作家竹林(王祖玲)。当她看到嘉定县二中张校长在学校图书馆的书库里为竹林提供了极简易的住所时,竟感动得情不自禁地向老校长深深地鞠躬致谢!

还在党的十一届三中全会召开以前,她风尘仆仆地赶到湖南去组稿。原不相识的莫应丰，找上门来，讲自己的生平，讲他“文化大革命”中在部队见到的一些十分可怕、十分可气的事。后来他躲在文家市把这些真实的故事写成小说，在箱子里压了两年，现在才拿出来，这就是后来定名为《将军吟》的长篇小说。这在全国还是头一部正面写“文化大革命”的长篇，问韦老太敢不敢要？韦老太当即表示：“你给我带回去看看吧。”后来龙世辉和另外几位同志先看了，也说小说写得好，就是全盘否定“文化大革命”，又牵涉到毛主席他老人家，真不知道究竟能不能出。韦老太在亲自看过稿子后被小说真切的细节、活生生的人物和作者的勇气深深地感动了。她明确表示：“既然确是好作品，咱们就出。牵涉到毛主席他老人家的某些不恰当的描写，咱们把它稍稍去掉一些，改一改，别的照样出好了。”于是就把莫应丰请来，改成现在的长篇小说《将军吟》，并一举获得了首届“茅盾文学奖”。

此外，当正在写长篇历史小说《义和拳》的冯骥才还默默无闻的时候，她曾经在他那拥挤狭窄的居室里和他作过长久的恳谈。

当对《生活的路》、《冬》（孙颙）和《铺花的歧路》（冯骥才）等长中篇小说众说纷纭、争论不休的时候，她知道光凭自己的威望还不足以说服大家，便组织编写了故事梗概，亲自送请茅公看。这些小说由于得到茅盾同志的肯定、支持而终于得以出版了。作为总编辑的韦老太这才满意地笑了。

1981 年，她从投稿中发现了北大中文系学生张曼菱写的中篇小说《有一个美丽的地方》，热情地向《当代》推荐（后刊于《当代》1982 年第 3 期，又改编为电影《青春祭》），于是张曼菱脱颖而出。

还有那部写来自上海十里洋场的两个女大学生参加长征，以及革命队伍上层生活故事的长篇小说《爱与仇》（珠珊），那部写爱国画家张玉良的《画魂》（石楠），她在为作者修改稿件和为小说的出版排除障碍上，都倾注过许多心血。……这一切，没有韦老太这样的胆识、勇气和认真执著，没有这位年近古稀老人的热情和亲力亲为的奔走，都是难以做到的。而韦老太为张洁出主意，帮助她修改提高长篇小说《沉重的翅膀》的事例，对我们做文学编辑工作的人，更具有示范的和启迪的意义。

那还得从 1980 年说起。那一天，张洁到出版社拜访了韦君宜。韦老太了解到她在工业部门工作了 20 年，熟悉这方面的生活，且有创作热情，就鼓励她写改革题材的长篇小说。

1981 年 5 月，韦老太接到《沉重的翅膀》的初稿，马上审读，认为这是优缺点都很明显的好作品，便立即请张洁来研究修改方案。

随后，《沉重的翅膀》在《十月》1981 年第 4、5 期连载。反响强烈。绝大多数评论者认为这是一部体现了作者的胆识和才华，能近距离又比较准确地反映工业战线改革的好作品，只是行文匆忙，艺术上仍嫌粗糙，政治性议论有偏激、不准确之处。但也有人认为这是一部在思想上背离了四项基本原则，迎合了社会上一些人的资产阶级自由化思想的坏作品，有人甚至认为它比《苦恋》更坏，应该予以批判。有关领导部门也严肃地指出这部作品"有值得肯定的地方，也有某些明显的政治性错误"，要求在出书前帮助作者修改。

面对这许多意见，韦老太和该书责任编辑周达宝等同志与作者一起作了冷静的分析，并逐章、逐段甚至逐字逐句地推敲，对原稿作了近百处修改。

单行本出版后，听到各方面意见，张洁决定再一次修改《沉重的翅膀》。

1983 年 9 月，张洁在编辑部的帮助下第三次修改《沉重的翅膀》。为此，并再到曙光汽车厂等单位体验生活。其后，经过深思熟虑，作者对小说作了成书以来最大规模的第四次修改。年底竣工，全书近三分之一的篇幅重写过，并增加了一些新的情节，而总篇幅竟有所削减。

在作者反复修改的过程中，韦君宜始终给予热情的关注。

1983 年 11 月,她写了长达四页纸的审读意见,对修改稿作了充分的肯定,并逐项提出作者和初、复审遗留的问题,请作者最后改定。

这样,《沉重的翅膀》的第四次修订本比之原作在政治思想上和艺术上都有显著提高。1984 年 7 月,修订本正式出版,在国内外引起强烈的反响和好评,并荣获第二届“茅盾文学奖”。

为了作家们的健康成长,为了百花盛开的社会主义文苑更加璀璨夺目,韦老太就这样无怨无悔地倾注着自己的热力和心血,一如那执拗地爱恋着人世,不甘心、不愿意消失,而竭尽全力继续给大地以热能和绚丽色彩的、满怀悲壮激情的夕阳!

三

纵观韦老太的人生道路,我们不难发现,她从人生的初春到晚秋,可以说是一刻不停地执著地追求着真理和崇高的境界。

韦君宜,原名魏蓁一,湖北建始人,1917 年农历 10 月 26 日生于北京,1936 年在清华大学哲学系读书时参加中国共产党。当日寇的铁蹄蹂躏祖国大地、我们的民族灾难日益深重的时候,这个“一二·九”运动中十分活跃的女战士便告别了清华大学的师友,由武汉而重庆、成都,终于在 1939 年初辗转来到延安。刚到延安不久她就当了《中国青年》的编辑。此后做了三四年教员等工作。全国解放前夕,她被动员去参加《中国青年》的复刊筹备工作,此后就再没有离开过编辑工作岗位,先后担任过《文艺学习》主编,《人民文学》副主编,作家出版社、人民文学出版社的副总编、副社长等职务,1981 年 2 月任文学出版社总编辑。1983 年,她以 65 岁的高龄担负了人民文学出版社社长的重任,直至 1986 年 1 月离休,但仍担任着中国作家协会期刊工作委员会的主任委员。

韦君宜诞生在一个从知识分子变为旧官僚的家庭。父亲是清末出国民初归国的在日本学铁路的留学生。他从技术人员升为铁路局长，解职后就在租界里当了寓公。母亲是清末举人的女儿，略通文墨。在这样的家庭里，她从小接受比较严格的家庭教育。旧社会富裕人家大小姐能够享受到的一切，只要她愿意当然也都能得到。但是，打从上天津南开中学的时候起，她就受到丁玲、周扬乃至郭沫若、鲁迅等左翼文学家的影响，到 1935 年考上清华大学哲学系的头一年，她就成为“一二·九”爱国救亡学生运动的活跃分子。可以说，从大学时代开始，革命就代替读书成了她的主要生涯，她从此就义无返顾地走向了革命的道路。和那个时代许多革命知识分子一样，她是先接触革命文学后参加革命实践，由一个纯真的爱国者进而成长为一个赤诚、坚定的革命者的。她当时是在受到家庭软禁的情况下坚决地摒弃了旧官僚家庭给她安排的优裕舒适的生活，以及一切令当时许多年轻人艳羡的、诸如出国留学之类的出路，而十分自觉地、百折不回地奔向抗日的圣地延安的。这正如她自己所说的，是因为当时“正热恋着革命，热恋着我的祖国”啊！（见韦著《海上繁华梦·我的文学道路》）

如果说，她之投身革命还有什么独特之处的话，那就是她对革命事业爱得真纯，爱得执著，爱得实在，可以说没有掺杂什么个人名利的私心，所以经过几十年的折腾磨炼，她的革命信念依然坚定不移，而作为真诚的革命者，却显得更加成熟了。

1939 年她刚到延安时，和许多奔向延安的知识青年一样，她想不是到“陕公”（陕北公学），就是“抗大”（中国人民抗日军事政治大学）。没想到，当时的中央青委第二书记胡乔木亲自到招待所的窑洞来找她，说她是老民先队员，青年工作做久了，笔杆子也可以，而现在《中国青年》又很需要人，希望她去当编辑。她便不加计较就服从了组织的安排。

1953 年她在《中国青年》总编辑的岗位上，虽然只有 35 岁，按照中组部提出的团中央应更新换代的要求，她却成了当年的输送对象。输送到哪里去呢？原来是要送她到一个工学院去当党的领导干部。她有点慌了，赶快给胡乔木同志写了封恳切的信。大意是说，自己比较喜欢文学，希望乔木同志从中为力，另外安排合适一些的工作。结果是分配到全国作协。从此就再也没有离开过编辑工作。显然，这不是为了追求个人的什么，而是为了更好地完成党的委托，还是为了党的事业。从我认识韦老太以来，就不止一次听她讲要当个好编辑就不要去谋官位，不能成官迷。她曾坦然地对我说："比如我，假如想当官，我是要后悔的；因为我的很多同学早已做了官，我要想做个像点样子的官大概也不会太困难。可是我觉得，编辑工作既然是很有意义的革命工作之一，就要安心去做。"

韦君宜这一代革命者，是经历过中国革命的许多坎坷的。党的工作的一些严重失误使她自己和最亲近的人，还有一些早年参加革命的老同学都曾身受其害，有的为此付出了生命的代价。她深感痛惜。但这些挫折并没有使她消沉，而是促使她进行严肃的思索，从而使她觉醒，成为更清醒、更成熟的革命者。试看她在"文革"之后写的文章，如《编辑的忏悔》、《那几年的经历——我看见的"文革"后半截》，等等，以及那些回忆蒋南翔、冯雪峰、胡耀邦等老同学、老同事、老上级的文章（见韦著《海上繁华梦》），即可见一斑。而更能体现她的清醒和冷峻的，我以为当推她的悼亡文章《当代人的悲剧——悼杨述》（载《当代》1980 年第 4 期）。

此文夹叙夹议，历述杨述这个党的老干部、这个迂夫子似的老实人如何被打成"三家村的伙计"，以及他所受的种种冤屈和终于觉醒的过程。最后韦老太沉痛地写道："在稍稍静下来之后我才来回想这个老实人的一生——一个真正的悲剧，完全符合于理论上'悲剧'两字定义的悲剧。我哭，比年轻人失去爱人哭得更厉害，因为这不止是我失去一个亲人的悲痛，更可伤痛的是他这一生的经历。为什么我们这时代要发生这种事情，而且发生得这么多？……我要哭着说：年轻人啊，请你们了解一下老年人的悲痛、老年人所付出的牺牲吧。这些人实际是以他们的生命作为代价，换来了今天思想解放的局面的。实际上我们是踩着他们的血迹向前走啊！”悲愤之情溢于言表，冷峻的批判入木三分。文章发表时她坚持用《当代人的悲剧》这个题目，显然也颇有深意。冰心说韦君宜“是一位极好的作家，她的作品非常质朴真挚”。此文就是一例，确实可以说是以其特有的“质朴真挚”而扣人心弦、发人深思的优秀的反思散文。

韦老太沉痛抨击党的历史上的种种失误，决不意味着她的革命信念有所支摇。毋宁说，惟其爱之深，才期之切吧。

有一件小事是我终生难忘的。我在1989年2月申请去美国探亲，4月获得入境签证，只买到了6月14日的离境机票。那些日子里北京的纷乱尽人皆知。我每天依然上班工作。因为离出国的日子尚远，还没有向韦老太正式辞行。不知她听谁说知道了这件事，有一天《当代》编辑部的同事告诉我：老太太两次打电话找你，让你回个电话。其时她正有《记周扬》等稿子在我手里，我还以为她急于想知道稿件的处理意见。我知道她那时只能靠轻便助行器慢慢地移步才能挪到电话机旁（为免干扰，电话并不是装在她的卧室里），挂通电话后便静静地等着。终于隐隐能听到脚步的挪动声了。感觉到她拿起了话筒，我便急忙问她是不是关于稿子的事。她却说，不是的。听说你就要去美国探亲是吗？我说，是的，还有一个多月才走呢！她便很严肃地说，何启治，你听着，不管现在怎么乱，不管我们国家怎么样，我告诉你，你可一定要回来！你明白吗？你一定要回来！那种关心，那种急切，就像叮嘱自己的亲人无论如何不要忘了母亲似的。我忙一迭声地答应，我明白，我知道，我无论如何一定会回来的！心里像平添了一团火似的，眼眶立刻发热潮润了。老太太她这是为了什么?！她这流露出来的，全是一片对祖国的挚爱和对我们党的伟大事业的深情啊！

四

1986年4月21日,在北京沙滩北街2号一间简朴的会议室里,全国文学期刊编辑座谈会的筹备会正在进行。席上一位头发灰黄的老太太心口有点发闷,她端起茶杯刚刚呷了一口茶水,突然咯噔一下,便感到恶心、头晕,周围熟悉的人立即变得模糊不清,天花板仿佛也摇晃起来。但她心里还明白,知道其时葛洛正在发言,她嘱咐自己一定要坚持住,等发言告一段落再让作协派车送自己回家去休息。但她的手终于不听大脑的指挥,茶杯啪地一声砸在桌子上,她身不由己地倒了下来。一片混乱中有人捡起了她的眼镜,汽车飞驰着把她送到协和医院。是脑溢血——高血压、脑血栓加上过度疲劳的结果。现代医学从死亡的危险中把她抢救过来。这,就是当时会议的主持人、中国作协文学期刊工作委员会主任韦君宜同志。

她从人民文学出版社社长的岗位上退下来才不过几个月。此前的几十年里,这个被冰心老人称作“极好的作家”的人把自己大半生的主要精力都奉献给了革命斗争和文学编辑出版工作。作为编辑家和出版家,她有自己杰出的贡献。然而,从学生时代开始,她就喜欢文学创作。她有十年老解放区的生活积累,她有学运和革命斗争的亲身经历。她熟悉许多革命知识分子和他们所出身的那种大家庭。她有好多东西可写,有好多东西想写。然而,就在她刚刚可以把主要精力转到文学创作上来的时候,却不幸病倒了。生活对她开了个多么残酷的玩笑!

不过韦老太毕竟是个久经考验的老共产党员。记得那年作协开代表大会,我陪她到代表们的住处去看望与会代表时,她就曾对因脚伤半卧在床上的黄宗英说,我们可不能把自己当作寡妇悲伤得抬不起头来,我们还有许多事情要做啊!她自己确实是这样做的。杨述病逝时她好悲痛，却很快就在悲伤中振作起来，一边坚持工作，一边坚持名副其实的业余写作。如今，她成了病残人，在病情稳定后，又一边作康复的治疗锻炼，一边尽力多少写一点东西。

"文革"之前，她只出版了一本谈青年修养的短文和随笔的结集《前进的脚迹》(1954 年，青年出版社)。短篇小说集《女人集》刚刚排出清样，未及付梓，"文革"的浩劫就开始了。待拨乱反正历史新时期的曙光普照大地，她的作品也像迎春的鲜花一样在社会主义文学的百花园里一朵接一朵地开放了。先是搁浅十多年的《女人集》(1979 年，四川人民出版社)，继而依次是散文集《似水流年》(1981 年，湖南人民出版社)，中篇小说集《老干部别传》(1984 年，人民文学出版社)，散文集《故国情》(1985 年，百花文艺出版社)，编辑札记《老编辑手记》(1986 年，四川人民出版社)，长篇小说《母与子》(1986 年，上海文艺出版社)，中短篇小说集《旧梦难温》(1991 年人民文学出版社)和散文、杂文集《海上繁华梦》(1991 年，人民文学出版社)，等等。

她的散文和杂文比较接近现实生活，及时地反映了人们所思所想，常能体现一个老新闻记者的职业敏感，而文字朴实无华，感情真挚，发自肺腑，常能引起读者的强烈共鸣。如《我们都发横财了吗?》，《应该敢提"俭"字》(均见韦著《海上繁华梦》)等等，都有很强的现实针对性，在读者中颇受瞩目。《海上繁华梦》和《婚礼谈往》(见韦著《故国情》)就完全由青年读者投票而获《青年一代》的年度优秀作品奖。而刊载于《人民文学》的《病室众生相》熔叙事、议论、抒情于一炉，真可谓天衣无缝的散文佳作。

她的小说，也多有散文化的特点，常能在白描中见出写人状物的文字功底，又能在塑造形象、铺排故事中见出思想的深度。这些特点在最早的小说集《女人集》中就已显露出来，而到了荣获中国作协优秀中篇小说奖的《洗礼》，就更加炉火纯青了。前辈作家丁玲在见到《洗礼》时，喜不自禁地读了一遍又一遍，并忍不住要放下别的工作写文章向读者推荐说："韦君宜同志从事写作四十余年了。早在 1941 年，延安《解放日报》文艺版就发表了她的《龙》，当时就很受人注意。……我读她的《洗礼》感到她的文字功力很深。作者的思想深度和处理故事的能力，都不是一般作家所能轻易达到的。她的文字朴素无华，精湛如一湾静水，却又深深埋藏着无尽的汹涌波涛，引人深思，令人心神激荡……"（《我读〈洗礼〉》，载《当代》1982 年第 3 期）其小说创作的成就，由此可见一斑。

但如果你问韦老太自己有什么得意之作，她却会很平淡地说，没有，没有哪篇满意的。这话自然有谦虚的一面，但也有一点道理，因为她实在也是写得太匆忙。写作也像她平时说话、做事那样，总是急急忙忙地赶着写，赶着做。我想，如果给她更多一点时间，让她有更充裕的时间去生活、思索、提炼，让她写得更从容一些，理当会写得更多，也写得更好一些吧。

今年 3 月，人民文学出版社在北京饭店举行庆祝建社 40 周年座谈会，许多来致贺的作家都希望她能出席大会，以便能在会上见见她。但她说除了行动不便，医生也禁止她出去活动，她在人多的场合就头晕。谈到这些令人遗憾的情况，一位诗人、多年在她手下工作的老编辑很有感触地说："韦老太还是退晚了，如果早两年从第一线上退下来，身体大概不至于垮得这么快。"

其实，韦老太就是特别认真执著的人，无论在工作岗位上还是写作，她都是一丝不苟、全力以赴。她自己在文章中也对这类问题作过坦诚的回答："我为什么抛弃了学业和舒适的生活来革命呢？是为了在革命队伍里可以做官发财吗？当然不是，是认为这里有真理，有可以救中国的真理！值得为此抛掉个人的一切。那么又为什么搞文学呢？自然也不是为了挣稿费或出名，是觉得文学可以反映我们这队伍里一切动人的、可歌可泣的生活，叫人不要忘记。"（《海上繁华梦·编辑的忏悔》）正是这种赤诚和纯真，使她总是认真执著，全力以赴呵！

如今，康复不大见效，又加上脊骨疏松，韦老太卧床已经两个多月，她的生活都要保姆照料，已经不大能用手写作了。我知道，除了已经发表、出版的作品，她还有一部叫作《思痛录》的手稿不知什么时候才能和读者见面；而她心里想写却尚未成文的东西又该有多少呵。她还能把它们写出来或通过口授笔录成文吗？呵，我不知道，我没有把握，唯有在心里存着最美好的祝愿。

在人生的长途上，韦老太已经坚毅执著地度过了 74 个春秋。虽然她如今仍然头脑清楚思维敏捷，但留给她的时间大概不会太多了。她把毕生的精力，最美好的年华都奉献给了自己所挚爱的祖国和理想的事业，不管生活怎样委屈了她，不管道路如何艰难曲折，她总是一往无前，无怨无悔，一丝不苟，全力以赴！

在曙色熹微中，我却仿佛看见，夕阳的坚韧、热情、绚丽和悲壮，已在她的身上铺染上一片庄严而又动人的辉煌。

原载《中国作家》1992 年第 1 期

读韦君宜的《思痛录》

曾彦修

这多年来，我们经常讲“前事不忘，后事之师”，往往是讲给外国人听的。可是，我以为这两句话对我们自己却是更加十百倍地重要。对党国大事中的前车之鉴，究竟应该采取何种态度，在中国大约有两种：一种是重视，不回避。为了避免历史性错误的重复出现或扩大出现，我们应该而且必须公开研究，普及教训，用以提高广大党员与人民群众的识别能力，不要再盲目地、奋不顾身地去响应种种政治上纯破坏性的号召了；另一种则是压制研究，即三个不准，不准写、不准读、不准发表以至不准研究。他们要党员和人民都永远处于阿斗即永远盲目服从的状态。这后一种态度是完全错误的。若要坚持下去，就难免会有疯狂性的政治运动重新产生。

后面这种态度，在今天更是特别错误。今天我们国家当然不是一切都大吉大利了，但这 20 年的胜利之伟大，3000 年的历史上哪里有过。这 20 年是鸦片战争以来（快一百六十年了）中国最安定、最太平、一心搞建设、一心为人民谋福利的、发展最迅速的 20 年。上面这段卓见是今年我去看望一个学贯中西的学者友人王以铸兄（也划了右派的）时他脱口而出的，其天真喜悦之状，不可言喻。可见，把知识分子看成异类或敌人，或潜在的敌人，是完全错误的。而这点，正是我们几十年来（包括解放以前在内）很多难于收拾的特大错误的基本原因之一（另一基本原因就是必须内部“天天斗”）。

韦君宜同志的这本《思痛录》，我看主要目的就是要用一些亲身亲历的事实来说明这个主题：希望过去专门以整人、尤其是整知识分子作为为政第一妙道的各种政治运动，万万不要再搞了。这 20 年来是基本上没有大搞政治运动，但在文化思想领域内，一次又一次地反这样反那样的大小运动，其实是没有断过。这 20 年为什么在文化思想领域内的成绩远不如经济建设方面的成绩呢？很简单，一切都要定于一人，“双百”方针似乎已不必要再谈了。文化思想的成绩是要靠下苦功，十年八年才会看出一点真成绩的，靠年年批、月月批只能毁灭一切文化生机。忙于打倒一切的人，首先损害的必然是自己。

韦君宜以一个老共产党员的无限忠诚，从对党无限热爱的立场出发，以瘫痪病人之躯写出这本《思痛录》，顾名思义，即痛定思痛之意。她所说的一切运动我都经历过，而且什么帽子都戴过（韦好像只是几乎被戴上“右派”帽子）。不管韦君宜对过去的各种错误的、无中生有的、以打击人为主要特征的政治运动，有多么不满以至于否定的意见，但她对党、对争取全民族、全人类最高幸福的共产主义信念仍然没有丝毫动摇。在中国选择加入共产党来救国救民的人，我们都是“虽九死其犹未悔”的！如果还有下一生的话，我们的回答还是这一句：我们仍然要做共产党人！因为，我们这些从二三十年代过来的人，亲眼看见确是伟大的中国共产党和先烈们把中国这个国家和民族挽救过来的！

韦君宜的父亲是抗日战争前的一个铁路局长，她如果不是为了救国救民，为了全中国与全人类的解放与真正的幸福而奋斗，她为什么要抛弃她的优裕生活而投身共产党呢？入党后又受到了这么多的教育，怎么会因为受到一点不公正待遇就会动摇自己绝对忠实于为人民求幸福的共产党的信念呢？

韦君宜的这本书，把她从抗战初期起经过的种种重大政治运动都写上了，由于篇幅不大，本人健康更差，自然不可能写得详细。但是以一个亲历过这些运动的人去写这本书就是非常真实可贵的。看了此书，就可以看出很多政治运动的真实情况。本书中指陈的现象，较之实际，当然只能是九牛之一毛。但就是这一点点材料，也可多少看出过去有些政治运动是何等的荒谬与何等严重的自我摧残了。

作者告诉我们，“大跃进”的第二年，即1959年，“北京郊区已不断传来饿死人的消息”（82页）。作者很清楚，有些地方，全家都饿死了（实例是安徽合肥的，见83页）。这里反映的当然只是一星半点，实际情况往往比这更惨痛得多。韦在乡下亲眼看见，庄稼熟了却不准老百姓去收，只准在既无燃料、又无原料的条件下驱赶老百姓去“大炼钢铁”，连县委书记也抗不过这种荒唐事情，只能跟着老百姓说说俏皮话：“过了秋收吃钢铁吧，有个咬嚼劲儿！”这种历史上的空前怪事，再过几千年也无人能够猜透：为什么命令农民把成熟了的庄稼烂在地里，饿死人，拆了房子当柴烧，拿去“大炼钢铁”呢？而且这又是全国性的“运动”，并不是哪个村干部在胡搞。

如此等等是怎么回事呢？作者告诉我们："七千人大会"（指 1962 年初在北京开的从中央到县的干部大会）名为总结"大跃进"的错误教训，但是最后总结的却只是"别人蠢，自己没经历还不知道，一定要自己蠢了，方知道"。"谁蠢呢？没有指名。那就是大家都蠢了。实际上到底是谁蠢呢？全国会种地的老百姓无有不知一亩地不能下二百斤种，不能收十万八万斤粮的。他们何尝蠢来？"（85 页）

对于永远叫人不能理解的所谓"文化大革命"，作者很概括地指出："许多人提起文化大革命好像一场噩梦，全世界还不曾有一个国家（哪怕是嗜杀成性的暴君统治的），会如此大规模地自己动手毁坏国家，杀害大臣，关闭政府如同儿戏。但是，这不是梦。"（101 页）话似乎有些尖锐，但总没有事实那么可怕。那时候，全国都像个大监所，大刑房，又像个万兽角斗场。我那时在上海，以文化人为主组成的"牛鬼蛇神"队伍经常要到一郊区水泥制品厂去劳改。当时傅东华先生年已七十余，我国有名的文化人，也要去参加。晚上回来"勒令""牛鬼蛇神"电车不准坐乘，只能一站到底，我们动身回城时已 7 点多钟，车上人少，空下很多座位，但是我们还是不能坐，地狱里不知道有没有这种规定？话说回来，我以为韦君宜说的是对的，古今中外的历史上找不到类似的怪事。

韦君宜有一次下乡去"视察""右派"的改造情况，在她同一个"右派"谈话后，忽然悲从中来，"我在这四顾无人的破屋里没有必要再抑制自己，就伏在那玻璃窗台上放声哭了一场"。（90 页）因为这个"右派"确实是个左派，什么罪也没有，他是在外单位"平衡"比较之后由人家要求增补为"右派"的。这就是说，要求"向右看齐"，也就看齐了。

我以为全书写得最好的是《记周扬》这最后一节。首先，作者对周扬在历史新时期的痛心忏悔的提法，就比别人高明。她说："周扬，这位从延安起一直担任共产党文艺领导的人物，作过无数次报告。那时真的是说一是一，说二是二，多少作家的一生成败都决定在他手里。然而最后，他竟对自己生平的所作所为作了痛心的忏悔。这件事，本身就是中国文艺界最重大的事件之一，也是文艺界讲开放，讲重写文学史的最值得研究、最有价值的。”(190 页)这里，韦君宜看得很高很远的，就是最后这几句话。她没有把这仅仅看成是周扬个人的问题，而是反映了极左文化政策、整人政策的最终破产。

但是周扬 1983 年却在一个借口下遭到严厉的批判。周扬 1983 年在马克思逝世 100 周年的报告中因提出应当适当肯定人道主义和重视社会主义国家也可能出现“异化”问题，而遭到了迎头痛击，罪名极大。一次，周扬曾问韦君宜对这个批判有什么看法，韦以不懂“哲学问题”为由，违心地把问题推开了，但心里却一直十分不安。作者说：“我还是那个不分是非，不敢在是非面前挺身而出的旧我。我分不清是非吗？头脑里没有是非吗？应该是有的。可是我为什么不敢在周扬面前和别的客人面前响亮地回答：‘我不同意那个批判，完全同意你的意见！’”

“……比我长十岁的周扬是天真的，而在他面前做世故性的表态的我，却是虚伪的！”(199 页)

不，承认自己有过虚伪的人，也是天真的！人们会理解你的，韦君宜大姐！

韦君宜的这本书是很值得一读的。它文笔简洁流畅，无废词废句，通俗易读。它很好地表达了作者的真情实感，亲切、朴素而深刻。

我以为上上下下的人都应该看看这本书。我估计没有人会逆着民心出面来禁止这本书的吧？

原载《炎黄春秋》1998 年第 8 期

我所了解的韦君宜和杨述

丁磐石

读韦君宜的《思痛录》,我也像作家宗璞那样,是在“痛读”,越读越有沉痛感,越挂念韦君宜的病情,越怀念她已故的老伴杨述。君宜在此书的《缘起》中说:过去“在左的思想影响下,我既是受害者,也成了害人者”。她这样自悔,这样严于自责,我作为他们夫妇俩的老部下,从 50 年代开始,一直同他们保持着联系,多受他们的教诲,在痛读此书之后,就情不自禁地倒想说说君宜的高尚情操;说说她是如何尊重知识,如何爱护后进,爱护青年的。

一

1948 年秋,我奉党组织之命,从北平燕京大学撤退到晋察冀解放区之后,便知君宜之名,我看过周扬所编选的《解放区短篇小说创作选》,这书选有她的作品。那年冬天,我调到华北青委工作。这时,党中央为了建立中国新民主主义青年团,决定创刊于 1923 年的《中国青年》杂志再次复刊,杨述任社长,君宜任总编辑。我们华北青委机关当时在河北平山县南的王庄村。我们机关领导曾派我到相距七八十里的夹峪村,去面见中央青委书记冯文彬,就有关召开华北学生代表大会的工作问题向他请示。我顺便访问《中国青年》编辑部,第一次见到了君宜。我哪料到,这位已有知名度的作家却穿着不大合身的蓝布大棉袄,头戴棉帽,为保暖,腰间还系着一条白布带。她穿着如此简朴、随便,如果不是戴着一副近视眼镜,我还以为她是地道的农村妇女呢。

1949 年夏,我调离华北青委随李昌等南下,到上海做青年工作。那时中国革命已基本取得全国性的胜利，在这崭新的形势下，我们党迫切需要更多的干部，一再动员青年参加革命工作。而青年们也都纷纷离开家庭，走出学校，参军参干，随军南下。君宜为了鼓励这些青年，便写了《妹妹的故事》一文，以亲身经历向青年讲述：当年她和她上中学的妹妹，因受到爱国进步思想的影响，积极参加了“一二·九”运动。抗日战争爆发，她两姐妹都离开家庭，到武汉投身于救亡工作，君宜随后去了延安。而妹妹则不避艰苦，一再到乡下去宣传抗日，以后又上训练班，穿上军装，学习游击战。就在这个时候，她们的母亲竟千里迢迢跑到武汉来了，流着眼泪对妹妹说，父母年纪已老，你上无兄长，家庭门户要有人支撑，弟妹要有人抚养，你还是回家去吧，回去后继续上学，将来学业有成，同样是可以报效国家的，年轻幼稚的妹妹终被打动了，离开革命队伍，跟着母亲回家了。八年以后，君宜同志在火热的革命斗争中已锻炼成长为革命骨干，回家见到妹妹，妹妹却变成了穿着讲究的贵妇人。她虽然已从学校毕业，生活也优裕，但主要精力都花在那永无尽头的家务上了。活动天地的狭小，使她日益感到精神空虚、生活无聊而走向颓唐。以至年纪已大，还没有找到如意的对象结婚，而家里人却嫌她，说她“瞎折腾，整天像鬼打慌似的”。直到北平解放后妹妹才得到机会，再次参加革命工作。君宜同志就以妹妹的教训，谆谆劝告青年应该以国家、民族的命运、人民的利益为重，一定要走向革命的广阔天地，这样个人才有美好的前途。《妹妹的故事》在《中国青年》上刊登后，立即在青年中引起轰动，我读后也很受教育，更敬佩她了。

1950 年，新年刚过，我调到《中国青年》杂志社工作了。我一到编辑部，曾与我在华北青委一道工作过，当时主管《中国青年》文艺宣传的作家萧也牧同志（原名吴小武）就很高兴地对我说：“你能到团中央工作很好啊！这里的领导同志原先多是‘一二·九’运动时清华、北大的学运骨干，后来又经过抗日战争的实际锻炼，他们的思想、文化水平都高,有学识,有眼界,也注意培养干部。如主管宣传工作的蒋南翔同志和直接领导我们工作的杨述、韦君宜同志便是这样。”这次我到《中国青年》报到后,杨述、韦君宜就要我汇报上海的青年工作情况。当我谈到上海有的中学提倡取消考试,只让学生自己报告一个阶段的学习情况,就由学习小组评定成绩。还有的中学则实行在考试时没有教师监考的“荣誉考试”。他俩一听,都立刻摇头说:“不能这样搞啊!”他们指出,考试是为了检查学生的学习,不能把这和学生的自觉性对立起来。像语文、史地等课程,教师不监考,学生多半会公开翻书照抄,这怎能检查出学生是否学好呢?至于数理化等课程,更要记住定理、公式,要演算,这也不是靠报告一下学习情况所能代替。用考试来督促检查学生的学习,有助于提高学生的学习自觉性,真正学到知识,这是教师不可推卸的责任。他们要我据此定短评。我写出后,君宜作了画龙点睛的修改后就发表在《中国青年》上。现在看来,这种不要考试,取消教师监考的做法,确实有些幼稚、偏激,但那时年甫二十来岁、也很懵懂的我,却不知其非。初次见面,他俩一席谈,就开我茅塞,使我上了一课,我庆幸自己遇到了好领导。

二

凡是看过君宜《思痛录》和《露莎的路》的同志都知道,她这两本书都回顾了延安的抢救运动,那次运动搞得很“左”,有好多从沦陷区、国民党统治区不避艰险跑到延安等抗日根据地来参加革命的知识青年,包括杨述在内,都被怀疑是混进来的反革命特务而遭到审查、斗争。有的同志因此被迫离婚,有的甚至自杀。君宜因此曾一度有点后悔自己当初不该来参加革命。但是后来她仍然是以国家、民族、人民的利益为重,识大体,看大局,谅解了,还是继续留在解放区好好干革命。在我看来,也正因为她和杨述都有受过

“左”的迫害折磨的亲身深刻感受，所以在这以后，在《中国青年》的宣传工作中，不论是帮助青年解决在政治生活还是日常工作、学习生活中的问题，都很注意防“左”反“左”。在这一方面，还有一突出事例就是君宜讲到的写《思想改造性急不得》的文章的问题。这事情也发生在我到《中国青年》编辑部不久。1950 年 4 月，北京有的大学的党团组织对学生进行思想改造竟大搞突击运动，硬要学生人人检查，个个过关，既要学生交代祖宗三代的情况，又要学生在短短的几天内把自己头脑里的反动的、封建的以及资产阶级和小资产阶级的思想都一古脑儿地批判、清除干净。北京有个刊物还把这一“左”的做法看成是好经验而作了报道。杨述、韦君宜看了报道后连声疾呼：“这样搞思想改造不行，不行！”他们亲做调查，证实情况后，征得蒋南翔的同意、支持，决定让《中国青年》赶快发表社论进行纠正。他们要我起草社论，君宜向我谈了社论应写的要点。我那时思想理论水平很低，很费劲地勉强写出草稿，她细作了修改后，这社论稿就大为生色，观点明确了，论证充分有力了，行文也简洁、流畅、犀利了。它的要点是：1. 我们还处在新民主主义阶段，对广大青年来说，主要的是应该批判清除反动的、封建的思想影响，而不是急于大批资产阶级、小资产阶级思想。2. 思想的改造、提高是由低到高、渐进的、不断深化而又无止境的长期过程。即使共产党员的思想觉悟也须经过多年的学习、锻炼才能得到很好的提高，思想改造绝不是一朝一夕，能毕其功于一役的事。思想工作如果粗暴简单，要求过高过急，欲速则不达，学生思想难于弄通，问题并未真正解决，反而会损伤他们求进步的信心，造成种种不良后果。比如现在的实际情况就证明，这样搞就已经把好多学生弄得思想负担很重，精神紧张恍惚，寝食不安，哭哭啼啼，感到日子过不下去了。3. 不能把解放区整风整党的做法套用到普通学校。青年学生的思想改造、提高不能一味靠运动突击，今后主要的途径应该是通过日常文化科学课程的学习。文章发表后反响很大。学习文化科学知识大有助于思想觉悟的提高,这在当时对许多人来说,是一种闻所未闻的新颖之见,它起了振聋发聩的作用。但是有的团干部对此还有疑惑,君宜同志于是又让我写了一篇长文,更详细地对这问题作了解说。

但那几年,“左”的思想的作祟仍有增无减。有的人看了《中国青年》这些文章以后,又跑出来责问说:“这样强调学科学文化知识,钻业务,是不是在宣扬脱离政治的单纯技术观点呢?”这种指责显然是站不住脚的。抛开《中国青年》一再鼓励青年学政治、参加革命工作不说,就以这问题本身而论,当时国家已经开始大规模建设,学习科学文化知识,钻研业务,这更是革命事业的迫切需要,完全符合国家人民利益,是大家应尽的政治职责,这怎能谈得上是脱离政治呢?据此,杨述、韦君宜又要我们给《中国青年》写文章,回答这种责问。也恰恰在这个时候,陈毅在上海,也针对这种片面强调政治、轻视学习科学文化业务知识的搞空头政治的“左”的错误观点,发表了应该正确处理政治与业务的关系的讲话。陈毅举有力的例证说,一个飞行员,如果不讲政治,没有起码的政治觉悟,对祖国人民没有感情,一起飞就飞到敌人那边去了,怎么能让这种人驾驶飞机呢?但另一个飞行员虽抱有为祖国献身的决心,但业务学得不好,技术不行,一起飞,没有打敌人,就被敌人打了下来,像这样的飞行员,又有什么用呢?因此政治与业务二者不可偏废。杨述、韦君宜看到这讲话后都赞不绝口,经征得陈毅同意后,在《中国青年》上刊载了。

三

50 年代初期,我们党在全国范围内进行了土地改革、“三反”、“五反”等运动。也由于“左”的“唯成分论”的思想影响,有不少地方的党团组织却因此歧视、排斥、甚至打击出身于地主、资产阶级家庭的青年。韦君宜、杨述也很关心这个问题，他们又让我们多次为《中国青年》写文章，一方面告诉团的组织要明白，出身于这些剥削阶级家庭的青年，解放前都还是未成年的孩子，并未管家，因此不同于他们的直接从事剥削的父母。青年是易于接受新鲜事物的，在革命取得伟大胜利的鼓舞下，他们更向往美好前途，乐意靠拢革命。所以一定要区别对待，不应歧视、排斥、打击他们，而要团结教育他们，让他们能同样上学，参加革命工作，信任他们。另一方面，文章也面对这些家庭出身的青年，告诉他们要懂得，家庭出身是自己无法选择的，但个人的远大前途则可以由本人去创造。现在我们党的不少负责同志就不是来自工农家庭，而是出身于地主、资产阶级家庭的，这并没有妨碍他们成为优秀的革命领导者。因此，出身于剥削阶级的青年只要能够和剥削阶级划清思想界限，努力求进步，那还是大有前途的。出身不好的青年一定要丢掉思想包袱，轻装前进。文章还指出，对于地主家庭出身的青年来说，如果自己的父母已很年老，完全丧失了劳动能力，生活没有依靠，十分困难，那也不妨适当给家庭以经济帮助，以减轻社会负担。至于资产阶级出身的青年就应当了解，资产阶级是属于人民的一部分，更用不着与家庭一刀两断，决不来往，而是应当协助党和政府对自己家庭做团结教育的工作。《中国青年》的这些言论在那时可以说多是发人之所不敢发，因而取得宣传效果也是很好的。

刊物写稿应该靠谁，这也是《中国青年》复刊后争论的问题之一。有一种意见是说《中国青年》是青年的刊物，自然应该主要靠青年写稿。但蒋南翔、杨述、韦君宜则认为，《中国青年》虽然应当鼓励青年多投稿，应当登青年的稿件，让青年进行自我教育。但青年还缺经验，缺理论，缺知识，教育青年不能只靠青年自己，更重要的是要靠长辈人。尤其是《中国青年》作为团中央的机关刊物，要面向全国的广大青年和各级团的干部进行政治思想教育，很好地帮助青年解决在政治生活中、日常生活中遇到的种种疑难问题，这更需要依靠富有经验和学识的革命前辈、名家学者的指导和帮助,他们的意见得到了绝大多数同志的拥护。在这一编辑思想的指导下,杨述、韦君宜总是带动我们多方开辟稿源,四出约稿组稿。那时,给《中国青年》撰稿的除彭真、陈毅等老一辈革命家外,还有胡乔木、郭沫若、茅盾、艾思奇、丁玲、田家英、邓拓、吴冷西、范若愚、何其芳、胡风、李锐、温济泽等等众多的革命长辈、名家学者。这样,《中国青年》就更能深入细致地对青年进行帮助,而成为青年们喜爱的读物。记得1950年10月23日,在纪念《中国青年》创刊27周年的座谈会上,现已是北京大学的名教授、当时还是北大学生的乐黛云代表青年读者发言说:“《中国青年》既有很高的思想性,又丰富多彩,生动活泼,它是我们的良师益友,每到新一期《中国青年》要出版了,同学们都盼呀,盼呀!都盼望能早点看到它。”事实就是这样的,从那时起,到1953年我们刊物在杨述、韦君宜的主持下发行量已上升到六十多万份,成为全国发行量最大、社会影响最广的刊物之一。

四

君宜同志在《思痛录》中讲述杨述在“文革”中的悲惨遭遇,充满着血和泪,我读这一章最感沉痛。她一再说杨述“是个老实忠厚人,有时简直到了迂的程度”。据我亲身的感受,君宜也是一位忠厚长者,在品格上,她与杨述有不少共同之处。我觉得,他们夫妇俩的“忠”,一大体现就是忠心于教育青年的事业。建国初期,杨述还任团中央宣传部长,君宜任副部长,他们把自己的全部精力都用在编《中国青年》、团的宣传工作和创办《中国青年报》上了,可以说是呕心沥血。他俩很不讲究家庭生活,那时他们的大女儿“团团”已经出生,他们把孩子全交给保姆带,自己很少管。有的同志笑君宜说:“从来没有看见她抱过孩子。”有同志则说:“不!抱过,但不会抱。”他们成天都在谈工作，看稿、写稿、改稿、看校样，余下的时间就是读书看报刊。君宜同志本来是想继续从事文学创作的，但那几年她服从工作需要，写的都是《中国青年》所需要的思想论文。他们带领我们工作，经常是日以继夜，到星期六晚上了，他们有时还要召来我们开会研究工作，以至有的已经成家的同志在背后埋怨：“连星期六晚上也不让人有时间去看爱人、管家务、带孩子。”他们写稿、改稿总是字斟句酌，反复推敲，一丝不苟。他俩的言传身教，使我们这些刚参加编辑工作的青年开始懂得应该怎样编刊，当好一个编辑。

那时候的团中央的领导同志都不过三四十岁，其余干部大多是二十几岁的年轻人，还有不少十七八岁的小青年。《中国青年》编辑部所在地的团中央机关大院总是洋溢着蓬蓬勃勃团结活泼的朝气。一到下班时间，院子里到处都是欢笑声、打闹声。冯文彬在和小青年开玩笑；蒋南翔在院内骑自行车锻炼身体，时而停下与同志们说说话；李昌、荣高棠等则同我们打排球、篮球……但在这些场合很少见到杨述和韦君宜，他们不大参加文体活动。君宜有时走过院子，也不大理睬人，好像还在思考问题，大家并不认为她有架子，而是觉得她脾气有些孤僻。但我们这些在她手下工作、最接近她的人，还是感到她和蔼可亲。杨述同我们谈问题常常是滔滔不绝，不厌其详，而君宜写起文章来，是那样洋洋洒洒，生动引人。但平时却似“讷于言”，谈话往往是三言两语，可是很直率，言简意赅。我还感到他们夫妇俩的“忠”的另一体现是忠厚待人、爱护同志、爱护青年。他们关心大家的学习，我在大学时上的是历史系，他们不止一次地勖勉我，不要放弃自己的专业，可以在工作之余继续研究历史，这对编刊也有好处。君宜同志在《思痛录》中忏悔自己“整”过人，其中就有我。具体情况是，我那时是“年少哪知世事艰”，骄傲自负，又不拘小节，生活上马里马虎，随随便便，以至在“三反”中出了小毛病。这次她确实找我谈过话，要我严格要求自己，做好检查。但绝不是疾言厉色，硬追硬逼。也在这些日子，她和杨述还给我任务，要我写有关这次运动的短论，在我们编辑部同志的心目中，他们夫妇俩可不是那种宁“左”勿“右”，以为越“左”越好，喜欢整人的人，相反，他们总是尽量设法保护同志的。对待作家萧也牧即是一例。萧也牧是抗战初期就投身革命的知识青年，很有文才，写过不少文学作品，解放初期，《人民文学》发表了他的短篇小说《我们夫妇之间》，但文艺界却有人公开大肆批判他有小资产阶级情调。杨述、韦君宜对此却很不以为然，在工作上照样信任他。韦君宜、杨述与我们相处，也愿讲真话，使我们感到他们不虚假，很真实。给我印象很深的是，君宜同我们闲谈，不止一次地很感叹地说：“我们的思想教育工作不知怎么竟搞得人谨小慎微，不敢讲真话，连天真的中学生也是这样。你问他们将来想干什么工作，他们的回答也都是‘完全服从组织分配’、‘组织上叫我干什么就干什么’这一套冠冕堂皇的话，一点也不敢讲内心里个人的真实想法。”他们夫妇俩能向我们交心，我们更感到亲切，也愿意向他们谈自己的真实思想，得到他们的帮助，我们都把他俩看作是自己的好领导、好老师。

1953年，中国新民主主义青年团第二次全国代表大会召开以后，团中央许多领导干部都因年纪大了，纷纷调离青年工作岗位。杨述调任北京市委宣传部长，君宜同志则去文学岗位。他们要走的时候，大家都依依不舍。好在他们家是搬到团中央附近，所以我们常去看望他们，向他们请教，征求他们对我们刊物宣传的意见。

五

“疑是人间直道穷”，这是作家黄秋耘同志悼念杨述的诗句。1966年“文革”伊始，一贯对党对人民赤胆忠心、勤奋老实工作的杨述被诬为“三家村”成员、反党反社会主义分子而遭到揪斗；君宜随后也被批判。在清华任校长的蒋南翔也成了被打倒的“走资派”。株连所及,我和《中国青年》的另一位老编辑、时已任总编辑的徐江明,还有前三年已调任《工人日报》社社长、原《中国青年》总编辑邢方群也被诬称为“反党集团成员”而被停职审查。我们的主要“罪状”就是在办刊中卖力推行“蒋(南翔)、杨(述)黑线”。接着团中央书记处又被改组了,胡耀邦等一再被中学红卫兵围攻,揪斗示众。我们的“罪状”又加了一条:“胡家黑店的爪牙”,真是“罪行累累”,于是被关进“牛棚”,要一再交代与这些“走资派”搞的“阴谋”。

1969 年,团中央干部被一锅端,都下放到河南潢川县五七干校。我们这些“走资派”当然也得到那里劳动改造。1972 年,一位去湖北咸宁文化部干校探亲回来的同志告诉我说,韦君宜已得到解放,被起用参加连队的领导工作后便大抓为老同志甄别平反的工作,很得人心,我听了很高兴。1973 年秋,也早已解放的我被调回北京与李彦共同负责筹备《中国青年》的复刊工作。不久,我去看望也回到北京的杨述、韦君宜。这时他们的家已搬到永定门外的一个偏远的旧楼里,一大家男女老小只住两间小屋,气氛也不像过去住在东交民巷时那样有说有笑,热热闹闹,而是冷清凄凉。劫后重逢,我们彼此自然都有许多话要说。我没有想到,以前见面总是杨述侃侃而谈,而君宜只是偶尔在旁插话,此时情况却完全颠倒了。君宜同我大谈“文革”的批斗,干校的劳动改造,军代表的可笑作为,林彪、“四人帮”的倒行逆施……杨述却很少吭声。我惊讶他好像变成了另一个人。君宜悲愤地告诉我,他在隔离审查时被打断肋骨,弄得重病在身,又说他们的大儿子也得了神经病,大人不在时,把家里的电视机等也拿去送人了,听到这些我心里很难过。

1978 年,我到中国社会科学院工作,又与杨述在一个单位了,他更衰弱了,老态龙钟,拄着拐杖,走路都很吃力,但院里有重要会议，他都要来参加。每次见到他，我都要问候他身体怎样，他却很少回答，显得神情呆滞。我原是他很熟悉的老部下，此时在他的眼里似乎是陌生人。这段时期，他们家已搬到与社科院紧邻的贡院西街的一个旧大院的平房里，我也多次去看望君宜。她告诉我，杨述因自己的问题等了这许多年，至今上边还没有做结论，十分苦恼，病更重了，此时君宜已回人民文学出版社任社长，工作繁重，家里还有一老一小的病人需要照顾，负担很重，但我眼见她又拿起了笔，又在写文章，写文学作品。

"愤怒出诗人"，出创作，"文革"的苦难，使她悲愤，使她在这以后不断地写作，她创作的《女人集》、《老干部别传》、《旧梦难温》、《海上繁华梦》等等，一本又一本的中短篇小说集、散文集出版了，每出一本，她都要赠给我，我读后都受教育。"莫道桑榆晚，为霞尚满天"。那几年，我们老团中央干部相聚，常夸赞君宜说："想不到她晚年竟成了创作最旺盛的时期，她写出的好作品真多啊！"说这些话时，大家也感叹："可惜杨述被折磨死了，不然，他也会写出很多好东西。"

1986 年以后，一再传来消息说，韦君宜得了脑溢血，半瘫了，又患了脑血栓……我多次去崇文门东街她家里慰问，看见她已行动不便，只能偶尔扶着椅子在室内走几步。但一次又一次的沉重打击，并没有挫损她的坚强意志，她还在用颤抖的手写作。1993 年，我的老同学、《十月》杂志的主编苏予同志告诉我："韦君宜又出了一本《露莎的路》，文艺界的朋友都称赞这是一本讲真话的好书。"很快，我就收到君宜的这本赠书，立刻阅读起来。我早就听老同志说过，当年延安等老根据地大搞"抢救运动"，冤枉了好多同志，但我未得其详。读《露莎的路》才知道，在那次运动中，捕风捉影，荒诞的依据；主观臆断，离奇的推测，不但把许多到根据地来投奔革命的知识青年打成了"混进来的特务"、"反革命"，而且连十三四岁的中学生以至六岁的小学生也被说成是被收买了的敌人的特务。这些令人惊心荒唐的情况,使我认识到,解放后的多次政治运动搞得很“左”,原来是深有其历史根源的。而“文革”则愈演愈烈,更殃及了全国亿万人,但愿真能吸取这一次又一次的惨痛历史教训,以后不要再重蹈覆辙,搞这种自戕自毁的政治运动。

1996 年,君宜同志全瘫了,从此卧病医院。我那年春节去给她拜年,她虽神志尚清,但说话已很吃力。这几年我常惦念这位老领导的病,却没有想到她又出版了《思痛录》。前些天,我见到她的弟弟、我们燕大校友魏鸣一学长,他告诉我,君宜的神志、口齿更不清楚了,有时连自己的女儿也认不得。我在想,她的作品《思痛录》问世后,佳评如潮,社会影响十分强烈,一版再版,又再版,这对病重的她,应该说是最好的安慰吧!

原载《纵横》1999 年第 8 期

韦君宜在“鲜花”中远行

吴学昭

这几天正想着去协和医院探望小韦(君宜),不料却接到她病逝的噩耗,我顿时鼻酸泪下,万分遗憾没能与她作最后的诀别。她女儿团团写的《妈妈在〈五月的鲜花〉中远行》,我在八宝山的告别仪式上得到印证。小韦静静地躺在花木丛中,身体虽很瘦弱,面容平和安详。说什么好呢?此刻已是人天两隔,我只有在心中默念:小韦,您走好,您已为自己的理想和信念尽心尽力,我们将永远想念您!

韦君宜同志原名魏蓁一,1934 年考入清华大学哲学系,不久就积极参加学生救亡活动,1935 年更全身心投入著名的“一二·九”爱国学生运动。在当年清华的党员和积极分子中,她因为班级低、年龄小，人称小魏，改名韦君宜后，变成了小韦。这个称谓，不知怎么从清华叫到了延安，又由平山叫回到北京。也许因为解放初期，团中央很有几位清华老同学共事，像蒋南翔、荣高棠、杨述、许立群……还有常来团中央串门又常为《中国青年》撰稿的胡乔木、于光远等等，他们都习惯称君宜同志为小韦，团中央和《中国青年》的同志也跟着称她为小韦，连刚从团校分配来的小青年也没大没小，不例外。小韦对此不以为忤，总是微笑答应。不过那时候也不兴称官衔，叫人××部长、书记什么的，听着别扭，还觉得俗。

那时候没有现在这么等级分明，1949 年开国大典，天安门还没搭建观礼台，小韦虽说是延安来的老干部、《中国青年》的头儿，也跟着大伙一块游行到天安门。下午 3 点开会，老早就得进场，小韦垫张报纸坐在地上等了好几个小时。当毛主席宣告中华人民共和国成立了，小韦和大伙一样，欢呼跳跃，眼里闪着泪光，想是思念那些牺牲的战友不能共享此刻的欢乐。

小韦和他的爱人杨述，是一对工作狂。很少见他俩悠闲地散散步，也几乎不记得小韦曾抱抱或逗逗孩子。也许是太忙，她顾不上修边幅，生活上马马虎虎。有时钮子扣错了眼，列宁装的腰带又不注意打结，往往一头挺短，另一头长长的。大家说，从小韦身上，看不出一点 30 年代阔小姐的影子。

她平易近人，面带微笑，不爱多说话，可一旦说起话来，速度很快，大家开玩笑，说她说话不带标点符号，若不认真抓紧听，很可能赶不上趟。她的字也很特别，不知学的什么体，散散的，就像几根火柴棍搭起来的。《中国青年》的小青年捉摸着这种字写起来准很费劲，可在小韦笔下，嗖嗖地一行又一行，一篇又一篇，很快。

她才思敏捷，落笔成章，是一把有名的快手。团中央、《中国青年》有什么急活儿，由她救场的次数不少。1952 年《中国青年》原已约定社外几位同志写稿，借纪念“一二·九”谈谈知识分子与工农结合,临时却一篇也来不了。怎么办?只有小韦亲自动手,偏偏她又在生病,最后决定请她讲述我记录整理。我去小韦宿舍听她讲了一个下午,她大概头痛得厉害,脑门上扎着头巾,谈话中又紧勒了几次。由于她已打好腹稿,条理清楚,我整理起来并不费劲,当晚即整毕送她过目,她略加修改润色,立即发排,题为《"一二·九"的道路》,笔名萧文兰。

她从不打官腔、唱高调,不说套话,作文没有一点八股味。改稿认真细致,效果奇佳。一篇普普通通的稿子,经她三勾两划,删删改改,品味大大提高。年轻人佩服又喜欢,常到负责编务的老赵那里求阅小韦的改稿,当作最好的学习。

1950年团中央组团前往苏联学习,小韦的任务是重点学习团的宣传工作经验,《共青团真理报》和《少先队真理报》的经验,为团中央筹办团报、队报作准备。她回来传达,全面扼要又活泼风趣,听者似乎也跟着上了一趟苏联。她学习人家经验不忘结合我国实际,没有人云亦云,没有当时很流行的那种盲目"一边倒"。

团中央宣传部副科长吴小武,笔名萧也牧,妻子是位劳动模范,他以他们夫妻为生活原型,写了小说《我们夫妇之间》,在《人民文学》上发表。有关方面认为小说丑化了工农干部,作者立场观点思想感情大有问题,要所在单位批评教育,肃清影响,于是有了团中央宣传部批评《我们夫妇之间》的作品讨论会。大家热烈发言,上纲上线,好不痛快;小韦的讲话却没了平时机关枪似的速度,且几次将言而嗫嚅。吴小武会下对几个被他视为知己的小青年说:别看你们万炮轰鸣,我不怕;小韦讲理,我服。实际上小韦不止以理服人,在生活上也很关心他。刚进城那会儿,中央青委几十口人全挤在东长安街的一个小楼上,小韦等硬是在顶层挤出一小间房给吴小武夫妇居住。

我与小韦比较亲近,不仅因为我曾是她麾下的一个兵,还因为她是我爱人蒋南翔的老战友,我从南翔那里听说许多他们这一代人的故事,深受教育。到后来,南翔和小韦先后住进医院,我又成了他们之间互通音讯的联络员。

小韦是南翔发展的一名共青团员。1934 年秋,她入清华不久就参加了"现代座谈会",与南翔同编在哲学组,一块儿学习辩证法唯物论。"现代座谈会"解散后,又由进步女生头头韦毓梅(孙兰)编入女生小组,每周一次上南翔宿舍讨论时事,学习华岗的《中国大革命史》。小韦对南翔的印象是"永远蓝布大褂,一丁点儿青年的活泼劲也没有",这倒使她打消了对男同学的芥蒂和戒心,开始自在地和男同学谈话。后来发现南翔虽沉默静谧,还是位循循善诱的兄长。1935 年南翔通过竞选,担任《清华周刊》总编辑,小韦和姚依林、杨述等参加编辑。那时女生积极分子的队伍日渐扩大,已由韦毓梅独立主持女生工作了;"一二·九"时全成了运动的骨干。

1936 年 2 月 29 日,小韦和同志们经历了"一二·九"运动中规模最大、斗争最激烈的反逮捕斗争。这天拂晓,五百多名宪兵、警察、保安队突然侵入校园搜捕共产党员。南翔被首先逮捕,先关押在工字厅,又转到西校门警卫室,绑在床架上。接着方左英、姚依林被推了进来。小韦随着几百名同学喊着口号,勇猛地冲向西校门,有人踢开警卫室的门,蜂拥向前,将三名被捕同学救了出来。几个看守的宪警持枪威胁,看看势不可挡,拖着枪溜了。另有许多同学赶到西校门外,把等待装载被捕同学的七八辆卡车砸烂。

这下惹了大祸,晚上,宋哲元出动 3000 军警武装包围清华园。由于党支部事先作了部署,可能上黑名单的骨干已经躲开:黄诚、姚依林等躲在冯友兰教授家,小韦和韦毓梅、王作民等女同学躲在朱自清教授家,还有躲在闻一多等教授家的。南翔则在二院食堂工友的掩护下化装成炊事员脱逃。夜晚,全校熄灯,绝大多数同学集中在体育馆篮球场,宪警摸黑搜捕,各宿舍空无人影。天快亮时,摸到体育馆,才发现大批学生,胡乱抓走二十多位同学,后由学校营救释回,想抓的人一个也未抓到。

小韦在校与经济系同学孙世实相爱,孙是中央大学著名社会学教授孙本文之子,为清华的学联代表、北平学联党团成员之一。1937 年“七七”事变,平津沦陷,他和小韦撤退到湖北从事党的地下工作。1938 年春,在武汉召开第二次全国学联代表大会以后,南翔和孙世实同在武汉全国学联工作,并一同住在汉口华商街保和里。1938 年武汉撤退时,孙世实在震动全国的新升轮惨案中遇难。他那时任湖北青委书记兼湖北民先队长,受湖北省委钱瑛同志委托,在旅途中照顾身患重病的原燕京大学支部负责人李声簧同志。当日机来袭,他找到一块大木板,将李声簧放到木板上漂走,使李得以脱险,而自己在空袭中牺牲,年仅 20 岁。同志们闻讯都很悲痛,深爱孙世实的小韦甚至痛不欲生。多年以后,南翔还记得小韦写的那首痛悼孙世实的诗。

小韦撤退到重庆,仍在不能自已的深切悲痛之中,难过得不想活。党组织批评她“小布尔乔亚”,又怕她真的自杀,把她交给当年清华的女同学王作民照管。后来,决定让她到成都找关系去延安。杨述的母亲恰巧在成都,她是抗战初期在独生子的反复劝说和动员下,放弃江苏淮安老家的土地财产奔往武汉参加革命后撤到四川的。尽管杨述那时对小韦还只是同志式的关切,这位革命的母亲竟把小韦当成儿子的未婚妻热情接待,爱护有加。老太太居然对小韦的诗琅琅上口,又每天为她叫小笼包子当早点,令小韦哭笑不得,她给王作民写信说:漏屋又逢连夜雨,破船偏遇顶头风。

小韦与杨述相爱并结婚是几年以后的事。杨述在清华与小韦同年级,是位热情奔放的人,上中学时就参加了革命。他熟读马列,诲人不倦,下笔万言,喜欢争辩,信仰几乎代替了思想,热爱工作到了痴迷的程度，生活小节，不屑一顾。他原名杨德基，因好谈马列，被人笑称杨德斯基。

杨述“毁家纾难”，动员母亲将全部家产献给了革命事业，然而就是这么一位恨不得把自己的一切都献给革命的同志，1943 年在延安的抢救(失足者)运动中，却被“抢”成“特务”。实际也不只杨述，由于群众斗争大会的大轰大嗡，强迫“坦白”，强迫“反省”和“逼、供、信”，乱咬乱说，大多数从外边投奔延安的知识青年，包括在外边出生入死的青年被“抢”成了“特务”或有“特务”嫌疑。杨述想不通，从绥德奔往延安向南翔求救。南翔当时在中央青委主持机关工作，因为对抢救运动质疑，境况岌岌可危。他只能告诉杨述，他已向刘少奇同志反映：把“一二·九”运动也说成是国民党的红旗政策，太不像话了，少奇同志也同意南翔意见。他没敢告诉杨述，有的领导认为，既然国民党于 1935 年起已在全国实行党化教育，所有那时以后来边区的知识分子都有问题。

幸亏抢救运动自 7 月开始，“抢”到 10 月，元气大伤，无法进行下去，毛主席脱帽道歉，运动收场。小韦为“抢救”事件愤愤然，对南翔说“千古奇冤啊”！南翔安慰她“三月奇冤吧”。问题是仍然肯定成绩，不认真反思，很难避免错误重演。南翔以实事求是对党负责的精神，写了详细的《关于抢救运动的意见书》，对 1943 年从延安开始的内部肃反所采取的“抢救运动”的做法，提出了原则否定的意见。意见书是写给少奇同志并报中央的，送达中央后如石沉大海，没有结果，却从此背上一个“攻击中央审干九条方针”的严重错误，直到“文革”结束后，1985 年中央组织部为南翔彻底平反，才具体明确他 1945 年 3 月向党中央写的《关于抢救运动的意见书》，指出“抢救运动”中的偏差，并在党的“七大”小组会上作了发言，“这在党的生活中是正常的，不但符合组织原则，而且内容也是实事求是的”。

1949 年 1 月南翔回到北平，重与杨述、小韦相聚中央青委，一起工作。1952 年起，他们先后从青年团系统"毕业"，分赴不同的岗位工作，但几十年来，彼此之间始终保持诚挚的友谊。

南翔说过：几十年风风雨雨，小韦仍保持着少年时代的纯洁，没有一点点党内世故，难得啊！又称赞小韦敏锐，像小说《组织部新来的青年人》、通讯《在桥梁的工地上》所反映的那些问题，小韦早有察觉，并深以为忧，与南翔交换过意见。80 年代初，报刊登载悼念文章较多，南翔印象最深的是小韦写的《悼杨述》，一个活生生的杨述，跃然纸上。南翔说小韦作文之所以动人，是因为情真，彻骨之痛啊！

1983 年，为迎接临近的"一二·九"运动 50 周年纪念，中央党校党史研究班经中共中央书记处批准设立，由时任中央党校第一副校长的南翔牵头，何礼、叶方等同志具体负责。研究班的任务是组织力量编写一本"一二·九"运动的简要历史。全国各地的"一二·九"运动骨干，被请到了中央党校党史研究班，参加座谈系统讨论，没能来的，有人上门访谈，并派出专人去中央档案馆、北京图书馆及各有关单位调查研究，收集资料。

经过紧张忙碌的两年，各组写出了初稿。要把这互不连贯、风格迥异的几十万字编成一本书谈何容易，其中有的篇章只是一些素材，需要重写。谁来负责全书的文字统一加工和定稿，难题摆到了南翔面前。他考虑主要撰稿人既要熟悉运动，又需具有较强的文字能力，这一重任恐非请小韦担负不可，就怕她那时任人民文学出版社社长，工作繁多，忙不过来。他请来小韦商量，没想到小韦慨然应允，并立即动手撰写，没日没夜。遇到有争议问题，就来和南翔商量。

由于多种原因，《史要》未能赶在 1985 年"一二·九"运动 50 周年与读者见面，但在全国主要报刊发表了它的一些重要篇章，得到好评。

1986 年 1 月下旬，南翔以心肌梗塞入住北京医院治疗。4 月，听说小韦患脑溢血导致右肢瘫痪，南翔泪水盈眶，喟然长叹："小韦是累倒的，我害了小韦。"当时协和病床紧张，好像连急诊观察室都没有床位，南翔赶快打电话向卫生部崔月犁部长求援，请他无论如何帮助小韦住进医院。又派我去医院看望小韦，要她安心静养，不问其余。《史要》未完成的一小部分，拟请黄秋耘同志来完成。小韦欣然表示赞同。

不久，《"一二·九"运动史要》正式出版，彭真为该书封面题签。这不是一本普通的书，是伟大的"一二·九"运动半个世纪以来的初次全面综合，收集和保存了不少第一手的珍贵资料，是可以传世的。书的最后一章"鲜花掩盖着志士的鲜血"，列有一长串抗日战争中献出了生命的"一二·九"战士的名单，还极不完整。他们牺牲的时候，最年轻的只有20岁，最年长的也不超过30岁。南翔拿到样书感慨万千，连说"小韦功不可没"，要我立即送去两册，让她先睹为快。

小韦经过一段治疗，回家休养悉心锻炼，居然恢复到能够拄杖行步。而南翔心脏病情缓解，却又发现了胃癌晚期。化疗以后，人变得非常虚弱，老朋友得知这个不幸的消息都很沉重，一个个前来探视。1988年3月，小韦拄着拐杖，由女儿杨团陪着来了。南翔见小韦恢复得不错，很感宽慰。他说：我们的书总算出了。你的担子还很重，还有许多东西该写。他们又谈到了杨学诚、韦毓梅、孙世实……这是小韦康复后，他们第一次见面，也是最后的诀别。一个多月后，南翔与世长辞。小韦很快派人送来她写的挽词：

老蒋/你走了/我觉得空落落的
我们这一代/空落落的/都走了

慢点走吧/我们唱着
同学们大家起来/高视阔步走来

你应举起你沉思的笔/站在中排
我们所有的人/都和你同在
你在这里/你在我们中间

老蒋/我不哭
因为“一二·九”精神
在这里/在你身上/活着在

你所发展的共青团员
小魏(韦君宜)

我将小韦的挽词,还有南翔刚出版而不及一阅的《党校教育正规化的探索和实践》一书,放在他的胸前,同遗体一起火化。

南翔去世前不久,请人将他1945年春在延安写的《关于抢救运动的意见书》交给《中共党史研究》发表。南翔去世后,我给小韦送去载有该文的那期《中共党史研究》,她当时正在奋力笔耕。没想到第二年竟又患脑血栓再度入院。我最后一次去医院探望,她已插了鼻饲管,戴着氧气罩,但神志还很清楚,护士把我带到床前,问小韦:“认识吗?”小韦点点头,艰难地说:“萧光——”那是我入解放区后使用的名字,我差点掉下泪来。

而今,小韦已在音乐声中远行而去,我宁肯相信人死后有知是真的,让无愧于时代和人民的“一二·九”儿女在另一个世界相聚,继续他们五月鲜花的歌唱。

原载《炎黄春秋》2002年第4期

怀念韦君宜

——一个大写的人

盛禹九

如椽董笔写荒唐，
受蔽伤人亦自伤。
一部辛酸断代史，
阙如文字说玄黄。

当年幻梦入仙山，
魂梦醒时泪已干。
泣血灵台难入定，
痛思留与后人看。

麾下曾经作小兵，
朝朝暮暮仰高风。
难忘大院门前语，
劫后心潮可未平?!

上面是我在读完韦君宜的《思痛录》后，写的三首小诗。这本书曾长期脱销，我是1999年10月去江西旅游时，在庐山脚下的一家小书店里买到的。当晚一口气就把它读完了。一位革命老人，在历经劫难、大彻大悟之后，真实地记录了一段令人难以忘怀的历史，为后人留下了一笔极其珍贵的精神财富。每次读着它时，我总是止不住内心的颤动。它无数次地唤起了我对作者——这位值得人们敬仰的我的老领导的许多往事的回忆。

最初的领路人

第一次见到韦君宜同志，是1950年的初夏，我刚从中央团校毕业，调入团中央工作不久。

一天，在机关大院内见到一位三十出头的女同志。她，穿着一身灰布列宁装，戴着一副深度眼镜，手里拿着一摞稿件，在我面前匆匆走过。人们告诉我：这是韦君宜同志，团中央宣传部副部长，兼《中国青年》杂志总编辑。事后还听人说，她当年是清华的高才生，“一二·九”运动的积极分子，放弃去美国留学的机会而参加了革命，是知识分子背叛资产阶级家庭的一个典型人物。自此，我对她就有了几分景仰。没有想到，两个多月以后，我去河北平山参加“宣传站”试点工作回机关，便被安排在《中国青年》工作，成为韦君宜同志麾下的一个小兵。

《中国青年》编辑部就设在北京东城区正义路3号团中央机关大院内，一间不算太大的办公室里，挤着十几个二十岁上下的年轻人，这就是编辑部的基本队伍。当时，韦君宜同志、社长杨述（韦君宜的丈夫）没有办公室，就在机关南小楼自己的宿舍里办公。他们两位都平易近人，作风民主，没有一点架子。在他们手下工作，虽然节奏紧张，常常“开夜车”赶稿子，但大家的心情都很舒畅。

我本来是学法律的，文字工作不是我的专业，服从革命需要，来到编辑部，开始有些不大适应。有一次，秘书长吴佩纶让我写一篇介绍《中国青年》杂志的宣传稿。我写了，没有被采用，心里有点嘀咕，在一次送稿子去韦君宜同志家里时，向她吐露了自己的心事。我说：“我可能不大适合搞编辑工作。”

记得韦君宜同志当时坐在一张堆满稿件的旧书桌前，听到我的述说,马上停止了工作,和我交谈起来。她说:“稿子写了,不被采用,这在老编辑中是常有的事。就是我们写的稿子,也不一定篇篇能用。你刚来不久,写的稿子没有被采用,这是难免的。以后常写写,多看看,不就行了?”

她见我低头不语,又耐心地向我解释说:“搞报刊编辑工作,文字是很重要的。但比文字更重要的,是编辑思想。编什么文章?给谁看?要解决什么问题?这是首先要搞清楚的。我估计,你写的东西没有被采用,主要不是文字上的问题,而是稿子的指导思想和实际内容。”

说到这里,她稍停了一下,接着说:“熟悉编辑工作,写出好文章是要有一个过程的。你有一定的文化知识,慢慢来,好好干,我看别人能做到的,你也能做到。”

和平时一样,她说话的节奏很快,像打机关枪似的,句句打动了我的心。自此以后,我再也不提工作中的思想问题了。

为了培养编辑部的年轻人,韦君宜同志曾关照有关同志:要给年轻人以练笔的机会。当时刊物上有“新语林”一栏,每期刊载两三个约一二百字、针砭青年时弊的小品文。篇幅不大,却很受读者欢迎。这个栏目是我们年轻编辑练笔的地方。我就是从写“新语林”开始起步,然后从小到大,由浅入深,慢慢学会写长篇通讯和论文的。进社五个月后,1950 年年底,刊物上发表了我的第一篇采访通讯——《劳动模范张义昌》;之后不久,又发表我的一篇论述性文章——《要养成尊重教师的社会风气》。后者对当时歧视教师、特别是农村教师的社会现象进行了抨击,在读者中反响较大。看到自己的劳动成果受到社会重视,我是多么欣慰啊!

当时,杨述同志也是我的老师。他在清华参加“一二·九”运动时,就是有名的“笔杆子”和宣传家。50 年代初期,他任团中央宣传部部长兼中国青年杂志社社长,除了在刊物上撰写文章外,还经常到北京各大学给青年人作大报告,是名副其实的“宣传部长”。

我记得，当编辑部开会时，经常是杨述同志给我们传达和讲解当前的宣传思想，并具体讲每期的宣传计划。他去学校作报告时，常带我去帮他记录整理。在事后修改、补充和润色他的报告的时候，他总是兴致勃勃地跟我聊起他报告中的一些内容、典故和背景，并让我发表意见。当他的报告成为文章在报刊发表以后，那不算多的稿费，也一定要和我分享。当我坚决拒绝时，他便送我一些小纪念品，我只好收下。

和杨述、韦君宜同志在一起工作的日子，是很开心和受教育的日子。正是在他们的带领和帮助下，我在工作中边学边干，一步一步地走上报刊工作的道路，并干了一辈子的文字工作。

从爱国主义到共产主义

50 年代初期，在杨述和韦君宜同志的主持下，《中国青年》高扬革命人生观、爱国主义、集体主义的主旋律。当时，编辑部组织了一大批知名的人物，如郭沫若、茅盾、胡乔木、于光远、艾思奇、田家英、丁玲、胡风、丁浩川、李锐等人，为刊物撰写文章。他们的文章加强了刊物的思想性和理论色彩，在青年中、社会上具有广泛的影响。

作为社长和总编辑，杨述和韦君宜同志经常在刊物上发表文章。他们两人的文章，各具特色：杨述同志的文章，立论高远，联系实际，分析透彻，逻辑性很强；韦君宜同志的文章朴实、明快、犀利、真挚感人。像冰心的《寄小读者》一样，她常常以朋友的身份，用清新的笔调，写信和青年们娓娓谈心，讲述着发生在自己和周围的故事，从中引申出许多深奥的人生哲理。她写的《万里长征第一步》、《妹妹的故事》、《三八节谈子君的悲剧》，以及《答一个资产阶级出身的女孩子》这些文章，在当时的青年中传诵一时。

给我印象很深的，还有韦君宜同志关于爱国主义主题的宣传。在1950年到1953年，她曾多次在刊物上组织宣传中心、发表重头文章来宣扬爱国主义，批判当时一些青年中存在的自卑和崇洋媚外的思想。

记得有一回，她兴高采烈地来到办公室，我们以为她个人有什么好消息，原来是，她拿到了一篇好文章——方志敏的《可爱的中国》。她笑着对大家说："这篇文章，我们可要好好宣传。除了全文在刊物上照登外，还应该写点文章。"说罢，就回到自己宿舍里，当夜赶写了《读"可爱的中国"》一文。在这篇文章里，她满怀激情地写道：

"《可爱的中国》，这不是一篇普通的、用笔墨写的文章。这不是一个人伏在桌子上展纸伸笔，草定几点提纲而后点染成篇的文章。读完《可爱的中国》，我就觉得这是我们近代革命史已经死去的无数革命先烈，站在这里告诉我们：他们死了，是为了什么？"

她还写道："在这篇文章的开端出现在我们面前的方志敏同志，是一个单纯的爱国的小学生。后来，他终于由一个单纯的、血性自负的爱国青年走上共产主义的道路。"

韦君宜同志这里写的是方志敏的心路历程；其实她自己的情况又何尝不是这样？！

在《思痛录》一书中，她反思过自己"为什么当共产党的"。她的回答是：

"开始，我并不知道什么是共产主义。我不是为了家中穷苦，反对豪富，而是为了中国要反对日本帝国主义。""从中学起，学校就教给我们大量的日本侵略中国史。告诉我们日本怎样马上就要打进来了，报上也天天登。我早就觉得，我们和日本不共戴天。""政府不支持爱国，只有共产党才说必须抗日，左派刊物高呼无保留地支持学生的抗日运动。愚蠢的日本帝国主义和国民党政府，共同把我们这样的青年推到了共产党的旗帜之下。"

她另一篇文章《我的文学道路》，谈到自己为什么在大学里没有选择文学道路，她的回答也是："因为当时我正热恋着革命，热恋着我的祖国。"

1951年年初，韦君宜同志访问苏联回来，曾满腔热情地写了《我更感到祖国的可爱》和《和学生们谈爱国主义实践》两篇文章。在这两篇文章里，她大声呼唤青年："热爱祖国，竭尽自己的力量，为祖国创造光明美丽的前程。"

也是在这段时期，在杨述和韦君宜同志的指导下，《中国青年》刊登了胡乔木、钱伟长等学术、思想界重要人士谈爱国主义的文章。《人民日报》的"图书评论"副刊说，《中国青年》在爱国主义宣传中做出了表率。

青年人的良师益友

韦君宜同志1939年赴延安，曾在中央青委、中央党校、新华社等单位工作，全国解放以后，先后在团中央、作家协会、人民文学出版社工作。不论在什么时候，也不论在什么岗位，她对青年和青年工作始终怀着深厚的感情。她把第一个孩子取名"杨团"，作为在青年团工作的一个永久性纪念。离开青年团以后，她仍无时无刻不在关心团的工作和青年一代的健康成长。

1953年，杨述和韦君宜同志调离团中央，住在东城区台基厂北京市委的宿舍。那里离团中央机关很近。由于工作关系，我经常到他们家里去请教，有时还向杨述同志组稿，他当时是北京市委宣传部部长。

记得1956年的一天，我去到他们家。当时，韦君宜同志任《文艺学习》杂志主编。在闲聊中，她对我说："离开青年团后，我最大的收获是，读了不少的书，开扩了眼界。我以为：应该让青年人获得各方面的知识。我现在编《文艺学习》，不只是给青年介绍苏联的、革命的文艺小说,也介绍中外的各种名著。青年人只有知识丰富了,懂得古今中外的历史,才能眼界开阔,思想活跃,然后才能有所作为和创造。你们刊物也应该注意这一点。”

是的,韦君宜同志一贯重视青年人的文化素质和修养。她在 1951 年写《长知识》一文,就提出青年应该“把知识范围扩大一些”。不过,那时《中国青年》介绍的作品,大多是苏联小说,如《卓娅和舒拉的故事》、《普通一兵》,等等。这次,她提出要给青年介绍古今中外的“各种名著”。我感到,她的思想有了很大的发展。

也正是那个时候,《文艺学习》对苏联小说《拖拉机站站长和总农艺师》在刊物上展开讨论。书中主人公年轻的总农艺师娜斯佳在出色的、创造性的工作过程中,由于反对官僚主义违反了纪律,因此受到一些人的责难。人们对此有不同议论。《文艺学习》在讨论中,把各种不同的意见都摆出来了。《中国青年》也对此发表了文章。

我问韦君宜同志:对这个讨论有些什么想法?

“我认为:不能把青年人管得太死,应该尽量发扬他们的积极性和创造性。像娜斯佳,给集体做出了那么大的贡献,先不去检查上面的官僚主义,不去看她的工作成绩和社会效果,却去谴责她的组织纪律性?难道要把青年人一个个变成机械木头人不成?!”她的回答带着情绪,观点是鲜明的。

后来,由于发表了反官僚主义、宣扬娜斯佳的文章,《中国青年》编辑部有关同志受到批评;《文艺学习》则由于还加上组织了另外一篇小说《组织部新来的青年人》的讨论,刊物竟因此停刊。众所周知,这篇小说的年轻作者王蒙后来被打成右派;而杨述和韦君宜同志对此一直是持反对态度的。尽管韦君宜同志在那段时期受到了很多责难,但她并没有因此就改变她的观点和对青年人的关心和厚望。甚至在王蒙挨整下放新疆后,韦君宜同志还专门托人去新疆问候他。

韦君宜同志思想活跃,才华横溢,下笔千言,倚马可待。她在任人民文学出版社社长兼总编辑期间,本来可以有更多的创作问世,而她却总是把很多时间花在工作、开会和为别人编稿、改稿上。她曾很用心地扶持过许多青年作家,特别是青年女作家。1980年,青年作家竹林在上海同我谈起过韦君宜同志对她的帮助。她说:“我的《生活之路》几经周折终于出版,韦君宜同志起了决定性作用。她帮助我改善了进行创作的条件。我非常感谢她。”

1988 年 6 月,在《中国青年》创刊 65 周年之际,韦君宜同志在病榻上,用她颤抖的手,给青年们写下如下一段话:

“热爱祖国,怀抱大志,追求理想,这是几代青年珍贵的传统。不论形势如何,虽九死其未悔。这是我对当代青年的希望。鄙视那些鼠目寸光的人吧。”

1992 年,她的病情已经很严重了,半身瘫痪,手脚不便,还断断续续地写了一本《我对年轻人说》的集子。在这本书里,她以自己的切身体会,语重心长地对青年说:

“来信问:‘你有什么心里话要对年轻人说吧?’我说:有的。就是告诉年轻人或比较年轻的人,你的青春和壮年,都是很容易逝去的。千万不要以为来日方长。我现在老了,后悔也来不及了。”

这是她对青年人的最后嘱咐。

“重要的是,要朝前看”

自从 1957 年我挨整下放以后,很长一个时期没有见到韦君宜同志了。

1963 年,我回中国青年杂志社工作。一个夏天的傍晚,在团中央机关大院前的街头花园散步,杨述和韦君宜同志也过来散步了。想不到,竟是韦君宜同志先主动同我打招呼。我好高兴啊!

连忙来到这两位老领导面前，一路便聊开了。

“怎么，你也挨整了？到底是怎么回事？”韦君宜同志向我提出了问题。我知道，她这是在关心我。

我把我的情况简单如实地告诉了她：参加过肃反工作，在党支部肃反工作总结会上，给肃反工作正面地提了点意见，被揪出来了；上面认为“材料还不够”，于是又三番两次动员我“向党交心”，“挖思想”，自己傻里巴叽地对照报纸和“材料摘编”上的“右派观点”，把思想上所有有共鸣的东西，统统端出来了。这样一来，材料够了，也就定了性，跑不了了。

“唉！”她长叹了一声，没再说什么。

在短暂的寂静后，韦君宜同志又问我：“为什么你在下面呆这么长时间才回来？”我在山西和北大荒先后劳动了整整四年。

“可能是我对一些问题没有想通，在劳动中表现不够积极吧。”我这样回答。

“你哪些问题没有想通呢？”她进一步问我。

“不是常讲‘言者无罪’吗？听党的话，主动‘向党交心’，交待出来的思想，还不是言论，为什么也成了罪？！”在老领导面前，我无所顾忌，开始发牢骚了。

韦君宜同志没有回答我的问题。她沉默了一会儿，问起中国青年杂志社和《中国青年报》她所熟悉的一些同志在反右运动中的情况。我就所知的给她说了。

我告诉她：在那次运动中，团中央系统大概有五十多人成了右派。《中国青年》杂志有6人，约占编辑部人数的20%；《中国青年报》编辑部的一些主要业务骨干几乎全军覆没。

“看来，团中央打的右派，是不是太多了些？！”她自言自语，又似乎是在和杨述说话。

杨述同志没有做声。我却止不住又说开了：“听说，这还是经过大大压缩了的，原来的数字更大。但这不是耀邦同志的责任。

反右运动开始时，耀邦同志去苏联了。他回到新疆知道情况后，便给机关主事人通了电话，及时制止了事态的进一步发展。”

“过去的事情，就让它过去吧。”韦君宜同志一边走着，一边劝慰我：“人生的道路总不会是一帆风顺的。常常有许多偶然的事情在发生。我也差一点成了右派。我劝你，想不通的问题，慢慢把它想通。重要的是，要朝前看。现在，你回青年社工作了。应该说，这是一件好事。好好努力吧！你还年轻，以后还可以为党做很多事情的。”

在韦君宜同志和我谈话时，杨述同志始终在一旁用心听着。他默默无言，很少插话。

一个人的悲剧

两年后，在“史无前例”的“文化大革命”中，作为“走资派”的韦君宜和杨述同志都被揪出来挨整了，而且听说整得很惨：杨述被打断了三根肋骨，韦君宜一度精神失常；以后，他们都下放到“五七干校”。

直到“四人帮”被粉碎，杨述同志去世不久，我才有机会去看望韦君宜同志。

大概是1980年10月，在北京贡院西街11号，一间陈设简陋、杂物凌乱的屋子里，我见到了韦君宜同志疲惫、憔悴的面容。在经受一场浩劫之后，她已一改以往的性格：见人不再热情洋溢、侃侃而谈，而是长久地静寂、沉默。

几句寒暄之后，我提起了杨述同志。这时，我看到她慢慢起身，走到书桌前，从右边抽屉里拿出一个小笔记本给我。我接过来一看，原来是杨述同志的遗物——他的旧体诗词手稿。

我打开笔记本，默诵着杨述同志的诗。这些诗大都是他最后的年月写的，是在最险恶的情况下发出的心声。我至今仍记得其中两首：

“文化大革命”感怀

身经百斗丹心在，
历尽沧桑志未寒。
棒喝鞭箠都不死，
好留肝胆与君看。

闻邓公复起

黄钟遭毁弃，忧思久益深。
邓公一旦起，喜泪落纷纷。

韦君宜同志告诉我：“杨述一直到死前不久，还在盼望着能够早日恢复健康，出来工作。他哪里知道，他患的是绝症！”

读着杨述同志的诗，我陡然记起了另一首诗。那是邓拓同志写给杨述的，曾裱成条幅，一直挂在杨述同志过去的客厅里。那首诗是这样的：

赠杨述同志

当年风雨读书声，
血火文章意不平。
生欲济人应碌碌，
心为革命自明明。
艰辛化作他山石，
赴蹈从知壮士情。
岁月有情愿无尽，
四时检点听鸡鸣。

当年在杂志社编辑部，就听说过杨述同志“毁家纾难”的故事:为了革命事业,他把家里的土地、房屋和全部财产变卖,充作党的活动经费,并带动全家参加革命;他的一个哥哥被国民党活埋了。从当年"读书声""意不平"的杨述,到赴汤蹈火、毁家纾难的杨述,再到"棒喝鞭箠都不死"的杨述,这位为革命献出了自己一生和整个家庭、"虽九死其犹未悔"的老人,蒙受过多少屈辱、摧残和灾难啊!

记得我敬重的老师吴宓说过一段话:"遭遇不幸的人往往是好人。正因为他们好,就不会权变狡诈,就不会应付,就成为牺牲品。这尤其当逢到时代变迁、天灾人祸的时候,更容易表现出来。"杨述同志是一个大家公认的忠厚老实的好人,他的一生遭遇,不正是这样的吗?!

几年前,我读过《露沙的路》。书里,韦君宜同志写了在延安"抢救运动"中,杨述无端被当成"特务"挨整的情况。那次看望韦君宜同志不久,我在《人民日报》上又读到她写的悼念杨述《蜡炬成灰》的文章。而在《思痛录》"当代人的悲剧"一章里,韦君宜同志则详尽地叙述了杨述在"文革"中又一次的悲惨遭遇,以及他晚年的思想僵化、麻木和"愚忠"。

"当代人的悲剧"的最后两段是这样写的:

"他死前一年半,还挣扎着写些短小的悼文,还去参加听报告,听会,还去要求工作。但是,他已经说不出几句意见来了。过去的'宣传家'姿态完全消失,要叫新认识他的人来看,这人大概不过是个老废物。而他自己还不肯承认,还老跟我计议能做什么工作,到哪里去工作,至昏倒的前一天,还对我说:'大夫说过我还能好。'我知道这已不可能,也就不再同他多谈。他的突然去世才使我感到,自己在最后的时间里实际上也是在虐待他,我自己也同样有罪,虐待了这个老实人……"

"我哭,比年轻人失去爱人哭得更厉害。因为这不只是失去一个亲人的悲痛,更可伤痛的是他这一生的经历。为什么我们这时代要发生这种事情，而且发生得这么多？人们常说，年老一代与年轻一代间有一条沟，不能互相了解。我要哭着说：年轻人啊，请你们了解一下老年人的悲痛，老年人所付出的牺牲吧！这些老人，而且是老党员，实际是以他们的生命作为代价，换来今天思想解放的局面的。实际上，我们是踩着他们的血迹向前走啊！你能不承认吗？”

当读到这些满怀悲愤的文字时，我的心颤栗了。

当代董狐笔

1986 年 4 月，韦君宜同志突发脑溢血，在抢救过来之后，就瘫痪了。

1994 年 2 月，大概春节前后，我去看望韦君宜同志。那是崇文门东大街 22 号楼她的新居。一走进门，我看到房子是全新的，但陈设依然简旧：一间约 12 平方米的卧室里，一张木板床，一个旧桌子，一个旧床头柜，几张旧木凳，这就是全部家当。

韦君宜同志倚靠在床头，盖在身上的被子也相当陈旧了。她见我来到床前，脸上露出了笑容，轻轻地对我说：“谢谢你来看我。”

考虑到韦君宜同志的身体，我不能和她多谈。看到她言语不多，但脑子还清楚；还能下床来，在房里拄着拐杖走上几步，我感到高兴，心里在默默为她祝福！

那次，临走时，杨团告诉我：“妈妈在病中身体虚弱，但脑海里依旧波涛汹涌。她在病榻上还在不停地写作。手颤得实在厉害，不能写字了，就口授让我记录整理，由弟弟都都来抄写。”

当时，我没有问：韦君宜同志究竟在写些什么？

直到几年以后，我才陆陆续续读到她的一些作品：除了《露沙的路》和《思痛录》外，还有《似水年华》，《我对年轻人说》，以及

《老干部别传》,等等。这是一些多么感人的作品啊!

在韦君宜同志的作品里,占大量篇幅,写得最多的是人:除了写她自己外,还写了"一二·九"时代她的同学、老师和战友,如韦毓梅、冯友兰、王瑶等;写了解放以后,文化圈里的她的同事、上司和朋友,如周扬、冯雪峰、邵荃麟等;还写了她认识的许多普普通通的小人物,如"病院众生相"、她的小保姆等。她写这些人,不是写个人之间的私交,不是写趣闻逸事,而是写社会动荡的年代,他们之间的共同经历和感受。她的书写了从 1940 年到 1976 年这段历史中许多不同人物的遭遇,从中折射出时代的沧桑曲折。

她写的这些,不论是散文还是回忆录,都是真实的人和实在的事,即使是小说,也是以真人为原型的,其中许多还是我所熟悉的。

写她所敬重的人,她也不是一味赞扬和吹捧,而是实事求是,有褒有贬。比如,韦君宜同志写到她"参加'一二·九运动'的领路人"、"宁'右'勿'左'"的蒋南翔,在 1957 年反右运动中"同意了有些人的划右派"时,她有所保留地说:"这个问题,我没有想通。"直率之情,跃然纸上。

读着韦君宜同志的作品,我深深感到:和方志敏写《可爱的中国》一样,这不是一个人伏首案头,兴之所至,随意点染成篇之作。它是一个革命老人在饱经沧桑之后,痛定思痛,怀着一种神圣的历史责任感,以饱满的激情,磅礴的气概,呕心沥血地写下的许多必须保留的珍贵史料。

我国古代有许多正直的史官:"在齐太史简,在晋董狐笔。"他们秉笔直书,臧否人物,为后世写史的人树立了光辉的典范。韦君宜同志不是史官,可她是在用董狐的如椽铁笔来书写和评论历史,虽然还有许多想说的话来不及说完,她的《思痛录》已成为传世之作。

更难能可贵的是,韦君宜同志严于律己的精神。她不仅审视历史,审视社会,审视别人,同时也无时无刻不在审视自己,无情地剖析自己。读读《思痛录》中“一个普通人的启示”和“记周扬”这两章：韦君宜同志对下属编辑李兴华无端被打成右派，她公开承认“制造这个悲剧的人的中间显然有我一个”；她对最后一次和周扬的谈话的反思：“比我长十岁的周扬是天真的，而在她面前做世故表态的我，却是虚伪的！”在“编辑的忏悔”一章中，她忏悔自己编造过一些“谎话，诬陷我的同学、朋友和同志，以帮助作者胡说八道作为我的‘任务’”。还有，她对没有能够照顾好革命前辈冯雪峰而惭愧和自悔，等等。读到这些，你能不为她的真诚和纯洁所感动吗?！能不使人感到她的胸怀是何等坦荡，人格是何等高尚吗?！

今年2月4日，在北京八宝山送别韦君宜同志归来之后，在她家里她的遗像前，杨团曾向我提出一个问题：

“你和我妈妈共事只有三年，而且你们之间还差着一个年龄段。可五十年来，你们交往不断，一直保持到晚年。这究竟是为什么?”

我回答说：“是她的人格魅力在吸引着我。我一生中有过许多的领导和老师，其中一些人我早已淡忘了；有的人我鄙视他；而韦君宜同志，我却一直记着她。我觉得，她身上有着一股浩然正气。她是一个大写的人，一个真正脱离了低级趣味的人。她永远活在我的心里！”

2002年2月于北京三里屯

原载《人物》2002年第6期

可敬的韦老太

吴道弘

著名作家韦君宜，在我心目中，她一直也是勤奋卓越的编辑出版家，是一位可敬的长者。

四十多年前，1958 年年初，北京朝内大街南小街的西南侧，一座新落成的占地约六千多平方米的五层灰楼拔地而起，两家兄弟出版社——人民出版社和人民文学出版社搬进在这里办公。这两家至今还比邻而居的出版社，起初有段时间，食堂都在楼后西边的两层楼里。每到开饭时间，食堂里人来人往，有上食堂排队的或端着饭菜走回办公室的，后院的路上人流不断，两社的熟人不免碰面招呼。我时常在走出食堂的路上，见到人文社有位穿着朴素、身材瘦弱、戴眼镜的妇女，脸上不时露出笑意。有时见她低垂着头急促而行，双唇微动，喃喃有词，自然，谁也不会听出声音的。后来我知道她就是人文社新来的副社长、副总编辑韦君宜同志——人文社的同志亲昵地称呼她"韦老太"。

我知道韦君宜的名字，还在建国初期，那时我还是青年团员，《中国青年》杂志是必读的刊物，她是《中国青年》的总编辑。读她在《中国青年》上的文章，质朴真挚，很有感染力和教育作用。后来她主编《文艺学习》，我也是这个刊物的忠实读者。我很爱读韦君宜的文字（包括她后来发表的早期一二首诗词）。几十年来，随着我在编辑出版岗位上时间的推移，十分自然地感受到韦君宜的创作（小说、散文和杂文），渗溢着她丰富的编辑出版的经验和心声，感受到一位编辑家的理念和智慧。

韦君宜在不少场合说过，"我可不是作家，是老编辑"。或者说，"我是个编辑"。这就使人想起前辈叶圣陶先生，这位著名的教育家和文学家，也总是对人爱说"我是编辑"。"编辑"是多么崇高和神圣的岗位，肩负着重要的文化使命和社会责任。在"我是编辑"的庄严声音里，一种强烈的热爱出版事业，以编辑职业为荣的敬业思想，震撼心智，令人肃然。值得新世纪的年轻一代编辑出版工作者学习。

作为编辑家，韦君宜在上世纪 50 年代就关心过青少年文学图书的出版。她自己说过,在1955年一年里曾读过十多本少儿文学作品。她在《人民日报》上发表的《介绍一本给孩子读的好书——〈火热的心〉》一文,就表明这位编辑出版家撰写图书评论的特点。作者从具体地分析书中的某些情节入手,向孩子们热情推荐好书。同时对图书作者提出问题,探讨改进。最后涉及少儿读物的题材问题,对出版者也有积极的意义。在此以前,韦君宜也在《人民日报》上发表过《读〈牛虻〉》的评论文字,很有影响。在新时期我和伍杰、徐柏容先生共同编辑出版的《中国书评精选评析》(山东教育出版社出版)一书时,韦君宜的这两篇评论都收入该书。

时间过去三十多年,1982年韦君宜关于文学评论工作写过这样的话:"要做一个好的评论家(除了对蓄意攻击或蓄意卖弄者外)必须爱你所评论的作家和作品,因为他们都是同志,要对我们正在欣欣向荣的文学事业充满爱心,而后无论说优点说缺点,皆可挥洒自如。要做好编辑,恐怕也是一样。"还说:"我还是常看看评论文章的,因为人家的文章常常能帮助我看到我从稿子里未能发现的问题,提我个醒儿,对于以后选稿提意见的工作有益。"这段平实的文字对于文学评论工作,和编辑与评论工作的关系,有着多么切实的体会和深刻的启示。

1979年在长沙召开的全国出版工作座谈会,是我国改革开放新时期一次很重要的会议,对推动出版事业的发展起了很大的作用,在现代出版史上留下深远的影响。我记得韦君宜作为人民文学出版社的代表参加了这次会议。人民出版社的代表是副社长、副总编辑和我。在会议的分组讨论时,中央十多家出版社分在一个小组。韦君宜是召集人之一。从此我对她编辑出版家的形象似乎更加清晰了。这以后也就比较熟了。她曾向我询问过一些书和人。我还记得一件小事。一次下班后在24路公共汽车上,见她找到座位后遂即从提包里取出毛线来做毛线活,看上去也没有结成多少，但她聚精会神、争分夺秒的样子，使我惊异。想不到这位知名的老干部还是善于治家，勤俭过日子的好主妇。

韦君宜在生命的最后旅程不幸疾病缠身，但惊人的精神力量支持她写出人生的回忆录。在十年浩劫的“文革”中，湖北咸宁的向阳湖曾是文化部的五七干校所在。大批文化人被迫下放这里，韦君宜也在干校度过三年的风雨岁月。她写的《忆向阳湖畔十个无罪者》，读了不禁心酸。这十位逝去的名单，我熟悉他（她）们的面孔，记得他（她）们的声音，有我尊敬的领导金灿然，也有过去的女同事程穗……实在难以想象他们是怎样告别人世的。

晚年韦君宜写下的回忆录中，记述了在不正常年代里一位文学编辑的工作经历，值得深思。我不止一遍地读过她的《编辑的忏悔》（先后收入《海上繁华梦》和《思痛录》二书）。可以提高对编辑出版工作意义和作用的认识，编辑出版工作终究是文化工作的一部分。而文学编辑工作就直接影响到文学作家和创作的方向和道路。韦君宜总结出的生动鲜活的文学编辑历史，难道不也是现代文学创作史的重要内容吗？

人民文学出版社老编辑谢明清同志在《君宜同志，您走好！》的回忆文章中，谈到 1979 年初丁玲复出回到北京时，韦君宜及时要人文社编辑向丁玲约稿，并安排出版她的作品的经过，十分感人。韦君宜重视出版丁玲的作品，不仅要尽快安排再版长篇小说《太阳照在桑干河上》，还要出版她的小说选、散文集、评论集。后来，该社还出版了《太阳照在桑干河上》的续篇《在严寒的日子里》等作品。特别感人的是，当时丁玲缺钱，出于韦君宜的意见，人文社一次性预支 2000 元稿费（这在当时是一笔不小的预支稿费），解决了丁玲的燃眉之急，使她热泪盈眶。这确实是出版社与作者、编辑与作家关系的生动例子，是一段出版史的佳话。在出版丁玲作品的过程中，韦君宜还要求编辑“不要只看作品，还要研究作家，了解作家创作发展的脉络”。

韦君宜一生的贡献是多方面的，希望有人写出一部编辑出版家韦君宜的传记，这应该看作是编辑出版优良传统的一笔宝贵财富。

原载《编辑学刊》2002年第3期

一曲歌终千绪绕

——悼念韦君宜同志

张　锲

韦君宜同志离开我们已经两个月了。眼前还时常出现她躺在八宝山殡仪馆鲜花丛中安详的遗容，耳旁还不断响起她的女儿杨团哽咽的声音："希望你为妈妈写点东西！"是的，我是应该了却这笔心债的，不仅是为了自己，也是为了许多同时代人从她身上所领受到的教育、启迪和反思。

认识君宜同志的时间并不算长，知道她的名字却已经很久很久了。早在建国初期，我就读过不少她在主持《中国青年》和《文艺学习》杂志时所写的杂文和随笔。那些洋溢着革命激情的文字，曾经给我们那一代年轻人打下深深的烙印。我作为一个文学青年，对于这样一位前辈作家，更是格外尊敬。当我在粉碎"四人帮"后来到北京，在人民文学出版社和她第一次接触时，仿佛觉得早就同她见过面了。她那亲切平易的作风，热情负责的工作精神，使我们很快缩短了距离，逐渐成为亦师亦友的忘年交。其后，当她把我推荐给于光远同志，让我参加有关国土经济报告文学的写作时，又从她的一些老朋友那里，较为详细地得知她的充满传奇色彩的经历，更让我加深了对她的了解。

正像她的一些老朋友所说的那样：她的家庭和个人经历，有着概括20世纪我国基层几代革命知识分子的典型意义。她出生在一个生活比较富裕的家庭里，父亲早年参加辛亥革命，在日本留学时曾有一段时间做过孙中山先生的秘书，回国后从铁路技术人员做到铁路局长。母亲是清朝末年一个举人的女儿。她在父母的培育下，打下了很好的知识功底。1935年，她从天津的南开中学毕业报考北京的大学，竟然连中三元同时被清华、北大、燕大录取，一时传为佳话。她的父亲曾打算让她去美国留学。然而，在民族生死存亡的关头，这位清华大学的优等生，却再也无法安心读书。她把自己的青春毫无保留地献给了革命。入学的第一个学年，她就参加了"一二·九"运动，第二年又加入了中国共产党。在此期间，她写了许多痛斥国民党反动统治的文锋犀利的文章，成为清华大学一支出名的笔杆子。当抗日烽火逐渐燃遍祖国大地，她又冒着危险来到解放区，来到延安。从此，在整整六十多年的岁月里，她一直跟着党，步履坚实而又历尽坎坷，充满战斗的欢乐，也有许多痛苦的思索，艰难而曲折地走完自己的一生。

她是一位卓有建树的编辑家、文学家、社会活动家，但她首先是一位不屈不挠、有觉悟、有良知的革命家。她所做的一切都是和中国革命联系在一起的。用她的话说："我热恋着革命，热恋着我的祖国。"作为一个编辑家，她发现和帮助了一些有作为、有成就的作家，编辑出版了一些好书；作为一个文学家，她写了一些好的和较好的文学作品，其中包括在读者中产生广泛影响的《露莎的路》和《思痛录》；作为一个社会活动家，她自觉和不自觉地参加了党在这六十多年中所发起的各种政治运动，有时还是其中的活跃分子，留下许多成功和失败的经验教训。所有这些，都是有史可鉴、有目共睹的。斯人已去，成败得失都由后人评说。她给人们留下的最为深刻的印象，应该是她那种严于解剖自己和她对于一些政治运动所造成的伤痛的反思。

一个人要想准确全面地认识自己是很不容易的。韦君宜同志是一位老革命，在不同部门担任过一定的领导工作，包括共青团中央的宣传部副部长，一些杂志的主编和人民文学出版社的社长兼总编辑，做过许多有益的事情。使人感动的是：她在自己的晚年，主要想的却不是那些光辉的业绩，而是自己干过什么违背良心的事，写过什么违心的文章，以及由于她的言行使一些好同志受到不公正的对待等等。这一点，实在太难做到了。正是基于她对于革命、对于祖国的热恋，她才爱之愈深，求之愈切，写出第一部以延安抢救运动为主题的长篇小说《露莎的路》。从 1975 年开始，她一直在悄悄地整理着自己的思绪，最后终于完成了对我们国家为什么会遭受十年浩劫的历史根源做出回顾的力作《思痛录》，一经发表，便引起轰动。在《思痛录》的缘起中，她这样写道："要知道这些历史，是这一代及下一代读者求知的需要；是这个国家的主人——人民今后生存下来的需要。"这些话，充分表达了她对于祖国和人民始终不变的一往深情。

熟悉韦君宜同志的人，都说她是一个性情中人，一个少有的永葆童心的人，一个永远保持着革命信念和理想的人。尽管她在生活道路上有过许多折磨，直到 1985 年 10 月"一二·九"运动 50 周年的时候，她还写过这样一首玉楼春词："美人迟暮英雄老/欲写风华春渐杳/杯酒情深五十年/将逢莫道重逢少/五月鲜花依旧好/一曲歌终千绪绕/可有豪情似昔时/殷勤拭眼删残稿。"其激情和才气仍未消减。在那之后不久，她就患了重病。其间，我曾多次去她的家里和医院里探望，每一次看到像她那样生命力非常充沛的人不得不缠绵病榻，口不能言，身手不能自由行动，只能用凝滞的目光向我示意，我都止不住阵阵心酸，只好转过身去偷偷擦拭掉夺眶而出的泪水。我还曾不止一次地幻想过：也许有一天会出现奇迹，让我们能够再听到她那急促爽朗的笑声，能向她诉说一些心里想说还没有来得及说出的话。孰料天不永年，奇迹一直没有出现，在和病魔顽强搏斗了16年之后,她终于在今年1月26日正午,永远地闭上了眼睛。

听杨团说,她是在战争年代一些革命歌曲的旋律中逝去的。她在病危之际,经常昏迷不醒,只有在她耳边播放一些她熟悉的音乐,才发现她恍惚又恢复了知觉。杨团迅速为她买了包括《五月的鲜花》、《松花江上》、《延安颂》等歌曲在内的录音带,贴近她的耳边播放。这时,只有这时,她的脸上又会很快出现一种欣喜振奋的表情,像是她又回到了那个烽火连天的年代,使她恨不得从病床上一跃而起,再次投入那挽救民族危亡如火如荼的战场。

"一曲歌终千绪绕"。韦君宜同志虽然走了,但她勤恳奋勉、襟怀坦白、光明磊落的一生,像是给我们这些后走的人留下了一面镜子,引起了我们的千般思绪,使我们能够经常用她这面镜子来对照自己、警戒自己。这也是韦君宜同志这位终生不渝的革命者,对那些无数先烈前仆后继的革命以及中华民族正在继续奋起新的伟大时代,所做出的最后贡献!

原载2002年3月28日《人民日报》

君宜同志,您走好!

谢明清

君宜同志,迎春花开了,您伴随着春天的脚步声静静地走了。作为晚辈,我曾在您领导下的人民文学出版社工作过近二十年。春去春又来,花落花又开。在这鲜花盛开的日子里,我从记忆的长河里捧起瓣瓣落花,寄托对您的无限哀思和永远怀念。

那是1979年1月中旬的一天,您打电话叫我到您办公室去。您是知道的,我们一般不轻易进您的办公室。因为您态度严肃,工作认真,啥事都公事公办,每天除了开会之外,几乎都关着门看书稿,我们都尊称您“韦老太”。

我敲门进去时,您不像平时那么严肃,也没有埋头看书稿,好像正在思考什么,还不时露出淡淡的微笑。您说,你负责联系北京地区的作家,丁玲回来了你知不知道?我来不及回答,您又说,你是读中文的,毕业后又在中国作家协会工作过,丁玲的不幸遭遇你是应该知道的。

我点了点头,又摇了摇头。点头的意思是,我知道丁玲是作家协会的“死老虎”,被打成“右派”之后送北大荒“监督劳动”;摇头的意思是,她后来的遭遇、特别是又回到北京我一无所知。

您好像没有注意我的神态,望着窗外自言自语地说,她终于又回北京了。算起来这是第四次了:第一次是1924年,她从老家湖南来到北平,先后写了《梦珂》、《莎菲女士日记》等小说;第二次是1936年,她秘密逃离南京,到北平寻找党的关系;第三次是1949年,她随解放军进北京,后任中宣部文艺局局长;现在是第四次回来了。回来就好,回来就好。您又转过身来对我说,她这次回来是中组部安排文化部接待的,住在和平里文化部招待所211房间。你们先去看她,向她约稿,安排出版她的作品。

1月16日,我和小说北方组组长王笠耘同志按照您提供的地址去看望丁玲。去之前,我心情比较紧张,见面之后反倒轻松多了,她豁达、开朗,还不时说说笑话。她说,她是1月12日从山西长治回来的。在短短的几天里不少人都来看她这个“老右派”,谢谢大家了。她还说,您过去主编刊物,现在担任出版社领导,担子更重了,叫我们捎话问您好。当谈到社里计划出版她的作品时,她说她是回来治病的,医生怀疑她有乳腺癌,现在腰又患病,不能长时间趴在桌子上写东西,出书的事以后再说。

我看了看房间的摆设,没有沙发,也没有像样的家具,只有两张单人床,一张小方桌,几把椅子,都是旧的,有的油漆也脱落了。

特别是放在墙角里的煤油炉、锅碗瓢盆等杂物，看后令人刺眼，不觉感到几分寒意、几分凄凉。

这些情况，我们回社后都向您汇报了。您先是默默不语，随后要我们转告屠岸、李曙光同志，尽快安排再版丁玲的长篇小说《太阳照在桑干河上》。

遵照您的意见，编辑室安排了该书再版事项，并研究了重编《丁玲短篇小说选》的计划。后来我又去文化部招待所征求丁玲的意见。她欣然同意，并表示要写一篇《重印前言》。

4 月 24 日，您在编辑室研究选题计划的会上说，要重视出版丁玲的作品，不仅要出她的小说选，还要着手编辑她的散文集、评论集。您还说，丁玲前段时间住医院，现在回家了，您要去看她。

"五一"节前夕，您带着王笠耘、朱盛昌和我去看丁玲。她已搬到友谊宾馆东北区 7 号楼 2 单元 17 室住了。您见丁玲后，开门见山，向她约稿，说社里除了已安排出版《太阳照在桑干河上》和《短篇小说选》之外，还计划出版她的散文集、评论集和《太阳照在桑干河上》的续编《在严寒的日子里》等作品，希望得到她的支持。

你们在近两个小时的交谈中，兴致勃勃，谈笑风生，从"文化大革命"谈到当时的创作情况。

丁玲列举了大量事例，说明在"史无前例"的日子里，北大荒农场的职工是如何保护她的，准备写一本小册子，记载那些感人的故事。您说，如何反映文化大革命是大家关心的课题，她写的角度新，催她早日动笔。

丁玲说，创作要有一个安定的环境。在山西农村时，她以为永远翻不了身了，回不来了，就安心创作，写了十多万字的《在严寒的日子里》；现在回来了，环境变了，客人来来往往，心定不下来，想写长的又想写短的，都还没有顾上。

您说，现在有的作者用录音机写作，边讲边录音，随后再整理成文。您不大赞成这种写作方式。丁玲也有同感。她说，感情要在笔端才能流出来,那种用录音机写作,编出的只是故事,不是艺术作品,她不能那样创作。

6 月上旬,我去友谊宾馆取丁玲为《太阳照在桑干河上》写的《重印前言》。她说前几天她去看叶圣陶老先生,叶老非常高兴,连夜为她作了词。让我帮她复印一些送朋友。我接过原件,见叶老写着“见访,极喜”,作词《六幺令》一首赠之:

启关狂喜,难忘何年月。相看旧时容态,执手何言说。塞北山西久旅,所患惟消渴。不须愁绝,兔毫在握。赓续前书尚心热。

回想时越半纪,一语弥深切。那日文字因缘,注定今生辙。更忆钱塘午夜,共尝潮头雪,景云投辖,当时儿女,今亦盈颠见华发。

我似懂非懂地看了一遍。丁玲说,叶老对她的关心和帮助永生难忘。她时常想,要是当年叶老不帮她发表作品,也许她不会走上这条路,也许这大半生不会受这么多折磨,今天我们也不会为出版她的作品忙碌了。

回社后,我把丁玲写的《重印前言》送您审阅,同时送上《六幺令》,请教当年有关叶圣陶与丁玲那段“文字因缘”。您没有看我送上的原件,反倒让我看您拿出的《人民日报》。

原来 6 月 6 日的《人民日报》已全文发表了叶老的赠词。您已看过了,我不觉感到愧疚。您说,你们不是正在编《丁玲短篇小说选》吗? 不要只看作品,还要研究作家,了解作家创作发展的脉络。叶老词中说的“回想时越半纪,一语弥深切。那日文字因缘,注定今生辙”,是回忆 50 年前他主编《小说月报》时,先后帮助丁玲发表《梦珂》、《莎菲女士日记》、《在黑暗中》、《阿毛姑娘》等作品的事。后来叶老又出面与开明书店联系,出版了丁玲的第一个短篇小说集《在黑暗中》。该书出版后，鲁迅、茅盾、叶圣陶都作了较好的评价，有的文章还说，该书的出版，好似在死寂的文坛上扔下一颗“炸弹”，大家都不免为丁玲的天才所震惊等等。您说，这些情况我应该了解，有关作品也应该收入选集，否则就是失误，闹出笑话。您的一席话，我受益匪浅。

8 月中旬，我带着社里出的新书去丁玲家。她感谢出版社将陆续出版她的作品，并建议多再版一些老作家的书。她当时提到白朗、罗丰夫妇的长篇小说《为了幸福的明天》、冯雪峰的文集及反映太平天国的长篇小说《莽秀才造反记》。她说这些作家和作品您都熟悉，要我向您报告她的建议。还说过些时候他们要搬到木樨地去住，房子倒是很大，但家具要自己购置。他们没有积蓄，正在筹钱买家具。

随后我向您汇报了丁玲的建议。您说，冯雪峰的作品有影响，又是人文社老领导，出版他的作品已有考虑。但《为了幸福的明天》没有想到。该书当时反映较好，现在应该安排再版。我也顺便说起丁玲要搬家的事。

说话无意，听话有心。您接过我的话茬说，丁玲说缺钱，倒是事实。解放后，她不拿国家工资，只靠自己的稿费生活；后来打成“右派”，被送北大荒“监督劳动”，据说每月只有十多元生活费；文革中“坐局子”，更不可能发工资；在山西农村劳动，也不会有收入。这些情况文艺界的人大都了解。只要替她算算账，就知道他们没有什么积蓄。

您在屋子里来回走着，沉思片刻说，这样吧，你们商量一下，先借给丁玲一笔钱，就算预支稿费吧，帮她解决一些困难。

编辑室同志一致同意您的意见。在起草报告时，我们提了两个方案：一是预支即将出版的《太阳照在桑干河上》的稿费。但当时稿费标准太低，又是再版，就是按最高标准付酬，也到不了 500 元；二是一次性预支 2000 元，以后出版她的作品，都按稿酬的最高标准逐步扣还。我们认为第一方案解决不了丁玲多少困难;第二方案数目较大,社里没有先例,能否批准,没有把握。

再向您请示时,您说,2000 元数目是大了一点,但她的情况特殊,没有人能和她比。500 元只是杯水车薪,对她意思不大。稿费总是要给的,就是早给和晚给的问题,先预支 2000 元吧,就这样定了,你们正式打报告来,我批。

财务部门也支持您的决定,理解丁玲的困难。他们看了您的批件,当即就让我办了手续,开了支票。

次日,我和现代编辑室的杨立平同志带着支票去了丁玲家。我说,您听说她购买家具急需用钱,先预支了一些稿费。丁玲先是一怔,随后看了看支票,高兴地站起来对老伴陈明同志说,我们不是经常说列宁那句名言:面包会有的,牛奶会有的,一切都会有的。现在不是有了吗!陈明接过支票看着说,这真是雪中送炭啊!又笑着问,你们预支这么多稿费,是不是想把她的作品全买了,要是她的作品不在人文社出版怎么办?当然,这是开开玩笑。随后又说,借债还钱,天经地义,她不赖账,以后从稿费中慢慢扣除吧。

我们一直望着两位老人高兴的神情没有言语。这时,我和杨立平分别谈了出版《母亲》和《短篇小说选》的有关事项,征求她的意见。她说,请您决定好了,出版快一些、样书多送点她就高兴了。

丁玲搬进新家之后,她的《太阳照在桑干河上》和《短篇小说选》也先后出版了。我去送样书,也祝她乔迁之喜。她住在木樨地 22 号楼 5 门 9 层 18 室。我进门时她迎了出来,乐哈哈地引我参观她的新居:5 室、两厅、两卫,宽敞亮堂,窗明几净。她说,住在 9 层楼,高高在上,真是到了"九重天"啊。据说是"部长楼",这都是党组织的关怀和照顾。没有党,就没有她的今天,也没有这一切啊。这是心里话,不是教条。她在《"七一"有感》的文章中说过了,在被撵出党的 21 年里,她是一个孤儿,得不到母亲温暖。现在回来了,处处受到组织上的照顾,不到一年的时间里搬了三次家,一次比一次好，这房子是办公厅安排的，这些家具是你们借钱买的，作品现在又出版了。她热泪盈眶，越说越激动。

这时门铃响了，又来客人了。我连忙送上带去的样书要走。她叫我等一下，从书房里拿来一张名单说，这些都是她倒霉时关心和照顾过她的朋友，不能忘了他们，请我帮她送书，也让他们高兴高兴。最后还提醒我，把书款和寄费都记在她的账上，以后统一扣除，不能占公家的便宜。

1979年后，人文社有关编辑室先后编辑出版的《丁玲短篇小说选》、《丁玲散文选》、《生活、创作、修养》、《太阳照在桑干河上》、《回忆录》、《母亲》、《韦护》、《集外集》和《在严寒的日子里》，都受到读者的重视和欢迎。《太阳照在桑干河上》、《丁玲短篇小说选》和《丁玲散文选》等作品还多次重印。您批准预支的款项，财务部门都从这些作品的稿费中逐一扣除了。

丁玲后来病了，我到医院去看她，她还不时说起社里借钱的事。她说，有人说她把自己卖给人文社了，她承认。人文社是党的，又不是资本家的。卖给党的出版社有什么不好？总不会又挨批，再打成“右派”吧。

1986年3月4日，丁玲因糖尿病、肾衰竭等并发症，病逝在北京协和医院。您得知这一不幸消息后，心情沉重，十分悲痛，关心开追悼会的具体时间，叮嘱社里一定要送花圈。15日下午，您参加了八宝山公墓礼堂丁玲遗体告别仪式，您送的挽联，表达了对死者一生坎坷的思索和怀念：

> 早岁慕英名女人郁积重重因君一吐，
> 比年得顺境何事忧心忡忡令我三思。

人们常说“好人一生平安”，您是真真切切的好人，却很不平安。您刚刚把丁玲送走，却病倒在作家协会的一次会议上，被送进了协和医院。说来也巧，您住的病房就是丁玲生前住过的那间病房！我和陈明同志先后去看您，您都说很快就要出院了，但万万没想到您一病不起，无情的病魔竟整整纠缠了您16年！

现在春天回来了，您却走了、静静地走了。鲜花为您铺路，音乐为你送行。我面对九泉，真诚祝福：

“君宜同志，您走好！”

原载《中国出版》2002年第5期

我的“伯乐”韦君宜

冯骥才

我不知道为什么，对一个人深入的回忆，非要到他逝去之后。难道回忆是被痛苦带来的么？

1977年春天我认识了韦君宜。我真幸运，那时我刚刚把一只脚怯生生踏在文学之路上。我对自己毫无把握。我想，如果我没有遇到韦君宜，我以后的文学可能完全是另一个样子。我认识她几乎是一种命运。

但是这之前的十年“文革”，把我和她的历史全然隔开。我第一次见到她时，并不清楚她是谁，这便使我相当尴尬。

当时，李定兴和我把我们的长篇处女作《义和拳》的书稿寄到人民文学出版社。尽管我脑袋里有许多天真的幻想，但书稿一寄走便觉得希望落空。这因为人民文学出版社是公认的国家文学出版社。面对这块牌子谁会有太多的奢望？可是没过多久，小说北组（当时出版社负责长江以北的作者书稿的编辑室）的组长李景峰便表示对这部书稿的热情与主动，这一下使我和定兴差点儿成了一对范进。跟着出版社就把书稿打印成厚厚的上、下两册征求意见本，分别在京津两地召开征求意见的座谈会。那时的座谈常常是在作品出版之前，绝不是当下流行的一种炒作或造声势，而是为了尽量提高作品的出版质量。于是，李景峰来到天津，还带来一个身材很矮的女同志，他说她是“社领导”。当李景峰对我说出她的姓名时，那神气似乎在等待我的一番惊喜，但我却只是陌生又迟疑地朝她点头。我当时脸上的笑容肯定也很窘。后来我才知道她在文坛上的名气，并恨自己的无知。

座谈会上我有些紧张，倒不是因为她是“社领导”，而是她几乎一言不发。我不知该怎么跟她说话。会后，我请他们去吃饭——这顿饭的“规格”在今天看来简直难以想像！1976 年的大地震毁掉了我的家，我全家躲到朋友家的一间小屋里避难。在我的眼里，劝业场后门那家卖锅巴菜的街头小铺就是名店了。这家店一向屋小人多，很难争到一个凳子。我请韦君宜和李景峰站一个稍松快的角落，守住小半张空桌子，然后去买牌，排队，自取饭食。这饭食无非是带汤的锅巴、热烧饼和酱牛肉。待我把这些东西端回来时，却见一位中年妇女正朝着韦君宜大喊大叫。原来韦君宜没留意坐在她占有的一张凳子上。这中年妇女很凶，叫喊时龇着长牙，青筋在太阳穴上直跳，韦君宜躲在一边不言不语，可她还是盛怒不息。韦君宜也不解释，睁着圆圆一双小眼睛瞧着她，样子有点窝囊。有个汉子朝这不依不饶的女人说：“你的凳子干吗不拿着，放在那里谁不坐？”这店的规矩是只要把凳子弄到手，排队取饭时便用手提着凳子或顶在脑袋上。多亏这汉子的几句话，一碗水似的把这女人的火气压住。我赶紧张罗着换个地方，依然没有凳子坐，站着把东西吃完，他们就要回北京了。这时韦君宜对我说了一句话：“还叫你花了钱。”这话虽短，甚至有点吞吞吐吐，却含着一种很恳切的谢意。她分明是那种羞于表达、不善言谈的人吧！这就使我更加尴尬和不安。多少天里一直埋怨自己，为什么把他们领到这种拥挤的小店铺吃东西。使我最不忍的是她远远跑来，站着吃一顿饭，无端受了那女人的训斥和恶气，还反过来对我诚恳地道谢。

不久我被人民文学出版社借去修改这部书稿。住在北京朝内大街166号那幢灰色而陈旧的办公大楼的顶层。凶厉的“文革”刚刚撤离，文化单位依然存在着肃寂的气息，揭批查的大字报挂满走廊。人一走过，大字报哗哗作响。那时伤痕文学尚未出现，作家们仍未解放，只是那些拿着这枷锁钥匙的家伙们不知跑到哪里去了。出版社从全国各地借调来改稿的业余作者，每四个人挤在一间小屋，各自拥抱着一张办公桌，抽烟、喝水、写作；并把自己独有的烟味和身体气息浓浓地混在这小小空间里，有时从外边走进来，气味真有点噎人。我每改过一个章节便交到李景峰那里，他处理过再交到韦君宜处。韦君宜是我的终审，我却很少见到她，大都是经由李景峰间接听到韦君宜的意见。李景峰是个高个子、朴实的东北人，编辑功力很深，不善于开会发言，但爱聊天，话说到高兴时喜欢把裤腿往上一捋，手拍着白白的腿，笑嘻嘻地对我说：“老太太（人们对韦君宜背后的称呼）又夸你了，说你有灵气，贼聪明。”李景峰总是死死守护在他的作者一边，同忧同喜，这样的编辑已经不多见了。我完全感觉得到，只要他在韦君宜那里听到什么好话，便恨不得马上跑来告诉我。他每次说完准又要加上一句：“别翘尾巴呀，你这家伙！”我呢，就这样地接受和感受着这位责编美好又执著的情感。然而，我每逢见到韦君宜，她却最多朝我点点头，与我擦肩而过，好像她并没有看过我的书稿。她走路时总是很快，嘴巴总是自言自语那样嗫嚅着，即使迎面是熟人也很少打招呼。可是一次，她忽然把我叫去。她坐在那堆满书籍和稿件的书桌前——她天天肯定是从这些书稿中“挖”出一块桌面来工作的。这次她一反常态，滔滔不绝；她与我谈起对聂士成和马玉昆的看法，再谈我们这部小说人物的结局，人物的相互关系，史料的应用与虚构，还有我的一些语病。她令我惊讶不已，原来她对我们这部55万字的书稿每个细节都看得入木三分。然后，她从满桌书稿中间的盆地似的空间里仰起头来对我说："除去那些语病必改，其余凡是你认为对的，都可以不改。"这时我第一次看见了她的笑容，一种温和的、满意的、欣赏的笑容。

这是我永远不会忘记的一个笑容。随后，她把书桌上一个白瓷笔筒底儿朝天地翻过来，笔筒里的东西"哗"地全翻在桌上。有铅笔头、圆珠笔心、图钉、曲别针、牙签、发卡、眼药水等等，她从这乱七八糟的东西间找到一个铁夹子——她大概从来都是这样找东西。她把几页附加的纸夹在书稿上，叫我把书稿抱回去看。我回到五楼一看便惊呆了。这书稿上密密麻麻竟然写满她修改的字迹，有的地方用蓝色圆珠笔改过，再用红色圆珠笔改，然后用黑圆珠笔又改一遍。想想，谁能为你的稿子付出这样的心血？

我那时工资很低。还要分出一部分钱放在家。每天抽一包劣质而辣嘴的"战斗牌"烟卷，近两角钱，剩下的钱只能在出版社食堂里买那种五分钱一碗的炒菠菜。往往这种日子的一些细节刀刻一般记在心里。比如那位已故的、曾与我同住一起的新疆作家沈凯，一天晚上他举着一个剥好的煮鸡蛋给我送来，上边还撒了一点盐，为了使我有劲熬夜。再比如朱春雨一次去"赴宴"，没忘了给我带回一块猪排骨，他用稿纸画了一个方碟子，下面写上"冯骥才的晚餐"，把猪排骨放在上边。至今我仍然保存这张纸，上面还留着那块猪排骨的油渍。有一天，李景峰跑来对我说："从今天起出版社给你一个月十五块钱的饭费补助。"每天五角钱！怎么会有这样天大的好事？李景峰笑道："这是老太太特批的，怕饿垮了你这大个子！"当时的一句笑话，今天想起来，我却认真地认为，我那时没被那几十万字累垮，肯定就有韦君宜的帮助与爱护了。

我不止一次听到出版社的编辑们说，韦君宜在全社大会上说我是个"人才"，要"重视和支持"。然而，我遇到她，她却依然若无其事，对我点点头，嘴里自言自语似的嗫嚅着，匆匆擦肩而过。可是我似乎已经习惯了这种没有交流的接触方式。她不和我说话，但我知道我在她心里的位置；她是不是也知道，我虽然没有任何表示，她在我心里却有个很神圣的位置？

在我的第二部长篇小说《神灯前传》出版时，我去找她，请她为我写一篇序。我做好被回绝的准备。谁知她一听，眼睛明显地一亮，她点头应了，嘴巴又嚅动几下，不知说些什么。我请她写序完全是为了一种纪念，纪念她在我文字中所付出的母亲般的心血，还有那极其特别的从不交流却实实在在的情感。我想，我的书打开时，首先应该是她的名字。于是《神灯前传》这本书出版后，第一页便是韦君宜写的序言《祝红灯》。在这篇序中依然是她惯常的对我的方式，朴素得近于平淡，没有着意的褒奖与过分的赞誉，更没有现在流行的广告式的语言，最多只是“可见用功很勤”，“表现作者运用史料的能力和历史的观点都前进了”，还有文尾处那句“我祝愿他多方面的才能都能得到发挥”。可是语言有时却奇特无比，别看这几句寻常话语，现在只要再读，必定叫我一下子找回昨日那种默默又深深的感动……

韦君宜并不仅仅是伸手把我拉上文学之路。此后伤痕文学崛起时，我那部中篇小说《铺花的歧路》的书稿在人民文学出版社内部引起争议。当时“文革”尚未在政治上全面否定，我这部彻底揭示“文革”的书稿便很难通过。1978 年冬天在和平宾馆召开的“中篇小说座谈会”上，韦君宜有意安排我在茅盾先生在场时讲述这部小说，赢得了茅公的支持。于是，阻碍被扫除，我便被推入了“伤痕文学”激荡的洪流中……

此后许多年里，我与她很少见面。以前没有私人交往，后来也没有。但每当想起那段写作生涯，那种美好的感觉依然如初。我与她的联系方式却只是新年时寄一张贺卡，每有新书便寄一册，看上去更像学生对老师的一种含着谢意的汇报。她也不回信，我只是能够一本本收到她所有的新作。然而我非但不会觉得这种交流过于疏淡，反而很喜欢这种绵长与含蓄的方式——一切尽在不言之中。人间的情感无须营造，存在的方式各不相同。灼热的激发未必能够持久，疏淡的方式往往使醇厚的内涵更加意味无穷。

大前年秋天，王蒙打来电话说，京都文坛的一些朋友想聚会一下为老太太祝寿。但韦君宜本人因病住院，不能来了。王蒙说他知道韦君宜曾经厚待于我，便通知我。王蒙也是个怀旧的人。我好像受到某种触动，忽然激动起来，在电话里大声说是呀，是呀，一口气说出许多往事。王蒙则用他惯常的玩笑话认真地说："你是不是写几句话传过来，表个态，我替你宣读。"我便立即写了一些话用传真传给王蒙。于是我第一次直露地把我对她的感情写出来，我蛮以为老太太总该明白我这份情意了。但事后我知道老太太由于几次脑血管病发作，头脑已经不十分清楚了。瞧瞧，等到我想对她直接表达的时候，事情又起了变化，依然是无法沟通！但转念又想，人生的事，说明白也好，不说明白也好，只要真真切切地在心里就好。

尽管老太太走了，这些情景却仍然——并永远地真真切切保存在我心里。人的一生中，能如此珍藏在心里的故人故事能有多少？于是我忽然发现，回忆不是痛苦的，而是寂寥人间一种暖意的安慰。

摘自《冯骥才自述》，大象出版社 2003 年 9 月版

存　目

著　作

韦君宜　《老编辑手记》

四川人民出版社 1985 年

韦君宜 《中国当代作家选集丛书·韦君宜卷》

人民文学出版社 1995 年

韦君宜 《思痛录》

文化艺术出版社 2003 年

邢小群 孙 珉 《回应韦君宜》

大众文艺出版社 2001 年

论 文

韦君宜 《新形势下的文学出版工作》

《出版工作》1980 年第 1 期

韦君宜 《关于出版物的经济效益问题》

《出版工作》1983 年第 1 期

韦君宜 《谈谈书荒》

1983 年 3 月 2 日《人民日报》

韦君宜 《忆延安的〈中国青年〉》

《中国青年》1983 年第 8 期

韦君宜 《出版家的社会责任》

1985 年 7 月 20 日《人民日报》

韦君宜 《延安出版工作拾零》

《出版史料》1986 年第 6 辑

韦君宜 《向阳湖畔十个无罪者》

李城外编《向阳情结——文化名人与咸宁》,人民文学出版社 2001 年

郭小林 《我为有这样的母亲而骄傲——女儿杨团谈母亲韦君宜》

《黄河》1999 年第 3 期

何启治 《四十年编辑一席谈——访韦君宜》

1982 年 6 月 10 日《文学报》

黄　伊　《编辑家韦君宜》

《京华周末》第 81 期

金　汕　《拂去明珠上的尘土——访人民文学出版社总编辑韦君宜》

1982 年 8 月 24 日《北京晚报》

郭宝臣　《责任——总编辑生活的一章》

《文汇月刊》1982 年第 8 期

郭宝臣　《这不是露水——记韦君宜同志》

《芳草》1982 年第 9 期

孙瑞珍　《记韦君宜》

《当代文学研究丛刊》1983 年第 4 期

罗　颖　《她说出了消费者的心声——访人民文学出版社社长韦君宜》

1985 年 11 月 25 日《中国消费者报》

何启治　《兼编辑、作家、出版家于一身的韦君宜》

《编辑家列传》(一),中国展望出版社 1986 年

启　治　《夕阳礼赞——记韦君宜》

《当代文学研究资料与信息》1987 年第 2、3 期

竹　林　《我的恩师韦君宜》

《江南》1996 年第 5 期

黄秋耘　《我所认识的韦君宜》

《妇女之友》1997 年第 10 期

何婉言　《为扶植新秀倾注心血——记名作家、出版家韦君宜》

1991 年 7 月 2 日《人民日报》(海外版)

冯骥才　《记韦君宜》

《中华散文》1998 年第 8 期

王　蒙　《纯正君宜》

《当代》1999 年第 2 期

黄秋耘　《韦君宜二三事》

《黄秋耘文集》(一)花城出版社 1999 年

武在平　《韦君宜与胡乔木的交往》

《世纪风采》1999 年第 3 期

何启治　《读韦君宜的〈老编辑手记〉》

《文学编辑四十年》,人民文学出版社 2001 年

黎　之　《一个多么坚强的人走了》

《当代》2002 年第 3 期

陈早春　《我看君宜同志》

《中华散文》2002 年第 5 期

思　念　《五月鲜花依旧好——悼人民文学出版社总编辑、社长韦君宜》

2002 年 2 月 2 日《北京青年报》

冯骥才　《我的“三级跳”和我的“伯乐”》

《名人传记》2004 年 4 月上半月